中国现象学文库
现象学研究丛书

语言存在论
——海德格尔后期思想研究

（修订版）

孙周兴 著

商务印书馆
2015年·北京

图书在版编目(CIP)数据

语言存在论/孙周兴著.—北京:商务印书馆,2011(2015.5重印)
(中国现象学文库)
ISBN 978-7-100-07415-5

Ⅰ.①语… Ⅱ.①孙… Ⅲ.①海德格尔,M.(1889~1976)—语言哲学—存在主义—研究　Ⅳ.①B516.54 ②H0

中国版本图书馆 CIP 数据核字(2010)第 193675 号

所有权利保留。
未经许可,不得以任何方式使用。

中国现象学专业委员会及香港中文大学
现象学与当代哲学资料中心合作编辑
郑承隆通识教育及哲学研究基金资助

中国现象学文库
现象学研究丛书
语言存在论
——海德格尔后期思想研究
(修订版)
孙周兴　著

商务印书馆出版
(北京王府井大街36号　邮政编码 100710)
商务印书馆发行
北京冠中印刷厂印刷
ISBN 978-7-100-07415-5

2011年1月第1版　　开本 880×1230　1/32
2015年5月北京第2次印刷　印张 12¾
定价:28.00元

中国现象学文库编辑委员会

（以姓氏笔画为序）

王庆节（香港中文大学哲学系）

邓晓芒（武汉大学哲学系）

关子尹（香港中文大学哲学系）

刘小枫（中山大学哲学系）

刘国英（香港中文大学哲学系）

孙周兴（同济大学哲学系）

张庆熊（复旦大学哲学系）

张志伟（中国人民大学哲学学院）

张志扬（海南大学社会科学研究中心）

张灿辉（香港中文大学哲学系）

张祥龙（北京大学现象学研究中心）

杜小真（北京大学哲学系）

陈小文（商务印书馆）

陈嘉映（首都师范大学）

庞学铨（浙江大学哲学系）

倪梁康（中山大学哲学系）

高宣扬（同济大学哲学系）

靳希平（北京大学现象学研究中心）

常务编委

（以姓氏笔画为序）

关子尹（香港中文大学）

孙周兴（同济大学）

倪梁康（中山大学）

《中国现象学文库》总序

　　自20世纪80年代以来,现象学在汉语学术界引发了广泛的兴趣,渐成一门显学。1994年10月在南京成立中国现象学专业委员会,此后基本上保持着每年一会一刊的运作节奏。稍后香港的现象学学者们在香港独立成立学会,与设在大陆的中国现象学专业委员会常有友好合作,共同推进汉语现象学哲学事业的发展。

　　中国现象学学者这些年来对域外现象学著作的翻译、对现象学哲学的介绍和研究著述,无论在数量还是在质量上均值得称道,在我国当代西学研究中占据着重要地位。然而,我们也不能不看到,中国的现象学事业才刚刚起步,即便与东亚邻国日本和韩国相比,我们的译介和研究也还差了一大截。又由于缺乏统筹规划,此间出版的翻译和著述成果散见于多家出版社,选题杂乱,不成系统,致使我国现象学翻译和研究事业未显示整体推进的全部效应和影响。

　　有鉴于此,中国现象学专业委员会与香港中文大学现象学与当代哲学资料中心合作,编辑出版《中国现象学文库》丛书。《文库》分为"现象学原典译丛"与"现象学研究丛书"两个系列,前者收译作,包括现象学经典与国外现象学研究著作的汉译;后者收中国学者的现象学著述。《文库》初期以整理旧译和旧作为主,逐步过渡到出版首版作品,希望汉语学术界现象学方面的主要成果能以《文库》统一格式集中推出。

我们期待着学界同人和广大读者的关心和支持,藉《文库》这个园地,共同促进中国的现象学哲学事业的发展。

《中国现象学文库》编委会
2007 年 1 月 26 日

目　录

(第一版)序 ……………………………………… 熊伟　1
引论　思想与道路 ………………………………………… 2

第一章　前期基本存在学 ………………………………… 8
　第一节　"有－无"之辨 …………………………………… 9
　第二节　还原·建构·解构 ……………………………… 23
　第三节　此在与主体形而上学批判 ……………………… 40
　第四节　时间地平线上的超越之问 ……………………… 56
　第五节　反逻辑主义的实存论语言观 …………………… 71
　第六节　思想道路的转向 ………………………………… 86

第二章　探源:早期希腊之思 …………………………… 95
　第一节　返回思想的开端 ………………………………… 97
　第二节　"存在"一词的语言学探讨 …………………… 113
　第三节　"存在历史"之探源 …………………………… 128
　第四节　早期希腊思想家 ………………………………… 146
　第五节　语言的源始 ……………………………………… 165

第三章　解蔽(Aletheia):艺术·诗 …………………… 175
　第一节　真理的本质 ……………………………………… 176

第二节　艺术与真理 …………………………………………… 189
第三节　荷尔德林和诗的本质 ………………………………… 212
第四节　荷尔德林的自然和神圣 ……………………………… 223
第五节　贫困时代的诗人里尔克 ……………………………… 235
第六节　解蔽与语言 …………………………………………… 247

第四章　聚集（Logos）：物·词 ……………………………………… 256
第一节　物——聚集方式 ……………………………………… 257
第二节　亲密的区分：物与世界 ……………………………… 273
第三节　词语破碎处，无物存在 ……………………………… 283
第四节　逻各斯与语言 ………………………………………… 299

第五章　大道之说 …………………………………………………… 307
第一节　关于 Ereignis 的翻译 ………………………………… 308
第二节　从存在到大道 ………………………………………… 319
第三节　大道：解蔽与聚集 …………………………………… 326
第四节　道说（Sage）之为语言 ……………………………… 338
第五节　思与诗 ………………………………………………… 353

结语　说不可说之神秘 ……………………………………………… 365

参考文献 ……………………………………………………………… 383
主要人名和术语对照 ………………………………………………… 389
后记 …………………………………………………………………… 392
修订版后记 …………………………………………………………… 395

（第一版）序

海德格尔是20世纪闪耀不尽之一杰。他远溯至柏拉图以前希腊，近揭示哲学的终结与形而上学之转向；他指明道上尼采与马克思之相逢，并融汇老庄大道之无为而无不为。古今中外人类思潮源流无尽，哑然在望。

此作跻身于举世文士涉猎之列，更启同宗后学追逐之用，诚焉壮哉，是为序。

熊伟
1993年12月20日于北京

引论　思想与道路

在去世前的一些日子里，海德格尔拟为他的《全集》写一个前言。但这个前言未做成，仅留下几页草稿。在草稿的扉页上，海德格尔对自己的毕生思想下了这样一个"判词"："道路——而非著作。"（Wege—nicht Werke）

草稿中还有一段文字是对这个"判词"的解释：

全集将以不同方式显示出，在对多义的存在问题所作的变动不居的追问的道路之野上的一种行进（Unter-wegs）。全集当藉此指引人们去接纳问题，参与追问，从而首要地是作探询式的追问。作探询式的追问——此即实行返回步伐（der Schritt zurück）；返回到隐匿面前；返回而入于命名着的道说（"返回"乃思想道路之特征，而非时间-历史学上的）。

事关宏旨的乃是唤起关于思想之事情的问题的争辩[思想乃是与作为在场的存在的关联；巴门尼德、赫拉克利特：noein（觉悟）、logos（逻各斯）]；关键不在于传布作者意见、描画作者立场，或把作者观点编排入其他种种历史上可固定的哲学观点的行列中去。凡此种种把戏果然唾手可得，尤其在今日之信息时代，然而对准备有所探询地通达思想之事情，却全无裨益。①

---

① 引自海德格尔全集编委会印制的目录说明。

"道路——而非著作。"我们必得细心地倾听思想家这一最后的声音。思想绝不是"成品",不是"学究的事体"。著书立说,传一衣钵,原不是海德格尔的意思。发动思潮,引为领袖,俨然精英派头,这也不是海德格尔所图所为。对"思想之事情"来说,重要的是"道路"。"有待思想的东西的伟大处是太伟大了。"要上路,要"在途中"。而"在途中"的思想家的思想就是"道路"。

"道路"(Weg),这个形象在海德格尔那里居有特别重要的地位。海德格尔一些著作的题目就往往冠有"道路"(途、道、路)一词,诸如《林中路》、《在通向语言的途中》、《路标》、《田间小路》等。而在海德格尔思想的道说中,"道路"也是频频出现的一个词语。这个事实绝不是无关痛痒的,而是深深地植根于"思想之事情"中的。

"思想—道路",这在海德格尔那里大致有两层意思:

一、思想是在一条道路上的行进,是"在途中"。

二、"思想之事情"本身就是道路。

在此我们有必要摆明这两点。

思想是一条道路。在残篇《存在与时间》结束处,海德格尔说,必须寻获一条走向存在之意义问题的道路,至于这条道路是否正确,那是要待上路之后才能够断定的。二十年后,海德格尔蓦然回首,看到自己仍"在途中":"让我们在未来的岁月里一如既往地漫游在通向存在之邻的道路上。"[①]

在通向存在之邻的道路上,《存在与时间》是一块无法跨越的里程碑。海德格尔说:"或许《存在与时间》这个标题是这样一条道路上的路标。"[②]海德格尔后来所有的思想探索,都应该被视为迈向"存

[①] 海德格尔:《路标》,美茵法兰克福,1978年,第341页。
[②] 海德格尔:《林中路》,美茵法兰克福,1980年,第207页。

在之邻"的道路上的步骤。海德格尔把收有1919年至1961年间所作的十四篇重要论文的文集起名为《路标》,即着意于此。而用海德格尔所挚爱的诗人荷尔德林的诗句来讲,就是:

因为,你如何开端
你就将如何保持。

思想的道路有何特性呢?海德格尔说:思想需要实行的是"返回步伐"。"返回"乃思想道路的特性。"思想中特有的东西就是道路。而且,思想道路于自身中隐含着神秘莫测的东西。我们可以向前和向后踏上思想道路。甚至返回的道路才把我们引向前方。"①我们急促地前行,企求切近前方的目标;但当我们走近它、看到它时,它总是与我们保持着疏远。于是,"前行"反倒把我们带回,"返回"才让我们前行。这正是思想的道路的秘密了:"向前的道路同时就是返回的道路。"

道路的"返回"特性标示着海德格尔思想道路的"连续性"或"可回溯性"。据此,我们就必须在"一条道路"的意义上来观解海德格尔前、后期思想以及所谓的思想"转向"(Kehre)问题。"转向"不是中断。"转向"的道路也就是"返回"的道路。甚至,"转向"本身就是"返回"。

"转向"和"返回"更有深义。"转向"何方?"返回"何处?海德格尔说,"转向""有待思想的东西","返回"到"隐匿"(Entzug)面前。这就是要回到欧洲-西方的思想道路的自行隐匿的"开端"(Anfang),回到早期希腊思想那里。

---

① 海德格尔:《在通向语言的途中》,弗林根,1986年,第99页。

海德格尔为我们描述了西方"存在历史"的图景：

早期希腊思想（前苏格拉底思想）是"第一个开端"；自苏格拉底－柏拉图之后兴起的形而上学哲学乃是"开端之隐失"，即"存在之被遗忘状态"，是没有思想的哲学和科学的时代；而现时代，我们正处于向"另一个开端"的"转向"之中，那就是哲学的终结和思想的重兴。

因此，我们更要在"存在历史"的意义上来领会"转向"和"返回"。"转向"不只是海德格尔个人思想的"转向"，而更是西方"存在历史"的转向。根本的"返回"乃是返回到早期希腊的"第一个开端"，只有这种"返回"才是"前行"——向着"另一个开端"的"前行"。海德格尔自识，他自己的思想努力，无非是对那个总是愈来愈幽远的自身隐匿的开端的一种微弱回响。也许，海德格尔还会说：正是这种微弱回响启示着思想的希望，连同伟大诗人荷尔德林的预言，乃是"另一个开端"的征兆。

这是海德格尔的思想道路，更是欧洲－西方的思想道路。海德格尔在欧洲－西方的思想道路的"途中"；欧洲－西方思想在海德格尔的思想道路的"途中"。

进一步，我们认为，"思想－道路"还有第二层意思："思想之事情"就是"道路"。

这一层意思除了与上面所说的第一层意思的联系之外，还与后期海德格尔对于汉语思想，特别是对老子之"道"的了解有关。海德格尔显然对汉语中的"道"一词的语义丰富性和汉语思想中的"道"的宏大内涵多有体会。他曾经指出，老子的"道"根本上就是"道路"，并且说"一切皆是道路（Alles ist Weg）"。① 海德格尔表示不能

---

① 海德格尔：《在通向语言的途中》，弗林根，1986年，第198页。参看本书第五章第一节。

同意一般对老子之"道"的德文翻译,指出:不能把"道"译作理性、精神、意义、逻辑等。按照他的意见,用德文的"道路"(Weg)一词来译"道",才是最适切的。

"一切皆是道路。"这话令我们想起海德格尔常常引证的早期希腊思想家赫拉克利特的"一切是一"。据海德格尔的解释,"一切是一"的"一"(Hen)就是"逻各斯"(Logos)意义上的"存在"。由此反观,"一切皆是道路"就不是一句轻描淡写的话了。"道路"就是这个"一",就是"逻各斯"意义上的"存在"。

只不过思到这个份儿上,海德格尔的思已经力求摆脱传统形而上学的概念方式和概念词语,已经不想用"存在"(Sein)这个形而上学的范畴来标示"思想的事情"了。在 1930 年代以后,公开地是在 1950 年代,海德格尔思得了一个非形而上学的怪异词语——"大道"(Ereignis,或译"本有")。海德格尔明确地把希腊的"逻各斯"(Logos)、中国的"道"(Tao)和他所思的"大道"(Ereignis)三者并举。他还把这个"大道"称为"开路者",说"大道"的展开就是"开辟道路"。①

显然,正如在"一切是一"中蕴含着"逻各斯"(Logos)的秘密,在"一切皆是道路"中,蕴含着海德格尔所思的"大道"的秘密。"大道"是"开路者"。"大道"的"开路"就是"道说"意义上的"语言"。"大道"(Ereignis)、"道路"(Weg)和"道说"(Sage),三者合而为一,就是"思想之事情"。——还是老子来得干脆,大而化之曰:"道"。

一切皆是道路。思想家在"道路"中。思想家先已上了路。我们旁的人也许首先只有用心踏上思想家的"道路"、倾听思想家的"道说",应了思想家的"启示",才能去摸索思想本身的"道路",聆

---

① 参看本书第五章。

听"事情本身"的"道说"后才能找到我们自己的思想的"道路",才能成就我们自己的思想的"道说"。彷徨歧路也罢,误入迷途也罢,最要紧的是"上路",是"在途中",是在思想的"林中路"上——

> 林乃树林的古名。林中有路。这些路多半突然断绝在杳无人迹处。
> 这些路叫做林中路。
> 每条路各自伸展,但却在同一林中。常常看来仿佛彼此相类。然而只是看来仿佛如此而已。
> 林业工和护林人识得这些路。他们懂得什么叫做在林中路上。①

---

① 海德格尔:《林中路》,美茵法兰克福,1980年,扉页题词。参照熊伟先生译文,有改动。

第一章　前期基本存在学

海德格尔素以存在主义哲学家著称于世。在国内外的许多哲学教本中,人们往往称海德格尔为"存在主义大师"、"存在主义哲学的鼻祖"等等。但海德格尔本人曾表示他是枉担了虚名;凡此种种或贬或褒的名堂,在他看来都是不着义理的,都是对他的思想的误解。从实情来看,我们认为,前期海德格尔(1930年之前)或可以列入存在主义者的行列;而后期海德格尔不但不是存在主义,而且简直是反存在主义的。

名不正则言不顺。中译"存在主义"(Existenzialismus),确切地应当解作"实存主义"。"实存主义"者,以人的"实存"(Existenz)为本。① 根本就没有什么"存在"(Sein)主义。而只有"存在学"(Ontologie,通译作"本体论")。观其一生,海德格尔孜孜于"存在"之思——海德格尔是"存在"(Sein)思想家。

前期海德格尔通过对人("此在")的实存论分析来思"存在"。在通向"存在之邻"的道路上,前期海德格尔走的确实是一条"实存之途"。前期海德格尔的哲学对现代"实存主义"的前辈如基尔凯郭尔等多有继承和发扬,并且对后来的"实存主义"思潮具有开创之功。特别是经萨特等后学的大力张扬,前期海德格尔哲学汇入20世纪

---

① Existenz 经常也被译为"生存",这对于实存主义诸家的语言用法来说也许是适合的,但并不适合于作为形而上学追问路线之一的实存哲学传统。本书统一把 Existenz 改译为"实存"。相应地,我们把通译为"存在主义"或者"生存主义"的 Existenzialismus 改译为"实存主义"。

40-50年代西方社会中的"实存主义"运动,遂广为传布,蔚为大观。

但我们必须看到,即使是前期海德格尔,也并没有明目张胆地刻意要把自己的哲学做成一个"实存主义"的标本。在海德格尔看来,凡所有的"主义",都不免有沦为形而上学之嫌。海德格尔不要"主义",而只要"学"、只要"思"。海德格尔称自己的以"此在"(Dasein)为中心的哲学为"基本存在学",也称"实存论存在学"。

本书不准备把前期海德格尔的"基本存在学"当作探讨工作的重点。不过,为了进入1930年代以后的海德格尔后期思想,我们也还不可放过他的前期哲学。在此我们只能抓住几个专题,而着眼点还在于海德格尔所谓的思想的"转向",即海德格尔由前期哲学向后期思想的转变。

第一节 "有-无"之辨

在其开山之作《存在与时间》(1927年)中,海德格尔声称要突出地重提"存在问题"。重提"存在问题"之举,含着海德格尔对于西方形而上学历史的一个批判性的观解:形而上学一向把"存在"遗忘了。海德格尔把这种情况叫做"存在之被遗忘状态"(Seinsvergessenheit)。这个观点是海德格尔前后一贯地坚持的。我们有必要先在这里摆明他的这个基本观点。

希腊巨哲柏拉图有言:哲学起于惊讶。哲学惊讶于什么?依海德格尔的看法,哲学并非惊讶于骇人听闻的事件,而倒是惊讶于"自明的东西"。海德格尔说,"自明的东西",而且只有"自明的东西",应当成为并且始终成为"哲学家的事业"。①

---

① 海德格尔:《存在与时间》,德文版,图宾根,1986年,第4页;参看中译本,陈嘉映、王庆节译,三联书店,1987年,第6页。以下只标出德文版页码。

海德格尔本人就是靠着一个"自明的"课题起家的。这个课题就是"存在问题"。

在西方语言的日常语境中,"存在问题"似乎是最寻常不过的了。人们无时不凭着"存在"(Sein)说话。"我在这儿"、"这是一朵玫瑰花"、"那里有我的故乡",等等,诸如此类的简单句都说到这个 Sein(在、是、有)。平常间谁又会细细思量这个"存在"、这个"是"呢?要说有"自明的东西",还有比这个"存在"、这个"是"更"自明"的吗?然而,哲学在起源上就是由对这种"自明"的惊讶而来:

> 一切存在者在存在中(Alles Seiende ist im Sein)。这样的话,即使还不算不堪入耳,听来也不免太过浅薄了。因为没有人需要为存在者归属于存在这回事情操心。尽人皆知存在是存在着的东西。对存在者来说,除了存在着,它还有什么别的东西吗?可是,正是存在者被聚集于存在,存在者出现在存在的显现中这回事情,使希腊人惊讶不已。希腊人最早而且也唯有希腊人惊讶于此。存在者在存在中——这对希腊人来说是最可惊讶的事情了。①

因为希腊人的这种惊讶,哲学就有了起源。所以,从根本上讲,哲学是"希腊的"。所以西方的历史,而且唯有西方的历史,在其起源上是"哲学的"。哲学先于科学,从哲学中才长出科学,后才发展出技术。科学和技术遂成为西方历史的本质性事件。到如今科学-技术-工业席卷而来,也把西方之外的民族,把全人类卷裹入其中了。

---

① 海德格尔:《什么是哲学?》,德-英对照本,纽黑汶,1958年,第48页。

哲学——什么是哲学呢？

海德格尔说:"哲学就存在者之存在,询问存在者是什么。哲学处于通向存在者之存在的路上,也即着眼于存在而通达存在者。"①哲学自始就是探究"存在者之存在"的。哲学家们挑起"存在"这个课题。希腊的哲学巨人们就对此课题思殚力竭以图解决。后来哲学有了分门别类。研究存在问题的学问,专门被叫做"存在学"(Ontologia,通译作"本体论")。尽管在西方哲学史上,"存在学"一词迟至17世纪才出现,但以"存在"为课题的存在学的传统源头却还在希腊。柏拉图创"理念论"或"相论",可谓最早的体系化的存在学哲学;亚里士多德的"第一哲学"(Prima Philosophia),后人往往也称之为"形而上学"或"实体存在学"(Substanzontologie)。前者说"存在"就是"理念"或"相"(idea),后者把"实体"(ousia)当作"有之为有"或"存在者之存在"。"理念论"与"实体论"相互对待,乃哲学(存在学)之源头,之后绵延不绝。②

如此看来,研究存在问题的哲学历史悠久。何以海德格尔竟要、并且竟能重提"存在问题"呢？据海德格尔说,哲学虽有源流,存在问题却早已被付诸遗忘了。但如果"存在"早已被付诸遗忘,那么如何还有"哲学"("存在学")呢？自希腊就有了哲学;而且我们简直可以说,只有希腊哲学。于是,就只可能有一种情况:哲学一向只是

---

① 海德格尔:《什么是哲学?》,德-英对照本,纽黑汶,1958年,第54页。
② 在海德格尔那里,"哲学"、"存在学"、"形而上学"几可划一。在前期的《存在与时间》中,海德格尔用"存在学"(旧译"本体论")这个名称,从事"存在学历史"之解析工作;而在后期思想中,海德格尔往往采用"形而上学"和"哲学"两词。在海德格尔看来,哲学、存在学或形而上学指的是西方人所特有的源起于希腊的一种问题方式和实存态度,讨论的根本课题是"存在问题",是一个以"存在"范畴为核心的范畴和概念体系。后期海德格尔也把形而上学称为"存在-神-逻辑学",以此来标明西方人的由形而上学所规定的精神向度和特质。

吵嚷着研究存在,或者自称研究了存在,而实际上并没有真正地触及存在问题。——何以至此呢?

在《什么是哲学?》中,海德格尔说,无论是"哲学"这个主题,还是"这是什么"的追问方式,两者都源自希腊。① 这话听来平淡,其实是一个很惊人的主张了。海德格尔认为,哲学、存在学或形而上学是"希腊的",而且**只是"希腊的"**。展开言之,就意味着:非欧洲的其他民族文化是没有哲学、存在学或形而上学的。而从语言上看,希腊式的"这是什么?"的追问方式,其实标识着希腊语言和印欧语言中系词系统以及存在判断句的高度发达。这也是非印欧语言所没有的现象。由此,我们自然也可以推出:在系词和存在判断句不发达或晚出的汉语的传统思想中是没有"存在学"的,因而也是没有"哲学"的。②

海德格尔说"哲学是希腊的",这不是一个轻松随意的断言。海

---

① 海德格尔:《什么是哲学?》,德-英对照本,纽黑汶,1958年,第38页。该文标题直译应为:《这是什么——哲学?》(Was ist das—die Philosophie?)。显然,海德格尔想以此标题突出"这是什么?"的问题方式与"哲学"的一体性,表明两者都是西方所特有的。在"这是什么?"这种起源于希腊的"问题方式"中,事关紧要的无疑是其中的"是"(ist)。在海德格尔看来,希腊语中的系词或不定式 einai 的形成,以及进一步发生的不定式的名词化,对于西方哲学文化来说具有决定性的意义。另可参看本书第二章第三节的相关讨论。

② 国内海德格尔研究者俞宣孟也指出:"中国传统哲学中没有本体论。"其主要理由是:在中国哲学思想开始形成的先秦时代,汉语中尚没有形成相当于西方语文中的系词"是"。进一步,即使"是"用作系词之后,中国哲学仍没有发展出"本体论"的可能性,因为中国哲学在先秦时代已经定型了,而且汉语没有西方语言中那种动词的变形。参看俞宣孟:《现代西方的超越思考——海德格尔的哲学》,上海人民出版社,1989年,第28-35页。这里我还想在海德格尔的角度上补充一点:即便在现代汉语思想中,也是不可能形成"存在学"("本体论")的,因为现代汉语中的系词"是"并不是通过不定式而形成的,现代汉语中的"存在"也不是通过"是"的动名词化的结果。依我看,海德格尔关于希腊文中"不定式"的形成及其意义的考察是我们研究这个问题的重要引线(本书第二章对此有进一步的讨论)。此外,严格说来,如果说汉语传统思想中没有形成"存在学",那么也就没有"哲学",因为"存在学"范畴体系乃是"哲学"的基本。

德格尔明显也不是站在西方（欧洲）中心主义立场上来说此话的。相反，海德格尔倒是要提醒我们东方人："对东亚人来说，去追求欧洲的概念系统，这是否必要，并且是否恰当？"①说"哲学是希腊的"，也即说"存在学"和"形而上学"是"希腊的"（"西方的"）。我们当然可以认为海德格尔所见的哲学、存在学或形而上学是特定意义上的，但也必须看到，此"特定的"也是"原本的"、"地道的"。

希腊的哲学家们发展出这样一种独有的问题方式："这是什么？"（Was ist das?）的问题方式。在海德格尔看来，这一"问"事关宏旨。希腊哲学自始就问：存在者是什么？问之所问是存在者的"什么"（ti, Was）。在拉丁文中，这个"什么"被叫做 quid est，也即"实质"（quidditas）、"什么性"（Washeit）。"什么"总是指向某个存在者的，哪怕是一个普遍的存在者。问存在者之"什么"，不外乎是用另一个存在者（"什么"）来规定此一被问及的"存在者"。

而如果哲学竟问"什么是存在"，就是把"存在"当作存在者，规定为一个"什么"了。哲学以这种方式发问，所以，无论是柏拉图的"理念"，还是亚里士多德的"实体"，或康德的"物自体"，等等，脱不了是一个"存在者"而已。

就"存在"而言，有"问"的困难。我们不能问存在的"什么"。当我们竟能问存在的"什么"之际，此"存在"脱不了还是一个存在者。存在非存在者。存在本无"什么"。把存在当作一个"什么"来问，乃传统存在学哲学之痼疾。由此一问，势必把存在与存在者混为一谈。由此一问，即入歧途。

可见，希腊的哲学家一问即问出了毛病。凡此后哲学所有的问，都是"希腊式的"，一向就没有问及"存在"，"存在"一向被付诸遗

---

① 参看海德格尔：《在通向语言的途中》，德文版，弗林根，1986年，第87页。

忘了。

关键在于,在海德格尔看来,这一"问"隐含着一种对待态度,即形而上学的表象性-对象性思维方式和知性逻辑的态度。海德格尔说:"就形而上学始终只把存在者作为存在者表象出来而言,形而上学并不思存在本身。"①在这话中大可注意的是"表象"一词。"表象"(Vorstellen)有"把……摆出来"之意。人面对存在者打量存在者,把存在者"设"、"置"(stellen)为"对象"(Gegenstand)而"摆"出来,即是"表象"。这一"表象",这一"摆",就是形而上学的对象性思维方式,也是知性科学的认知态度。形而上学就是这样来"表象"存在者的,科学就是这样来"摆"、"设"、"置"存在者的。

问存在者是什么,就是要把存在者之"什么""摆"出来、"设"起来。但存在不是存在者。存在根本不是"什么"。我们根本就"摆"不出存在。所以海德格尔认为,"存在作为问之所问要求一种本己的展示方式。它这种展示方式本质上有别于对存在者的揭示"。②"表象"是对存在者的揭示,却不逮于存在,存在要求一种独特的"展示方式",一种非对象性的"展示"。这种"展示方式",海德格尔认为已经由现象学提供出来了。

海德格尔理解由胡塞尔开创的现象学原是一种方法,但不是一种指向"什么"对象的对象性方法。从希腊源始意义上讲,名词"现象"与动词"显现"、"自身显示"相关。就此而言,"现象学"就是"显示学"或"显现学",它让"自身显示者"如其所是的那样"显示"出来。"自身显示者"为何?海德格尔说,就是存在者之存在和存在的意义。现象学的"事情本身"即是"存在"。现象学就是存在学。作

---

① 海德格尔:《什么是形而上学?》,德-英对照本,纽黑汶,1958年,第8页。
② 海德格尔:《存在与时间》,德文版,图宾根,1986年,第6页。

为存在学的现象学按"事情本身"的"显"来展示"事情本身"。它描述、展示"存在"的"如何"（Wie）。因此，现象学这种合乎"事情本身"的展示方式，区别于形而上学的对象性的表象思维方式：形而上学表象作为"对象"的存在者（"什么"），或者说，把现象"后面"的"什么"（所谓"本体"）表象出来；现象学（存在学）则展示作为"现象"的存在（"如何"）。①

存在学这才摸到了路子。这是一场在现象学基地上完成的存在学上的"哥白尼式革命"。显然，此所谓"革命"首先恐怕还是问题方式的一个改造。形而上学问"什么"；现象学的存在学不问"什么"，而问"如何"。后期海德格尔也曾犹犹豫豫地发问："但存在——什么是存在呢？存在是存在本身。"②这一发问之所以犹豫，因为问得勉强。本不可这样问存在。既已发问，便不可答；不可答而又不甘于缄口，于是强说"存在是存在本身"。实在是无法之法。而海德格尔还更愿意问："存在之情形如何？"（Wie steht es um das Sein？）③显然，这是要摆脱哲学的"这是什么？"的问题方式。

上文的描写实际上已经触及海德格尔思想中一个更为根本的课题，即"存在学差异"（ontologische Differenz，旧译"本体论差异"）。问题方式之转变，传统形而上学之批判，其实都牵连于"存在学差异"思想。所谓"存在学差异"，简明说来，就是存在与存在者之间的差异。鉴于上述，"存在学差异"似可以表述为：存在不是存在者；或同义反复：存在是存在。不待说，形而上学之遗忘存在，实即遗忘了

---

① 关于前期海德格尔的现象学方法的更详细讨论，参看本章第二节"还原·建构·解构"。

② 海德格尔："关于人道主义的书信"，载《路标》，德文版，美茵法兰克福，1978年，第328页。

③ 海德格尔：《形而上学导论》，德文版，图宾根，1987年，第25页以下。

"存在学差异",一问一说把存在也处理为一个对象性的存在者了。

"存在学差异"却是一个异常复杂的课题。海德格尔在不同的时期对之作了不同的表述和思考。在海德格尔后期的玄奥运思中,"差异"(Differenz)也被称为"区分"(Unter-Schied)和"二重性"(Zwiefalt)。[①]"差异"不是在通常意义上表示存在与存在者之"分别"。"差异"更不是鸿沟相隔。海德格尔倒是说"亲密的区分"。海德格尔所谓"差异",意指的是存在本身的一体性的区分化运作。存在"显"而为存在者之存在;但此一"显"同时即"隐",存在"隐"入存在者中才成其本身。这同时的"显-隐"才"区分"出存在与存在者。可见根本上,"差异"乃是存在本身。存在本身就包含着"差异"。

对海德格尔的"存在学差异"思想,我们认为应该从两个方面来加以了解。其一是要从海德格尔所思的"存在之真理"的角度,也即从海德格尔所谓存在之真理的"解蔽-遮蔽"("显-隐")二重性的角度来理解。这个角度对于海德格尔的前、后期思想均具有指导性的意义。另一方面,我们认为要与海德格尔的语言思想相联系来思考"存在学差异"。尤其在后期海德格尔那里,存在之真理的"显-隐"二重性,实际上就是语言的"解蔽-遮蔽"和"可说-不可说"的二重性。这当然是海德格尔后期的进一步深化了的思想,我们且留待后论。

这里我们还想引述一个重要的观点。德国学者约翰纳斯·罗曼(Johannes Lohmann)根据海德格尔的"存在学差异"思想,对印欧语系的语言和非印欧语系的语言(特别是汉语)作了比较研究,提出"汉语无存在学差异"的观点。罗曼认为,在印欧语系的语言中"存

[①] 参看海德格尔:《在通向语言的途中》,特别是其中"语言"和"从一次关于语言的对话而来"两文。显然,在海德格尔看来,"区分"和"二重性"更能合乎事情本身地挑明前期所思的"存在学差异"。也请参看本书第四章第二节。

在学差异"是明确地体现在语言结构和语法形式中的,而在汉语中则不然。在古代印欧语言中,名词和动词是由词根与词尾组成的,词根表达概念内容,词尾表达概念与事物的关系。所以在名词和动词形式中就表达出存在与存在者的关系,反映了"存在学差异",即存在与存在者的"逻辑 – 存在学上的差异"。而在汉语中,词类的界线是不清楚的,概念与客体之间的区分是模糊不清的,也没有形成印欧语系中那种"主 – 谓"陈述结构(也即"系词"的不发达,或者海德格尔所谓的"这是什么"的问题方式的不发达)。罗曼因此认为,汉语中是没有形成西方式的"存在学差异"的。其实在我们看来,由海德格尔所谓哲学(存在学)是"希腊的",自然已经可以推出:一、中国思想中没有"存在学";二、中国思想和汉语中无"存在学差异"。罗曼的观点显然为海德格尔提供了支持。①

前期海德格尔的"有 – 无"之辨思了"存在学差异"。他有两个文本("形而上学是什么?"和"论根据的本质")是专论"无"和"存在学差异"的。海德格尔说:"无是对存在者的不(Nicht),从而是从存在者方面来了解的存在。存在学差异是存在与存在者之间的不。"②我们以为,前期海德格尔对"存在学差异"的深刻表达,还在他的"无"论中。我们主要来看看这个"无"。

"无"本身就玄奥。日常的思维以科学为引导,以对象性的存在者为目标,而"无"却不是任何对象事物。科学的知性逻辑无法规定"无",因为它是"不"存在者。科学研究具体的存在者事物,存在者

---

① 参看罗曼:"海德格尔的'存在学差异'与语言",载柯克曼斯(编译):《论海德格尔与语言》,英文版,伊汶斯顿,1972年,第303页以下。柯克曼斯在"存在学差异、解释学和语言"一文中对罗曼的论文也作了引证和论述,见该书,第195页以下。进一步可参看本书第二章第二节的讨论。
② 海德格尔:《论根据的本质》,德文版,美茵法兰克福,1955年,第5页。

之外无他物。"科学根本不愿知道无。"①但如果执于存在者事物之一端的科学主张:只有存在者,除了存在者便一无所有,这岂不是反而就承认了"无"这回事情么?科学不能顾问的"无",却是哲学要关心的。古今中外都有哲学家谈论"无"。黑格尔说:有与无是一回事。中国古代老庄玄学派说:有生于无。哲学要耐得住这种"无中生有"的"荒谬"。

海德格尔同意黑格尔的说法:有与无是一回事。但黑格尔在逻辑上把"无"把握为无规定性的直接性,却是海德格尔不能同意的。"无"既不是概念,也不是逻辑思维所能掌握的。因为"无"根本不是存在者,是"不"存在者。以海德格尔的说法,"无"是对存在者的"不"(Nicht)。这个"不"不是消极的否定,倒是一种积极的运作。正是"无"的"不"才使存在者成为存在者。"无"当然隐而不显。但难道不是隐者之"隐"才衬出了显者之"显"吗?我们理解海德格尔所思的"无"就是存在本身的"显—隐"运作的"隐"方面。"隐"者广大。存在者就在存在"隐"之际"显"为存在者。

对此,我们似可以从日常语言中提出一个证明。譬如,"这是一朵玫瑰花"这样的简单句是人人能够脱口而出的。但我何以能说"这是一朵玫瑰花"?似乎在海德格尔看来,这里有"无"的"不"在运作。我之所以能说"这是一朵玫瑰花",是因为这话"后面"含藏着许多"不":这不是一朵樱花,这不是一块岩石,这不是一朵白云,这不是一个人……如此等等,以至无限。这无限的"不"便是我说"这是……"的"背景"。知性科学的眼光却忽略了这"背景",因为这一"背景"乃是"不"着的"无"。如此"不"着的"无"才使存在者成为存在者。所以,"无"乃是从存在者方面来了解的"存在"。

---

① 海德格尔:《形而上学是什么?》,德文版,美茵法兰克福,1986年,第27页。

上面这一番考虑大概也是后期海德格尔转向"语言－存在"之思的动因之一。

可以想见,说无"不"与说存在"是"乃一回事。"存在不能像存在者那样对象性地被表象和摆出来。这与一切存在者绝对不同的东西是不存在者(Nicht-Seiende);而这一无是作为存在运作的。"这话已经把上面讲的意思道明:无就是有(存在)。海德格尔还含蓄地说:"作为与存在者不同的东西,无乃是存在的面纱。"[①]在这里,"面纱"这个形象很有启发性,恐怕启示着存在之发生的"显－隐"关系。我们很可以认为,后期海德格尔要找寻的就是这一"面纱",而且是要在"语言"中找寻这一"面纱"了。

显然,海德格尔之论"无",是要从另一方面,即从存在显现为存在者而自身隐蔽这个方面,来挑明存在问题和存在学差异。传统形而上学遗忘"存在"是把"无"一同遗忘了。在《形而上学是什么?》结尾处,海德格尔提出一个形而上学的基本问题:

为什么存在者存在而无倒不存在?

Warum ist überhaupt Seiendes und nicht vielmehr Nichts?[②]

后来在"面向存在问题"一文中,海德格尔对此"基本问题"作了解释:"这里要问的是,何以到处只有存在者具有优先地位,而存在者的'不','这一无',也即就其本质而言的存在,倒没有被

---

① 海德格尔:《形而上学是什么?》,德文版,美茵法兰克福,1986年,第52页。
② 海德格尔:《形而上学是什么?》,德文版,美茵法兰克福,1986年,第42页。此句或可译为:"为什么是存在者而不是无?"逻辑经验主义者卡尔纳普在其著名论文"通过语言的逻辑分析清除形而上学"中,把海德格尔的这个句子当作一个典型的无意义的"形而上学假陈述"来加以分析和清除,致使此句成为现代形而上学的一个标本了。参看洪谦(主编):《逻辑经验主义》上卷,商务印书馆,1984年,第23页以下。

思考?"① 可见,关键还是要面对"存在之被遗忘状态"突出这一"无",思这一"无"。

如此看来,如果说传统形而上学追问存在者之为存在者,只把"有的东西"(Seiendes)表象出来,那么,它所遗忘的与其说是"有",倒不如说是"无"。早在希腊就开始了忘"无"的历史。巴门尼德说过这样的话:存在是"完满的球体",是自足的"一"。虽然海德格尔对巴门尼德的残简和思想另有新解,但至少在后世流行的巴门尼德解释中,"无"的地位是被剥夺了的。黑格尔认为在巴门尼德的"存在是一"中才有哲学之"纯思"的开端。卡西尔也指出,巴门尼德所谓"完满的球体",实际上确立了存在与真理(逻辑)的自足性以及两者的同一性。② 这就是西方逻辑主义或唯心主义的发端了。恐怕所谓"纯思"的开始同时也就是忘"无"的历史的开始。

海德格尔的"无"论深化了"存在学差异"思想和关于形而上学遗忘存在的观点。同时,正如上文已经指出的,"无"论还暗示出海德格尔运思的新的维度。海德格尔1930年代开始围绕"真理"(aletheia)的"显-隐"之辨,直至后期的"语言-存在"思想,对于前期的"有-无"之辨无疑是有所继承的,当然更有深化和发展了。

"有-无"之辨所包含的"存在学差异"思想贯穿了海德格尔终生的哲思。别的课题都由此引发而来。而世面上关于海德格尔思想的纠缠不清的误解,也多起于他的存在问题以及"存在学差异"思想。海德格尔本人对存在问题的表述是很有歧义的,他自己也承认这一点,但他申明:

---

① 海德格尔:"面向存在问题",载《路标》,德文版,美茵法兰克福,1978年,第414页。

② 参看卡西尔:《人文科学的逻辑》,中译本,关子尹译,联经出版事业公司,1986年,第一章。

令人伤透脑筋的事情，人们把已经引起的混乱事后归咎于我本人的思想尝试。在我的思想尝试的道路上，我清楚地认识到一种区分(Unterschied)，即在作为"存在者之存在"的"存在"(Sein als Sein von Seiendem)与作为"存在"的"存在"(Sein als Sein)之间的区分——此处所谓作为"存在"的"存在"是鉴于存在所固有的意义，即存在之真理(澄明)的意义来说的。①

这是海德格尔 1950 年代回顾自己的思想道路时所做的表白。我们看到，海德格尔这里提出的是"两种""存在"的"区分"，即"存在者之存在"与"作为存在的存在"。其实，我们上面的讨论已经体现了这样一种"区分"。"作为存在的存在"，即"存在本身"("澄明")，是"显－隐"一体的运作，"显"而为"存在者之存在"，"隐"而成其本身。存在本身既"是"又"不"、既"显"又"隐"。从"不"("隐")方面看，存在本身就"是"，即"显"为存在者之存在；而从"是"("显")方面看，存在本身就"不"，即"隐"而为一"无"了。

所以也可以说，存在本身就是"差异"，"差异"就是存在本身的一体的"是－不"("显－隐")的运作。"差异"是"亲密的区分"：存在者之存在与作为存在的存在之间的"区分"。这是海德格尔对"存在学差异"的更为准确的表达。

其实，海德格尔在《存在与时间》中对"存在问题"的形式结构的解析，也已经挑明了"存在者之存在"与"作为存在的存在"之间的"区分"。海德格尔指出，存在问题的"问之所问"是存在，"问之何所问"是存在的意义，"被问及的东西"是存在者。"若存在学在研究存在者之存在时任存在的一般意义不经讨论，那么，存在学发问本身还

---

① 海德格尔：《在通向语言的途中》，德文版，弗林根，1986 年，第 110 页。

是幼稚而浑噩的。"①此处所谓"存在的一般意义"就是存在之为存在,即存在本身。可见存在问题的"问之所问"与"问之何所问",已经明确表达了"存在学差异"。存在学的首要任务已经挑起:澄清存在的一般意义,即作为存在的存在。海德格尔说:

> 作为哲学的基本课题的存在并不是存在的种,但却关涉每一存在者。需在更高处寻求存在的"普遍性"。存在与存在的结构超出一切存在者之外,超出存在者的一切可能的具有存在者方式的规定性之外。**存在绝对是超越**(transcendens)。②

我们研读海德格尔,需得把存在者之存在与存在本身(作为存在的存在)这一"区分"熟记于心。这是海德格尔思想的前后一贯的引线。

但是,前期海德格尔的"有-无"之辨是在"基本存在学"的视界内展开的。而所谓"基本存在学",就是以"此在"(Dasein)——存在学上来讲的人的存在——为"根"的存在学。这是一条"实存之途"。具有更高的"普遍性"的"存在本身"是在"此在"这个具体存在者的存在中特别地"显"出来的。无论"有"、"无",都系挚于"此在"。唯"此在"才领悟存在。存在是在"此在"之存在领悟中展示出来的。"无"同样在"此在"那里显露出来。海德格尔说,"此在"有一种"基本情态",叫做"畏"(Angst)。"无"即在"畏"中揭示自身。"畏启示无。"③"畏"大约就是在"边缘处境"中的"此在"的一种实存情态,是"此在"的"领悟"的一个极端情形。"畏"使"此在"大彻大悟,悟入

---

① 海德格尔:《存在与时间》,德文版,图宾根,1986年,第11页。
② 海德格尔:《存在与时间》,德文版,图宾根,1986年,第38页。
③ 海德格尔:《形而上学是什么?》,德文版,美茵法兰克福,1992年,第32页。

空空如也的"无"中。而不管怎么说,"有"、"无"都系于"此在"的处身情态:"悟"和"畏"。

"基本存在学"集"有-无"之辨于一"根本"——"此在"。海德格尔说,只要存在进入了"此在"的领悟,则追问存在的意义也就是追问存在本身。存在学的目标——存在本身——虽已经得到确立,但却要在一个具体存在者的存在("此在")身上寻找"根据"。现象学(存在学)首先要显露"此在"这个"根据",从而首先是"此在的现象学";这也就是说,首先要"释""此在"存在之"义",是"此在的解释学"。"于是乎,存在问题不是别的,只不过是把此在本身所包含的存在倾向极端化,把先于存在学的存在领悟极端化罢了。"①

但在探讨这个"此在"之前,我们还有必要来看看海德格尔的现象学方法。

第二节 还原·建构·解构

现象学是海德格尔的起家法宝。海德格尔眼里的现象学首先而且主要是一种方法。在1923年夏季学期马堡讲座中,海德格尔称现象学为"一种别具一格的研究方式(Wie der Forschung)"。② 在1927年夏季学期马堡讲座中,海德格尔指出:"现象学是表示存在学之方法的名称,亦即表示科学的哲学之方法的名称。若正确地理解之,现象学就是有关一种方法的概念。"③进而在其扛鼎之作《存在与时间》

---

① 海德格尔:《存在与时间》,德文版,图宾根,1986年,第15页。
② 海德格尔:《存在学(实际性之解释学)》,《全集》第63卷,德文版,美茵法兰克福,1988年,第74页。
③ 海德格尔:《现象学的基本问题》,《全集》第24卷,德文版,美茵法兰克福,1975年,第27页。

(1927年)之"导论"中,海德格尔专题讨论了"探索工作的现象学方法"(第七节),并且明确地说:"现象学"这个词原本就意味着"一个方法概念。它并不刻画出哲学研究之对象的事实性的'什么',而是刻画出这种研究的'如何'"。①

在源初意义上讲,"方法"就是"道路"。海德格尔正是藉着现象学的方法走上存在学哲学之路的——虽然"现象学存在学"只是就前期海德格尔哲学来说才是一个合适的名称。

这里我们自然会生发一些问题:海德格尔所理解的"现象学方法"的具体内涵是什么?海德格尔的"现象学方法"和"现象学概念"与胡塞尔的现象学究竟有何区别?在前期海德格尔的哲学中(特别是在其《存在与时间》中),"现象学方法"究竟得到了何种意义上的贯彻或运用?更进一步的问题是:为什么海德格尔在后期(1930年后)不再像在前期那样竭力标榜"现象学"了?是否以及在何种意义上可以说,后期海德格尔放弃了现象学的立场和方法?

这些问题明显关系到我们对于海德格尔思想之全体的理解。我们在此显然不可能指望全面地讨论和解决所有这些问题,而只能限于对海德格尔前期哲学中的"现象学方法"的初步清理。

在《现象学的基本问题》这个讲座中,海德格尔概述了他所谓的现象学方法的三个"基本环节",即"现象学的还原"、"现象学的建构"和"现象学的解构"。这里的"还原"(Reduktion)、"建构(构造)"(Konstruktion)和"解构"(Destruktion)三个词十分关键,尤其对于海德格尔前期哲学来说,实具有"构成性的"(konstitutiv)意义。我

---

① 海德格尔:《存在与时间》,德文版,图宾根,1986年,第27页。参看中译本,陈嘉映、王庆节译,三联书店,1987年,第35页。中译本把这个关键的句子译为:"它不描述哲学研究对象所包纳事情的'什么',而描述对象的'如何'。"后半句译文明显有误。此处可参看《存在与时间》英译本,约翰·麦奎利和爱德华·罗宾逊译,1985年,第50页。

们认为,解明这三个词语,就可以获得对海德格尔的"现象学方法"的一种总体的理解了。

海德格尔对他所讲的"现象学方法"的三个"基本环节"作了如下规定:首先,所谓"现象学的还原",就是"把探究的目光从质朴地被把握的存在者引回到存在",或者说,"把现象学的目光从无论如何被确定的对存在者的把握,引回到对这种存在者之存在的理解"。其次,所谓"现象学的建构",是"根据存在者之存在及其结构对这个预先确定的存在者的筹划"。最后,所谓"现象学的解构",就是"一种对传统的概念——这些传统的概念首先必然要应用到它们从中得以创造出来的源泉上——的批判性拆解(Abbau)",而这种"解构"必然属于"对存在及其结构的概念性阐释",即"对存在的还原性建构"。① 海德格尔并且认为,上述"现象学方法"的三个"基本环节",即"还原"、"建构"和"解构",在内容上是"共属一体"的,必须在它们的"共属一体性"中得到论证。

在《现象学的基本问题》讲座中,除了在"导论"部分对"现象学方法"所做的概述之外,海德格尔曾计划在第三部分之第四章,对于"现象学方法的基本环节:还原、建构和解构"详加论述。② 遗憾的是,这一部分的讲座因课时方面的限制而终于未能实行。就眼下我们所能见到的材料来看,海德格尔对于上述三个"基本环节"及其统一性,再没有作过更进一步的系统论述。

尽管如此,作为存在学的方法,"还原－建构－解构"三者统一的"现象学方法",已深入到了1920年代的海德格尔的哲学进路之

---

① 海德格尔:《现象学的基本问题》,《全集》第24卷,德文版,美茵法兰克福,1975年,第29-31页。
② 海德格尔:《现象学的基本问题》,《全集》第24卷,德文版,美茵法兰克福,1975年,第33页。

中,构成了前期海德格尔的存在学追问的基本方向和步骤。它同样并且特别地显明于《存在与时间》的思路构造中。

不难看出,海德格尔首先是通过"现象学的还原"剥离出他的"存在"问题的。如上文所引,所谓"现象学的还原",简单说来,就是把目光从"存在者"转向"存在"。在海德格尔看来,这实际上就是现象学的基本原则——"面向事情本身"(zu den Sachen selbst)——的体现,或者说,是这个原则的贯彻。在《存在与时间》第七节中,海德格尔指出现象学方法乃是"事情本身"("存在的意义")所要求的处理方式。在对"现象学"一词的两个组成部分,即"现象"(Phanomenen)和"逻各斯"(Logos)作了词源学的考察后,海德格尔得出一点:"现象学"就是"让人从显现的东西本身那里,如它从其本身所显现的那样来看它。这就是取名为现象学的那门研究的形式上的意义。但这里表达出来的东西无非就是前面表述过的座右铭:'面向事情本身!'"①

海德格尔认为,现象学要"让人来看"的东西,即现象学的"现象"或"显现者",就是"存在者之存在和存在之意义",现象学的"事情本身",就是"存在的意义"。因此,"存在学只有作为现象学才是可能的"。②

这当然已经意味着对胡塞尔现象学哲学的一种改造。海德格尔也明确地指出:他的"现象学的还原"仅在字面上——而不是在实际上——与胡塞尔现象学的核心术语相联系。在胡塞尔那里,"现象学的还原"是这样一种方法,即把现象学的眼光从人的自然态度引回到先验的意识生活及其"意向行为的-意向对象的"(noetisch-no-

---

① 海德格尔:《存在与时间》,德文版,图宾根,1986年,第34页。
② 海德格尔:《存在与时间》,德文版,图宾根,1986年,第35页。

ematische)的体验的方法。而在海德格尔这里,"现象学的还原"则意味着:把现象学的眼光从对存在者的把握引回到对存在者之存在的理解(Verstehen)或者筹划(Entwerfen)。① 这里我们可以看出海德格尔与胡塞尔的现象学的自觉划界。

不过,在方法意义上,海德格尔的"现象学的还原"仍然可以说是胡塞尔式的。尽管海德格尔与胡塞尔各人理解的"事情本身"(Sache selbst)不同,但是,胡塞尔借"面向事情本身"这一现象学原则所倡导的基本态度,亦即通过"现象学的还原"来实行的所谓的"现象学的看"(phänomenologisches Sehen),对海德格尔的追问和运思来说,亦是一种根本性的姿态。正是在这一点上,海德格尔受惠于胡塞尔最多。

直到晚年,海德格尔也没有放弃"面向事情本身"这一现象学的原则。在"哲学的终结和思想的任务"(1964年)一文中,海德格尔对被胡塞尔称为"一切原则的原则"的"面向事情本身"这一现象学原则作了批判性的分析,但他的批判同样也只限于胡塞尔对"事情"的理解上,而对这一原则本身以及相应的方法依然持肯定的态度。海氏所不满的,是胡塞尔的"先验还原"的归宿——即作为哲学之"事情"的"先验主体性"。②

在"我进入现象学之路"(1963年)一文中,海德格尔回顾了自己早年走上现象学道路的经历,其中在方法意义上特别强调了"现象学的看"。海德格尔写道:"当我在 1919 年以后,在胡塞尔身边教和学的同时练习了现象学的看,并且与此同时试图在一个讨论班上对亚里士多德做一番改造性的理解之后,我的兴趣便再次指向了

---

① 海德格尔:《现象学的基本问题》,《全集》第 24 卷,美茵法兰克福,1975 年,第 29 页。

② 海德格尔:《面向思的事情》,德文版,图宾根,1976 年,第 68 页。

《逻辑研究》,特别是第一版的'第六研究',其中所强调的感性直观与范畴直观之间的区别,在其对于规定'存在者的多重含义'的作用方面向我显露出来。"①而在此期间,海德格尔的老师胡塞尔本人又出版了《纯粹现象学和现象学哲学的观念》一书(1913年),他的思想已经朝着一个新的领域——即"先验主体性"——拓展,而不再重视他自己的奠基之作《逻辑研究》了。在胡塞尔眼里,他的得意门生海德格尔也已经跟不上自己的思路了,因为海德格尔还坚持在《逻辑研究》的水平上理解现象学。

海德格尔确实只重视胡塞尔的《逻辑研究》。正是胡塞尔在《逻辑研究》中确立的现象学方法,"现象学的看",特别是"范畴直观"(kategoriale Anschauung),把海德格尔带上了存在问题的追问道路。我们看到,在《时间概念的历史引论》(1925年夏季学期马堡讲座)中,海德格尔以相当大的篇幅,对现象学的成就进行了总结,把它概括为三大"基本发现",即"意向性"、"范畴直观"以及"先天性的源始意义"。海德格尔对"意向性"、"范畴直观"和"先天性"的理解,当然是与现象学前辈有所区别的,这一点在此不能深究,应另文予以探讨。② 按海德格尔的总结,他凭借"意向性"获得了真正的"事情域"(Sachfeld)、凭借"先天性"获得了考察意向性之结构的"角度"(Hinsicht),而"范畴直观""作为对意向性结构的源初把握方式乃是现象学研究的处理方式、方法"。③ 总之,在海德格尔看来,现象学研究的"事情域"是"在其先天性中的意向性",而"范畴直观"正是这

---

① 海德格尔:《面向思的事情》,德文版,图宾根,1976年,第86页。
② 海德格尔:《时间概念的历史导论》,《全集》第20卷,德文版,美茵法兰克福,1979年,第34-102页。
③ 海德格尔:《时间概念的历史导论》,《全集》第20卷,德文版,美茵法兰克福,1979年,第109页。

种研究的基本方法。

通常认为"直观"总是感性的、经验的。胡塞尔则在《逻辑研究》中指出：不仅有针对个体具体事物的"感性直观"，而且也还有针对一般物（本质）的"本质直观"，一般观念（本质）的根源也在直观之中。胡塞尔的这种想法是对"直观"概念的扩展，也是对近代知识学哲学传统的一种批判。近代哲学各派主张各异，但总认定一般观念是通过思维的抽象（如比较、概括等）而获得的。例如，我们通过对许多个红色事物的比较，发现它们具有这种相同的颜色，于是就形成了"红"这个一般观念。但胡塞尔却指出，首先，我们不能把颜色的相似性看做颜色的同一性，而且实际上，对相似性的确定必然是以某种同一性（实即"红"这个观念对象）为前提的，若没有这个前提，比较活动就无法进行。近代知识学哲学的最大弊病，是没有看到意识的意向性特征，尤其是没有看到，有这样一种特殊的意识行为，是以观念或一般物为意向对象的。虽然胡塞尔也说"抽象"，但他所说的却是"观念直观的抽象"，在这种"抽象"中被意识到的，乃是"观念"或一般物。[1]

由"本质直观"想开去，胡塞尔在《逻辑研究》的"第六研究"中专题讨论了"感性直观与范畴直观"。根据海德格尔的认识，"范畴直观"这一"发现"证明了以下两点：其一，存在着一种对"范畴性的东西"（das Kategoriale）的质朴的把握；其二，这种质朴的把握包含于最日常的知觉和每一种经验之中。[2] 海德格尔的这一概括是合乎胡塞尔的本义的。在一个简单的知觉判断中，例如"这花是红的"，花及其红色是我们可以直接知觉到的，但"这"和"是"，却不是我们能

---

[1] 胡塞尔：《逻辑研究》第 2 卷第 2 部分，德文版，海牙，1984 年，第 162 页。
[2] 海德格尔：《时间概念的历史导论》，《全集》第 20 卷，德文版，美茵法兰克福，1979 年，第 64 页。

直接知觉的。我们能够看见颜色,但看不见颜色的"是"("存在")。我们看不见"是红色"这回事情。所以,海德格尔指出:在完全的知觉陈述中,包含着一种"意向盈余"(Überschuβ an Intentionen),对这种意向的明示不是质朴的事实知觉能承担的,而必须通过范畴直观。①

在传统哲学中,非感性的东西、"范畴性的东西"被归于主体内在意识,是在对判断或判断行为的反思中给出的。而胡塞尔则明言:"事态和存在(在系词意义上)概念的真正根源并不在于对判断的反思或者毋宁说对判断之执行的反思中,而只在于判断之执行本身中;并非在这些作为对象的行为中,而是在这些行为的对象中,我们才找到了上述概念之实现的抽象基础。"②海德格尔把这一点看做"范畴直观"这个重要发现的真正意义。观念性的、范畴性的东西并不就是内在的东西,主观的东西,它并不是主体意识行为的制作物,也不是思维、主体的功能,而是在某种直观行为中显现出来的。海德格尔说:"这样一种直观方式的可能性,以及在这种直观中呈现出来的东西的可能性,为我们对这些观念性对象的结构的揭示提供了基础,也就是说,为我们对范畴的制定工作提供了基础。换言之,随着范畴直观这一发现,我们首次赢获了一条通向一种明示性的、真正的范畴研究的道路。"③显然,在海德格尔看来,有了"范畴直观"这一发现,存在学研究的一条新路展现出来了,他孜孜以求的存在问题有了重新解答的可能性。

---

① 海德格尔:《时间概念的历史导论》,《全集》第20卷,德文版,美茵法兰克福,1979年,第77页。
② 胡塞尔:《逻辑研究》第2卷第2部分,德文版,海牙,1984年,第141页。
③ 海德格尔:《时间概念的历史导论》,《全集》第20卷,德文版,美茵法兰克福,1979年,第98页。

不过,胡塞尔并没有像海德格尔那样深入到存在学维面,他依然固执于意识领域。现在也许我们可以说,通过同样的"看"法(即"现象学的看"),遵循同样的现象学原则(即"面向事情本身"),海德格尔却与胡塞尔"看"出了不同的"事情本身"。按海德格尔的说法,他与胡塞尔的基本的分歧就在于:"依据现象学原理,那种必须作为'事情本身'被体验的东西,是从何处并且如何被确定的?它是意识和意识的对象性呢,还是无蔽与遮蔽中的存在者之存在?"①

如上所述,海德格尔理解的"现象学方法"的第二个"基本环节"是"现象学的建构",按海氏的说法,就是对"预先确定的存在者"的"筹划"(Entwerfen)。所谓"预先确定的存在者",就是海德格尔在《存在与时间》之"导论"中先行指明的具有"三重优先地位"的"此在"(Dasein)。亦即说,"现象学的建构"是对"此在"这个"存在者之存在及其结构"的"筹划"或"理解"。因此,"现象学的建构"这个方法"环节",在海德格尔的现象学存在学思路中落实为"此在的解释学",或"此在的实存论分析"。

我们知道,从"存在"问题进入到"此在"问题,这在前期海德格尔的思路中是必然的一步,或者说,"此在"分析是海德格尔所做的存在之追问的必由之路。同样地,作为方法的现象学亦要必然首先贯彻为"此在的现象学"。但这里所谓的"此在的现象学"又是如何演变为"此在的解释学"的呢?

在海德格尔看来,现象学作为存在学的方法是"事情本身"(存在本身)所要求的。"事情本身"要求以"直接的展示和直接的指示"

---

① 海德格尔:《面向思的事情》,德文版,图宾根,1976年,第87页。就此而言,我们可以同意以下说法:海德格尔对胡塞尔的赞同只是在"形式现象学"的第一层次上的赞同;而一旦进入"内容现象学"的阶段,差异便显示出来了……。参看倪梁康:《现象学及其效应——胡塞尔与当代德国哲学》,三联书店,1994年,第199页。

的方式来加以"描述"(Deskription),而不是以逻辑推导来加以"论证"。进一步,海氏认为,这种现象学的"描述"的方法意义就是"解释"(Auslegung)。"此在的现象学的 logos 具有 hermeneuein(解释)的性质;通过解释,存在的本真意义与此在本己存在的基本结构就向归属于此在本身的存在之理解宣告出来。此在的现象学就是解释学;这是就解释学一词的源始词义讲的,而据此词义来看,解释学标志着这项解释工作。"①这是解释学的第一重意义。进而,解释学的第二重意义是"整理出一切存在学探索之所以可能的条件"。而第三重意义——也是首要的意义——是对实存的实存论状态的分析。作为此在的存在之解释,解释学就是此在的实存论分析。

海德格尔由此确定了"一切哲学探索的准则":"哲学是普遍的现象学存在学,它是从此在的解释学出发的,而此在的解释学作为实存的分析工作则把一切哲学发问的主导线索的端点固定在这种发问所从之出且向之归的地方上了。"②在海德格尔看来,只有存在和存在结构才能成为现象学意义上的"现象",而"存在是在筹划中被理解的,而不是在存在学上被理解的"。唯此在这个存在者才具有存在之理解,唯此在是以"存在之理解作为它的存在的构成因素"的。因此,"实存论上的理解"成为关键之所在。海氏认为,"理解"是此在的源始的存在方式,认识、思维、直观都只是"理解"的衍生物。"就连现象学的'本质直观'也植根于实存论的理解"。③ 显然,海德格尔试图以实存论-解释学上的"理解"来超越胡塞尔现象学的纯粹理论倾向。不过我们也应当看到,海德格尔这样一种观点说并没有否认作为方法的现象学的"本质直观"的意义。

---

① 海德格尔:《存在与时间》,德文版,图宾根,1986 年,第 32 页。
② 海德格尔:《存在与时间》,德文版,图宾根,1986 年,第 38、436 页。
③ 海德格尔:《存在与时间》,德文版,图宾根,1986 年,第 147 页。

与"理解"相应,海德格尔同样也把"解释"看做一个实存论概念(实存性质),由此展开了他的解释学的"理解－解释"理论。① 我们已可以看出,海德格尔是在实存论－解释学的基础上,赋予现象学以"解释"的意义,在此基础上使得"此在的现象学"与"此在的解释学"相同一。这显然是海德格尔对胡塞尔现象学的一个改造,即把现象学改造为"解释学的现象学";而同时,我们也可以说,这是海德格尔对解释学的一种改造,即把解释学改造为"现象学的解释学"。就此而言,现象学和解释学在海德格尔那里是一回事。实际上,早在1920年前后的早期弗莱堡讲座中,海德格尔就提出了"现象学的解释学"(phänomenologische Hermeneutik)这个名称,形成了他前期的实存论解释学的基本思路。②

作为此在的存在之解释(此在的实存论分析),海德格尔的解释学如何呈现出他所理解的"现象学方法"的第二个环节——"现象学的建构"? 对海德格尔的"现象学的解释学"来说,这个问题实际上已经不成其为问题了。我们看到,《存在与时间》之"第一部"计划分为三篇,海德格尔完成了前两篇。第一篇为"准备性的此在基础分析";第二篇为"此在与时间性"。第一篇的基本任务是对此在的基础结构即"在世界之中存在"(In-der-Welt-sein)这个"整体现象"的解释,把此在"在世"的结构整体的整体性揭示为"烦"(Sorge)。进一步,在第二篇中,海德格尔的目标是要把"时间性"解释为"此在在世"的整体结构的"根据",也就是此在之存在的"意义"。所有这些对于此在之存在结构及其存在意义的分析工作,在现象学上讲是

---

① 海德格尔:《存在与时间》,德文版,图宾根,1986年,第32节。中文研究可参看倪梁康:《现象学及其效应——胡塞尔与当代德国哲学》,三联书店,1994年,第176页以下。

② 在海德格尔早期弗莱堡讲座中:1919年夏季学期讲座《现象学与先验的价值哲学》和1921/22冬季学期讲座《对亚里士多德的现象学阐释——现象学研究导论》。

"建构",在解释学上讲就是"筹划"或"理解－解释"。

最后一个环节是"现象学的解构"。首先需指明一点:海德格尔所谓"解构"(Destruktion),并非后起的法国的德里达的"消解"(deconstruction,汉语学界也有译之为"解构"者)。当然,这两者是有一定的联系的。据德里达自称,他的"消解"一说,无论在字面上还是在意义上,都是承接海德格尔的"解构"(Destruktion)而来。海德格尔对西方形而上学的批判性分析对后现代主义思潮是有启发作用的。但是,海德格尔的作为现象学方法的"解构",仍与德里达的激进的"消解"有一定的距离。

在日常德语中,"解构"(Destruktion)的意思是"毁坏、破坏"等。这种日常的意义也许恰恰与时下德里达所谓的"消解"相接近。但在海德格尔的用法中,此词并没有过于强烈的摧毁性、破坏性的意义。这是海德格尔多次强调过的一点。

根据我们目前掌握的材料来看,海德格尔在1923年夏季学期的早期马堡讲座《存在学》中,最早使用了"解构"(Destruktion)一词,其中出现了"现象学的－批判的解构"、"解构"、"历史的解构"等说法。① 在那里,海德格尔也使用了"拆解"(Abbau)一词。德语名词Abbau(其动词为abbauen)有"拆卸、分解、消除"等意思。在海德格尔看来,这个Abbau与Destruktion同义。

"解构"首先是针对存在学哲学传统的。在前述《存在学》讲座中,海德格尔说:"哲学问题的传统必须被追踪到事情源泉那里。传统必须被拆解。唯由此,一种源始的事情态度(Sachstellung)才是可能的。""对传统的批判性拆解"在这里意味着:"回到希腊哲学,回到

---

① 海德格尔:《存在学(实际性之解释学)》,《全集》第63卷,德文版,美茵法兰克福,1988年,第89、105－107页。

亚里士多德那里,以便看到某种源始的东西如何脱落和被掩盖,而我们就处身于这种脱落(Abfall)中。"①在海德格尔看来,自希腊以降的西方存在学哲学传统遮蔽了存在的意义问题,使得这个问题不仅没有充分提出,而且是被付诸遗忘了。因此,海德格尔在《存在与时间》中说:"若要为存在问题而把这个问题本身的历史透视清楚,就需要把僵化了的传统松动一下,就需要把由传统作成的一切遮蔽打破。我们把这个任务了解为:以存在问题为线索,把古代存在学传下来的内容解构为一些源始经验。"②

"解构"是对传统的"松动"、"打破",是"去除遮蔽"。就此而言,"解构"是否定性的,是消极性的;但是,这样一种消极的意义并不是主要的、显明的,而且"解构"也并不是要"摆脱存在学传统"。"解构"同时有一种积极的意义。"这种解构倒是要标明存在学传统的各种积极的可能性,而这意思始终是说:要标明存在学传统的限度……。这一解构并不是想把过去埋葬入虚无之中,它有其积极的意图;它的消极作用始终是隐而不露的、间接的。"③

所谓"解构",在海德格尔那里就是对构成存在学历史之基础的源始经验的源始"居有"(Aneignung),直白地讲,也就是要占有一些源始经验,存在学历史上的主导性的存在规定和基本概念就是借这些源始经验而取得的。这样一种"解构"一方面是积极的,是对存在学的各种积极可能性的揭示;另一方面是消极的,要揭示存在学传统的限度——但这种消极的意义却不能等同于"破坏"或"毁灭"。

在海德格尔看来,"解构"实为"建构"的另一面,或者说,两者是

---

① 海德格尔:《存在学(实际性之解释学)》,《全集》第63卷,德文版,美茵法兰克福,1988年,第75-76页。
② 海德格尔:《存在与时间》,德文版,图宾根,1986年,第22页。
③ 海德格尔:《存在与时间》,德文版,图宾根,1986年,第22-23页。

"共属一体"的。"现象学的解构"必然属于"对存在的还原性建构"(reduktive Konstruktion des Seins)。① 我们不能抽象地把"解构"与"建构"并列,尔后再把两者联系起来。因为"解构"在海德格尔那里本身就是"建构性的"(konstruktiv),也即并不是单纯破坏性的;同样地,"建构"本身也是"解构性的"(destruktiv),它作为实存论的解释学,亦即作为由先有、先见和先握所规定的解释,有排除其他建构(构造)的倾向。

"解构"的必然性以及"解构-建构"的共属一体性的根据在于"事情本身"("存在")。海德格尔认为,现象学的"现象"就是存在者之存在和存在的意义,但"现象"首先而且通常是未给予的,所以才需要现象学。② 也就是说,作为"现象"的存在往往是被遮蔽着、被掩蔽着的。遮蔽状态必然地属于"现象"("存在")。希腊思想中的Aletheia 正是对存在的无蔽-遮蔽运作的源初经验。③ "现象学的解构"就植根于此。"建构-解构"的一体性植根于存在的无蔽-遮蔽的一体性。

在此意义上,也即在"建构"与"解构"的一体性的意义上,我们便可以理解海德格尔的以下说法:"(解释学就是解构!)唯如此,才能说明这种解释学的-解构性的研究的源始性。"④"解构"如同"建构",也是一种"解释",是一种基于历史性的理解的"解释"。我们可

---

① 海德格尔:《现象学的基本问题》,《全集》第 24 卷,德文版,美茵法兰克福,1975年,第 31 页。
② 海德格尔:《存在与时间》,德文版,图宾根,1986 年,第 36 页。
③ 人们往往倾向于把海德格尔所谓的"遮蔽状态"以及以这种"遮蔽状态"为根基的"存在之被遗忘状态"设想为贬义的、消极。海德格尔告诉我们,这正是有失偏颇的传统形而上学思维的陋习。
④ 海德格尔:《存在学(实际性之解释学)》,《全集》第 63 卷,德文版,美茵法兰克福,1988 年,第 105 页。

以说,在实存论-解释学的基础上的"解构"更显突出"理解-解释"的历史性。

在《存在与时间》中,海德格尔旨在以"时间"问题为境域追问存在问题。因此,对存在学历史的"解构"亦需以"时间"问题为引线。海德格尔说:"按照解构的积极倾向,首先必须设问:在一般存在学的历史发展过程中,对存在的阐释是否以及在何种程度上曾经或者至少曾能够与时间现象专题地结合在一起,为此所必需的时间状态问题是否在原则上曾被或者至少曾能够被清理出来?"①带着这样一个问题,海德格尔抓住存在学历史上的三大哲学家,即康德、笛卡尔和亚里士多德,计划在《存在与时间》第二部中进行这项"存在学历史之解构"的工作。计划中的第二部的标题就叫做:"依时间状态问题为引线对存在学历史进行现象学解构的纲要"。但众所周知,《存在与时间》之第二部未能完成。这是不是意味着:海德格尔未能充分实施他的现象学方法的第三个环节——现象学的解构呢?

在早期弗莱堡时期(1920年代初),海德格尔主要展开了对亚里士多德哲学的现象学阐释。我们现在可以看到海德格尔《全集》之第61卷(《对亚里士多德的现象学阐释》,1921/22年冬季学期讲座)和第62卷(《对亚里士多德的有关存在学和逻辑学论文的现象学阐释》,1922年夏季学期讲座)。海德格尔后来回顾自己的思想经历,对他在1920年前后所做的对亚里士多德的现象学阐释——也许我们可以视之为海氏的"解构"计划的一部分——殊为重视,因为海德格尔借此得以把Aletheia洞察为"无蔽状态",把Ousia即存在者之存在洞察为"在场",而这样一来,海氏说他也就搞清楚了现象学原

---

① 海德格尔:《存在与时间》,德文版,图宾根,1986年,第23页。

则——"面向事情本身"——的意义和作用了。①

在《存在与时间》第一部出版后几年内,海德格尔显然很想把原先计划好的第二部做完。1927年夏季学期,海德格尔在马堡大学讲授《现象学的基本问题》一课,其中第一部分叫做"对几个传统的存在论题的现象学 - 批判的讨论",明显是续做"存在学历史之解构"工作。1927/28年冬季学期讲授《对康德纯粹理性批判的现象学阐释》一课(现为海德格尔《全集》第25卷);在此基础上,海氏1929年出版了《康德与形而上学问题》一书。此间海德格尔对康德的关注和解释绝非偶然,因为康德就属于上述海氏的"解构"计划的第一个对象。

但尽管如此,海德格尔最终仍未能按原来的计划,系统完成他对存在学历史的"解构"工作。从1930年代开始,海德格尔实行了其思想的"转向"(Kehre)。随着这种"转向",海德格尔形成了他的"存在历史"观。海德格尔前期的"存在学历史之解构"演变为后期的"形而上学之克服"。这不仅仅是提法上的不同,实际上也呈现着海德格尔思想的一个深化和变化。"形而上学之克服"基于海德格尔对"存在历史"(Seinsgeschichte)的理解。② 在方法上,我们可以认为,现象学的"解构"深化并且具体化为海德格尔后期的存在历史上的一种独特的语言分析——"词源学分析"了。

在1930年代的讲座《尼采》中谈到前期的"现象学的解构"时,海德格尔说:"这种解构与'现象学'和一切解释学的 - 先验的追问

---

① 参看理查德森:《海德格尔——从现象学到思想》,英文版前言,海牙,1974年,XIII;海德格尔:《面向思的事情》,德文版,图宾根,1976年,第87页。
② 关于海德格尔的思想"转向"以及海氏的"存在历史"观,参看本书第一章第六节、第二章第一节。

一样,尚未在存在历史上得到思考。"①这是海德格尔对他自己前期哲学立场的自我反思。后期海德格尔少用——甚至"取消"了——"现象学"和"解释学"两词,固然与他的思想"转向"相联系,但正如海德格尔本人所说的,他这样做并不是要否定现象学的意义,而是为了让他的思想"保持在无名之中……"。②

然而我们又如何耐得住这种"无名"?海德格尔的"无名"之思,我们仍可以命之为"现象学的解释学"。

综上所述,我们认为:"还原－建构－解构"相统一的现象学方法,对于1920年代的海德格尔的哲学思路具有"构成性的"意义,也体现了海德格尔对现象学哲学和现象学方法的独特理解。在"还原－建构－解构"三个基本环节中,"还原"集中标志着海德格尔对现象学原则的坚持,以及他对现象学的基本方法(特别是现象学的"本质直观"和"范畴直观")的接受,海德格尔由此赢获了他的现象学哲学的"事情域";"建构"呈现为海德格尔前期哲学的建设性部分,即此在的实存论分析,或此在的解释学(现象学);而"解构"则标明了海德格尔对于西方存在学传统的现象学批判态度。在实存论－解释学基础上的"建构－解构"的统一,体现了海德格尔力图把胡塞尔的现象学与德国解释学哲学传统结合起来的尝试。海德格尔前期哲学应合乎实情地被称为"现象学的解释学"。它在海德格尔后期思想中更有了深化。

现象学的"还原－建构－解构"虽然是海德格尔在1920年代标举的思想姿态,但显然,这种思想姿态也是1930年代以后的海德格尔所坚持和采取的。我们可以把它理解为海德格尔力图公正地对待

---

① 海德格尔:《尼采》,第2卷,德文版,弗林根,1961年,第415页。
② 海德格尔:《在通向语言的途中》,德文版,弗林根,1986年,第121页。

思想的"事情"以及整个西方哲学文化史的一种努力。这是一种基本的思想姿态。

第三节　此在与主体形而上学批判

我们回头来看"此在"。海德格尔一番"有-无"之辨,已初步把他的"哲学史观"挑明:一部形而上学史,就是"忘在"的历史。形而上学自始就把存在与存在者混为一谈;更确切地说,是把存在本身与存在者之存在混为一谈了。历史上只有"在者"之学(哲学和科学),根本还没有"存在学"。海德格尔并且高屋建瓴,严肃地断言"存在之被遗忘状态"乃是西方人的根本命运。

存在被遗忘了。这一"忘"忘在根本处。因为忘在根本处,这一"忘"还带出了一系列十分蹊跷的"忘":人被遗忘了,世界被遗忘了,真理被遗忘了……亟待正本清源,揭露所有这些"遗忘"并将其带至"边缘状态"。

说存在被遗忘了,似还勉强可听。但甚至说人被遗忘了,这未免有悖于大势。当今之世,哲学中也还在张扬着"人学"和"主体性"。关于人的科学,林林总总的各个专门,不断提供出关于人的新"信息"。自近代以来,人一直被哲学赋以"抽象"的高度。理性、自由、尊严,现代人的伟岸形象,是令人难"忘"的。人如何被遗忘了?

人在海德格尔那里被叫做 Dasein(此在)。① 借"此在"问题,海德格尔意在恢复人的本来面目。人的本来面目早已被"忘"在哲学和科学中了,特别是被"忘"在传统形而上学的"人学"中了。而传统

---

① 熊伟先生最早建议把 Dasein 译为"亲在",颇具意味。但本人认为,学术翻译首先应该尊重字面,而从字面上看,Dasein 就是"在此存在"。此外,这个字面的翻译也可应用于德国古典哲学以及此后其他德国哲学家所使用的 Dasein。

形而上学关于人的观念突出体现在"主体"概念上。所有哲学和科学的人的学说都在形而上学的"主体"(Subjekt)身上有其根源。显然,海德格尔称"此在"而不称人,更不说"主体",这是别有一些用心的,其基本的用心就是要批判"主体形而上学"。

所谓"主体形而上学",我们在此先简单地界定如下:

一、主体形而上学是古代存在学的近代"翻版",或者说,是亚里士多德的实体形而上学和柏拉图的理念论在近代的综合;照海德格尔的说法,即是承接希腊存在学之本质部分的近代"形而上学"和"先验哲学"。①

二、主体形而上学以主体-客体分离(人与自然之"对立")的知识学世界图式为显明特征,构成了近代以来形形色色的人道主义(人本主义)和人类中心论思想的基础。

三、主体形而上学具有"方法论唯我论"之特点。它的哲学讨论的核心课题是"意识"("自我")分析;"唯我论"则构成这种知性逻辑的"意识"分析的方法论前提。②

对海德格尔的存在学改造的思路来说,从"存在"问题跨到"此在"问题是十分自然的。存在是"一",所谓"存在地地道道是超越"。但存在这个绝对超越的"一"必在"多"中显现自身。有待在"多"的存在者中寻求通道以达乎存在。这就是说,须得从存在者入手问存在。存在者既为"多",则必遴选出一种存在者作为切入口和出发点。海德格尔说,这种存在者只可能是我们人本身。因为只有我们

---

① 海德格尔:《存在与时间》,德文版,图宾根,1986年,第22页。
② 毫无疑问,近代主体哲学(主体形而上学)的开端在笛卡尔的"我思故我在"(cogito ergo sum)中。"我思"(cogito)的自明性和不可怀疑性乃是近代哲学的逻辑起点和方法论原则。关于近代哲学形而上学的"方法论唯我论"特征,现代西方思想家已多有揭露,特别可参看 K.-O. 阿佩尔:《哲学的改造》(两卷本),德文版,美茵法兰克福,1973年。

所是的这个存在者才能够向存在发问,这一发问表明我们是与存在相关的。人不但有"喏,我在这儿"这样的觉悟,而且也能与非人的存在者的存在发生关联。足见人这个存在具有特殊的"存在关系",所以才叫 Dasein(此在)。存在之谜就在这个 Dasein 中了。

唯这个"此在"领悟存在。海德格尔称"此在"这个存在者的存在为"实存"(Existenz),并且说此在的存在就是"去存在"(Zu-sein)。所谓"去存在",一方面表明此在的存在总是自我相关的,总是必须承担它自己的存在,作出"自我选择"(萨特后来说:不选择也是一种选择!)。另一方面,它也说明此在领有特殊的"超越性"。"去存在"是一种"可能之在"。此在总是"超出"它当下之所是。无论我们把此在描写成"什么",它总是要"多"出这个"什么"。"此在总是作为它的可能性来存在。"①这也就是萨特所说的"实存先于本质"。② 这一层意思,生命哲学家齐美尔说得更加朴素:生活就是多多地生活。而在海德格尔看来,此在的这种"去存在",这种"可能之在",正表明此在是趋向于作为"绝对超越"的存在本身的。此在的"超越性"的存在正是存在本身的"超越"的展开。

海德格尔理解此在享有"优先地位"。芸芸存在者中,只有此在领悟存在,只有此在的存在才是"实存",可见此在"在存在者状态上"是出类拔萃的;此在是"去存在",是具有"存在关系"的存在者,足见它"在存在学上"也是优先的,它本身就是"存在学的"。所以此在乃是一切存在学的可能性条件。没有此在实存,一切存在学都无从谈起。故海德格尔认为,对此在作一番实存论的分析,就是存在学的基础性工作;而这种实存论分析本身就构成了"基本存在学"。

---

① 海德格尔:《存在与时间》,德文版,图宾根,1986 年,第 42 页。
② 这个命题通常被译为"存在先于本质"或"生存先于本质"。

这样一个"优先的"此在是十分触目的。它本身就具有"中心"或"基础"的作用。海德格尔却要借此在来反作为"中心"和"基础"的主体。且让我们来看看他的这一"反"。

在《存在与时间》中，海德格尔首先把"在世界之中存在"立为此在的基本结构，来展开他的实存论分析。"在世界之中存在"（In-der-Welt-Sein）是海德格尔用连字符拼接四个单词而生造出来的一个词。生造这个词的目的是为了强调它所意指的现象的统一性。此在实存就是"在世界之中存在"（简译"在世"）。"在世"是一个整体现象。既为一整体现象，就有解析的困难，不得已还必须把它分解为诸构成因素作具体的领会，才能对"在世"整体现象有深入的统观。但在分解之前，首先必须规定了"在世"的整一性。这里含有一个"解释学循环"。

为突出"在世"现象的源始整一性，海德格尔喜欢说：此在"总是已经""在世界之中存在"了。我们看到：在海德格尔的行文中，"总是已经"（immer schon）或"一向已经"（Je schon）频繁出现，可以说是理解海德格尔思想的一个关键词语。此在**总是已经**在世界中了——这一说也许已经把传统知识学的先验问题化解或者搁置起来。凭这一说，海德格尔得以反对传统形而上学的主体-客体对立的世界图式。

在先行设定"在世"现象的整体性的前提下，海德格尔端出这一整体结构的三个"构成环节"：世界，在世界之中存在的存在者和这个存在者的存在方式。这就是要问：何谓世界？谁在世界中？这个"谁"如何在世界之中？海德格尔对诸构成环节的分析探幽入微、曲折繁难。我们在此不拟对之做亦步亦趋的全面的"再解释"，而仅想围绕我们设定的"此在与主体形而上学批判"的专题，做一个难免挂一漏万的讨论。

"在世界之中存在"的"在之中"(In-sein)就很有深义。海德格尔认为,澄清这个"在之中"的含义,实可以为"在世"分析判定方向。通常我们习惯于在物体领域内来了解这个"在之中",把它当作广延物体之间的空间包含关系,譬如说,水在杯子"之中",衣服在柜子"之中"。但在海德格尔看来,这种"之中"说的是非此在式的现成存在者的存在关系,而他所讲的"在之中"却是另一回事情。"在之中"首先并不是一个规定非此在式的存在者的"范畴",而是指此在的一种存在机制,是一个"实存畴"。这就表明,我们不能在"什么"(Was)意义上来理解这个"在之中",而是要在"如何"(Wie)意义上来理解。

海德格尔对"在之中"作了一番词源分析。据他认为,在源始意义上,"之中"(In)根本不是指现成物在空间上的包含关系,而是有"居住"、"逗留"、"熟悉"、"照料"等动词意义的;而"存在"(sein)的第一格"bin"(我是)又联系于"bei"(寓于),可见"我是"或者"我在"就是说:我居住于世界中,我把世界作为熟悉之所而依寓之、逗留之。因此,"存在"(sein)就意味着:居而寓于……,同……相亲熟。① 作为一个"实存畴","在之中"(In-sein)的意思就是"同……相亲熟"(Vertrautseins-mit)。

这一番"释义"对海德格尔的"在世"学说来讲是十分关键的,它传达出海德格尔的两个反主体形而上学的主张。

首先,上述意义上的"在之中"挑明了此在与世界的源始一体性,从而构成了一种对形而上学的主-客分离的"世界观"的反动。此在源始地就与世界相"亲熟","依寓于"世界而存在,或者说,是融身在世界之中而与世界浑然一体的。海德格尔的下面这段话把矛头

---

① 海德格尔:《存在与时间》,德文版,图宾根,1986年,第54页。

直逼主体形而上学:

> 并非人"存在"而且此外还有一种对"世界"的存在关系。仿佛这个世界是人碰巧附加给自己的。此在绝非"首先"是一个仿佛无须乎"在之中"的存在者,仿佛它有时心血来潮才接受某种对世界的关系。只**因为**此在如其所在地就在世界之中,所以它才能接受对世界的关系。①

根本说来,此在与世界并无"关系",是亲密无间的一体。而传统形而上学却看不到这样一种源始的"在之中",而是把人与"世界"(自然)的关系理解为一种现成性的空间存在关系。"世界"被当作一个"容器",而人就在这个"容器"之中。在"容器"中的人才会把这个"容器"当作一个"外部世界"。海德格尔当然没有否认作为存在者的此在有"在空间之中的存在",但他认为,这种空间存在只有基于源始的"在世界之中存在"才是可能的。

其次,上述意义上的"在之中"还揭示出此在存在的源始方式。此在存在就是"依寓……存在",海德格尔称之为"照料"(Besorgen)。而在我们看来,最能传达这种"依寓……存在"的意思的,其实还是海德格尔所讲的"悟"(Verstehen,或译领会、理解)。② "悟"不是人的诸种心智活动方式之一种,毋宁说,它是在人类的诸种心智方式之"先"的一种整体性的存在方式。伽达默尔正确地指出,海德格尔的"悟"(理解)是"在世的此在的源始的实行方式","是人类生

---

① 海德格尔:《存在与时间》,德文版,图宾根,1986年,第57页。
② 从海德格尔的实存论存在学角度出发,我总以为把 Verstehen 一词译为"理解"和"领会"还不到位、还不够味道,而更愿意考虑把它译为"悟"或"领悟"。

活本身的源始的存在特性"。① 所有人类的片面化了的活动和分化了的精神向度,都源出于"悟"这一源始整一的存在特性。我们需得从海德格尔的"在之中",即基于海德格尔的"在世"说,来领悟他的"悟"。

通过对"依寓……存在"(sein-bei)的揭示,海德格尔试图超越主体形而上学的知识观点,即以主-客体对立为模式的知识学观点。在海德格尔看来,只是因为我们**总是已经**"依寓于"世内存在者而存在,**总是已经**与我们以各种"烦忙"方式所交道的存在者相"亲熟",我们才可能具有"认识"(Erkennen)这种特殊方式,才可能有"知识"。"知"(认识)无非是"依寓……存在"("照料")的一种方式,是"悟"的一种样式而已。"悟"与"知"之间可以说有着一种"源"与"流"的关系,源始整一的"悟"包含了"知",而"知"无非是"悟"的一种分化了的样式而已。以海德格尔的话来说:"认识理想本身只是悟的一种变体。"②

虽然"知"是从出于"悟"的一个变体,但西方精神和文化中却一任这种"知"占尽了上风,"知"作为"悟"的一个变体倒反过来与"悟"相抵触。海德格尔道出了"知"与"悟"的关系:

> 知性无论是"理论的"还是"实践的",都只烦忙于可由寻视周览的存在者。知性的别具一格之处在于它只意味着经验"事实上的"存在者,以便摆脱对存在的悟。它忽视了:虽然不见得已理解了存在,但只有"事实上"已领悟了存在,才能经验到存在者。知性误解悟。所以,凡超出知性了解之外和要超出知性

---

① 伽达默尔:《真理与方法》,德文版,图宾根,1965年,第245-246页。
② 海德格尔.《存在与时间》,德文版,图宾根,1986年,第153页。

了解之外的,知性就必然把它说成是"强行暴施"。①

"认识"("知")是在世的一种存在方式。形而上学的知识学(认识论)却把认识当作主体与客体之间的一种"关系",而且是突出的具有支配地位的"关系"。于是,在知识学的主－客模式中就出现了下面的问题:认识主体如何从它的内在范围出来而进入一个不同的外在范围,即达到一个外在客体?认知如何能有一个对象?认知如何"超越"到所谓"外部世界"那里?究竟有没有一个实在的"外部世界"?诸如此类的知识学的经典问题,在海德格尔的"在世"学说看来却都是不成其为问题的。

拿"外部世界的实在性"这个古老难题来讲,传统的意见不外有三:实在论者认为"外部世界"是实在的,而且是主体意识能达到的;唯心论者说根本就没有"外部世界",世界是我的世界,是我的意识;怀疑论者则主张我不可能知道有没有"外部世界"。海德格尔认为,凡此种种意见,乃至于"外部世界"问题的提出,都是由对世界现象的无知所致。要说此在有什么"外部",不如说此在总是已经"在外"了。"有所规定地滞留于有待认识的存在者那里,这并非离开内在范围,而是说,此在的这种依寓于对象的'在外存在'就是真正意义上的'在内'。这就是说。此在本身就是作为认识着的'在世界之中'。"②此在总是已经"在外",而这也即说,此在总是已经"在内"——"在世界之中存在"。

立足于"在世"现象,海德格尔还揭露和批判了主体形而上学的方法论上的"唯我论"前提。在海德格尔看来,对诸如"外部世界的

---

① 海德格尔:《存在与时间》,德文版,图宾根,1986年,第315页。
② 海德格尔:《存在与时间》,德文版,图宾根,1986年,第62页。

实在性"之类的问题争执不休的知识学各派,虽然看起来态度不一、意见相左,其实却有着一个根本的共同点,即他们都把"一个最初无世界的主体"设为前提了。这就是说,主体形而上学各派有着一个共同的方法论上的"唯我论"前提:一个孤立的"自我"或"主体"。

这个"唯我论"前提在近代哲学的开端之际就由笛卡尔建立起来了。他的"我思故我在"(cogito ergo sum)首先在逻辑上设立了"我"这个思维实体,然后来研究思维实体与物质实体的关系。有了这个开端,近代知识学就把主体(思维)与客体(物质)的关系当作哲学的根本问题来讨论。但海德格尔认为,主体形而上学的这个方法论前提("我思故我在")却是"无根基的"。诚然可以说,笛卡尔的"我思故我在"使哲学的眼光转向了"我在"(sum),从而实现了近代哲学的一个"转向"。不过这一"转向"还不是存在学上的。在存在学上,笛卡尔的立场依然是古代式的。因为"他在这个激进的开端处没有规定清楚的就是这个能思之物的存在方式",也即没有规定清楚"我在"的存在学意义;不但如此,这个能思之物"从存在学上被规定为 ens(物)"。① 笛卡尔把"我"(能思之物)了解为如同广袤物体一般的实体了。这个被规定为物的能思之物,在笛卡尔之后纷纷以"主体"、"自我"、"精神"或"心灵"等名目出笼。以此为主题的争执纷扰不休。海德格尔认为,所有这些概念和争执,都还是"无根基的",因为这个"我在"还没有在存在学上得到源始的把握。

从存在学上看,根本就没有孤立的自我,没有无世界的绝缘的主体,而只有浑然一体地"在世"的此在。此在不是在存在者水平上的与物质实体(客体)相对而立的思维实体。此在也根本不在"世"外,而是与"世"打成一片的。此在的本质不是"能思",而是"能在"。

---

① 海德格尔:《存在与时间》,德文版,图宾根,1986 年,第 24 页。

"能在"才是存在学上的,"能思"却还是存在者状态上的。就此而言,根本不是"我思故我在",而是"我在故我思"。能思的是存在者(人),**能在的**却不止是存在者,而总是比存在者**更多**些。

据此,我们也可以初步领会海德格尔的世界了。"在世界之中存在"中的世界与一般所见的"世界"是大异其趣的。一般所见(更是传统形而上学所见)的"世界"乃是现成存在者之"总和",即"自然世界",是"什么"(Was)的"世界"。海德格尔却说,世界不是"什么",而是"如何"(Wie)——即存在者整体总是能在其中显示自身的"如何"。海德格尔认为,"什么"的"自然世界"还只是存在者状态上的"世界",还不是存在学上的世界,从而还不是源始意义上的世界;"如何"的世界才是存在学上的,是人生在世的源始世界。源始世界展示出来,"自然世界"才可揭示。这也就是说,首先要有此在在世与世内存在者打交道,"自然世界"才可能得到把握和揭示。不待说,此在在"如何"的源始世界中,而形而上学的"自我"或"主体"还在"自然世界"中。

世界是此在总是已经在其中的那个世界。此在是总是已经在世界之中的那个此在。此在与世界源始地就是"一"。世界之为世界正由于此在在;此在之为此在,乃由于它总是已经在世界之中。"如若没有此在实存,也就没有世界在'此'。"①此在与世界须臾不离,简直不可分别而论。一说到此在,总已经是在世界之中的此在;一说到世界,就已经是此在在其中的那个世界了。

此在在世,总是已经"依寓于"世内存在者而存在。此在总是已经"照料"(Besorgen)着"周围世界"。在进一步的以"周围世界"为课题的讨论中,海德格尔作了细致入微的"器具"(Zeug)分析,以图

---

① 海德格尔:《存在与时间》,德文版,图宾根,1986年,第365页。

挑明"世界之为世界",即世界如何"发生"为世界。在这里,海德格尔用"上手状态"(Zuhandenheit)一词来标示源始意义上的此在"依寓于"它所照料的存在者(器具)而存在,即此在与存在者的源始的"亲熟"关系,从而揭示出世界如何是一个"意义发生"(Sinngeschehen)之域,世界如何是一个意义世界。

综括看来,海德格尔的分析向我们透露了下面的意思:人与存在者首先是一种"存在关系",而并非首先是一种"知识关系"。"存在关系"乃一种可能性关系,是一种源始性关系;"知识关系"源出于"存在关系",或者说,是以"存在关系"为可能性条件的。着眼于"存在关系",存在者就是Zuhandenes("上手的东西");着眼于"知识关系",存在者就是Vorhandenes("现成的东西")。传统形而上学却总是想从现成存在者那里去发现世界,即从非源始的知识关系出发去"知"世界,从所谓"自然"去解释世界,结果就跳过源始的世界现象,所"知"出来的是"自然世界",而非源始的世界和意义的世界。①

日常此在不仅"照料"着世内存在者而构成"周围世界",而且也总是"照顾"(Fürsorgen)着他人,与他人共在而构成"共同世界"(Mitwelt)。海德格尔说,"周围世界"这个课题是要挑明:没有无世界的孤立主体;"共同世界"这个课题是要挑明:"无他人的绝缘的自我归根到底也并不首先存在"。②

他人者为何?他人并非与"我"格格不入,倒是"我"本身与他人无别。"我"也总在他人中了。他人并非"我"之外的其余的全部余数。绝无孤立的"我"与作为"我"的余数的"他人"之间的对立是虚构的。"我"与他人总是已经共同在世。在现象学的眼光里,他人存

---

① 参看海德格尔:《存在与时间》,德文版,图宾根,1986年,第15—18节。
② 海德格尔:《存在与时间》,德文版,图宾根,1986年,第116页。

在就是"共同此在"(Mitdasein)。此在的世界就是共同世界,此在本质上就是共在。

我与你("他人")总是已经共同在此存在了,这是一种"存在关系",或可能性关系。有了这种"存在关系",我与你才谈得上"认识","认识"了就是一种"知识关系"。我与你可以这样认识,也可以那样认识;可以在此地认识,也可以在彼地认识,也可能根本就不认识;可以陌路相逢,也可能失之交臂。但是,所有这些"认识"、"如何认识"或"不认识"的"知识关系",都是以我与你的"共在"(存在关系)为条件的。存在高于知识。可能高于现实。

"我"与他人首先一体地构成了一个"共同世界"。直白言之,"我"总是已经在"社会"中了,而不是孤立于他人和"社会"的;"我"总是已经有了"社会关系"。一切把"我"与他人、个人与社会对立起来的看法,都是着眼于非根本性的知识关系的看法。海德格尔这里的见解自有其独到和深刻之处,但也不是绝对新鲜的创见了。马克思早就有这样一种反形而上学的社会实践观了。

总而言之,海德格尔的"在世"分析处处露出了逼向传统形而上学(特别是近代以来的主体形而上学)的批判锋芒。在他看来,形而上学的"主体"、"自我",都还只是在知识学上(存在者状态上)来谈论人,此种谈论的深度远没有触及源始的一度,还没有在存在学上寻获根据。因此,这样谈出来的"人",或所谓"主体",也势必还不是原本的和地道的人。而从海德格尔的基本存在学来看,人、世是合一的。人就是世,世就是人;有人就有世,有世就有人。人和世,根本还没有孰先孰后的问题。这样的人,就是在世的此在;这样的世,就是此在总是已经在其中的世。根本就不可能把人"提"到世外来。主体形而上学却首先把人"提"到"世"外,再来讨论这个被提到"世"外的人与被提走了人的"世"的相互关系,即主体-客体关系。根本就不可能有这么一"提"。传统形而上学的类似于"拔着自己的头发上天"的这一"提",早就把人丢失了,把人遗忘了。

粗粗看来,海德格尔反形而上学的"此在"观和"在世"学说很是有理;不但有理,甚至还可以说是特别迷人的。对热衷于"东方境界"的中国读者来说,从中尤其可以读出"天人合一"的况味来。

然而也只是"看来如此"而已。稍事省思,我们即可见出其中的"破绽"。而此所谓"破绽",不仅已经为外人所识别,而且也是海德格尔自己立即觉察到了的,构成了海德格尔1930年代之后思想"转向"的动因之一。

在当代西方的思想景观中,首先是法国解构主义思想家德里达对海德格尔形成挑战。德里达对海德格尔有一个基本的抨击,认为海德格尔对主体形而上学的批判是不彻底的,充其量只有一种"考古学的彻底性",它终结于一种对"人的尊严和本质"的更深刻的重估或重获。[①] 这就是说,海德格尔的反判不但不见功效,而且竟有助纣为虐之嫌。或者说,海德格尔意在反形而上学,一"反"却竟把自身也"搭"了进去。

我们看到,德里达的这种指责不无道理。海德格尔的此在实存论分析在现象学的基地上揭示出此在与世界的源始的相互归属关系,把此在与世界一体化,通过这种方式来消弭主体-客体对立关

---

① 德里达:"人的终点",载《哲学的边缘》,英译本,巴斯译,芝加哥,1982年,第128页。在"人的终点"一文中,德里达对海德格尔在《存在与时间》和"关于人道主义的书信"(收入文集《路标》)中关于人的观点作了评论。应该指出,德里达对海德格尔的主体形而上学批判的评价也是两面的。一方面,德里达认为海德格尔的实存论分析已超出了哲学人类学的视界,此在并不就是形而上学的人;另一方面,德里达认为,在"关于人道主义的书信"等文本中,"人的特性"的诱惑始终指引着海德格尔的思想行程。就后一方面而言,德里达的理由是,后期海德格尔总是强调人与存在的"亲近性"(Proximity),从而就是要恢复人的本质和尊严。参看《哲学的边缘》,第124页以下。与德里达的激进批判立场相比,海德格尔的思想自然还只是一种"中庸"态度。

系,消解主体形而上学的孤独的空虚的"自我"或"主体"。其目标无疑是反对形而上学的"唯我论"的,然而是否足以对主体形而上学构成一种釜底抽薪式的批判,看来还是很可置疑的。海德格尔后来批判萨特,说后者在形而上学上把"本质先于实存"颠倒为"实存于本质",仍脱不了是形而上学的。① 如此看来,海德格尔本人把笛卡尔的"我思故我在"颠倒为"我在故我思"(尽管是"我在世"),就也还是形而上学的。这里蕴含着海德格尔前期思路的一个根本性的内在困难。把此在之存在展开,是否就能赢获"绝对超越"?以此在为"根"的基本存在学是可靠的吗?这个"根"可靠吗?

我们进一步可以引用维特根斯坦的一段话。维特根斯坦说:"严格贯彻了的唯我论是与纯粹实在论吻合的。唯我论的我缩成一个无广延的点,而依然有与之同格的实在。"又说:"自我乃由'世界是我的世界'而进入哲学"。② 维特根斯坦这番话颇能切中海德格尔,似乎是专门针对海德格尔而写的。把形而上学的唯我论的"我"从一个孤独的点扩大为弥散在世界之中的"此在",仍难以摆脱形而上学。由此看来,海德格尔的基本存在学,就大有成为"严格贯彻了的唯我论"的嫌疑;他对作为"在世界之中存在"的此在所作的实存论分析,恐怕也终于把形而上学的"自我"引了回来。——这真是一种左右不是的不妙境地。

与前期相比较,"转向"之后的后期海德格尔从不同角度尝试了一种更为彻底的形而上学批判和一种非形而上学的运思实践。这种努力同时也包含了他对前期思想的自我修正。后期的尼采阐释和技

---

① 海德格尔:"关于人道主义的书信",载《路标》,德文版,美茵法兰克福,1978年,第323页。
② 维特根斯坦:《逻辑哲学论》,《全集》第1卷,德文版,美茵法兰克福,1989年,5,64;5,641。

术思考,特别地深化了海德格尔的形而上学批判。就主体形而上学批判而言,海德格尔对作为现代工业文明之深层基础的"主体"概念的起源作了独到的透视,对作为现代社会政治思想之基础的"人道主义"作了历史的解析。① 我们看到,在后期,海德格尔对人与存在的关系作了根本上有别于前期的思考。当他说"人不是存在者的主人,人是存在的看护者"时,当他说"语言说而非人说"时,当他提出"天、地、神、人""四方"的"世界游戏"时,他一方面是要"消解"作为存在者的主宰,作为语言的"主人"并把语言当作工具来使用,甚至把"世界"对象化为材料和工具的"主体";另一方面,他是要揭示出人的本真的居所和位置——"人是存在的邻居",人是语言这个"存在之家"的"看护者",人是"天、地、神、人""四方"游戏中的一方。后期所思的人,远不是人类中心主义的人和主体形而上学的人,且也已经不是居有优先地位的"此在"了。②

"主体形而上学批判"是现代西方哲学的一个重大课题。至当今所谓"后现代主义"(特别是法国的后期结构主义),这种批判可谓已经蔚然成风,以至于"人的消失"、"主体的死亡"等,成了思想界风行一时的口号。而在20世纪的"哲学批判"中,海德格尔的思想无疑具有特别显著的地位。我们甚至可以说,海德格尔前、后期思想的"转向",就标志着西方哲学文化从"现代(主义)"到"后现代(主义)"的演进的一个决定性的环节。海德格尔的前、后期的"主体形而上学批判",直接影响了后现代主义思想。

---

① 特别可参看海德格尔:"世界图像的时代"(收入文集《林中路》)和"关于人道主义的书信"(收入文集《路标》)等文。
② 关于后期海德格尔对主体形而上学的批判,本书不拟作专题的分析;而实际上,海德格尔后期思想的各个方面都体现了他在这个课题上的用力。在下面各章节的讨论中,我们虽然未对此形成专题,但势必是要有所触及的。

福柯对近代"知识型"的研究和对"主体"概念的解析,是深受海德格尔的启发的。福柯把西方近代思想和知识划分为三个"知识型",也即三个阶段:"文艺复兴时期"(16世纪)、"古典时期"(17—18世纪)和"现代时期"(19世纪)。他认为只是到了现代时期,才出现了一个抽象的、虚假的"人"的概念,亦即一个"经验-超验"复合的"人"。尼采首先向这个虚假的"人"("主体"、"自我")发起攻击。当尼采说出"上帝死了",他其实宣告了这个作为"经验-超验"复合体的"人的消失。"①

德里达的"在场的形而上学"批判和"人类中心主义"批判,直接承继着海德格尔的思想,这是众所周知的,也是德里达本人所承认了的。德里达明确申言自己的思想与海德格尔的继承关系,而同时又指责海德格尔对传统形而上学的批判是不彻底的。德里达说:"没有海德格尔提出的问题,我想做的工作将是不可能的……但尽管我这样地受惠于海德格尔的思想,或者更确切地说,正是由于我这样地受惠于海德格尔的思想,我才要在他的著作中寻找其属于形而上学或他所谓的存在-神-逻辑学的印记。"②

但我们在这里不拟深入讨论这个题目了。我们还得返回到海德格尔的"此在"上来。"在世"现象的分析不过是海德格尔基本存在

---

① 福柯这方面的思想,特别见于他的《知识考古学》和《事物的秩序》。特别要指出的是,福柯在此也直观到了语言对人的超出和占有。他说:"随着语言的存在越来越明亮地照耀我们的地平线,人便逐渐消失。"参看福柯:《事物的秩序》,英译本,纽约,1973年,第386页。就此而言,福柯显然与后期海德格尔也与德里达同趣了。

② 德里达:《位置》,英译本,巴斯译,芝加哥,1981年,第9—10页。海德格尔与德里达的关系明显已成为当代西方思想界的一个大课题,20世纪80年代初伽达默尔与德里达的论战(所谓"德-法之争")的主题之一,就是对海德格尔的思想的理解。参看米歇尔费德和帕尔默(编):《对话与解构——伽达默尔与德里达的论战》,纽约,1989年。有关海德格尔与德里达之间的继承和批判关系的研究,可以参看理查德·罗蒂的几本著作,特别是他新近出版的两卷论文集之第二卷《论海德格尔与其他》,英文版,剑桥,1991年。

学的"准备性"工作而已。如果停留于此,我们就不能充分了解这个"此在",也还不能充分了解海德格尔的主体形而上学批判的真正意蕴。这就要深入基本存在学的实际的建设性思路了。

第四节 时间地平线上的超越之问

人们对前期海德格尔的讨论,比较愿意突出《存在与时间》前半部分(即对此在"在世"的基本结构的分析),而相对地轻视了其后半部分的时间论("此在与时间性")。但《存在与时间》的目标却是**"时间与存在"**,是要"从时间来理解存在"。

海德格尔设想分三个步骤来达到这个目标:第一步是准备性的此在基础分析;第二步是把"时间性"解说为此在存在的意义;第三步是解说"时间之为存在问题的先验境域"。可见在海德格尔那里,对此在实存状态的结构分析只是初步的和准备性的,还不是《存在与时间》的要旨;而进一步的"时间性"问题,倒是一个更切近于目标的课题。《存在与时间》这部未竟之作仅仅走了上述步骤中的第一步和第二步。但前期的基本思路却已经端出:从此在存在之意义(时间性)到一般存在之意义(时间)的基本存在学思路。

对于这条从此在(时间性)到存在(时间)的基本思路,海德格尔还另有一个更合经典性的表述:"**存在绝对是超越**(transcendens)。此在存在的超越性(Transzendenz)是一种别具一格的超越性,因为在其中包含着最彻底的**个体化**的可能性与必然性。对作为 transcendens(超越)的存在的每一种展开都是**先验的**(transzendendal)认识。**现象学的真理**(**存在的展开状态**)乃是 veritas transcendentalis(**先验的真理**)。"①这里的意思是说,作为"绝对超越"的存在的奥秘,就在

---

① 海德格尔:《存在与时间》,德文版,图宾根,1986年,第38页。

此在存在的"超越性"之中。而所谓此在存在的"超越性",本质上就是"时间性",是"时间性""使在世并从而使此在的超越成为可能"。① 海德格尔进而认为,时间是存在问题的"先验境域",需得在时间这个"境域"("地平线")上来展开存在学的"先验之问"。

我们说后一个表述更合经典性,是因为"超越"问题乃是形而上学(存在学)的经典课题。柏拉图的"理念"论和亚里士多德的"实体"说就已经开了西方形而上学的"超越之问"的先声。中世纪的神学形而上学把彼岸的"上帝"立为"超越者"。近代哲学在形而上学上仍保持着传统的"超越者",同时却在知识学上把主体如何"超出"自身而达到客体视为一个根本的"超越"问题。康德把形而上学划分为"内在的形而上学"(知识学)和"超验的形而上学",认为后者探讨的对象就是"灵魂"、"世界"和"上帝"这样的"超越者"("本体")。康德之后,执于"现象界"(经验知识领域)的"内在论"一派不问"超越",而执于"本体界"的形而上学一派继续展开着"超越之问"。

存在问题也即"超越之问"。而在海德格尔看来,传统形而上学根本就遗忘了作为"绝对超越"的存在;传统的一切"超越之问"都还没有问到真正的"超越"。"存在"("超越")问题还亟待重新提出。关键在于为真正的"超越之问"寻获一个"境域"、一个"地平线"。海德格尔认为,他已经找到了这个"地平线",那就是"时间"。

海德格尔说,一切存在学问题的中心提法都植根于正确看出了的和正确解说了的时间现象。传统存在学却没有正确地领会时间现象,而是形成了一个在存在学上十分不当的时间概念。海德格尔原想根据"时间"这条引线对存在学的历史作一番清理。他特别选了

---

① 海德格尔:《存在与时间》,德文版,图宾根,1986 年,第 364 页。

亚里士多德、笛卡尔和康德三位大家作为清理的对象。这个计划虽然未能完成,但在写成的《存在与时间》部分中已经有所落实了。① 故在讨论海德格尔本人关于"时间(性)"的观点之前,我们先来看看他对传统时间观的批判。

海德格尔把传统存在学的时间概念称为"现在时间"观。这种"现在时间"观以"现在"为取向。它在希腊存在学那里就已经出现了。希腊存在学(亚里士多德)有一个基本概念 Ousia,后世一般译之为"实体"。但据海德格尔的分析,它的含义当与德文的"在场"(Anwesenheit)相合。借 Ousia 来思存在,实质就是把存在思为"现成存在"(Vorhandensein)或持久的"在场"。足见在希腊人那里,存在者是按一定的时间样式即"现在"("在场")来把捉的。② 另一方面,因为固执于"现在"这一时间样式,实际上时间本身也被看做持久在场的现成事物了。

亚里士多德被认为是这种"现在时间"观的完成者。海德格尔认为,亚里士多德论时间的著作(指亚氏《物理学》第四章)"基本上规定了后世所有人对时间的看法"。我们不难看出,亚里士多德的时间观确如海德格尔所见,是以"现在"为取向的,是一种"现在时间"。这里不妨引亚里士多德的原话为证:

> 当我们感觉到"现在"有前和后时,我们就说有时间。因为时间正是这个——关于前后运动的数。……没有时间就没

---

① 对亚里士多德的存在学(特别是其时间观)的批判,还可参看海德格尔:《现象学的基本问题》,英译本,霍夫斯达特译,布鲁明顿,1982 年,第 331 页以下;对康德先验哲学的批判(改造),可参看海德格尔:《康德和形而上学问题》,德文版,美茵法兰克福,1973 年。

② 海德格尔:《存在与时间》,德文版,图宾根,1986 年,第 25 页。

"现在",没有"现在"也就没有时间;时间也因"现在"而得以连续,也因"现在"而得以划分。①

时间就是"现在"。过去只是逝去的诸"现在",将来也只是未来的诸"现在"。亚里士多德所见的时间,就是一个无限的直线式的"现在"序列。亚里士多德的影响所及,从古到今形成了一种"流俗的时间领悟"。时间被当作"所计之数",表现为"一系列始终'现成的',一面过去一面来临的现在",是前后相继的"现在之流"或"时间长河"。②

海德格尔认为,这种"现在时间"观也并不是空无来由的,自有其实存论上的根源,它源出于沉沦着的此在的时间性。格物求"知",固执于知性眼界中"现成的"东西,这是此在之"沉沦状态"的显著表现,也是"现在时间"观的根源。显然,海德格尔批判"现在时间"观,实际也即批判形而上学的逻辑主义传统。

自古代而降的传统存在学都采取了"现在时间"观。或者说,这种"现在时间"构成了传统存在学的"境域"。不过,"现在时间"这一"境域"是大成问题的,它其实不足以为存在学提供正当的"超越之问"的境域。也即说,"现在时间"根本上使得难以有真正的"超越之问"。倘若取"现在时间",则一切都是"现成的",一切都是"显"出来的存在者。古代的"超越者"(上帝)是实体性的;笛卡尔把"我"规定为"能思之物",即思维实体。这都是受限于"现在时间"而以知性眼光拘执于"显"处的现成性的缘故。

基于"现在时间"是不能成就"超越"的。海德格尔要另辟蹊径,

---

① 亚里士多德:《物理学》,中译本,张竹明译,商务印书馆,1982年,第125—127页。
② 海德格尔:《存在与时间》,德文版,图宾根,1986年,第422页。

寻找作为存在领悟之境域的源始时间。海德格尔发现,这种源始的时间恰恰就植根于我们本身所是的此在的存在中。此在存在的意义就是"时间性"。只有先把这种"时间性"解释清楚,庶几才可能赢获作为超越之境域的时间。因此,海德格尔的任务是要"**源始地解说时间性之为领会着存在的此在的存在,并从这一时间性出发解说时间之为存在之领悟的境域**"。①

海德格尔认为他对"时间性"的揭示,几乎是前无古人的事业。在哲学史上,只有康德曾经向"时间性"这一度探索了一程。海德格尔对康德的解释向来受到了学界的非议(特别为新康德主义者卡西尔所不齿),但他申明,他是要道出隐伏在康德思想中的"未曾道出的东西"。

海德格尔首先认为,康德的纯粹理性批判不是一种知识学,而是一种存在学。康德在解答了数学和自然科学的可能性问题之后,接着提出了"形而上学是如何可能的"这个问题。海德格尔说,这表明,康德从对存在者状态上的认识(知)的可能性的追问深入到存在学本身之可能性的追问了,这正是康德的"哥白尼式转向"的真义所在,"凭此转向,康德就把存在学问题趋迫到中心位置上了"。② 康德还提出"人是什么"的问题是形而上学的根本问题,这在海德格尔看来就是形而上学的"建基"问题,而他的"此在的形而上学",就是接过了康德的问题。③

但最使海德格尔感兴趣的是康德的"图型"理论,因为它提出了时间问题。我们知道,康德的"图型"理论是为了解决异质的直观与范畴如何结合这个难题的。康德认为,范畴可以通过由时间形式的

---

① 海德格尔:《存在与时间》,德文版,图宾根,1986年,第17页。
② 海德格尔:《康德和形而上学问题》,美茵法兰克福,1973年,第17页。
③ 海德格尔:《康德和形而上学问题》,美茵法兰克福,1973年,第224页。

"图型"而与经验对象相结合；而"图型"又是借助于"先验想象力"（"先验自我"）来达到的。因此，在海德格尔看来，康德就把时间与"自我"联系起来了。但由于康德既没有发现此在，还继承了传统时间观，所以，"时间和'我思'之间的决定性联系却仍然还隐藏在一团晦暗之中"。[①] 这就是说，康德虽然把时间划到了主体方面，但仍没有自觉地洞识到此在的时间性。

我们看到，尽管海德格尔认为康德做得还很不够，但是康德把时间引入知识学中，并且把时间与先验自我联系起来，这对海德格尔有直接的启发意义。现在，海德格尔就要从"先验之问"跳跃到"超越之问"，来展开"此在与时间性"的讨论了。我们且来看看他的思路。

说到人（此在）是时间性的，一般会想到人生在世的局促有限。人生一世，草木一秋。人生几何，譬如朝露。人生终归短暂，因为难免一死。这些认识平平常常。但海德格尔恰恰就在这人的"有限"和无可逃的一"死"中发挥出他关于"时间性"的见解。这又是一番十分晦涩难辨的义理。

海德格尔对此在"在世"的现象分析已经揭示出，此在实存是一个由三个环节构成的统一的整体现象。而所谓"三个环节"乃是：表示"此在总是已经在世界中"的"**实际性**"（也叫"被抛性"，意谓此在的先天必然性）；表示此在"先行于自身的存在"的"**实存**"（也叫"筹划"，意谓此在是一种"可能之在"，总是不断超越自身）；表示此在"寓于世内存在者与他人共在"的"**沉沦**"（日常此在的存在方式）。因此，海德格尔说，此在的存在就是"先行于自身的－已经在世界中的－作为寓于世内照面的存在者而与他人共在的存在"（ein Sich-

---

[①] 海德格尔：《存在与时间》，德文版，图宾根，1986年，第24页。

vorweg-schon-sein-in-der-Welt als Sein-bei-innerweltlich-begegnendem-Seiendem im Mitsein-mit-anderen)。①

按海德格尔的意思,我们当把这一长串词语看做一个词。凡提到此在,我们必想到它是由上面这一长串词语表示出来的整体现象。如要笼而统之,则可以称其为"**忧心**"(Sorge,或译"关照",也有译作"烦"、"操心"、"关心"等)。这里,海德格尔其实想告诉我们:此在现象是必然性(被抛)、可能性(筹划)和现实性(沉沦)的统一体。

接下来的问题是:此在何以具有"忧心"这种整体结构呢?"忧心"这个"整全"(Ganzheit)的"根据"何在?在海德格尔看来,这就是要问:此在存在("忧心")的"意义"为何?在回答这个问题之前,海德格尔认为还必须探明这样一回事情,即此在是能够达到"整全"的,此在是一种"能整体存在"。如若不先摆明这一点,那么,释"忧心"这个"整全"之"义",也就是一句空话了。

但此在的实存是超越性的存在,它总是比它当下所是的"多",总是"先行于自身"的存在。这就是说,实存着的此在总还不是它的"整全"。在"死"之前,谁也不能说我就是整个的我了;在"死"之后,谁也说不了我就是完满的我了。则此在如何能获得它的"整全"呢?海德格尔回答说:此在先行"向死亡存在"(Sein zum Tode)。此在先行进入死亡而存在,就能够获得它的"整全"。

通常我们理解死亡是一个现成的事实。人固有一死。我们是从旁人的死亡中获得对死亡的认识的。孔老夫子有言:未知生,焉知死。可见生比死重要,死是用不着关心的。我们生时,死还未来;死到来时,我们已经无从知死了。果真如此简单吗?海德格尔提供出一种实存论上的奇特的死亡观。他的意思倒是:未知死,焉

---

① 海德格尔:《存在与时间》,德文版,图宾根,1986年,第41页。

知生?[1]

死亡当然是此在的终结。但在海德格尔看来,死亡绝不是一个无关乎实存的现成事实;相反,它倒是最切近于实存之核心的。如果说实存总是"我的"实存(海德格尔说,此在存在具有"向来我属性"),那么,死亡是最能体现实存的这种特性的了,因为死亡是绝对不能转让的。死总是我自己的死,无论是谁都不能替我去死。因此,从实存论上来看,海德格尔说,死亡也是此在实存的一种可能性,而且是一种最本己的可能性。"死亡作为此在的终结,乃是此在最本己的、无所关联的、确知的,而作为其本身则是不确定的、超不过的可能性。"[2]所谓"向死亡存在",就是向一种可能性存在。此在实存,就在死亡这种可能性中了。"死亡是一种此在刚一存在就承担起来的去存在的方式。"死亡这种可能性自有其紧张的力度,它把实存之弦给绷紧了。唯当此在始终先行进入到死亡这一最极端的不可逾越的可能性之际,此在才是本真的能在,此在才能先行获得它的"整全"。

我们看到,海德格尔的死亡观自有其深刻独到的地方。海德格尔把死亡理解为一个实存现象,也即把生－死问题统一起来加以考虑,这颇有几分辩证的味道。海德格尔实际上是想说,死亡决定着我们此在的实存态度,实存之可能性的实现是以死亡这种"不可能性"(它也是实存的最深刻的可能性)为基础和背景的。我们既不可简单地把海德格尔这种死亡观了解为悲观弃世主义,也不可单纯地把它看做一种浪漫主义式的对死亡的美化。至少,海德格尔强调个体的有限实存应当责无旁贷地担当自己的存在,并且无畏地直面自身

---

[1] 海德格尔的"先行进入死亡"(未知死,焉知生)带着沉重的基督教的"原罪感",并不是孔子所谓"未知生,焉知死"的简单的反转。海德格尔与孔子在"死亡观"上的分别,实际反映了东西方人的实存态度和东西方文化之别,值得我们深究。

[2] 海德格尔:《存在与时间》,德文版,图宾根,1986年,第259页。

的有限,这是有其积极意义的。"向死亡存在"并不是叫人不活了。

突出实存的"边缘处境",这向来是实存主义(存在主义)者的腔调。我们确实在海德格尔的死亡观中见出了基尔凯郭尔等人的影子,其中也明显地含有某些基督教精神因素。但应该说,海德格尔的实存哲学的死亡观主要强调了一种个体主义的"自救"。

在海德格尔看来,"向死亡存在"是此在超越非本真状态而进入本真的在世的唯一可能性。在"死亡"中含着此在实存的超越性。此在要获得本真的"能在",要获得它的"整全",只有先行进入死亡。在接着对"畏"、"良知"、"决心"等的讨论中,海德格尔围绕"非本真——→本真"这层超越性关系来阐明此在如何可能"向死亡存在"而获得其"整全"。关于这些概念,我们仅作必要的提示。

"畏"(Angst)是此在的一种根本性的情绪,"畏"没有任何具体的对象,它是一种超出存在者整体之外透底的空无一切的自由态度。"畏是对无的畏。"①"畏"面向作为绝对超越的存在(即"无")。因此,"畏"是此在的一种"存在学上的"根本情绪。凭藉这种"畏",此在才能先行向死亡存在,入于无碍无待的自由的超越境界——"无"的境界,"整全"的境界。

"良知"(Gewissen)表明此在自身就包含着一种自我超拔的倾向。日常此在沉沦于非本真的在世,但此在绝不自甘于沉沦,静默无声中有一种"良知的呼声",它起自此在且呼唤着此在,把此在唤回到最本己的存在。

"决心"(Entschlossenheit)是此在的一种本真的在世状态;在"决心"这种在世状态中,此在时刻准备着"畏",愿意听从"良知"的呼声。也即说,此在现在横下心来,承担自身的命运("罪责"),决心大

---

① 海德格尔:《存在与时间》,德文版,图宾根,1986年,第308页。

无畏地"先行进入死亡",去获得自己的"整全"了。

经过一阵艰难曲折的"死亡"分析,海德格尔说他已经摆明了此在之本真的"能整体存在"的情形,说明了此在是一种超越性存在。通过先行进入死亡的存在,此在是能够达到其"整全"的。这就满足了海德格尔所说的"解释学处境"。接下来就要"释"此在整体现象("忧心")之"义"了。

有了以上诸现象分析,"释义"看来已经是水到渠成的事情。基本的出发点必然在于:本真的(源始的)此在是"先行向死亡存在"。"死亡"这种极端的实存可能性始终是"将来"。此在先行进入死亡,因此却获得了本真的自身存在。向死亡存在实际上是:"走向自身"(Auf-sich-Zukommen)。海德格尔在 Zukommen("走向")与 Zukunft("将来")这两个词之间发现了一种词源上的联系。"将来"导致("走向")本真的存在。在有决心的向死亡的先行中,来自其"将来"的此在不断地回到它的"曾在"(Gewesenheit),即承担起他的"罪责存在"(被抛性)。而且唯在这种"回溯"关系中,此在才成其所是,才是"当前"(Gegenwart)。"曾在"、"当前"和"将来"的统一,就是所谓"时间性"(Zeitlichkeit)。海德格尔对"时间性"下了这样一个"定义":

> 从将来回到自身来,决心就当前化地把自身带入处境。曾在源自将来,其情况是:曾在的(更好的说法是:曾在着的)将来从自身开放出当前。我们把如此这般作为曾在着的有所当前化的将来而统一起来的现象称作**时间性**。①

---

① 海德格尔:《存在与时间》,德文版,图宾根,1986 年,第 326 页。

这个"定义"殊为费解。海德格尔认为,这个"三维"(曾在、当前和将来)统一的"时间性"是此在存在("忧心")的意义。时间性的"三维"表征着"忧心"整体结构的三个环节:"先行于自身"奠基于将来;"已经在……之中"表示曾在;而"寓于……而存在"说的是当前。海德格尔特别指出,不能从"流俗的时间领悟"来理解这里的"先"和"已经"。"先"表示的却是将来,将来使此在能够为其能在而存在。"已经"也表示此在具有时间性的存在意义。此在存在,就向来已经是被抛的。"先"和"已经"提示出"实存"和"实际性"的时间性意义。"沉沦"同样也根据于时间性,它的突出基地是"当前化"。所以,正是"时间性"使"实存"、"实际性"与"沉沦"这三个环节得以统一起来,并以这种源始的方式构成"忧心之结构的整体性"。

至此,海德格尔认为他基本上已经完成了把"时间性"解说为此在存在之意义的任务。

对于海德格尔的"时间性",我们不可作俗白的解说。施太格缪勒有这样一解:"时间性是对有限性的概括表征,并强调实存面对过去发生的事件,当前遇到的情况和将来的可能性同时敞开。"①这一解说未免失于简单粗鲁了,至少没有切中"时间性"的存在学意蕴。在我们看来,海德格尔的"时间性"标示的是此在面临"边缘处境"(死、无)而揭示出来的"超越性"的源始结构。对"时间性"的理解,关键仍要抓住"畏"、"死"、"无"等基本词语。

可以说,"时间性"是"畏"所启示出来的"无"在实存状态中的涌现结构,是此在的"超越性"的底蕴。根本上,"时间性"就是一

---

① 施太格缪勒:《当代哲学主流》上卷,中译本,王炳文等译,商务印书馆,1989 年,第 189 页。

"无"。

海德格尔可并没有这么直说。但他认为源始而本真的时间性的首要现象是"将来"。突出"将来"这一度，显然是从"无"（"死"）方面来考虑的。海德格尔还说："时间性根本不是'存在者'。时间性不存在，而是'到时'。"①根本就不能说时间性"是"（ist），而只能说"时间性到时"（Zeitlichkeit zeitigt）。在这里，"时间性"的存在学性质是显而易见的了。只有在存在学水平上，海德格尔才作"存在是"（Sein ist）、"无无化"或"无不着"（das Nichts nichtigt）之类的表达。基于这种认识，我们也许能更好地领会海德格尔的以下说法：

> **时间性是源始的、自在自为的"出离自身"**本身。因而我们把上面描述的将来、曾在、当前等现象称作时间性的**绽出**（Ek-stase）。时间性并非先是一存在者，而后才从自身中走出来；而是，时间性的本质即是在诸种绽出的统一中到时。②

"不"存在的、自行绽出的"时间性"，就是这个"不"的"不性"（Nichtheit），也不妨说，是此在实存的源始的"否定性"（"超越性"）结构或基础。

海德格尔关于"不"和"不之状态"的讨论也值得我们重视。他在一处说："就其本质而言，忧心本身自始至终贯穿着不之状态"；并且指出："这一实存论上的不之状态的不性的存在学意义却仍晦暗不明，但说到一般的'不'之存在学本质，情况也是一样。"③这就使我们有理由说，海德格尔的"时间性"课题是为了探明实存论上的"不

---

① 海德格尔：《存在与时间》，德文版，图宾根，1986年，第328页。
② 海德格尔：《存在与时间》，德文版，图宾根，1986年，第329页。
③ 海德格尔：《存在与时间》，德文版，图宾根，1986年，第285页。

之状态的不性";由此跳到"时间"课题,就能澄清一般的"不"的存在学本质了。"无"是对存在者的"不"。"畏"启示"无",这一"无"是对此在的"不"。此在的"不"即是"超越"。而作为实存论上的"不之状态的不性",时间性是此在的超越性的源始本质或结构。

海德格尔实际上想说:此在实存之根底空空如也,而正是这一空空如也的"无"构成了此在实存的无限可能性的"不"之背景,是源始的实存"尺度"。

总之,我们认为,应该从前期海德格尔的"有－无"之辩出发,而且特别是从他的"无"论方面,来把握"时间性"的意义,进而来把握"时间"的意义。一部《存在与时间》,有人说就是《存在与此在》;而在我看,毋宁是《存在与无》。

萨特在论及海德格尔的"虚无"("无")概念时指出:"海德格尔哲学的特点正是使用全部掩盖着暗含的否定的肯定术语来描绘'此在'。"这话说到了要害。萨特并且也挑明了这样一点:"海德格尔使虚无成为一种超越性的意向的对应物,而没有看到他实际上已把虚无作为超越性的源始结构置入超越性之中了。"[①]如此看来,萨特应该是窥穿了海德格尔的"时间性"的"(虚)无"之本质的。然而萨特却没有明确地道出这一点。那么,也许我们只能说,萨特的《存在与虚无》使了"暗度陈仓"这一招。难怪乎有人指出,《存在与虚无》不过是《存在与时间》的"翻版"。

这里我们还要重提海德格尔所揭露的"现在时间"观。大体上说,传统的"现在时间"观着眼于"有"(现成存在),而海德格尔的"时间"观——我们也不妨称之为"实存时间"观,甚或"将来时间"观——则着眼于"无"。传统时间观以"时间"之中的存在者为准,把

[①] 萨特:《存在与虚无》,中译本,陈宣良等译,三联书店,1987年,第48-49页。

"时间"也思考为"存在者的";"时间"被当作一个无始无终的"现在序列",被当作"运动的计量"。在这种"现在时间"中,时间性的诸样式(曾在、当前和将来)都被"拉平"了,虽说也区分了过去、现在和未来,但过去无非是已逝的现在,未来则只是尚未到来的现在。一切都是现在。眼见为实,现成摆在眼前的东西优先。显然,"现在时间"是一维的直线式的"客观时间",是"有"(存在者)的"时间",是"显"的"时间"。

相反,海德格尔所发现的"源始的时间性"却植根于一个隐而不显的深广背景中,植根于"无"之中。它构成了此在最内在的本质特征,构成了此在超越性的源始的"隐"结构。源始的"时间性"的绽出("到时")正是这个隐而不显的"无"的涌现("不"之运作)。"绽出"犹如花朵自由开放。"时间性"的统一不是诸样式的拉平,而是诸样式的充分展开。在世的展开状态,正是依时间性的"绽出"样式("三维")发生的。实存即"绽出"[1],即"超越"。如果说此在是"有限的",那么,正是"时间性"使得这种"有限性"成为"有限性",而这也意味着,正是时间性使得此在不断实现着对"有限性"的超越即达到本真的超越性存在。

源始的"时间性"的"绽出"不是线性的,而毋宁说是循环式的整体敞开,它从貌似"有限"的实存界面上脱颖而出,却也没有弃世而去。境界已经有了,所凭借的看来也只不过是此在本己的在"边缘处境"中的一种根本情态——"畏",它足以让此在"自由地面对死亡而让自己以撞碎在死上的方式",[2]去承担起它的"罪责"和"命运"了。

---

[1] 海德格尔多次强调了由希腊文的 ecstasis 引申而得的"绽出"(Ek-stase)与"实存"(Existenz)之间的词面的和意义上的联系。

[2] 海德格尔:《存在与时间》,德文版,图宾根,1986年,第335页。

《存在与时间》的目标是把时间阐释为存在本身的意义,把时间解释为理解一般存在的境域——"超越之问"的境域。但众所周知,未能按计划完成的《存在与时间》并没有解答时间如何是存在之意义的问题。第三篇"时间与存在"终于付诸阙如。

先行设定的目标是如此吸引着我们,想随着海德格尔的思路,从此在身上逼问出一般存在的意义。我们在此在那里盘桓久了。而当我们期待着凭海德格尔紧张的运思,一跃而入更为浩瀚的天地之际,道路竟戛然中止了。

海德格尔在匆匆收场的《存在与时间》结尾处说,必须寻获一条走向存在之意义问题的道路,而"这条道路是不是**唯一的路**乃至是不是**正确的路**,那要待**走上以后才能确定**"。前面的探讨已经"在途中"。时间性已被解说为此在存在之意义,是时间性使此在的存在领悟成为可能,从而已经备下了解决存在问题的现象基地。悬而未决的事情是:"如何对时间性的这一到时样式加以阐释?从源始**时间**到**存在**的意义,有路可循吗?**时间**本身是否公开自己即为**存在**的境域?"①

《存在与时间》的残缺在一般人看来就是它失败的标志。奥托·珀格勒尔(O. Pöggeler)却提出一种积极的解释。他理解《存在与时间》是在一条道路上的行进,因此它的追问目标"就不在远远游离于所走的道路的彼岸,宁可说,是探索工作总是已经在其根基上包含着的东西"。② 目标并非空中楼阁,倒是就在追问者的切近处,在不断的追问中不断被领悟、被把捉了。

这里实际上触及"解释学循环"问题。《存在与时间》确有此"循

---

① 海德格尔:《存在与时间》,德文版,图宾根,1986年,第437页。
② 奥托·珀格勒尔:《海德格尔思想之路》,德文版,弗林根,1983年,第65页。

环"特征。行文布局的循环回复是不难见出的。实存论分析本就是"此在的解释学"。先得"释"此在存在之"义",才能追问一般存在;而要"释"此在之"义",首先还得把一般存在"设定"起来,因为此在总是领悟着一般存在了。"事情本身"就要求这种往复循环了。

但是总体看来,我们认为《存在与时间》的道路并没有构成"此在⇌存在"的双向运动,而是作"此在⟶存在"的直线逼进。在这条思路上,一个特别紧张的问题就是:如何可能有从"此在"到"存在",从"时间性"到"时间"的一"跳"? 海德格尔自己就问:从此在到存在的意义,有路可循吗? 看来是无路可循。如若一切还要待此在展开,则如何确保一般存在的超越地位?

就时间问题而论,海德格尔把"时间性"揭示为此在的超越性的源始结构,实际上是以一种隐晦的方式把"无"设入此在实存的内核中了。如果照海德格尔自己的说法,"无是从存在者方面来了解的存在",那么,海德格尔在这里其实作了一个问题的转换:时间问题就是存在问题,"时间"与"存在"就是一回事情。我们不知道海德格尔又如何能够进一步从"时间性"跳越到"时间",又如何能把"时间"解说为"超越之问"的境域。恐怕只能说,"无",那隐而不显的"无",便是窥入存在问题的"地平线"? 而这一"无"的开启却又要系于此在的"畏"这种根本情绪么?

海德格尔本人曾说,《存在与时间》是他的思想道路的"路标"。问题已经提出,通向目标的道路漫长而曲折。何处是险滩,何处是绝境,许是途中人也未必明白。

第五节 反逻辑主义的实存论语言观

德国当代哲学家卡尔-奥托·阿佩尔认为,按照问题中心的转换,可以这样来划分西方哲学的三个历史阶段:古代哲学(存在学)以"**对物的本质分析**"为根本问题;近代哲学(知识学)的根本任务是"**意识分析**";而当代哲学以"**语言分析**"为己任,语言哲学是当代的"**第一哲学**"。① 由此人们也重新想到高尔吉亚的三个命题:

>希腊智者高尔吉亚的三个原则:A. 无物存在;B. 就是有物存在也不可认识;C. 就是认识了也不可表达。由此提出三大问题:存在、认识、表达。很奇妙地,西方哲学史上有三大阶段:A. 古代本体论(存在学);B. 近代认识论(知识学);C. 现当代语言论(语言哲学)。即哲学家们首先思考世界的存在,然后对认识世界的方法加以反思,最后关注于表达这种认识的手段,并发现表达不只是个手段问题,也就是说,从本体论(存在学)到认识论(知识学)到语言论,看似历史的线索,实际上并不是一个时间上的线性关系,其间也不存在任何意义上的"进步"问题,因为从逻辑上看,表达问题恰恰是在先的。②

显然地,这也就是阿佩尔所谓的"物的分析 – 意识分析 – 语言分析"三大阶段。而稍加展开,"存在"、"认识"、"表达"三大问题实即古代存在学的"有 – 无"问题;近代认识论的"可知 – 不可知"问

---

① 阿佩尔:"语言交往的先验概念和第一哲学的观念",载《语言思想史与当代语言学》,英文版,纽约,1976年,第32页;并参看阿佩尔:《哲学的改造》两卷,德文版,美茵法兰克福,1973年。阿佩尔认为,从古代到近代到现代,西方哲学经历了"存在学 – 知识学 – 语言论"的发展过程。这种看法可以作为当代(20世纪)的西方哲学史理解(重建)的指导线索。阿佩尔正在从事这方面的研究,他称之为"根据语言哲学重建哲学史"。而在上面所引的文章中,阿佩尔已经提出了初步的框架。

② 此处引文根据张志扬、陈家琪当时寄给作者的一个"写作提纲"。现在可参看张志扬、陈家琪:《形而上学的巴比伦塔——论语言的空间与自我的限度》,同济大学出版社,2004年,第8页以下。

题;现当代语言论的"可说－不可说"问题。这条线索也许有些简单化了,但它在当代思想景观中的合理性是无可否认的,是植根于当代思想中的西方哲学史理解。

　　语言问题已日益成为哲学研究的焦点,这已是当代西方哲学家的一个共识。在语言问题上显示出当代西方哲学思潮的相互对峙。要而言之,英美分析哲学(科学主义)侧重语言的"用",关心如何正确地或科学地使用语言;而欧陆人文哲学注意语言的"体",强调语言的非工具性、非逻辑性和语言对于人类生活的普遍性意义。当代西方哲学的这一基本形势,是不难看清的。

　　海德格尔的语言思想,可以说完成了欧洲大陆人文哲学传统的"语言转向"。不少欧陆当代哲学家表明了这一点。伽达默尔站在哲学解释学的角度,明确地指出:海德格尔的基本存在学"把几乎同时在盎格鲁－撒克逊逻辑学中实现的'语言转向'在现象学研究思潮中突现出来了"。①

　　海德格尔自己申述他的思想主题乃是"语言与存在"。但我们看到,在前期海德格尔那里,语言问题还没有充分地突现出来。前期的运思着眼于此在的实存论分析。把实存展开,即可赢获一般存在的意义——这是前期的构想。对语言问题的探讨也是围绕"此在与存在"这个中心来进行的。所以前期海德格尔的语言观,可以称为实存论语言观,是实存论存在学意义上的语言思考。海德格尔本人在1959年出版的《在通向语言的途中》一书中指明,关于他的语言思想,人们应重视《存在与时间》第34节。② 此节的标题是"此之在与言谈,语言"。观其内容,是集中地从此在的展开状态来讨论语

---

① 伽达默尔:《全集》第2卷,德文版,图宾根,1986年,第361页。
② 海德格尔:《在通向语言的途中》,德文版,弗林根,1986年,第137页。

言的。

前期海德格尔的基本存在学一反传统存在学或形而上学,认为凡是以往所有存在学都是无根的。因此,他的实存论语言观本身也含有对传统语言观的批判。海德格尔把问题和任务挑得很明白。他说:

> 归根到底,哲学研究终得下决心追问一般语言具有何种存在方式。语言是世内在手的工具吗?抑或它具有此在的存在方式?抑或两者都不是?语言以何种方式存在,竟至语言会是"死"语言?语言有兴衰,这在存在学上说的是什么?我们据有语言科学,而这门科学以为课题的存在者的存在却晦暗不明。甚至对此进行探索追句的地平线还隐绰未彰。①

问题是要弄清,语言仅只是单纯的用具和手段呢,还是一个实存论上的现象?语言和语言的历史对于人(此在)实存具有何种关系和意义?答案却也已经有了暗示。语言绝不仅只是工具;传统语言观,特别是语言科学的工具性研究,并没有完成对语言本质的揭示。

海德格尔这里所说的语言科学,是西方历史上逻辑主义或理性主义的语言研究传统。以逻辑主义为特征的语言学在西方源远流长,其源头一直可上溯到古希腊。希腊化时代就有了系统的语法学体系,以亚历山大里亚派的语法学为代表。其后由罗马人承继这一语法学体系,将其原则应用于拉丁语,创出拉丁语语法。此后迄至19世纪,近代语言学基本上就以罗马人的拉丁语法为支柱。在希腊罗马的语言学中,人们就常把语法范畴与逻辑范畴混淆起来,或者说

---

① 海德格尔:《存在与时间》,德文版,图宾根,1986年,第166页。

是用逻辑范畴来进行语法研究的。随着近代唯理主义的兴起,人们更是倾向于把语言的语法范畴视为逻辑范畴的体现,遂有"唯理普遍语法"("理性语法")之产生,愈加强化了逻辑主义的语言研究传统。①

直言之,把语言逻辑化,这是西方传统语言科学研究的基本特征。

在西方语言学历史上,除了逻辑主义的语法研究之外,19世纪还出现了历史比较语言学。首先是在印欧语系范围内的各种民族语言之间的比较研究,随后扩大到非印欧语系,对世界各民族语言进行比较研究。但是,照海德格尔看来,这种历史比较语言学研究无论多么广泛地把种种语言加以罗列,于语言之本质的揭示却还是无济于事的。因为这种研究对语言的理解,始终未失逻辑主义的特点。

我们进一步可以说,这种欧洲中心主义的语言比较研究还很有可能误解或损害其他民族语言。譬如汉语在19世纪的西方语言学家眼里,往往是被看做一种不成熟的语言。而西方的逻辑语法之侵入中国,无疑更是一个复杂现象了。②

---

① 参看康德拉绍夫:《语言学说史》,杨余森译,武汉大学出版社,1985年,第1—3章。

② 自19世纪后期马建忠著《马氏文通》以来,中国语文传统发生了巨大的变化,无疑是汉语史上最为深刻的一次变化。这个变化过程也是现代汉语的产生过程。现代汉语是汉语传统的"现代化"("西方化")的产物。近一个世纪以来,中国的语言学家和语文工作者的基本使命就是把西方的逻辑语法移植入汉语之中。及至最近一些年,才有人对此进程提出了疑问,倡导对汉语的人文性和汉语的独立语法体系的探索。事情永远有摆不平处:一方面,我们看到,语文的现代化乃是一个民族进入现代化的必要的前提,欧洲如此(欧洲在近代之初的各民族语言的形成可以佐证),中国大约也不能免;另一方面,无论就汉语现代化的效应,还是就汉语自身的传统而言,都让我们感到有反思这种现代化进程的必要。而就后一方面言,现代欧洲人文语言哲学思想可以为我们提供参照的眼光。在我看,尤其是海德格尔后期的语言思想,可以帮助我们超越西方中心主义或东方中心主义的限制,进入一种比较高超的思想境地。

威廉姆·洪堡在历史比较语言学研究基地上建立普遍语言学，力图把语言现象与人类精神联结起来予以哲学高度的审察，以探索语言的普遍本质。这固然是一大进步了，因为语言在哲学水平上成了一个问题。但海德格尔认为，采取这类"哲学地平线"仍然是不够的。在洪堡的语言哲学中，归根到底，语言现象的根本的存在学基础仍未得到揭露。

海德格尔认为，西方传统语言学研究不可能揭示语言的真正本质，因为它持有逻辑主义的态度，是以传统存在学或形而上学为根据的，总难免把语言处理为一个现成性的存在者了。传统语言学在"逻辑"中寻找语法的基础。逻辑垄断了语法。晚近的语言学虽然拓宽了视野，也有了一些值得汲取的新见识，但逻辑主义的特征和方法并未消失。因此，亟待提出一项任务："把语法从逻辑中**解放出来**。"①

"把语法从逻辑中解放出来"，也就是**把语言从逻辑中解放出来**。在某种意义上，它也可以看做当代欧陆人文语言哲学诸派的一个共同口号。

对逻辑主义传统的批判乃是恢复本真的语言以及赢获正确的语言理解的必要前提。海德格尔围绕时间问题对存在学历史的解析已经含有对逻辑主义传统的根本性批判。在《存在与时间》中，海德格尔还通过对"逻各斯"（Logos）的源始含义的揭示，来批判逻辑主义语言观，并力图恢复本真的源始意义上的语言。

海德格尔在《存在与时间》中就开始了他 1930 年代之后进一步深入开展的词源学探究。他说："保护此在借以道出自身的那些最

---

① 海德格尔：《存在与时间》，德文版，图宾根，1986 年，第 220 页。

基本词汇的力量,免受平庸的理解之害,这归根到底就是哲学的事业。"①尤其值得注意的是,海德格尔这段话是在《存在与时间》论"此在与真理"时说的,这似乎为他后来的词源学探究和真理之思作了伏笔,亦可佐证海德格尔思想的连续性方面。

海德格尔认为,传统哲学对"逻各斯"的解释掩盖了它的本真含义,"逻各斯"被解释或翻译为理性、判断、概念、定义、根据、关系等。凡此种种含义显然是在逻辑水平上释"逻各斯"而得。后世也有把"逻各斯"释为"陈述"(Aussage)的。但海德格尔说,只要这种"陈述"又是"判断"的"陈述",那么,这貌似正当的翻译仍没有切中"逻各斯"的基本含义。在"判断理论"上,在逻辑学层面上对"逻各斯"的理解,终归是得不到"逻各斯"的真义的。

"逻各斯"的基本含义是什么呢?海德格尔说是"言谈"。

"逻各斯"是"言谈"(Rede)。作为言谈,它把言谈所及的东西公布出来,让人看言谈所及的东西。"逻各斯的功能就是把某种东西展示出来让人看"。因为"逻各斯"让人看某种东西,在一个方面也就要让人"觉知"存在者,所以"逻各斯"才能意味着"理性";因为在言谈之际被谈及的东西或被展示者本身已经现成摆在那里,所以"逻各斯"又能等于说"根据";这种被谈及的东西总是在与某种东西的关系中,也即在其"相关性"中才变得明白可见,所以"逻各斯"又具有"关系"与"相关"的含义。② 可见,"理性"、"根据"、"关系"等等,都只是"逻各斯"的派生含义,它们的根源在于作为"言谈"的"逻各斯"本身中。

言谈具有"言谈所及的东西",即言谈的对象,这是言谈的构成

---

① 海德格尔:《存在与时间》,德文版,图宾根,1986年,第222页。
② 海德格尔:《存在与时间》,德文版,图宾根,1986年,第160页。

环节之一。传统哲学正是固执于"言谈所及的东西"才把"逻各斯"解释为理性、判断、定义、根据等,也即把"逻各斯"归约为"逻辑"了。于是"逻各斯"本身也被视为一个现成的存在者了。因此,人们根本不可能在实存论存在学的根基上去发现"逻各斯"的结构。"逻各斯"以词汇和词序道出自身,即成语言,这种语言无非是词语的总和,是像物一样摆在面前的现成的东西。人们于是就在这些现成的词语和语言材料中去寻找语言的规律,才创出了语法学。

正是因为缺失一个实存论存在学的根基,而总是以外在的现成存在者为取向,所以亚里士多德在分析"逻各斯"时才一定误入歧途。"逻各斯"的结构才一定被归结为一种外在的"判断理论"。这正是西方逻辑主义传统的源头所在。海德格尔写道:

> 逻各斯的"逻辑"植根于此在的实存论分析工作。我们认识到逻各斯的存在学阐释是不充分的,这同时使我们更尖锐地洞见到:古代存在学生长于其上的方法基础不够源始。逻各斯被经验为现成的东西,被阐释为现成的东西;同样,逻各斯所展示的存在者也具有现成性的意义。①

"逻各斯"的命运是与传统存在学或形而上学的命运连为一体的。传统存在学的迷误就是"逻各斯"的不幸,此不幸即是"逻各斯"沦为现成事物的逻辑了。

按照海德格尔的意见,希腊人的日常存在活动主要是言谈,他们把人的本质规定为"言谈的动物",后人却把这一定义解释为"理性的动物"。这一转变十分要命,其中含着西方逻辑主义传统的由来。

---

① 海德格尔:《存在与时间》,德文版,图宾根,1986 年,第 165 页。

人是言谈的存在者,人以揭示世界和揭示此在本身的方式存在着。海德格尔认为在希腊人那里根本还没有"语言"(Sprache)这个词,他们把语言这种现象首先领会为"言谈"。"但因为哲学思考首先把逻各斯作为陈述收入眼帘,所以,它就循着一种逻各斯为主导线索来清理言谈的形式与言谈成分的基本结构了。语法在这种**逻各斯**的'逻辑'中寻找它的基础。但这种'逻辑'却奠基于现成东西的存在学。"①

这里说得明白:传统语法以"逻各斯"的一种分化样态即"逻辑"——也即"**一种逻各斯**"——为基础,而这"一种逻各斯"的"逻辑"则以现成东西的传统存在学为基础。言谈本身或逻各斯本身被了解为判断的陈述,即被了解为"逻辑"。后世的、直到今天的语言科学,仍然囿于这种"逻各斯"的"逻辑"之中,仍然是以逻辑主义为特征和尺度的。

海德格尔则认为,言谈现象具有某种"实存论性质的源始性和广度",立足于此,我们才能为语言科学找到一个存在学上的更为源始的基础。只有克服和改造了传统存在学,只有站在全新的实存论存在学基地上来观解语言现象,我们才能"把语法从逻辑中解放出来",才能拯救"逻各斯"。

从实存论存在学上来看,语言绝不仅仅是交流工具,不是逻辑分析的对象。语言在存在学上有其根源。海德格尔有以下界说:"语言这一现象在此在的展开状态这一实存论状态中有其根源。语言的实存论存在学基础是言谈。"②在这里,海德格尔有意区分了"语言"(Sprache)和"言谈"(Rede)。存在学意义上的语言乃是"言谈"。把

---

① 海德格尔:《存在与时间》,德文版,图宾根,1986 年,第 32 页。
② 海德格尔:《存在与时间》,德文版,图宾根,1986 年,第 160 页。

"言谈"道说出来即成语言。语言是"言谈"的"外化"。

一般所见,语言是词语的总体,作为词语总体的语言可以是世内存在者,可以是手头的工具,"可以被捣碎成现成词语物"。这就是一般语言学所研究的语言。而"言谈"则是存在学上来讲的语言,它不是现成的词语物,逻辑的语法分析是无以达到"言谈"的。日常人们用"语言"交流,用词语书写等等,其之所以可能乃是由于"言谈"。所以仅从外观看,海德格尔之区分"言谈"与"语言",似可以与索绪尔在语言(Language)与言语(Parole)之间的区分相比较。

语言学研究仅把语言视为一个现成的用具来处理,不能力透纵深处,去把捉源始意义上的语言现象——言谈。言谈是此在的一个实存论环节。所以,海德格尔说:"把语法从逻辑中解放出来这一任务就要求我们积极领悟一般言谈这种实存论环节的先天基本结构。"[1]

在《存在与时间》第 34 节之前,海德格尔已经解析了此在"在世"的基本机制。此在在世界之中存在。现身情态和领悟是此在在世的两种基本实存论性质,它们构建着在世的"展开状态"。此在在世,并非空无所有地在,此在"现身"而在,即有心境,有情绪;此在在世,也并非无所作为地在,而是自始领悟着存在而在。但此在的领悟是当下的、具体的、个别的,即是"分解了的"。而所谓"言谈",正是对这些"分解了的"领悟状态的"联结"(Artikulation)。当然不是说,分解了的领悟在先而言谈的"联结"在后。此在实存本是一体的,此在现身而出,即领悟着、言谈着。言谈同现身、领悟在实存论上是同样"源始的"。言谈作为此在的基本实存能力是一个基本的实存论性质(环节)。

---

[1] 海德格尔:《存在与时间》,德文版,图宾根,1986 年,第 165 页。

在言谈的"联结"作用中得到"联结"的东西,海德格尔称之为"意义整体"(Bedeutungsganze)。正是言谈把在世的此在的展开状态"联结"为一个整体。言谈着的此在在,世界才充满意义。

海德格尔继续说:"作为此在展开于其中的这一实存论机制,言谈对此在的实存具有构成作用。"[①]言谈如何对此在实存起"构成作用"呢?这要从言谈本身的结构来分析。

言谈总是"关于某种东西的言谈";任何言谈总是谈出了些什么,都有一个"言谈之所云本身";此在在世总是一种共在,在共在中有言谈,在共在中言谈势必是一种"传达",于相互领悟的传达中才有共在的领悟;传达本身又意味着公布,"此在言谈着道出自身",把自身公布出来。这样,海德格尔说,言谈就包含有以下构成环节:言谈所及的东西(das Geredte);言谈之所云本身(ein Geredetes als solches);传达(Mitteilung);公布(Kundgabe)。[②] 这些构成环节绝不是凭经验从语言那里搜索出来的,而是植根于此在存在状态的实存论性质。从存在学上讲,正是言谈的诸构成环节的整体使语言成为可能。

海德格尔在这里也看出语言学研究和传统语言观的迷误所在。传统对"语言的本质"的了解,总是就言谈所具有的上述构成环节中的个别环节来分析,而没有就言谈的构成环节的整体来把握语言之本质。"表达"、"象征形式"、"陈述的传达"、"体验的公布"、"生命的形态化",诸如此类的观念,都是仅仅抓住言谈环节的一个维面来理解语言现象。而且,即使我们用调和方法把这些五花八门的定义堆砌到一块儿,恐怕对获得一个十分充分的语言定义仍然是无所补

---

① 海德格尔:《存在与时间》,德文版,图宾根,1986年,第161页。
② 海德格尔:《存在与时间》,德文版,图宾根,1986年,第162页。

益的。关键还是要在此在的分析工作的基础上先把言谈结构的实存论存在学机制整体清理出来。

正是具有上述诸构成环节的言谈组建着此在在世的共同现身和共同领悟。在言谈中,此在才共同分享了世界,也才道出自身为此在。因此才可以说,言谈对此在实存具有构成作用,言谈组建着此在实存的在世整体。

海德格尔又特别把言谈的两种可能方式即**听**(Hören)和**沉默**(Schweigen)摆出来,进一步说明言谈对此在的实存论状态的构成作用。

"听"这一可能的言谈方式最明白不过地表明了言谈与可领悟状态的关系。我们在听,如若听得不"对",我们就没有"领会"。这是现象上的证明。海德格尔所说的"听"是实存论上的。此在在世,总是在互相"听"中构成共在。"听"是此在的一种"先天"能力。"能听在实存论上是源初的"。一般我们会认为,听就是声音的感受和音响的接受,这是心理学或生理学上的"听"。这后一种"听"其实还根基于实存论上的"能听"。海德格尔说,实际上我们从来不是"首先"听到响动和音团,"我们首先却听到摩托车和汽车"。①

这话颇为费解,但很关键。其实,海德格尔的意图是要说明,此在总是已经首先与被听、被领悟的事物在一起了。情形绝不是,此在先有声音的感受,才整理出这感受,然后一跳跳到发出声音的东西那里,终于听到了那个东西。心理学和生理学上有这样的感觉的"流程"。平常我们往往也是如此这般根据"科学"来理解"听觉"现象的。海德格尔说,我们首先"听"到摩托车和汽车,这是在实存论存在学的角度来讲的,表明此在总是首先就寓于这些事物而在,而不是

---

① 海德格尔:《存在与时间》,德文版,图宾根,1986年,第164页。

寓于声音的感受,才达到这些事物。此在总是已经"照料"着世内存在者,"照顾"着他人,总是已经在听,才构成周围世界和共同世界。这也即说,可能的存在性关系在先,现成的事实性(知识性)关系在后。可能高于现实。

"沉默"是言谈的另一种本质可能性。日常人们喜欢夸夸其谈,但海德格尔却认为,比起口若悬河的人来,在交谈中沉默的人可能更本真地"让人领会"。滔滔不绝地阔谈,并不构成真正的领会,倒很有可能锁闭了在世状态,把事情的真相掩盖起来了。比起阔谈的人,沉默的人们显出其本身成竹在胸,心胸豁达,有话可说。沉默当然不像哑巴和天生寡言的人的无语。对从不说话的人来说也就无所谓沉默。真正的沉默只存在于真实的言谈中。为了能够沉默,此在必须有话可说,此在必须充分地展开,明白事理,无碍无待。"沉默"这种言谈方式以充分的力量说明了言谈对于此在实存的"先天性",对此在的可领悟状态的联结,即对于此在实存状态的构成作用。真正的沉默倒使那些无聊的清谈、振振的闲谈相形见绌,露出丑陋之相了。

以上阐释表明,语言现象的存在学根据在此在的实存状态中。存在学上的语言即言谈。语言无非是言谈的"被说出状态"。作为言谈的"被说出状态"的语言就不止于现成的东西,它是一个实存论上的现象,它的存在是此在式的存在。此在首先就在这样的语言中,即在言谈的"被说出状态"中。语言构成了此在的实存背景。

言谈一旦被说出,达乎言辞而成语言,就有被处理为现成的存在者的危险。何以如此呢?因为日常此在是"常人"。"常人"在杂然共在中往往对言谈之所及不得要领,无心领悟,倒是满足于四处张扬,到处传布意见,人云亦云,鹦鹉学舌。这就是海德格尔所谓的"闲谈"(Gerede)。

言谈是本真的此在的存在样式,"闲谈"则是沉沦于世的日常此在的存在样式。虽然"闲谈"也是实存论上的现象,如"常人"一词那样并没有"道德批判"的意味。但海德格尔关于"闲谈"的讨论,显然意在揭示人类语言的异化和荒疏的现象。在语言中的人太易于执迷于词语本身,满足于无谓的"说"。振振的清谈、不着边际的搬弄是非,等等,都是语言之荒芜的表现。词语的"暴政"也久而久之矣。人类仿佛对语言很崇拜、很迷信,但又有太多不着义理,往往对"言谈之所及"的事情本身漠不关心;更何况,人间又有多少争端、欺蒙、戕害,是借着词语的幌子流行于世的?

言谈属于此在的存在机制,一道造就了此在的"展开状态"。而言谈有可能变成"闲谈"。"闲谈"这种言谈不是保持在世的敞开状态,而是锁闭在世,掩盖了世内存在者。正像此在首先并且总是在其日常平均状态中成为"常人",言谈一经道出,也可能成为闲谈。此在往往作为"常人"在闲谈中。四处扩张的闲谈使人世变得轻浮无据。"起封闭作用的闲谈乃是除了根的此在领悟的存在样式。"①无度的闲谈加剧了此在实存的无根无据的疏异情形。要返本归真,消除语言的"异化"恐怕是一个必要任务。

闲谈太多,所以海德格尔提倡"沉默"、"无言"。沉默者倒有可能最能说。振振闲谈的人却最不能说、最说不到要害。在沉默中倾听,在无言中慎思——这也是后期海德格尔所坚持的一项主张。

关于前期海德格尔的实存论语言观,我们在此可以作如下总结:

一、海德格尔批判了语言科学和传统语言观的迷误,提出"把语法从逻辑中解放出来"的任务。这一任务,也是当代欧陆人文哲学的共同目标。海德格尔先行一步,力图超出逻辑层面,找到语言现象的源始基础,在逻辑之外把握语言的本质。

---

① 海德格尔:《存在与时间》,德文版,图宾根,1986年,第170页。

二、传统存在学的"无根"决定了传统语言观的迷误和语言的日益加剧的荒疏;海德格尔从其实存论存在学基地上来考察语言现象,认为语言在实存论上有其根源,实存论存在学上的语言被叫做"言谈"。言谈是此在的实存论性质,是一种"先天"的规定性,或者说是此在的基本实存能力。言谈道出自身即有"语言"(Sprache),后者作为"词语物"可以是语言科学的研究对象。但语言科学对"词语物"的分析研究是不能探得语言的源始本质的。言谈与语言的区分意味深长。这种区分,在后期海德格尔那里转化为道说(Sage)与语言的分别了。

三、言谈对此在的在世具有构成作用。此在实存的世界是有意义的世界,是一个存在性的意义世界。此在现身于世即有所领悟、有所言谈。言谈的功能在于把具体个别的领悟"联结"起来,即把现身在世的可领悟状态"联结"起来。这才可能有有意义的在世整体。此在言谈着,揭示着世界也揭示着此在本身。

四、言谈有诸构成环节。传统语言哲学和科学往往抓住言谈之构成环节的一种来了解语言,自然是把握不了语言现象的整体的。"听"和"沉默"是言谈的两种可能方式。此在在世,有话要说,有话要听;唯此在有话能说,有话能听,也才能本真地沉默。此在能听,能说,也能沉默。

五、在前期海德格尔的语言思考中,"逻各斯"这一概念具有特别重要的地位。传统哲学对"逻各斯"的解释并没有触着其基本含义。"逻各斯"之本义乃言谈。传统的解释却把"逻各斯"归约为"逻辑",从而把语言当作逻辑的体现,创出逻辑的语法。在传统对"逻各斯"的这一解释中,既有逻辑主义传统之源头,也有语言科学对语言的逻辑化的由来。因此,要把语法从逻辑中解放出来,也就是要拯救"逻各斯"。

六、人是言谈的动物。于言谈中,世界得以启明出来,实存得以展开出来。"把实存展开,这本身可以成为'诗意的'言谈的目的。"①这话显然也已经透露了后期海德格尔的诗意语言沉思的信息。

七、前期海德格尔对语言的思考不算太多。语言这个主题尚未能充分突现。这是与前期海德格尔的存在学思路相联系的。作为言谈的语言被规定为此在的一个实存论性质。固然海德格尔强调语言对此在实存的构成作用,但语言毕竟被当作人的一种活动了。这就还有一种危险:重又回到人支配语言、人用语言的传统陋见上去。而后期海德格尔的语言思考却走了与此大相径庭的路径。此点留待后论。

第六节 思想道路的转向

关于海德格尔思想道路的"转向"问题,国内外已有了许多意见。这个问题很重要。它关系到我们对海德格尔的总体理解和评价。而且,根据海德格尔的自陈,所谓"转向"不只涉及海德格尔自己的思想,而是基于思想的事情本身,也是西方思想的"转向"。联系到西方现代思想发展的情况,特别是联系到海德格尔之后在德－法哲学家之间展开的"现代主义－后现代主义"之争,我们觉得这个问题显得格外紧张了。问题的重要性往往也即它的复杂性。众说纷纭的情况本身就令人深思。

首先,研究者们对于海德格尔思想发展过程中有没有一个"转向"就产生了分歧。有人主张海德格尔思想是前后一贯的,根本就

---

① 海德格尔:《存在与时间》,德文版,图宾根,1986 年,第 162 页。

没有"转向"一说。后期突出的几个题目,如真理、语言等等,前期也早就有了。后期不过是前期的发挥和展开而已。甚至有人认为,海德格尔的思想在《存在与时间》那一阵子就已经得到完成了。① 持这派意见的人们往往强调海德格尔的思想主题(特别是"存在"问题)的连续性和一贯性,看来言之成理,但在作具体的讨论和解释时,难免有捉襟见肘之处,而且也是有悖于海德格尔自己对于其思想道路的体认的。

多数研究者认为有一个"转向",倾向于把海德格尔思想分成前、后两部分来加以认识。但这"多数"当中,对"转向"的理解也是很不一致的。"转向"是否就一竿子到底划出两个截然不同的海德格尔?前、后期海德格尔思想又有何联系?"转向"在何时发生?这些,都是大有争议的问题。

譬如拿后面这个问题来讲,有人说"转向"发生在1930年代初(海德格尔作"论真理的本质"的演讲),有人说是在1930年代中期("荷尔德林和诗的本质"一文发表),又有人说在1940年代后期("关于人道主义的书信"发表)。各家都有自己的道理。而海德格尔自己则明言:尽管在公开出版物中,他最早是在"关于人道主义的书信"(1947年)中才提到"转向"的,但所谓"转向"这一事情,至1947年已经激荡他的思想有十年之久了。② 也应该看到,"转向"不

---

① 叶秀山先生认为,除个别用语外,海德格尔的思想已经"在《存在与时间》、《康德与形而上学问题》这两部著作中完成"。参看叶秀山:《思·史·诗》,人民出版社,1988年,第171页。这个观点在我看来是不合海德格尔的本意的。另外,我们看到,在这两部早期著作之后,海德格尔还以近半个世纪的时间创作(说和写)了近百卷的文字。就此看来,认定海德格尔思想已在《存在与时间》中完成的看法,似乎也颇令人不安。倘若一个思想家固执至此,也终究有些可悲了。

② 参看海德格尔:"致理查德逊的信",此信系海德格尔1962年给理查德逊所著《海德格尔:从现象学到思想》(海牙,1974年,第三版)一书写的"前言",见该书第XVII页。

是一蹴而就的,而是要经历艰苦的运思的尝试的。

我们认为,从1930年起,海德格尔的思想确实发生了一些变化,确实可以说有一个思想道路的"转向"。但我们也更愿意把海德格尔思想理解为**一条道路**;所谓"转向",应该是**一条道路上的"转向"**。"转向"并非制造前后相隔的鸿沟,并不意味着海德格尔全盘否定了自己前期的思想。海德格尔本人曾这样解释他后期对《存在与时间》的修正:"我离开了前期的一个观点,但并不是为了用另一个观点来取而代之;而是因为,即使从前的立足点也只是在一条路途中的一个逗留而已。"①如果说思想道路具有"可回溯性",那么,"转向"的道路依然是"返回"的道路。"转向"之后,海德格尔依然行进在通向"存在之邻"的道路上。

《海德格尔:从现象学到思想》一书的作者理查德逊把海德格尔的思想区分为"海德格尔Ⅰ"和"海德格尔Ⅱ",他为"转向"问题曾写信求教于海德格尔本人。海德格尔在回信中如是说:

> 您对"海德格尔Ⅰ和"海德格尔Ⅱ"之间所作的区别只有在下面的条件下才能成立,即始终应该注意到:只有从在海德格尔Ⅰ那里思出的东西出发,才能最切近地通达在海德格尔Ⅱ那里有待思的东西。但海德格尔Ⅰ又只有包含在海德格尔Ⅱ中,才成为可能的。②

这话殊可表明海德格尔对于自己的思想之"转向"的认识:既承认前、后期思想的连续性,又明言其间的变化。

---

① 海德格尔:《在通向语言的途中》,德文版,弗林根,1986年,第98页。
② 海德格尔:"致理查德逊的信",载理查德逊:《海德格尔:从现象学到思想》,英文版,海牙,1974年,第XXIII页。

海德格尔前、后期思想的连续性或一贯性，集中体现在他的"存在学差异"思想中。我们前面在讨论海德格尔的"有－无"之辨时已经指出，"存在学差异"的深刻含义在于区分"存在本身"（"作为存在的存在"）与"存在者之存在"。海德格尔自认为他一贯坚持了这一"区分"。我们看到，在前期海德格尔那里，上述意义上的"存在学差异"是得到了贯彻的；特别是前期关于"无"的探讨，深化了"存在学差异"思想。甚至海德格尔的时间观也恪守了这一"差异"。而且在我们看来，正因为恪守了这一"差异"，才使海德格尔觉得从"时间性"（此在）跳跃到"时间"（存在本身）的困难。

海德格尔之所以把《存在与时间》视为他的思想道路的"路标"，原因恐怕也在于他在这部著作中已经形成了"存在学差异"这一基本思想。关于"存在（本身）"的问题已经提出来了。

有许多显明的迹象足以表明海德格尔思想道路的"转向"。譬如，虽说海德格尔后来说他的思想一直围绕着"语言与存在"这个主题，但前期并未充分展开语言问题的讨论，后期则更直接地切中这个主题了。前期那种对此在实存状态的缜密分析以及一些有关实存情绪的术语（如"忧心"、"畏"等），在后期是没有的，后期更多的是对诗歌文本的沉思和解析。时间问题是前期的主题，后期则少见讨论了。就形而上学的批判而言，前期以时间问题为引线集中批判亚里士多德、笛卡尔和康德，后期则主要围绕存在之真理问题，重点批判、阐释了柏拉图和尼采。前期的文风和用语虽已属怪僻，但终究还是学院式的（形而上学的），后期则为了摆脱形而上学的语言而发展出一种伽达默尔所谓的"半诗性的特殊语言"。① 如此等等。要说明有

---

① 伽达默尔："本文与阐释"，载米歇尔费德和帕尔默（编）：《对话与解构——伽达默尔与德里达的论战》，英文版，纽约，1989年，第24页。

一个"转向",表明海德格尔前、后期思想之变化,看来是不难的。难的是挑明这种"转向"的内在动因。

1964年,海德格尔在巴黎作了一次题为"哲学的终结和思想的任务"的著名演讲。这个首先以法文本公诸于世的报告应说是海德格尔的总结性声音了。在这个报告的开头,海德格尔明确地说道:"自1930年以来,我一再尝试更其源始地去构成《存在与时间》的课题。而这意味着,要对《存在与时间》中的问题出发点作一种内在的批判。"①这话已经足以反驳那种认为海德格尔思想已在《存在与时间》中得到完成的论调了。同时,这话也告诉我们应该如何理解海德格尔思想的"转向":"转向"之后(即1930年以后)海德格尔的种种思想尝试,是对前期的"问题出发点"的批判。

那么,前期海德格尔的"问题出发点"是什么呢?海德格尔在《存在与时间》中曾这样为自己的工作"定性":"哲学是普遍的现象学存在学;它是从此在的解释学出发的,而此在的解释学作为实存论分析工作把一切哲学发问的主导线索的端点固定在这种发问所从之*出*且向之*归*的地方上了。"②在《存在与时间》的结尾处,海德格尔又重申了这段话,认为它是一切哲学探索的"准则"。"此在的解释学"即"基本存在学"(海德格尔也称之为"此在的形而上学")。存在问题需得从"此在"入问。"此在"是存在问题的出发点,要从具有优先地位的"此在"身上逼问出一般存在的意义。从此在到存在,这是前期海德格尔的基本思路;1930年代之后海德格尔要反省和批判的,看来也就是这条思路。

虽说前期海德格尔也坚持了"存在本身"与"存在者之存在"之

---

① 海德格尔:"哲学的终结和思想的任务",载《面向思的事情》,德文版,图宾根,1976年,第61页。
② 海德格尔:《存在与时间》,德文版,图宾根,1986年,第38页。

间的"存在学差异",但显然,前期的思路突出了"存在者之存在"(此在的存在)。按海德格尔的设想,把此在这个存在者的存在展开出来("极端化"),也就能赢获作为"绝对超越"的存在本身了。由于突出此在这个"存在者之存在",作为"问之何所问"的"存在本身"倒相形失色了,大有被湮没之虞。前期思想的要义就在"此在——存在"的思路之中。

在前文第二节和第三节的具体讨论中,我们已经对这条思路所包含的内在困难作了一些分析。这里我们还要作一个综合性的议论。

首先,前期海德格尔在现象学基地上建立起来的"在世"学说,意图虽然是批判形而上学的知识学"世界观"和形而上学的"唯我论"的,但看来大有出尔反尔的危险。海德格尔所使的基本招数是通过对"在世"现象的源始统一性,也即此在与世界的根本一体关系的揭示,来破除主体与客体的"分离观";实际上就是在存在学上确立"此在的世界"或"世界的此在",以存在学上的"存在的人"来取代知识学上的"知识的人"。但这样一个"招数"有一个危险,即借此在反主体,不但没有反掉这个主体,倒是从存在学的根基上把这个主体巩固起来了。后期海德格尔对此也深有自觉。譬如,海德格尔在《尼采》中说,《存在与时间》所走的道路和所做的努力,"违反其意愿而进入一个危险的境地,即只是重新增强了主体性……"。①

另外我们也已经指出,把"唯我论"的孤独之"我"这个"点"扩大为"在世"的此在这个"面",恐怕导致了一种彻底的"唯我论"。因此,前期海德格尔的存在学哲学仍停留在"现代主义"哲学的范围之内,实可以称为"主体哲学的后唯心主义阶段"。反形而上学不得

---

① 海德格尔:《尼采》,第 2 卷,德文版,弗林根,1961 年,第 194 页。

力,这对海德格尔来说是需要努力改进和匡正的一个方面。

　　为了把此在的存在领悟"极端化"或"激进化",从而揭示此在的"时间性"(超越性结构),海德格尔提出了他的死亡观。在海德格尔看来,"先行向死亡存在"是此在返璞归真、实现超越的唯一途径;而"先行向死亡存在"又有赖于此在的根本情态("畏")以及此在的几个实存论性质("良知"和"决心"等)。我们认为,海德格尔实际上是把此在置于"边缘处境"中来破解此在之意义。这无疑是在重弹实存主义(存在主义)者的老调。它的神秘主义色彩自不待说了。从学理上讲,海德格尔前期思想的主观主义倾向因此而达到了极致。

　　就时间问题而论,我们看到,海德格尔以"时间"为引线对传统形而上学的批判是颇具效力的。通过揭示"现在时间"观的局限性来说明形而上学对存在的遗忘,看来也是言之成理的。它实际上挑明了一点,即以知识的途径,在知性逻辑的水平上,是不可能实现真正的"超越之问"的。哲学和人生都有着非现成性的隐而不显的根基。而这隐而不显的一度是传统形而上学和知性科学所不能达到的。海德格尔试图寻求这一度。他的做法首先是把"时间性"揭示为人(此在)实存状态的"隐"结构,在我们看来,也即把"无"设入此在的超越性本质中,并企图借此探入那绝对超越的隐而不显的存在本身。但这一思路看来是一个绝境。因为本来应该是无限制的"无"落在此在的"畏"的掌握中了。

　　因此归根到底,还是需要放弃这个优先的、貌似无处不在实则彻底个体化的充满悲怆情调的"此在"。这个"此在"太躁动不安,太具有迫切的意欲。它被置于"边缘处境"中,虽能置生死于度外但难免负荷太重,太不安全、太不可靠。需要有另一个心平气和、泰然处之的"人"来取代这个亦"畏"亦"忧"的"此在"。这才有了"转向"。

　　而对思想家海德格尔来说,"转向"首先就是运思态度的转变。

海德格尔生前未发表的,被认为写于1940年代的"哲学的本质"一文篇首的一诗,抒发了这一态度的转变。诗曰:

> 问皆带不了你至真理之野——
> 回归答中吧:
> 安息呀,习暗示归去来的自由之痛的能手
> 欢欣于自由的谢忱中。
> 唯如此安息
> 我们才有所栖居,
> 栖居于仁爱之宅。①

此诗所传达出来的海德格尔的态度的变化是十分明显的:要从"问"(Fragen)回到"答"(Ant-wort)。前期海德格尔突出了能够"问"存在的此在,一切都系于此在的"问",倘若此在不"问"存在,则存在学无从谈起。后期海德格尔则一反这种主观的倾向,试图重新摆正人与存在的关系。人不是"问"存在,而是"答"存在,响应存在,契合于存在,居于"存在之邻"。"问"还不免与被问者相对待,还极有可能回到主体 – 客体的对立关系上去;"答"才是一种款款接纳、自由奉献的开放态度,才是一种非形而上学的态度。"问"是积极意欲的,终难免迫切和焦躁,因为焦躁,还不免误入歧途。"答"虽非消极,却是无急迫意欲的期候。于"答"中才有所谓的"安息"(be-ruhen),才有真正的自由的欢欣,才有泰然和美的"栖居"。

在我们看,这一由"问"向"答"的转变很能体现出海德格尔思想道路的"转向"的真正意蕴了。由这一转变,海德格尔不再从此在急

---

① 据熊伟先生译文。

不可待地逼向存在,而是要着眼于存在本身,着眼于存在之真理的"自行发生"来运思,要听命于存在之真理的邀请,期待"存在的召唤"了。

第二章 探源:早期希腊之思

在1930年以来的动荡岁月里,海德格尔的思想处于激烈的自我修正之中。整个1930年代,海德格尔少有文字问世。但此间的海德格尔并没有沉默。大量的演讲稿、著作手稿和授课稿记录了海德格尔1930年代所做的各个不同方面的思想"历险",举其要者,有以下五个方面:

一、对真理问题的思考,1930年海德格尔多次以《论真理的本质》为题作演讲;1931年冬季学期和1933年两个学期开设真理问题讲座。

二、阐释诗人荷尔德林的诗歌。1934年冬季学期海德格尔讲荷尔德林的两首诗(《日耳曼人》和《莱茵河》);1936年发表《荷尔德林和诗的本质》一文(这是海德格尔1930年代公开发表的唯一论文)。

三、探早期希腊思想之源。1932年夏季学期海德格尔讲阿那克西曼德和巴门尼德;1935年夏季学期授《形而上学导论》一课(讲课稿于1953年出版)。

四、清理形而上学历史,尤其是对尼采思想的阐释。从1930至1936年间,海德格尔对柏拉图、亚里士多德、康德、黑格尔和谢林等大家做了专题讲座;进而在1936至1940年间有五个学期专授尼采哲学。

五、形成围绕"大道"(Ereignis,或译"本有")之思展开的存在历史观。这方面的用力主要集中在海德格尔1936－1938年间完成的《哲学论稿(从大道而来)》一书手稿(迟至1989年作为《全集》第65

卷出版)以及 1938—1939 年间完成的《沉思》一书手稿(迟至 1997 年出版)中。①

以上广泛的工作,是海德格尔对其前期思想作"内在的批判"的最初尝试,它们已经定下了海德格尔后期思想的基调。而这多重尝试几乎是同时铺开的,并且也是相互贯通的。其中贯穿着海德格尔思想的一个主旨:解析遗忘"存在"的形而上学的历史,发现并重新唤起非形而上学的"存在之思"。

形而上学史,就是一部"遗忘存在"的历史。"遗忘"也即"遮蔽"。海德格尔说:"作为存在的存在对形而上学来说始终是遮蔽着的。"②解析形而上学的历史,也就是要解除这种"遮蔽"。被"遮蔽"者为何?是源始意义上的"作为存在的存在"(存在本身)。既能被"遮蔽",则历史上必有存在本身之"无蔽"的时候。何时有存在之"无蔽"?何以"无蔽"转向了"遮蔽"?"存在历史"之谜亟待解开。

海德格尔认为,早期希腊思想是源始的"存在之思",在那里,存在本身是无蔽而彰现着的。今天我们要重新唤起存在之思——作为大道(Ereignis)的存在之思,则首要的事情是"回忆"和"重演"早期的"存在之思"。思想的道路实施"返回步伐"(der Schritt zurück),要回到源头,回到思想的"第一个开端"去思存在之源始意义。对海德格尔本人的思想来说,这一"返回"构成了"转向"的一个方面;而对欧洲形而上学传统来说,它构成了一个更为深刻的"转向":从哲学转向思想。

探早期希腊之源,这一步是后期海德格尔思想的一个重要环节,

---

① 此处资料据海德格尔全集编委会印制的目录说明。
② 海德格尔:《形而上学导论》,德文版,图宾根,1987 年,第 15 页。

它对于整个后期海德格尔思想具有奠基和指导的意义。我们认为，这一步是先行的一步，迈出这一步，海德格尔思想的"转向"就达于完成了。故我们先要列专章来加以讨论。

第一节 返回思想的开端

海德格尔被认为是言必称希腊的。但对于早期希腊思想（即前苏格拉底思想）的特别关注，还是 1930 年以后的事情。在前期海德格尔的《存在与时间》中，希腊**哲学**当然已获得了重视，早期希腊**思想**却还没有成为海德格尔关心的焦点。在这里，我们先来看看早期希腊思想在《存在与时间》中的情况，以便获得一道前后参照的眼光。

我们首先以数据为证。希腊思想家和哲学家在《存在与时间》中出现的次数如下：亚里士多德 35 次，柏拉图 12 次，巴门尼德 9 次，赫拉克利特 1 次，阿那克西曼德则未出现。显然，越是早期的思想家，就越少被提到。亚里士多德这位哲学巨人最受"青睐"。这当然不是完全偶然的，而是与前期海德格尔的形而上学批判的思路有关的。

在早期希腊思想家中，以巴门尼德在《存在与时间》中出现次数最多。在第 26 页上，海德格尔说，形而上学把源初的"说"或"直观"变成了对现成东西的单纯知觉，而巴门尼德已经取这种单纯知觉作为解释存在的线索了。在第 100 页上，海德格尔发问道，为什么在存在学传统之初（巴门尼德是明显的例子）世界现象就被跳过去了？在第 171 页上，海德格尔说，早在希腊哲学中，人们就从"看的快乐"来理解认识了，从而才有知性科学研究的源起；而这种对"看"和"觉知"的抬举又追溯到巴门尼德那里，因为后者说过："存在即在纯直观的觉知中显现的东西,而只有这种看揭示着存在。"①

在上面对巴门尼德的引述中,海德格尔显然是把巴门尼德当作一个传统形而上学的哲学家的,巴门尼德的存在阐释无异于柏拉图和亚里士多德的存在学。因此我们可以说,在《存在与时间》中,海德格尔还没有像他在后期所作的那样,把前苏格拉底的早期希腊"思想"与后苏格拉底的希腊"哲学"分别开来。

但是,饶有趣味的一个情形是,前期海德格尔在真理问题上却明显地把巴门尼德和赫拉克利特与苏格拉底之后的哲学家区分开来了。海德格尔分出两种真理观,认为传统的真理概念突出体现在亚里士多德和康德那里,而真理的源始理解则在早期希腊思想家那里。在第 219 页上,海德格尔提及赫拉克利特:"赫拉克利特的残篇是明确讨论逻各斯的最古老的哲学训导,在一段残篇中,我们所说的真理现象始终是在被揭示状态(无蔽)的意义上出现的。"源始意义上的真理乃是"无蔽"。在第 222 页上,海德格尔又说:"引导巴门尼德的真理女神把他带到两条道路前面:一条是揭示之路,一条是晦蔽之路。"后起的希腊哲学家却把陈述(判断)当作真理的"处所",认为真理的本质在于判断与它的对象的"符合"。亚里士多德这位逻辑之父率先把真理定义为"符合"。这种"符合论"与真理的源始现象就相去甚远了。

上述情况也许可以启示我们,何以 1930 年代初海德格尔实施"转向"要从真理问题入手。很明显,或者部分地,在真理问题背后有早期希腊思想在起作用。也正是在讨论真理问题的这一节(《存在与时间》第 44 节)中,海德格尔表明了他的词源探究的必要性,认

---

① 这是海德格尔的解释性翻译,一般把此箴言译作"因为思维与存在是同一的……"。这里特别要指出的是,后期海德格尔在《形而上学导论》中对巴门尼德这个箴言作了另一种翻译和解释(参见本章第三节中的讨论),也可见前后之差别了。

为哲学的根本事业就是"保护此在借以道出自身的那些**最基本词语的力量**"。① 这话十分值得我们重视。纵观海德格尔的毕生运思,恢复和保护词语(尤其是"基本词语")的源始的命名力量,正是他的基本努力之一。

但话又要说回来,前期海德格尔的真理观和词源探讨,都是服从于他的实存论存在学的思路的。上面所引的对巴门尼德残简的一个解释已是一例。Logos 被释为"言说",而"言说"是此在的一个实存论环节,这与后期释 Logos 为"聚集"是有距离的。Aletheia 已被释为作为"无蔽"的真理,这是前后一贯的;不过,在前期,真理又被解为"此在的展开状态",这与后期的自行发生的存在之真理(澄明)也大相径庭了。

总之,我们认为,在前期海德格尔哲学中,虽然隐隐约约已露出一些迹象,但后期那种在"存在之思"意义上探早期希腊之源的努力,根本上还是没有的。

自 1930 年代以来,海德格尔逐渐突出了早期希腊思想这个课题,并且形成了他的独特的"存在历史"观。海德格尔 1932 年所作的关于阿那克西曼德和巴门尼德的讲课稿眼下正在整理出版中,我们还不能窥其真相。我们可以读到的《形而上学导论》,已经包含了后期海德格尔对早期希腊思想以及整个形而上学史的系统探索。此后有一系列著作和论文探讨了早期希腊思想。《林中路》(1950 年)之末篇是对阿那克西曼德之箴言的讨论。《演讲与论文集》(1954 年)最后三篇探讨了赫拉克利特和巴门尼德。讲座《什么叫思想?》(1954 年)从尼采(形而上学的终结)谈起,结束于巴门尼德。如此等等。可以说,1930 年代之后海德格尔的一项重要工作,就是完成

---

① 海德格尔:《存在与时间》,德文版,图宾根,1986 年,第 220 页。

《存在与时间》中提出的"解析存在学历史"的任务,但并不是像《存在与时间》所设想的那样以时间问题为指导线索来完成这项任务了。

在后期,海德格尔也不再说"**存在学历史**"(Geschichte der Ontologie),而是说"**存在历史**"(Seinsgesehichte)了。这两者是大有分别的。前者即形而上学史,而后者还包含非形而上学的历史——即前形而上学的早期希腊思想和后形而上学的当代思想。

解析"存在历史",势必要回到希腊,而且要回到早期希腊。这也就如同我们论中国之学必回到周易先秦一样的自然。但如何"回去"呢?其中首先似乎有一个"方法"问题。在与日本教授手冢富雄对话时,海德格尔指出,他要"**更希腊地思希腊思想**"(das griechische Gedachte noch griechischer zu denken)。这话乍听让人吃惊。我们且录一段对话如下:

> 日本人:那么您与希腊思想的关系究竟如何呢?
>
> 海德格尔:我们今天的思想已经放弃了更希腊地思希腊思想。
>
> 日:从而也就放弃了比希腊人的自我理解更好地理解希腊人。
>
> 海:不对,事情恰恰不是这样。因为任何伟大的思想总是最好地理解自己,也即说,总是在它所具有的限界内理解了**自己**。
>
> 日:那么何谓更希腊地思希腊思想呢?
>
> 海:这最好就显现(Erscheinen)的本质来加以解说。如果在场本身被思为显现,那么,在在场中运作的就是那种进入无蔽意义上的光亮之中的出现。无蔽是在作为某

种澄明(Lichten)的解蔽中发生的。而这种澄明本身作为大道(Ereignis)在任何方面都是未曾被思的。从事对这一未曾被思的东西的思,意味着:更源始地去追踪希腊思想,在其本质渊源中洞察希腊思想。这种洞察就其方式而言是希腊的,但就其洞察到的东西而言就不再是希腊的了,决不是希腊的了。①

眼下要我们完整地理解这段对话总还有些困难,因为它是海德格尔 1950 年代的声音。海德格尔所谓"未曾被思的东西"即"大道"(Ereignis,或译"本有")对我们来说也还是未曾思及的。我们要到最后一章来译解和讨论这个玄怪而重要的作为存在本身的"大道"。②

而上面这段话的基本意思可以这样解释:"更希腊地思希腊思想"并不是好古,也并不是企图对希腊思想家作胜过他们的自我理解的完善理解(这是不可能的!),而是要以早期希腊的方式(因为只有在那里才有源始的存在之思)去思"未曾被思的东西"(即作为 Ereignis 的存在本身)。早期希腊是思想的"第一个开端"。海德格尔处身于思想的"另一个开端"中。海德格尔是在"另一个开端"中以"第一个开端"的方式去思未曾思的 Ereignis。着眼点还在当前,还在思想的事情中。

美国学者阿勒尔斯(R. Allers)曾批评说:"难于相信,在海德格尔以前,就没有一个哲学家真正地了解巴门尼德和赫拉克利特的意

---

① 海德格尔:《在通向语言的途中》,弗林根,1986 年,第 134 – 135 页。
② 后期海德格尔一直在寻求用"非形而上学的"词语来表达他所思的"存在本身"。至 20 世纪 50 年代以后,海德格尔才在他公开出版的著作中使用了 Ereignis 一词。我们在此把 Ereignis 中译为"大道"。详见本书第五章的讨论。

义。也难于相信,生在巴门尼德之后只约150年的亚里士多德比20世纪的哲学教授更不可能理解他的前人。亚里士多德学派的学者不知道如何以希腊的方式去思维,而黑森林的圣者倒可以这样做,这也是难以说得通的。"①

这是海德格尔常常要遭到的指责。但从海德格尔的角度来看,这种指责却可以说是无的放矢。海德格尔本人并不认为他要比亚里士多德更完美地理解赫拉克利特或巴门尼德。所谓"更开端性地"(anfänglieher)、"更源始地"(ursprünglicher)或者"更具有思之特质地"(denkender)思想,并不是要标榜他对早期希腊思想作了更好的解释。海德格尔的本意是要揭示早期思想家"未曾道说出来的东西"(Ungesagtes),而不是局限于思想家"已经说出的东西",对之作一番考证、注解。"未曾道说出来的东西"只可能在思想历史中发生,而不是在解经学或语文学或历史学中。

尽管我们还不妨说,海德格尔的"探源"工作是"六经注我"式的,但海德格尔自有其思想的基准。我们是否同意他的解释,全看我们是否同意他的思想了。

"更希腊"的"更"已经标示出一种"超出"的努力,而这种"超出"又不是考证的客观性意义上的"超出"。根本上,任何对历史的"进入"都已经是一种"超出"。所以海德格尔要说,"更希腊地思希腊思想"所洞察到的东西绝不是"希腊的"了。

进一步,我们认为,"更希腊地思希腊思想"这一主张牵涉到海德格尔的"开端"之说,也即他对"存在历史"(Seinsgeschichte)的总体观解。在海德格尔看来,早期希腊是思想的"第一个开端",随后由于希腊哲学的兴起,这个开端"隐失"了,同时开始了"遗忘存在"

---

① 阿勒尔斯:"海德格尔的意义",载《哲学译丛》,1964年第2期,第60页。

的形而上学的历史;及至现代之尼采,形而上学则已趋近末日,思想的"另一个开端"绽露端倪。如何通达"另一个开端"呢?海德格尔说,需得"重演"(wieder-holen)第一个"开端"。海德格尔下面一番话较能说明问题:

> 追问:存在之情形如何?——这无非就是重演我们历史性的、精神性的此在的开端(Anfang),从而把这一开端转变为另一个开端。这是可能的。它甚至是历史的决定性形式,因为它发端于基本事件(Grundgeschehnis)。但是我们并不是通过把它还原为某个过去的、现在熟知的并且只要仿制一番的东西,就能重演一个开端;相反,这个开端必须被**更源始地**重新开端一番(wiederanfangen)……①

"更希腊地思想",就是"重演"思想的"第一个开端",从而启导出"另一个开端"。所谓"重演"不是简单的回复,不是历史学意义上的再现,更不是卖弄古玩。"重演"植根于思想的本性,也植根于历史的本性。

海德格尔严格区分了在日常德文中并无多大区别的表示"历史"的两个词语,即 Historie 和 Geschichte。前者是历史学上的"历史"(我们这里用引号标识之),后者才是源始的真实发生的历史。前者是"显"出的,可以说是死的,后者是既"显"又"隐"的,是活的。从"历史(学)"(Historie)上讲,早期希腊思想似乎是过往的、消逝了的"死"东西;但从真实发生的历史(Geschichte)上看,早期思想并没有消失,依然还是"活"的,在不断的"发生"(Geschehen)之中,它作

---

① 海德格尔:《形而上学导论》,德文版,图宾根,1987年,第30页。

为"曾在者"(das Gewesene)总是在不断的"到达"中。我们置身于历史性的思想中。我们在历史性的思想中"期待""曾在者"的"到达"。在这种意义上,海德格尔也说:运思乃一种"回忆"(Erinnerung)。海德格尔的一首诗表达了上面的意思:

  老之又老者
  于吾人之运思中追随吾人
  而得以遭遇吾人。

  是以运思执著于
  曾在者之来临,
  运思乃一种回忆。①

  作为历史性的思想,早期思想总在"发生"和"到达"中。但它又被遮蔽、被遗忘了,只是在遗忘状态中"发生"和"到达"。思想的"第一个开端"已经隐失了,所以才要运思的"重演"和"回忆"。思想的"开端"将在款款期待的运思的"重演"和"回忆"中重新"开端"——于是才有"另一个开端"。

  在海德格尔看来,所谓"开端"的隐失乃出于事情本身,是"存在本身"所命定了的。海德格尔也往往把"存在本身"或"大道"(Ereignis)称为"有待思的东西"(das zu-Denkende,或应译成"走向思的东西")。他说:"有待思的东西从人那里扭身而去。它对人隐匿自身,因为它对人扣压自身。……但自行隐匿并非一无所有。在这里,

---

  ① 海德格尔:《从思的经验而来》,《全集》第13卷,德文版,美茵法兰克福,1983年,第19页。

隐匿乃扣压,作为这样一种扣压——就是大道。"①有待思的"存在本身"总是自行隐匿,总是把自身"扣压"起来。海德格尔关于"存在之被遗忘状态"的谈论正是对这种"隐匿"的刻画。可见,"隐匿"和"遗忘"植根于事情本身之中。

在《形而上学导论》中,海德格尔也把上面所说的"隐匿"称为"无蔽状态之崩落"。"崩落的原因首先在于开端的伟大和开端本身的本质中。开端有所开端,它必定以某种方式把自身抛在后面。(因为它必然遮蔽它自身,但这种自身遮蔽并非无)……只有在一种运思的重演(denkende Wieder-holung)中,并且唯有通过这种重演,才能恰当地谈论开端和真理的崩落。"②我们看到,海德格尔在这里采取了一种近乎宿命式的理解:"第一个开端"的隐失,存在本身之被遗忘,这不是人力所致,而是事情本身所决定的。"开端"和"存在本身"就有"隐"或"蔽"的一面;进一步可以说,这"隐"或"蔽"的一面通过人而"表现"出来,即有存在之被遗忘状态——而这就是"真理的崩落",就是哲学的兴起。

哲学兴,思隐匿。哲学并不思。这是海德格尔的又一个著名怪论。哲学兴起之前,还有思想,思想的"第一个开端"在前苏格拉底的早期思想家那里。通常人们往往称他们是早期"哲学家"或"自然哲学家"。但是海德格尔说,他们不是哲学家,而是"思者"(Denker)。"赫拉克利特和巴门尼德还不是哲学家。为什么不是呢?因为他们是更伟大的思者。"③思想和哲学完全是两码事。苏格拉底之前的思想家和苏格拉底之后的哲学家是绝不可同日而语的。柏拉图和

---

① 海德格尔:"什么叫思想?",载《演讲与论文集》,德文版,弗林根,1978年,第129页。
② 海德格尔:《形而上学导论》,德文版,图宾根,1987年,第146页。
③ 海德格尔:《什么是哲学?》,德-英对照本,纽黑汶,1958年,第52页。

亚里士多德是伟大的,但只是在哲学上伟大,而在思想上,他们非但谈不上伟大,而且简直可说是"有罪过的"。

何以哲学并不思?因为"有待思的东西"对哲学是锁闭着的。或者我们干脆说,"思"乃思存在本身,而哲学自始就没有思存在,而只是"表象"和"认知"存在者。哲学自始就把存在遗忘了。早期希腊有存在之思;智者和苏格拉底时期恐怕就罕见"思"了;至柏拉图和亚里士多德,则只有哲学而没有"思"了。

为了阐明从早期思想到希腊哲学这一"存在历史"上的"转向"①,海德格尔曾对"哲学"(Philosophia)一词作了词源学的考证。在希腊文中,Philosophia 源出于 Philosophos。后者是一个形容词,是由赫拉克利特合成的。这表明在赫拉克利特时代,实际上还没有名词的 Philosophia(哲学)。形容词 Philosophos 据赫拉克利特的意思是"热爱 sophos 的";而动词"热爱"(philein)则表示以逻各斯的方式去说话,与逻各斯相"应合"(entsprechen)。因此,热爱 sophos 就是与 sophos 相应合、相协调(hormonia)。但 sophos 是什么意思呢?海德格尔认为,sophos 在赫拉克利特那里意谓:"一(是)一切"(Eines (ist) Alles)。"一切"是指整体,即存在者之总体(All)。"一"指的是"独一"、"统一一切者"(Alles Einigende)。所以,

> 这个 sophos 是说:一切存在者在存在中(Alles Seiende ist Sein)。说得更明确些:存在是存在者(Das Sein ist das

---

① 在海德格尔看来,"存在历史"上有两个"转向",即从早期希腊思想(所谓"第一开端")到希腊哲学(形而上学)的"转向"和现代的"另一个开端"上的"转向"(哲学的终结和思想的兴起)。我们当在"存在历史"的意义上来理解海德格尔本人的思想道路的"转向"。就此而言,我们在第一章第六节中所做的关于"转向"的讨论根本上还是浅薄的。

Seiende）。在此"是"（ist）作及物动词讲，其意如同"聚集"（versammeln）。存在把存在者聚集入其所是之中。存在即是聚集——逻各斯（Logos）。①

在海德格尔看来,早期希腊的"思者"是纯洁地惊讶于"存在者在存在中"这回事情的那些人。他们"热爱"（契合、协调、应合）sophos，即"应合"于把存在者聚集起来的存在，"契合"于"逻各斯"。这种作为协调和契合的"热爱"就是"思想"，是源始的存在之思。

世风变幻。后起的智者们发展出一种论辩术,攻击早期的思者对 sophos 的纯洁惊讶和热爱。于是就要挽救这个 sophos 了。参与挽救活动的就成了追求 sophos 的人。款款的热爱（协调、契合）遂成为一种刻意的追求，华丽的辞章掩盖了事情本身的质朴。这种刻意的追求在海德格尔看来似乎含有把 sophos 当作一个对象来对待的危险。到苏格拉底和柏拉图，便自然发展出一种问题方式，即"这是什么?"（"存在者是什么?"）的问题方式。这便是希腊哲学（形而上学）的问题方式。"热爱"现在成了一种积极意欲的追问。存在之思终于沦为哲学了。"Philosophos"终于成了一门"爱智"之学。

这一番对 Philosophia 的词源考证可谓煞费苦心。我们不敢妄断海德格尔的考证有多少牵强附会的成分。这里，我们只需了解他的基本意思。海德格尔无非想说，从智者时代起，世道变了，知识（知性）进步了，逻辑发达了，源始的存在之思受到了冲击和压制，思想的"第一个开端"隐失了。

思想的开端隐失之际，哲学开始了。思想的"终结"即哲学的"开端"。海德格尔把这个"终结"称为"开端性的终结"，认为只有

---

① 海德格尔:《什么是哲学?》，德－英对照本，纽黑汶，1958 年,第 48 页。

理解了这一"终结",我们才可能认清西方哲学的"开端"。"因为正是这一终结而且唯有这个终结才成为后世的'开端',这所谓'开端'却同时掩盖了开端性的开端(anfänglichen Anfang)。"①这里,海德格尔说到两个开端:一是思想的开端,二是哲学的"开端"(加引号标示)。我们已经比较能够领会这两者的区别了。思想的开端是根本的,它决定了哲学的"开端"。

海德格尔说柏拉图是"开端之完成"。对这话我们还要小心。在海德格尔看来,柏拉图把存在解释为"理念"(idea),这种解释本身并不构成开端的"脱落",因为这种解释显然也是从对作为 Physis (自然之涌现)的存在的基本经验而来的,也就是说,idea 也是 Physis 的源始意义之一。然而由于 idea 成了唯一的和决定性的存在解释,故柏拉图的理念论便成了一种哲学,走向思想的隐失,开端的脱落了。但为什么说这是开端的"完成"(Vollendung)呢? 照海德格尔的意思,理念论把在开端中包含着的"隐匿"的必然性充分突现出来了,因此它甚至更丰富、更鲜明地掌握了开端。开端的充分展开即一种"完成"。在柏拉图那里,思想的第一开端达到了"完成"意义上的"终结"(Ende),同时也就有了哲学的"开端"。

希腊哲学后来统摄了西方哲学。这在海德格尔看来并非出于源始的开端,而是由于开端性的"终结"。也即说,后世哲学的发展不过是在柏拉图那里达到的思想之开端的"终结"的展开。海德格尔起先说,这种"终结"在黑格尔那里达乎"完成"。② 后来他又说,哲学之"完成"是以尼采的形而上学为标志的。尼采是"最后一个形而

---

① 海德格尔:《形而上学导论》,德文版,图宾根,1987 年,第 137 页。
② 海德格尔:《形而上学导论》,德文版,图宾根,1987 年,第 144 页。

上学家"。在尼采那里,海德格尔看到了一种哲学的终结("完成")和思想的唤醒的一个新"转向"的契机。照他的说法就是:"随着哲学的终结并不是思想也已到了尽头;相反,思想在向另一个开端过渡之中。"①

西方哲学走向终结(完成)了,形而上学趋于没落了。这话自然不是危言耸听,它首先也不是由海德格尔公布出来的。早在上个世纪中叶,马克思就立下这样一个判词:"哲学家们只是用不同方式**解释**世界,而问题在于**改变**世界。"②海德格尔清楚地看到了马克思对西方形而上学传统所作的批判的意义。海德格尔写道:

> 纵观整个哲学史,柏拉图的思想以其有所变化的形态起着决定性作用。形而上学就是柏拉图主义。尼采把他自己的哲学标识为颠倒了的柏拉图主义。随着这一已经由卡尔·马克思完成了的对形而上学的颠倒,哲学达到了最极端的可能性。哲学进入其终结阶段了。③

显然,在海德格尔看来,马克思对唯心论传统的批判是对柏拉图"理念王国"的颠覆,已经宣告了形而上学的终结阶段的到来,是具有划时代的意义的;之后才有尼采的形而上学批判,也才有他海德格尔的形而上学批判工作。海德格尔这种看法是十分深刻和清醒的。

---

① 海德格尔:"克服形而上学",载《演讲与论文集》,德文版,弗林根,1978年,第79页。
② 马克思、恩格斯:《费尔巴哈》,人民出版社,1988年,第90页。
③ 海德格尔:"哲学的终结和思想的任务",载《面向思的事情》,德文版,图宾根,1976年,第63页。

历来的所有那些庸俗的或冒牌的马克思主义者们都是看不到如此深度的。在《关于人道主义的书信》一文中,海德格尔也对马克思的历史观作了积极的评价:"马克思经验到了异化,从而探入到历史的本质性的一度中去了,正因此,马克思主义的历史观比其他历史学要优越。相反,胡塞尔没有,在我看来萨特也没有在存在中认识到历史的本质性,故现象学和存在主义都没有达到可能与马克思主义作一种创造性对话的那一度中。"①

在现代形而上学批判中,海德格尔看重马克思,但更看重尼采。海德格尔区分早期希腊思想(前苏格拉底思想)与希腊哲学,在这方面,尼采是一个先驱,海德格尔显然是受了尼采的影响。海德格尔把形而上学标识为"柏拉图主义",这与尼采的思想相合,后者无疑是最早对此传统发起全面的、无情的冲击的思想家之一。

尼采早就确定了苏格拉底这个分界线:"真正的希腊哲学家乃是苏格拉底以前的那些哲学家们。(——随着苏格拉底的出现,情势为之一变)。"②尼采把苏格拉底看做"乐观主义科学精神的原型和始祖"。而所谓"科学精神"就是"最先在苏格拉底那里显现出来的那种信仰——对自然界可知和知识万能的信仰"。③ 而且,正是苏格拉底首先提出"知识即德性"的原则,开了尼采所反对的"道德化"的先河。"自苏格拉底以后的希腊哲学家,一概是颓废的象征;因此反

---

① 海德格尔:《路标》,德文版,美茵法兰克福,1978 年,第 336 页。在海德格尔所谓"存在历史"的意义上重新恢复和摆正马克思在西方思想史中的位置,应该成为当代思想的一个重要的课题。如若没有海德格尔在此启示出来的高度,则人们对于马克思哲学的观解恐怕终难免粗俗甚或冷漠。

② 尼采:《权力意志》,第 437 条。

③ 尼采:《悲剧的诞生》,第 17 节;尼采:《著作全集》(KSA),柏林/纽约,1988 年,第 1 卷,第 111 页。

希腊的本能甚嚣尘上。"①

所谓柏拉图主义，从根本上讲就是：相信在我们这一个世界之外还有"另一个世界"，另一个本质的、真实的世界，理念的世界；本质（理念）是在先的，"另一个世界"是第一位的。这就是海德格尔所谓的形而上学的"存在－神－逻辑学机制"，也就是德里达所谓"在场的形而上学"。而无论是海德格尔还是德里达，他们这方面的思想都源自尼采。尼采清楚地看破了形而上学传统的柏拉图主义本质，他对这个传统的批判即集中于对"另一个世界"的揭露和颠覆上。尼采说：

"另一个世界"这个观念的**发源地**：

哲学家虚构了一个理性世界，**理性**和**逻辑**功能所适合的世界——由此得出"真实的"世界

宗教家〈虚构了〉一个"神性的"世界——由此得出"非自然化的、反自然的"世界

道学家虚构了一个"自由的世界"——由此得出"善的、完善的、正义的、神圣的"世界。

三个发源地的**共性**……

心理学的错误……生理学的混淆

"另一个世界"，正如它事实上在历史中表现出来的那样，具有何种称号，——它借以彰显的是哲学的、宗教的、道德的偏见的烙印

另一个世界，正如它从上述事实中揭示出来的那样，乃是**非存在**(*Nicht-sein*)、非生命、非生命**意愿**的**一个同义词**……

---

① 尼采：《权力意志》，第427条。

总观点:是**厌世本能**,而不是生命本能,创造了另一个世界。

结论:哲学、宗教和道德乃是**颓废的征兆**。①

但尽管如此,海德格尔认为,尼采的"权力意志"学说仍旧囿于形而上学范围内。固然尼采把"权力意志"的"永恒轮回"和"生成"推到了首要地位,从而"颠倒"了柏拉图主义的存在与生成之间的对立,但这种"颠倒"在海德格尔看来显然还不能完全摆脱柏拉图主义,也还是形而上学的。海德格尔援引尼采的话:"给生成打上存在之特征的烙印,这就是最高的权力意志。"这话足以让海德格尔认为,尼采是"最后一个形而上学家",而不是后柏拉图主义(后形而上学)的思想家。②

这里,我们不准备对海德格尔的尼采阐释作进一步的专题讨论了,尽管这是一个十分重要的课题。而为显明起见,我们在此把上面描述的海德格尔的"存在历史"观端出如下:

早期希腊思想(存在历史的第一个开端)——→思想的隐失,哲学

---

① 尼采:《权力意志》,第 586 条;尼采:《著作全集》(KSA),柏林/纽约,1988 年,第 13 卷,14[168]。尼采所谓"上帝死了"实际上就是这"另一个世界"、"真实的世界"崩溃了,柏拉图的"理念王国"倒塌了。只有一个世界,就是我们生活于其中的活生生的充满意志的世界,这个不断生成变化的现实世界。所谓"真实的世界"是对生命的败坏。"世界分为'真实的世界'和'虚假的世界',不论是按基督教的方式,还是按康德的方式(毕竟是一个狡猾的基督徒的方式),都只是颓废的苗头,——是衰败生命的征兆……"。尼采:《偶像的黄昏》,"哲学中的理性"第 6 节。

② 参看海德格尔:《尼采》第 1 卷,第 462 页以下;第 2 卷,第 335 页以下。在第 1 卷第 480 页上,海德格尔说尼采是西方"最后一个形而上学家"。海德格尔的尼采阐释对当代思想来说具有特殊的重要意义。海德格尔对尼采在西方形而上学历史上的地位的看法已经引起了当代欧洲思想家们的争议。1980 年代初期欧洲大陆的著名的"德-法之争"(伽达默尔和德里达之间的论争)即以此为中心论题之一。伽达默尔站在海德格尔一边,认为海德格尔的尼采阐释是合理的,而德里达则反对海德格尔的尼采阐释,认为就形而上学批判的彻底性而言,海德格尔是赶不上尼采的。参看米歇尔费德和帕尔默(编):《对话与解构——伽达默尔与德里达的论战》,第一部分,纽约,1989 年。

的发展(自柏拉图至尼采的形而上学传统)——→现代的非形而上学的思想(存在历史的另一个开端;已有荷尔德林等诗人先行一步,岂无后来?)。

第二节 "存在"一词的语言学探讨

从早期思想转向希腊哲学,这当然有一个过程。恐怕谁也不能把这个过程具体实证地"考订"出来了。绝无可能说自某年某月起思想就沦为哲学了。但这一转变过程也不是绝对的无迹可寻,它毕竟在语言和词语上留下了痕迹。因此,海德格尔认为有必要在语言学上用点儿力,摸索这些蛛丝马迹,尤其是追踪一下"存在历史"上的那些基本词语的演变事实。

语言的变动和发展是"存在历史"的体现。我们今天的语言的状况,正是"存在之被遗忘状态"的表现。海德格尔说在形而上学时代里发生了"世界的黯冥化",与之相联系的本质现象是"诸神的逃遁、地球的毁损、人的聚增和工具性的优先地位"。[①] 这些现象尤其构成了现代人的不妙处境。而从语言方面考虑,我们看到的现象是语言的"荒疏",也不妨说,是语言的"异化"。取形而上学的对象性态度,则一切都是对象和工具。人们也把语言和词语对象化,来加以工具性的滥用和误用。这种情况,自哲学兴起之日就开始了。久而久之形成了一种广为流传的"语言观",认为语言就是一种必需的用于交流和理解的工具。海德格尔有一个譬喻说得好:语言被当作一辆谁都可以任意上下的公共电车了。

语言的荒疏的基本标志是词语的源始意义的失落和隐没。而海

---

① 海德格尔:《形而上学导论》,德文版,图宾根,1987年,第34页。

德格尔所关心的,首先是"存在历史"上的那些"基本词语"。譬如说,"存在"对我们来说只是"一个空洞的词语和一片茫茫薄雾"了。另外一些"基本词语"的情形亦然。我们今天想当然地使用的"逻辑"、"真理"、"自然"(物理)等等,都可以说是"基本词语",都是已经被"掏空"了的、失去了源始意义的。海德格尔表示,他要"重获语言和词语的未受损害的命名力量"。① 这当然属于"思想的事情",是海德格尔所谓"更希腊地思希腊思想"的努力的一个基本目标。不过,关于语言的科学知识无疑也能为我们提供一些事实性的信息。

在《形而上学导论》中,海德格尔专辟一章,首先从语言学的角度来探索"存在"一词的源始意义及其隐失过程。"存在"今天已经是一个空洞的词语,是一个"残骸"了。面对这个"残骸",海德格尔提出如下两个问题:其一,就词语形式而言,"存在"一词究竟是什么? 其二,关于"存在"一词的源始意义,语言知识向我们说了些什么? 这两个问题,即是要对"存在"一词作语法学和词源学的探究。

从语法上看,名词"存在"(Sein)出于系动词 sein,所以人们也说,Sein 是一个"动名词"。系动词 sein 又是"不定式"。动词、不定式和名词,是"存在"的三个语法形式。这三个语法形式是怎样形成的呢?"存在"一词是如何沦为一个徒具空洞形式的词语的呢?

海德格尔认为,这里首要的事情是抓住"不定式"这一语法形式。"不定式"在动名词的形成中是一个过渡环节,因此,它对我们理解"存在"一词的语法形式是很关键的。所谓"不定式"(Infinitiv),是一种无限定的和不确定的动词形式,它仅仅指示一个动词的一般意义作用和意义方向,本身没有确定的意义。"存在"这个词一旦具有了"不定式"这种形式,势必就要成为一个空洞的飘忽不定的

---

① 海德格尔:《形而上学导论》,德文版,图宾根,1987 年,第 11 页.

词语了。所以,要对"存在"一词作语法学考察,先要一般地澄清"不定式"这一语法形式。但若要弄清"不定式"的形成,我们实际上先得考察西方语法的起源。

在海德格尔看来,西方语法的起源自始就是与希腊人的存在理解和存在解释紧密联系着的。这从希腊人对最基本的词语形式的区分中就可以看出。在海德格尔看来,区分名词(onoma)和动词(rhema)这两大词类,乃是哲学时代的事情。诚然,在柏拉图之前,人们就知道了 onoma 和 rhema 两个名称,但即使在柏拉图时代,人们也还没有用这两个名称来区分两大词类。在当时,这两个名称表示的是总体的词语使用,表示一切话语活动,两个名称所表示的范围是相同的。

但后来,onoma 和 rhema 的含义渐渐狭窄起来,成了表示两个基本词类的名称。柏拉图在《智者篇》里最早阐明并论证了这一区分。他首先认为广义的 onoma 就是通过话语表达进行的在存在者之存在范围内的揭示活动,进而,他又在存在者范围内区分出我们所关涉的事情与广义的行为、活动。所以词语被分为两类:onoma(名词)是对"事情"(Sachen)的揭示,rhema(动词)是对"行为"(Tun)的揭示。两者的结合构造,就是最短的也是最根本的"言说"(Sagen),就是最基本的"话",即"逻各斯"(Logos)。而 Logos 这个词,至亚里士多德才在形而上学上被明确地解释为"陈述句"。这种对 Logos 之本质的解释对后来的逻辑学和语法学的形成具有决定性意义,之后就由希腊和拉丁的语法学家来制定语法教本了。[①]

以上情况充分表明,语法的出现和形成,根本在于希腊人的存在理解。可以说,只是到了哲学时代,在人们形成了片面的存在理解和

[①] 海德格尔:《形而上学导论》,德文版,图宾根,1987 年,第 44-45 页。

解释之后,语法才可能产生。

希腊人的存在理解又如何呢？海德格尔说,希腊人把"存在之意义"命名为 Ousia 或完全的 Par-ousia。后世的形而上学把 Ousia 译为"实体"(Substanz),这是有失本义的。海德格尔认为应该用德文的 An-wesen(在场)来译之。某物存在,即某物在场,就是站到自身中并因此呈现出来。根本上对于希腊人来说,"存在"即"在场"。但希腊哲学却没有回到存在的这一根据中去,而是停留在在场者(An-wesende)那里了。

希腊人还把"存在"称为 Physis。后世译之为"自然"(Natur),乃是大谬而特谬了。在海德格尔看,Physis 意指"涌现着的自立、在自身中逗留着的自身展现"。在作为 Physis(涌现)的存在的作用中,存在者才现身在场。这就是从遮蔽处走出来了。所以存在(Physis)的这种作用实即"解蔽",即由隐入显的运作。希腊人称之为 Aletheia,后世译作"真理",也是有误的。

总之,对希腊人来说,"存在"说的是双重意义上的"持续状态":其一,作为产生、出现的站到自身中(das In-sich-Stehen als Ent-stehendes),此即希腊人所称的 Physis(涌现)了。其二,这种发生、出现又是"持续的",即持存的,是"逗留"(verweilen),此即希腊人所谓 Ousia(在场)。①

在海德格尔看来,并不是无论谁谁都有存在经验的,在早期希腊,也只有那些"创造者",也就是那些早期的诗人和思者,才对作为 Physis 的存在的运作有着源始的觉悟和经验。在 Physis 的发生中始终贯穿着遮蔽与无蔽、锁闭与开启的"斗争";而正是最初的"创造者"们承荷着这一"斗争",挺身而入这一"斗争"的"裂隙"中。他们

---

① 海德格尔:《形而上学导论》,德文版,图宾根,1987 年,第 48 页。

把 Physis 的运作摄入他们的"作品"中,从而在"作品"中建立并开启世界。这乃是最初的"世界生成"(Weltwerden),也就是本真的历史的发生。①

但好景不长。这些"创造者"后来从民族那里消失了,"创造者"的"斗争"中止了。后来的希腊人(并且首先是哲学家)拘执于存在者,把存在者当作现成的可见的东西。存在者成了对象。源始的"世界化的东西"(Weltende),即 Physis,也沦为摹制的样本。自然就成了与艺术相区别的特殊领域,成为可制作和设计的东西。这时就只有混杂纷呈的存在者,存在则从存在者那里消失了。简言之,这是开端的隐失和沦丧,是"沉沦"的开始。

这种情况涉及语言,希腊人就必然也把语言当作某种存在者来把握。希腊人的存在理解就是取"持存"这一度的,是执著于"显处"的。他们总是要"看"出"什么"来。所以也从外观上,从可见的书写文字(Geschriebenen)方面,来考察语言了。语言首先被认为是在文字、符号和字母中存在着的。因此就有了语法。"语法表象存在着的语言。"②实际上就是说,语法把语言和词语当作存在者对象来"表象"和"认知"。

由此,语法学就成了西方人的决定性的语言考察。这种语法学是在词语及其变化形态中寻找基本形态,从中发现语法规律。名词的基本位置是单数名词;动词的基本位置是单数第一人称。而"不

---

① 海德格尔:《形而上学导论》,德文版,图宾根,1987 年,第 48 页。这里实际上涉及海德格尔关于艺术之本质和"诗－思"关系的思想。在海德格尔看来,艺术(诗)具有开端性和创建性,是世界历史的创造性动因;在源始性意义上,诗与思是合一的,都是响应"存在之天命"的人的道说方式。在源初的"世界生成"或"历史发生"中,早期诗人和思者是伟大的"创造者",他们最早领受天命的召唤,有了最早的存在经验。特别是在《艺术作品的本源》中,海德格尔重点发挥了他的艺术观点,我们将在本书第三章中作具体的讨论。

② 海德格尔:《形而上学导论》,德文版,图宾根,1987 年,第 49 页。

定式"则被确定为一种特殊的动词形式。据海德格尔分析,希腊人区分了两类动词形式(enklisis),一类叫"enklisis paremphstikos",它能把人数、数、时间、语态和时态等一起表达出来,这就是说,这类动词的意义是具体的、限定的;另一类动词被称为"enklisis a-paremphstikos",这一动词形式不表示出人称、数和时态等,它的意义是不确定的。所以拉丁语把后者译为"不定式"(modus infintivus)。海德格尔认为大可重视这一翻译。希腊人的动词形式毕竟还包含着一些源始的存在经验。但经拉丁文的这一翻译,源始的"希腊因素"就荡然无存了,根本上只剩下对"限定作用"(Begrenzen)的纯粹形式的"表象"了。"不定式"这种词语形式已经没有什么确定的意义关系。它已经"抽掉"(ab-strahiert)了意义关系。因此在今天的语法中,人们说"不定式"是一个"抽象的动词概念"。"不定式不再表现出其他动词所揭示的东西"。①

以上讨论的是作为一般语法形式的"不定式"的出现。"不定式"出现之后,接着就有了动名词、分词等语法现象。众所周知,系统的语法学是在拉丁语中发展并成熟起来的,但其渊源显然还在希腊语中。西方语言的发展越来越逻辑化和形式化。在海德格尔看来,"不定式"的出现实在是语言的高度形式化的一个标志。

落实到海德格尔讨论的课题上来,德文所说的作为动名词的"存在"(das Sein)正是从不定式 sein 而来的,das Sein 无非是在 sein 前面加了一个定冠词。不定式"sein"已经充分不确定了,加上这个定冠词,实际上是把这种"不确定"固定起来了。海德格尔说:"由于在语言上把不定式改造为动名词,就把在不定式中所包含的空洞更

---

① 海德格尔:《形而上学导论》,德文版,图宾根,1987 年,第 51 页。

加固定起来了：'sein'就像一个固定不变的对象那样被摆弄了。"①"存在"（das Sein）就这样成了一个空洞的词语，成了一个存在者。因此，人们当然要来追问"存在"的"什么"了，哲学家们就把"存在"实体化，把"存在"当作一个对象来研究了。

这就表明，在讨论"存在"问题时，既不能纠缠于抽象的不定式sein上，也要防止受其动名词的最空洞的形式的诱惑。而从动词sein的具体形式（如Ich bin，Wir sind等等）上来揭示"存在"的本质，也是不可能的。根本上这个动词形式Sein无异于不定式。但从sein的具体动词形式来看，人们可以发现sein按人称或时态的变化是不同于一般动词的。这种不同，按照海德格尔的意思，是由sein一词的不同词根而来。海德格尔说，动词Sein的所有多样变化是由三个词根所决定的：

一、sein的最古老和根本的词根是es。即梵语中的asus，意谓生命、生命体，有从自身而来在自身中站立、运动和停留即自立的意思。

二、sein的另一个印欧语系词根叫bhu、bheuo，在希腊语中就是phuo，意谓涌现（aufgehen）、运作（walten），是指从自身站立起来并保持在站立中。与之联系的希腊文名词Physis和动词phyein，后世往往解为"自然"和"生长"。而照其本义来看，Physis是进入光亮的涌现；phyein是照亮、闪现，因而也就是"显现"（er-scheinen）。

三、第三个词根只出现在德语动词sein的变化式wes中。德文中的wes意谓wesan、wohnen（居住）、ver-weilen（逗留）等。名词Wesen本无"什么存在"（Was-sein），即通译"本质"的意思，而是指作为当前的"持续"（Währen）、"在场"（An-wesen）和"不在场"（Ab-

---

① 海德格尔：《形而上学导论》，德文版，图宾根，1987年，第53页。

wesen)。①

从上面三个词根可知，sein 的源初的确定的意义乃是：生活或生命(leben)、涌现(aufgehen)和逗留(verweilen)。据海德格尔引证，这是语言科学所确定了的事实。而且，语言科学也确定了这样一个事实，即：上述这些源初的意义在今天已经消失了，只留下 sein 的"抽象"的意义了。上述三重词根是如何又是在何处统一起来的？在历史上 sein 一词的源始丰富含义又是如何隐失的？如此这般的问题，以及由此引发出来的关于语言之本源和历史，关于语言的本质等问题，恐怕是语言科学所不能解决的了。在海德格尔看来，它们根本上是"存在历史"上的课题，是思想的事情。

这里顺便插一段。在古汉语中，实际上也有类似的情形。古汉语中的"有"、"在"、"存"相应于德语动词 sein 在三重词根中的源始意义，即具有"生命"、"涌现"和"逗留"等意。试看下面的例句：

"**有**鳏在下曰虞舜。"(《尚书·尧典》)
"**有**朋友自远方来。"(《论语·学而》)
"**有**牵牛而过堂下者。"(《孟子·梁惠王》)
"不好犯上而好作乱者未之**有**也。"(《论语·学而》)
"关关雎鸠，**在**河之洲。"(《诗经·周南》)
"子**在**，回何敢死？"(《论语·先进》)
"见龙**在**田。"(《易经·乾卦》)
"其人**存**，则其政举。"(《礼记·中庸》)
"笾豆之事，则有司**存**。"(《论语·泰伯》)
"**有**天地，然后万物生焉。"(《易经·序卦》)②

---

① 海德格尔：《形而上学导论》，德文版，图宾根，1987 年，第 55 页。
② 参看金克木："试论梵语中的'有—存在'"，载《哲学研究》，1980 年第 7 期，第 49 页以下。

以上例句中的"有"、"在"、"存"等都是动词性的,与印欧语系中的词根 as、bhu 等的含义可以划一。不同语系的诸民族语言表现出来的这种深刻的一致性实可以暗示人类语言的源始发生的相似性或同一性。至于在后来的发展中,诸语言如何走上了不同的道路,如何形成了不同形态的文明和知识系统,乃是文化比较中的一个殊为复杂的大问题了。

国内有的学者还进一步发挥,认为在古汉语中也发生了由动词性的"有"、"在"、"存"向动名词的转化,其情形犹如印欧语系中的名词"存在"的出现。老子《道德经》就有言:"天地万物生于有,有生于无。"这里的"有"和"无"成了名词。对之进行探索,也就意味着"从词义的研究转向哲学范畴的研究了"。"在中国哲学史上,这个转变的标志是老子,在古代希腊则是巴门尼德。"①

这种比较和分析有一定的道理。但是就这种"转变"而言,东、西方之间的差异仍需要特别强调,仍然是主要的和根本的。这种差异在语言上的表现之一,就是海德格尔所指明的"不定式"及其形成。在古汉语中是没有欧洲式的"不定式"的。固然,"有-无"之论在中国古代思想中也已经很发达了,但是中国思想中的"有"显然没有经过欧洲式的形式化的抽象过程,古汉语中的"有"也不是通过不定式(系词"是")的名词化而形成的,所以不是西方哲学和语言中的"有"("存在")。

西方"存在学"的"存在"(on, Sein, Being)是系词或不定式"是"(einai, sein, be)的动名词化。在海德格尔看来,西方语言中的不定式"是"的形成以及进一步的动名词化,也就是"存在学"或"哲学"的萌发、产生的过程。反观汉语的情况,语言学家们的研究已经表明,在中

---

① 参看汪子嵩等:《希腊哲学史》第 1 卷,人民出版社,1988 年,第 613 页(陈村富所撰该书第七章"巴门尼德")。

国思想的成型期,即先秦时代,汉语中根本还没有出现真正的系词。

　　语言学家王力专门考察了汉语中系词的产生及其发展,指出:"汉语真正系词的产生,大约在公元第一世纪前后,即西汉末年或东汉初叶。"①王力并且指出,汉语中的"是"字是由指示代词发展为系词的。这也可以表明,汉语的"是"不同于西文中的系词。因为我们知道,西文中的系词"是"与其不定式形式是一致的;而在海德格尔看来,必定是先有不定式,后才有系词。这显然可以作为一个证据,说明中国古代思想中是没有"存在学"的,也是不可能出现"存在学"的。

　　进一步讲,古汉语中系词的迟迟出现,还在于汉语的非(弱)逻辑或非形式化的特性。汉语中没有明确的词类划分,更没有形成抽象的(形式化的)"不定式"。而没有这种形式化的过程,就不可能形成"存在"范畴和"存在学"范畴体系。现代汉语中的作为系词的"是",从一定程度上讲,是中国语文在现代的"形式化"的结果,也可以说是"西化"的产物。"西化"至此,实际上在现代汉语中也还没有形成名副其实的"系词"。这种情况,我们以为还是要从海德格尔所揭明的"不定式"这种语法现象方面来加以探索。

　　扩大而言,这也是一个世界性的问题,以德里达的提法就是:在系词"是"(to be)功能的印欧语系组织之外有没有"形而上学"?作为一个反种族中心主义者,德里达并且指出:"这绝不是一个种族中心主义的问题。"②提出上面这个问题,并不是要诋毁非印欧语系的

---

　　① 参看王力:《汉语史稿》中册,中华书局,1980,第353页。对于王力此说颇多争议,参看郭锡良:"关于系词'是'产生时代和来源论争的几点认识",载《王力先生纪念论文集》,商务印书馆,1990年,第222页以下。郭锡良也认为系词"是"产生于西汉时期,而至六朝时期才有用系词"是"的判断句新形式。

　　② 德里达:"系动词的增补:语言学之前的哲学",载《哲学的边缘》,英译本,芝加哥,1982年,第199页。在《论文字学》中,德里达认为汉语和日语等非拼音文字的文化是在欧洲"逻各斯中心主义"之外发展起来的文明。参看德里达:《论文字学》,英译本,1976年,第90页。德里达显然看清了汉语言的非逻辑特性。

语言及其文明类型,而倒是要防止以"欧洲－西方中心主义"的眼光去看待世界其他民族语言文化。

对"种族中心主义"的消解,应该看做20世纪人类精神文化的一大进步。这一进步对长期以来陷于要么"中学为体"要么"全盘西化"的两难处境中的现代汉语学术文化来说尤其具有挑战性。而要超越文化评判中的单纯价值取向,当代语言哲学可以提供助力。因为,无论是文化差异的根本,还是诸文化之比较("对话")的可能性及其限度实际都在语言中有其根据。

我们回到本题上来。海德格尔认为,上面所作的语法学和词源学探讨,至少已经能解答这样一个"先行问题"了:"存在"一词的情形如何? 海德格尔总结以下两点:

一、对"存在"一词的词语形式的语法学研究表明:在不定式中,这个词的确定的意义方式已经不再起作用了,已经被抹杀了。而名词化更把这种抹杀过程固定化和对象化。这个词于是就成了表示某种不确定的东西的名称了。

二、对"存在"一词的词语意义的词源学研究表明:我们向来以das Sein之名所指说的东西,是三个不同词根的意义的有所抵消的混合,其中没有任何一个词根的意义在这个名称中是突出的、起决定作用的。这种"混合"与前面所说的"抹杀"一起发生。这两个过程是结合在一起的。我们借此就可以来解释这样一个事实:sein一词是空洞的,只具有飘忽不定的意义。①

总括而言,海德格尔对"存在"一词所作的语法学和词源学探讨,目的是为了揭示"存在之被遗忘状态"如何在"存在"这个词语上表现出来的。在源头上,"存在"一词是由不同的词根而来,因而具

---

① 海德格尔:《形而上学导论》,德文版,图宾根,1987年,第56页。

有具体的、确定的意义,而且是动词性的"活"的意义。"存在"的这些具体丰富的活生生的意义,在后来的语言发展中逐渐地隐失了。这种"隐失"过程在语法上的标志就是出现了"存在"一词的不定式形式(在希腊语中是 einai,在拉丁语中是 esse,在德语中是 sein,在英语中是 to be,等等);进而,动名词的出现,就把"存在"的不定式形式的空洞性和不确定性固定起来了。

　　这里,我们还要特别关心一下希腊语中的情形。海德格尔认为,在希腊语中,"存在"一词的不定式 einai 是晚出的。在早期希腊语中还没有这个统一的不定式形式。譬如在荷马时代,恐怕希腊语刚刚由不同的方言统一起来,就还没有 einai 这个一致的形式。海德格尔指出,"存在"(sein)在阿提卡语支中作 einai,在阿卡狄亚语支中作 enai,在列斯堡语支中作 emmennai,等等。① 形成一个抽象的 einai,进而出现动名词形式 to einai,以及其他相应的分词形式,这当然是有一个过程的。而对这个过程的认识已经是十分困难的了。

　　一般认为,到巴门尼德时代,希腊语已渐趋成熟,各类词语形式也已经成形了。国内有的学者研究了巴门尼德著作中的"存在"一词,指出巴门尼德是用三个希腊文来表述的,即 estin(系动词 eimi 的主动语态现在直陈式单数第三人称),to eon(eimi 的中性动名词)和 einai(不定式)。而且,柏拉图和亚里士多德常用 eimi 的中性分词 on 来表述"存在",但在巴门尼德那里却没有用过,可见是前者用 on 来概括所有的 estin、eon 和 einai。② 由此可见,不定式 einai 在巴门尼德

---

　　①　海德格尔:《形而上学导论》,德文版,图宾根,1987 年,第 52 页。
　　②　参看汪子嵩等:《希腊哲学史》第 1 卷,人民出版社,1988 年,第 580 页以下。陈村富所撰的巴门尼德部分,特别是其中关于巴门尼德的"存在和非存在"的讨论,从语文学角度深入地分析了巴门尼德那里的"存在"一词,殊有可供参照。根据陈村富的具体分析,本来应当得出巴门尼德不是"哲学家"和巴门尼德的"存在"不是"哲学范畴"的结论(一个海德格尔式的结论);但陈村富却认为巴门尼德完成了"向哲学范畴的转变",这个看法就与黑格尔无异了——后者认为巴门尼德是哲学之"纯思"的开端。

那里虽然已经出现,但还没有到在哲学上把由这个不定式而来的动名词或分词当作明确的"范畴"加以研究的阶段。这似乎颇能印证海德格尔关于早期思想和希腊哲学的看法。

海德格尔认为,在柏拉图和亚里士多德那里出现的 on 和 onta 已经是"概念词语",后来的"存在者状态的"(ontisch)和"存在学的"(ontologisch)乃是据此而构成的;而在上古的语言中,包括在赫拉克利特和巴门尼德那里,所使用的则是 eon 和 eonta 这样两个"源始词语"。海德格尔说,在 eon 和 eonta 中还回响着 estin 和 einai 的源始含义,eon 和 eonta 中的 e 就是 estin 的词根 es 中的 e;反之,on 和 onta 则似乎是无词根的分词词尾,可见是在语法发展之后才出现的,是通过对 eon 和 eonta 这两个源始词语的锤炼而形成的。

在海德格尔看来,早期希腊的思想家们借 eon 来思"统一着的一",eon(译成德文应该是"seiend")是早期思想的基本词语之一;相反,分词 on 的含义则是分裂的,既有"存在着"这种动词含义,又有"存在者"这种名词含义。所以"on 这个分词是一个适合于表示形而上学中的先验的和超验的超越者的词语"。海德格尔进一步说:"我们不妨带些夸张但同样也带着真理性的分量断言:西方的命运系于对 eon 一词的翻译……"。① 显然,在海德格尔看来,"存在学"(形而上学)只可能在苏格拉底之后出现,而巴门尼德,充其量说,也只是在过渡的阶段中。

西方语言的成熟是以语法的发展程度为标志的。海德格尔要告诉我们,这也是语言的荒疏。希腊哲学(存在学)是在成熟的语言基础上产生的。哲学的范畴与语法的范畴自始就是难解难分的,是一体的。这是已经为许多语言学家和哲学家们所共同认识到的一个情

---

① 海德格尔:《林中路》,德文版,美茵法兰克福,1980 年,第 340 页。

况。"存在"这个哲学范畴的形成,与"存在"这个词语在语法上演变为一个空洞抽象的词语是一致的过程。哲学兴起之际,"存在"就是一个空洞的东西了,我们说它是范畴也好,说它是词语也好,总之是一个现成摆着的存在者了,等着哲学去问它是"什么"了。在亚里士多德的哲学体系中,这个过程无疑已经是很成熟的了。

法国著名语言学家艾米尔·邦文尼斯特(Benveniste)认为,亚里士多德向我们提供的哲学上的"十范畴"实际上是"一种特定语言状态的观念反映"。邦文尼斯特并且从语言和文化比较的角度指出:

> 在亚里士多德的术语之外和在这种分类之上,出现了一个囊括一切的动词"存在"(etre),希腊文不仅仅拥有这样一个动词"存在"(etre,它绝不是任何语言中都必须有的),但它使该动词具有了一些完全特殊的用法……语言可以使动词存在成为一种客观性的观念,哲学思考可以像任何一种其他观念一样来支配、分析和确定它。①

邦文尼斯特的上述观点明显是与海德格尔的思路合拍的。法国当代著名汉学家谢和耐(Jacques Gernet)引证了邦文尼斯特的看法,说明希腊(西方)哲学的两个与希腊语和拉丁语密切相关的特点:一是体现在语言使用中的"范畴",二是"存在"观念的根本意义。谢和耐指出:"西方于其整个历史发展中都在通过表面现象而寻找'存在'",并且又援引邦文尼斯特的说法,"哲学和精神实践的真理都不知不觉地附属于语言可以作出的分类,而这又仅仅因为它是语言和

---

① 艾米尔·邦文尼斯特:"思想的类型和语言的类别",载《基础语言学问题》,伽利玛出版社,1966年,第 71 页。转引自谢和耐:《中国和基督教——中国和欧洲文化之比较》,中译本,耿升译,上海古籍出版社,1991 年,第 346 页。

语言的象征物"。①

在东－西方文化比较的角度上,谢和耐也指出,虽然印度思想的道路不同于希腊的道路,但它也是建立在一整套起源于语言学的范畴之上的(梵语也是一种印欧语言),是特别重视"存在"观念的;唯一的一个例外则是中国文明,它是建立在一种与印欧语言完全不同的"语言模式"之上的:

> 汉语在世界语言中是一种拥有不具备任何语法范畴的这种特点的语言,它以其词法而系统地有别于他者,汉语中的动词与形容词、副词与补语、主语与表语表面上没有任何区别。……汉文也没有表示存在的动词。……所以那种作为稳定的、永久的和超越了可见事实的"存在"观念在中国是不为人所知的。②

谢和耐以一位欧洲汉学家的身份道出的上面这番话自有其重量。我们已经看到,这也正是思想家海德格尔致思的一个方向。而从"语言－思想"的维度切入诸文明比较的课题,恐怕正是我们今日汉语学界所忽略了的。

---

① 艾米尔·邦文尼斯特:"基础语言学的新动向",载《基础语言学问题》,第6页。转引自谢和耐:《中国和基督教》,中译本,耿昇译,上海古籍出版社,1991年,第347页。邦文尼斯特和谢和耐均不是哲学家,但他们对于"存在"这个哲学和语法范畴的关注及思考恰与海德格尔一样,摸到了"存在学"("形而上学")的根本。这确实是令人深思的一个情况。

② 谢和耐:《中国和基督教》,中译本,耿昇译,上海古籍出版社,1991年,第347－348页。实际上我们完全可以说:汉语(古汉语)没有"语法",所以中国古代没有"哲学";反之也不妨说,中国古代没有"哲学",所以汉语没有"语法"。对于中国文化来说,"哲学"和"语法"都是外来的,都是"现代化"("西方化")的结果。而这当然不是说,汉语言没有自己的"道"和"理",是不成熟的语言;也不是说,中国古代没有自己的"思想"传统。在我看来,倒是今天那些忙碌于对汉语和中国古代思想进行"语法化"和"哲学化"的人们,应该稍稍反省一下自己的"立场问题"了。

但我们在此且收住这个话题，回到海德格尔那里去。

第三节 "存在历史"之探源

海德格尔从语言学角度对"存在"一词的探讨获得了一个消极的事实性的结论："存在"一词已经茫茫然如一片薄雾，它的源始的具体确定的意义，早已消遁在不定式的空洞抽象中了。而这无非是"遗忘存在"的形而上学历史在词语上的具体表现。根本说来，西方人对待语言的态度，西方语言的发展和演变，是由西方人的存在理解所决定的。根在形而上学中。我们一旦弄清楚形而上学是如何遗忘存在本身的，则"存在"这个词如何成为一个空洞的词语，也就不难了解了。因此，海德格尔进一步要做的工作，就是着眼于"事情本身"来解析形而上学的历史，即他所谓"存在历史"。这里的中心问题是：早期希腊的存在之思如何"隐失"而开始了"遗忘存在"的形而上学史？

要看出西方形而上学的基本取向，并不是多么困难的事情。日常说到"存在"，就已经透露出了这种基本取向。人们说：上帝**存在**，地球**存在**，报告**在**演讲厅里，这个人**是**德国人，敌人**在**撤退，农民**在**田野上，这本书**是**我的，等等。在所有这些句子中，都出现了系动词"是"（ist)，而且其意义各各不同。海德格尔对此作了一番分析后指出，在上面这些话中，"是"显示出一种丰富的多样性，借"是"说出的"存在"（Sein）有着各不相同的意义，但它们的意义总是保持在"现时性"和"在场性"的范围内，总是表示持存、逗留和出现等等意思的。海德格尔因此认为：

> 我们是从不定式来理解动名词"存在"的，而后者则始终牵

连于"是"(ist)及其表现出来的多样性。在这里,确定的具体的动词形式"是",也即现在时直陈式第三人称单数,具有优先的地位。①

西方人并不是在"sein"的第一人称(ich bin)中来把握"存在"的,尽管近代形而上学执著于"自我"("我思");西方人也不是在第二人称(du bist)方面来把握"存在"的;也更没有在虚拟式、祝愿式等语态中来把握"存在"。"存在"是"一",当然更不可能从复数形式去把握"存在"。现在时直陈式第三人称单数"ist"的优先地位,实际上表明了西方形而上学是突出现时性、持久在场性这一度的,是突出对象性的知识态度的。

实际上,这个"ist"突出表示的就是"我"与"它"的现时性对象关系。用马丁·布伯的话来说,西方传统形而上学所执守的"世界"就是"它"的"世界",只是由"它"、"它"、"它",由"他"、"他"和"她"、"她"以及"它"、"它"拼凑起来的世界。② 而以"我"与"它"之间的这个"是"(ist)来把握"存在",其实就是把"存在"当作一个"它",一个"对象"来处置了。

从历史上来看,这个"ist"的优先地位的确定,乃是形成"存在"这个形而上学范畴的前提。而照海德格尔的意见,这应该是哲学时代的事情。"存在"(sein)首先被当作"ist"的不定式。把 sein 这个不定式动名词化,即有抽象空洞的"存在"范畴了。这便是思想的隐失和哲学的开始了。显然,根据海德格尔的想法,在早期希腊思想中,这个"ist"(即希腊语的 estin)的突出地位当还是没有的。

---

① 海德格尔:《形而上学导论》,德文版,图宾根,1987 年,第 70 页。
② 马丁·布伯:《我与你》,中译本,陈维钢译,三联书店,1986 年,第 19 页。

据国内希腊哲学研究者陈村富的研究,在希腊,从"是"(eimi)到"存在"范畴的演变过程,是在巴门尼德那里完成的。在巴门尼德之前,譬如赫拉克利特说"存在又不存在",用的还是复数第一人称esmen,还不能说它是"存在"哲学范畴,也可见还没有estin的突出地位。而到了巴门尼德,情况就不一样了。他不用esmen,而是用estin。陈村富指出:

> 因为存在是连续的、不可分的整体,所以用单数而不用复数;因为存在是整个主客体混合为一的东西,而不是你存在、我存在,所以一律用第三人称;因为存在是永恒的、无生灭的,无所谓过去和将来,所以一律用现在式。这样,系词eimi的主动语态现在陈述式单数第三人称就获得了"是"的其他形式所没有的特殊的意义,成为哲学的范畴。[①]

这段话已经把"ist"(estin)的优先地位的源起和含义说明白了。但正如我们上面指出的那样,巴门尼德毕竟还处在"过渡"或"转变"的阶段上,他所说的"存在"恐还不是明确的哲学范畴。譬如,巴门尼德就还没有像柏拉图和亚里士多德那样,以概括性的名词on来表述"存在"。或许我们可以说,巴门尼德是从"思想"到"哲学"的发展的一个转折点,他是一位正在向"哲学家""堕落"的"思想家"。而明显地,海德格尔则是把巴门尼德看做一个早期思想家的。

上面这番考虑也表明,不定式sein的形式、动名词das Sein的产生,以及das Sein一词的空洞化,其实都系于西方人的历史性此在的存在态度和实存方式,而这种存在态度和实存方式就表达在形而上

---

① 参看汪子嵩等:《希腊哲学史》第1卷,人民出版社,1988年,第613页。

学中。因此,海德格尔说:"我们对'存在'一词的词义规定性的寻求,立即就明确地变成一种对我们的隐蔽的历史的来源的沉思了。"①这里所谓"隐蔽的历史",就是"存在历史"。

在《形而上学导论》一书中,海德格尔围绕"存在与生成"(Sein und Werden)、"存在与显象"(Sein und Schein)、"存在与思想"(Sein und Denken)和"存在与应该"(Sein und Sollen)这四重区分,来讨论欧洲形而上学的"存在"规定性的源起。海德格尔认为,这四重区分在"存在历史"上具有决定性的意义。从历史上来看,这四重区分的出现是有先后的。"存在与生成"、"存在与显象"这两个区分在希腊哲学之初就已形成。"存在与思想"这个区分也起自希腊哲学,在柏拉图和亚里士多德的哲学中就获得充分的展开,但这种区分的根本形态还是在近代之初才获得的。而第四个区分("存在与应该")完全是近代哲学的事情,它规定了自17世纪末以来近代精神对存在者事物的关键态度,但这种区分的"根"也在希腊哲学中。

"区分"本身就是"规定"或"限定"。上述四重区分把形而上学的"存在"观念限定起来了。海德格尔要回到"开端"中去,看看希腊哲学以及后世的哲学如何在这四重区分上与早期希腊思想相疏远,甚至背道而驰了。依海德格尔之见,在早期希腊思想中,根本还没有上述形而上学意义上的四重区分。因此,海德格尔说:"一种关于存在问题的根本性追问——它已经理解了把存在之本质的真理展开出来这一任务——必须对在这些区分中隐藏着的力量提出决断并把它们带回到其本己的真理那里。"②

我们看到,海德格尔对这四重区分的讨论(特别是对前三个区

---

① 海德格尔:《形而上学导论》,德文版,图宾根,1987年,第70页。
② 海德格尔:《形而上学导论》,德文版,图宾根,1987年,第73页。

分的讨论),都是着眼于早期希腊思想来进行的,或者可以说,都是着眼于"事情本身",目的是为了探早期思想之源。思想的开端隐失之际,才显出了哲学。把思想之源探明了,则哲学之源也就昭然了。我们且依次来看看海德格尔的讨论。

一、关于存在与生成

存在与生成(变易)的区分是形而上学历史上最古老也最流行的区分了。形而上学把存在与生成当作两个不同的甚至对立的范畴来研究。一般还把这两个范畴追踪到巴门尼德那里。因为巴门尼德说过,存在是既不生成也不消灭的。巴门尼德残篇第 8 的 1 至 6 行就说了这个意思:

> 现在唯一地只剩下一条道说的途径,(在这条途径上展示出)存在(sein)的情形,在这条途径上甚至有许多东西显示出来,存在既不产生也不消亡,它是完整独立的,而且自身不动,甚至也不求完成;存在既不是过去曾是,也不是未来将是,因为作为显现,存在是完全的一,唯一地统一着、一体地在自身中从自身而来聚集着自身(把全部呈现状态"集合起来")。①

哲学史上,恐怕还没有对巴门尼德这段话所表达的意思产生过什么歧义。它无非是说,存在是没有生成和变化的,是永恒的"一";这也就是从存在与生成的区分中规定存在了。然而海德格尔却有不同意见。他认为,巴门尼德这些话是从存在而来(aus dem Sein)道说

---

① 这段话据海德格尔的德译文译出,参见《形而上学导论》,德文版,图宾根,1987年,第 73 页。无疑,海德格尔的译文与通常的译文是有出入的。

的,是 semata(表征、迹象),而不是对存在的描绘,不是谓词表述,而是在瞻望存在的过程中从存在而来显示出存在本身。我们不可以为,巴门尼德是把存在当作一个对象性的东西来描述了,巴门尼德根本还不是站在存在之外把存在当作一个"什么"来处理的。巴门尼德是"从存在而来"说这番话的。或者说,存在本身通过巴门尼德的道说而展示出来了,存在向这种道说显示为一体的"纯粹性"。

通常人们还把巴门尼德的这段话与赫拉克利特的名言"一切皆流"对立起来。因为巴门尼德说存在是不动的、不变的、无生灭的;而赫拉克利特说"一切皆流",也即说一切都是生成或变易。人们于是认为前者是形而上学的,后者是辩证法的。两者各执一端,一方执于"不变",另一方执于"变"。海德格尔却不这样看,他认为这其实是以后世的存在与生成的对立观点,甚至是以达尔文的"变化观"来看待希腊思想。其实,巴门尼德和赫拉克利特说的是一回事。

海德格尔的理由大致有二。首先,海德格尔认为,巴门尼德和赫拉克利特都处在一个伟大的时代,都是伟大的早期希腊"思者"。而在这个伟大时代中,"关于存在者之存在的道说本身具有它所说的存在的(隐蔽的)本质。(时代的)伟大性的奥秘即在这种历史的必然性中"。① 早期希腊思者的存在之说是从存在之本质而来的道说,是"相应"、"契合"于存在的道说,他们不是从后世那种对象性态度去"表象"和"陈述"存在。在这一点上,巴门尼德和赫拉克利特是一致的。无论是巴门尼德说"不变",还是赫拉克利特说"变"(生成),都是从存在之本质而来道说存在之展示。

再者,海德格尔还认为,赫拉克利特所谓的"一切皆流",并不意味着一切都是一种纯粹的不断的流失和变化,都是纯粹的非持续状

---

① 海德格尔:《形而上学导论》,德文版,图宾根,1987 年,第 74 页。

态;赫拉克利特的意思是说:"存在者整体在其存在中总是从一个对立面对另一个对立面被抛来抛去,存在是这种对立性的不安的聚集状态。"[①]这与巴门尼德的存在之说是无异的,两者都道说了存在之运作,即存在的"聚集"(Logos)。

总之,海德格尔认为,在早期思想家那里,是没有存在与生成的对立的。他们说生成或不生成,都是契合于存在来道说存在的展示和运作。后来的形而上学则把存在与生成对立起来,把存在当作与生成相对的持存不变的东西,这是早期思想隐失的一种表现。

二、关于存在与显象

这一区分也是源远流长的,与哲学一样古老。这一区分也最能表现出形而上学的柏拉图主义的特征。柏拉图的理念论分出两个世界,即永恒不变真实存在的理念世界和生成变化的假象世界,其实就是区分"存在与显象"。哲学上说的本质与现象,实际也是"存在与显象"的区分。总之,"存在与显象"这一区分表示的是:现实与非现实的对立,真实与非真实的对立,这是哲学上争执不休的题目。

海德格尔对这一区分的讨论,也回到早期希腊的开端中来展开。在早期希腊思想中,存在与显象是统一的;但这种统一性已经向我们隐蔽起来了。海德格尔说,我们可以发现有三种显象方式,即闪现(Leuchten)、显现(Erscheinen)和假象(Anschein)。其中第二种,即作为"显现"的显象,是根本性的。"显象的本质在于显现"。而"显现"本就是"存在"。"存在向希腊人开启自身为 Physis,此涌现着、逗留着的运作本身同时即是显象着的显现(das scheinende Erschein-

---

[①] 海德格尔:《形而上学导论》,德文版,图宾根,1987 年,第 102 页。

en)。"①存在即 Physis,即显现,就是让存在者从遮蔽状态中走出来。在显现运作中,存在者作为存在者而存在了,它进入并置身于无蔽之中了。此"无蔽状态",希腊人叫做 Aletheia;后世译之为真理,而且是在主体-客体符合一致关系中来理解这个真理的。这样的理解,就大违 Aletheia(无蔽、解蔽)的本义了。

存在与显象有同一的方面,同时也有冲突的方面。因为存在显现出来,呈示出"外观"和"面貌",而这种"外观"和"面貌",就有可能把在无蔽状态中的存在者掩盖和遮蔽起来。这就是说,存在必显出来,显现既是一种解蔽又是一种遮蔽。解蔽与遮蔽是同样源始的。作为解蔽的显象是"显现",而遮蔽即是作为"假象"的显象。两者都属于存在本身(Physis)的显现运作。无论是作为无蔽的真理,还是作为涌现着的自身显示的某种特定方式的显象,都必然归属于存在。

海德格尔用赫拉克利特的一句话来总结他对"存在与显象"的"对立统一"关系的揭示。赫拉克利特说:存在(涌现着的显现)喜欢隐匿自身。② 在海德格尔看来,赫拉克利特这句话说的是存在本身(Physis)之"显-隐"一体的运作。存在就是显现,即从遮蔽中走出来,这就是从存在本身中"显"出来,遮蔽的深渊就是存在本身;存在总是趋于回到遮蔽状态中"隐蔽"自身,也即说,有所"显"的存在自身也总是"隐"而不显的。"显"和"隐"都是存在的一体运作。

如果这样来理解"存在与显象"的区分,那么,"存在与生成"的区分也可以获得更好的理解了;进一步就可以看到,这两种区分之间

---

① 海德格尔:《形而上学导论》,德文版,图宾根,1987 年,第 77 页。
② 赫拉克利特残篇第 123。一般把这句话译为"自然喜欢躲藏起来";译作"自然"的原文是 Physis,在海德格尔看来应译为"涌现",就是"存在"的源始意义。参见海德格尔:《形而上学导论》,德文版,图宾根,1987 年,第 87 页。

有着内在的密切关系。一方面,生成和显象一样,是与存在相对立的(不是形而上学意义上的对立);另一方面,生成作为"涌现"是属于Physis即存在本身的。海德格尔说:"如果我们希腊式地理解了这两方面,即生成是进入在场和出离在场,存在是涌现着和显现着的在场,不存在是不在场,那么,涌现与消隐的交互关联就是显现,即存在本身。一如生成是存在之显象,显象作为显现也同样是存在之生成。"①"显象"和"生成"都是存在本身的运作。

因此,如果着眼于存在本身,那么,"存在与显象"这一区分根本就不成其为区分,两者是一体的。早期希腊思想借"显象"思的是存在本身。后来的形而上学把存在与显象对立起来,认为与显象相对的存在是本质、真实、"本体",是始终不变的东西,可见其与早期思想之疏远了。

三、关于存在与思想

这一区分与前述的两个区分有所不同。"生成"和"显象"看来是与存在处于同一个层面上的,是存在者方面的事情。而在"存在与思想"这一区分中,情形就很不同了。"思想"在内容上就不同于"生成"和"显象"。而且我们一般理解,存在是被摆到思想面前,好比一个对象与思想对立起来的。凡思想总有对象。存在就是思想的对象。思想是主观方面的,思想的对象是客观方面的。传统形而上学长期以来就这样区分"存在与思想"。近代知识论哲学的主-客分离观,其实把这一区分推到极端了。"存在与思想"的区分是最根本性的区分,我们可以从中认识到西方精神的一种基本态度。

什么叫思想?我们今天似乎已经烂熟于思想。我们通常就把思

---

① 海德格尔:《形而上学导论》,德文版,图宾根,1987年,第88页。

想看做人的一种行为、一种能力、一种把握对象事物的方式。我们与存在者事物打交道,把事物"表象"(Vorstellen)出来而形成关于事物的"观念",这就是"思想"了。但海德格尔却认为,这根本就不是源始意义上的思想。思想的源始意义早已隐失了。在哲学和科学繁荣发达的形而上学时代里,人们根本就没有思想了。要赢获源始的思想,需得对"存在与思想"这一形而上学的区分作一番透底的考虑,把其中所蕴含的根本性的东西揭示出来。

西方专门有一门研究思想的法则和形式的学问,就是逻辑学。逻辑学(Logik)在希腊哲学中是关于逻各斯(Logos)的科学。希腊哲学把Logos解为"陈述"(Aussage)。所以逻辑学也就是关于陈述的科学。逻辑学从陈述方面来规定思想,也即在思想的表达中来寻找思想的法则和形式。逻辑学提供出思想的逻辑法则。人们认为,思想是以逻辑为本质的。逻辑与思想,几乎就是一回事。而在海德格尔看来,这样的逻辑和思想与源始意义的Logos和思想,相距已经不止千里了。逻辑植根于形而上学中。在希腊形而上学中,发生了从源始的Logos到逻辑的演变。这就是源始的思想的隐失过程。

海德格尔认为,需得用一种源始的思想来"克服"传统逻辑。而所谓对传统逻辑的"克服",意味着一种"更源始的、更严格的、归属于存在的思想"。这就是要回到思想的开端那里来揭示出存在与思想的源始关系,从而挑明源始意义上的Logos是如何隐失而沦为逻辑意义上的思想的。

海德格尔就以下问题来展开具体的讨论:(一)关于存在与思想的源始统一,即关于Physis与Logos的源始统一的情形如何?(二)Logos与Physis的源始的分离又是如何发生的?(三)Logos如何显露和出现?(四)Logos("逻辑")又如何成为思想的本质?(五)在希腊哲学之初,这一作为理性和知性的Logos如何达乎对存在的统治地位?

前文已经揭示出:作为 Physis 的"存在"乃是涌现着的运作。在与"生成"相对的意义上,"存在"显示自身为持续性、持续的在场。在与"显象"相对的意义上,"存在"显示自身为显现、敞开的在场。那么,Logos 与这样的"存在"(Physis)又有何关系?何谓 Logos 呢?海德格尔分析了赫拉克利特的两个残篇之后,得出结论说,Logos 的源始意义乃是"聚集"(Sammelung)。

Logos 在此既不意谓观念,也不意谓词语、学说,更不意谓"观念的学说",而是意谓:持续地在自身中运作着的源始地聚集着的聚集状态(die ständig in sich waltende ursprünglich sammelnde Gesammeltheit)。[①]

Logos 是持续的聚集,是存在者的居于自身的聚集状态。这样的 Logos 就是存在。所以,Physis 与 Logos 是同一的。Logos 从一个新的方面标征存在的一个源始意义:存在者乃是在自身中从自身而来被聚集起来的,并且保持自身在这种聚集之中。

在源始意义上,Physis 与 Logos 是同一的。但同样在源始意义上发生了 Logos 与 Physis 的分离。Logos 被后世译解为逻辑(陈述)意义上的 Logos。在此意义上的思想与存在的对立和分离,是西方形而上学哲学的一个恒久的课题。因此海德格尔说,我们在讨论"存在与思想"时,很快就会落入一个流行的模式中去:存在是客观的东西,思想是主观的东西。存在与思想的关系即是客体与主体的关系。可是在早期希腊,人们根本还没有从这种知识论的模式来看待问题。

---

① 海德格尔:《形而上学导论》,德文版,图宾根,1987 年,第 98 页。

主体与客体的对立关系的出现是后来的事情，其根源还在于 Physis 与 Logos 的关系中。所以，只有在早期希腊的开端中充分理解了 Physis 与 Logos 同一，我们才能弄清 Physis 与 Logos 的分离。

说到存在与思想，人们自然就会想到巴门尼德的一个残篇：to gar auto noein estin te kai einai。这个残篇一般被译作："思想与存在是同一的"。海德格尔却认为，这话在译成非希腊语的过程中被误解了，一如人们扭曲了赫拉克利特的 Logos 学说。关键在于，人们把 noein 理解为作为主体活动的思想，认为主体的思想决定了存在。因为思想是主体的活动，而思想与存在又是同一的，所以一切都是主观的。

海德格尔说，这乃是后世对 noein 的误解。用"思想"去译 noein，并且在逻辑学意义上把它规定为"分析的陈述"，这是不恰当的。正确的翻译应该是"觉悟"（vernehmen）。"觉悟"的意思是"让到来"；觉悟之际，并没有什么东西被直接"取"得了，而是向着自行显示者而发生的一种"接纳"。这种"接纳"把"显现者"带到位置上。noein 就是这种把显现者带出来的接纳。巴门尼德的残简是说："觉悟与存在是同一的。""同一"绝不是空洞的一，不是毫无差别的"自身性"；源始意义上的"同一"是对立面的共属一体。因此，巴门尼德说"觉悟与存在是同一的"，无非是说，"觉悟"与"存在"是共属一体的关系。"存在意谓：置于光亮中、显现、进入无蔽状态。存在发生即运作之处，就伴有归属于存在的觉悟的发生和运作，即有所接纳地把自行显示者带出来。"①

海德格尔认为，巴门尼德的残篇第 8 中的一句话更鲜明地道出了上面这一点。巴门尼德这句话是说："觉悟与觉悟所为之发生的

---

① 海德格尔：《形而上学导论》，德文版，图宾根，1987 年，第 106 页。

东西是同一的。"①觉悟为存在而发生。存在(Physis)作为显现,作为无蔽,是自行发生和展开的;在存在的发生中也有了觉悟的发生。所以,巴门尼德的残篇让我们更源始地洞见了 Physis 的本质:"觉悟是属于 Physis 的,Physis 的运作乃是觉悟的共同运作。"

一般认为,巴门尼德的这个著名命题是说人与存在的关系的。谁会怀疑巴门尼德这个命题说到有思想的人呢? 而在海德格尔看来,巴门尼德这句话首先不是说人的,更不是说"主体"的。它说的是存在的运作。存在运作着,伴随存的显现也才有觉悟的发生。如果说人要参与这一显现和觉悟的发生,则人必然属于存在。在巴门尼德那里,人根本没有与存在相对立,也根本没有与存在分庭抗礼;存在高于人,人是属于存在的。所谓"觉悟",也并不是人的一种能力。海德格尔认为,"觉悟"不是人所持有的行为方式;相反,觉悟是那种拥有人的发生事件(Geschehnis)。不是人有觉悟,而是觉悟拥有人。人是在觉悟的发生中,在觉悟这种"事件"中,才作为存在者达乎其存在,才进入历史之中的。这样一种"觉悟"不是作为主体的人的所谓理性或非理性能力可以掌握的;相反,理性的或理性的人却在"觉悟"中才是可能的。而我们今天的人已经难领会这种"觉悟"了。

根本说来,海德格尔这里所说的"觉悟",是一种主-客未分的源始浑一的境界,一种把人也涵摄于其中的发生性过程;人根本不是在这个境界和事件之外来掌握这种觉悟,不如说,人在这种境界和事件之中才成其为人,人才进入存在之彰现和无蔽之澄明之中,成为历史性的"存在之保管者"(Verwahrer)。所以,巴门尼德的这个命题虽

---

① 国内外对巴门尼德的这句话有十分不同的翻译和解释,有中译文作"思想与思想的目标是同一的",而海德格尔的翻译当然又是特别的一种。

说首先不是关乎人的,但它所表达出来的,也是一种"从存在本身方面而来对人之本质的规定"。"在这句话中所发生的,无非是历史性的人(存在之保管者)的有意识的进入显现"。[1] "保管者"不是占有存在,不是对存在面面相觑,甚至于虎视眈眈。"保管者"首先是款款的接待、细心的照拂。

海德格尔在这里所揭示出来的存在与人的关系,明显地是对他前期哲学的一个修正。人是由存在方面来规定的,人的存在意味着"接纳"(übernehmen)"逻各斯",接纳存在者之存在的聚集着的"觉悟",并"管理"(verwalten)无蔽状态,使之免受遮蔽和掩盖。这种态度,与前期海德格尔所讲的此在对存在的追问和揭示是大不相同的。

在思想的伟大开端中,人之存在的本质就是从存在之无蔽发生方面开启出来的。但这一开端却没有保持下来。自希腊以来,直至今天,西方人关于人的不可动摇的定义就是:人是理性的动物。这一定义与早期思想的开端已相去甚远。海德格尔说,为了认清这两者的分别,我们可以用公式把"开端"(Anfang)与"终结"(Ende)对立起来加以观照:

  终结显示于这样一个公式:anthropos = zoon logon echon:人即由理性装备起来的生物。至于开端,我们用一个随意地构成的公式来把握,这个公式同时也概括了我们前面的阐释:Physis = logos anthroposechon:存在这种无往不胜的显现必有聚集,此种聚集内含和建立着人之存在。[2]

---

[1] 海德格尔:《形而上学导论》,德文版,图宾根,1987年,第108页。
[2] 海德格尔:《形而上学导论》,德文版,图宾根,1987年,第134页。

在"终结"处,虽然还有一些 Logos 与人之存在的联系的残余,但 Logos 已经表现为一种知性和理性能力了;而在"开端"处,人之存在是被建立在存在的开启之中的。

此所谓"终结"发生在希腊哲学中。在希腊哲学中,思想的"开端"隐失了。Logos 显露为理性(逻辑)意义上的 Logos;作为理性的 Logos 成为存在的"法庭"。海德格尔说,伟大的开端的这一"开端性的终结"即是柏拉图和亚里士多德的哲学。在"终结"处,存在(Physis)的源始意义也渐次隐失了。柏拉图把 Physis 释为 idea,后人译之"理念"(Idee),其实其原义乃是"外观"(Aussehen)。Physis 是涌现的运作,是"持存性";idea(外观)则是对持存者的一种规定,是相对于"看"而言的持存者的规定。Idea(外观、相)是 Physis 的一个方面。所以,柏拉图把存在释为 idea 并不就是开端的一种沦落;但当 idea 成了唯一的和决定性的存在阐释时,这就构成开端的隐失了。

关于 Physis 和 Logos,海德格尔总结说:

Physis 成为 idea(Paradeigma),真理成为正确性。Logos 成为陈述,成为真理即正确性的处所,成为范畴的本源,成为关于存在之可能性的基本原理。"理念"和"范畴"后来是统辖西方思想、行为和评价即整个此在的两个名称。Physis 和 Logos 的变化以及他们的相互关系的变化,是开端性的开端的沦落。希腊哲学在西方获得统治地位并不是由于它的源始开端,而是由于它的开端性的终结,此终结在黑格尔那里最后构成了伟大的完成。[①]

[①] 海德格尔:《形而上学导论》,德文版,图宾根,1987 年,第 144 页。

开端性的"开端"隐失之际,有开端性的"终结"的开始(柏拉图);至黑格尔,开端性的"终结"也臻乎"完成"即"终结"了。这就是海德格尔理解的西方哲学的历史了。

在开端中,noein("觉悟")与Physis("存在")是源始同一的。它们的"区分"也是在对立面的共属一体意义上的区分。随着开端的隐失、哲学的兴起,这种源始同一和"亲密的区分"(这是海德格尔1950年代的用语)也就消失了。"觉悟"被陈述意义上的Logos即逻辑或理性取而代之了。人们把具有判断作用的"表象",把知性和理性当作主体的"思想"。这种"思想"把存在者作对象来处理,涉及"存在",也必然把"存在"置于对象的地位上了。在现代自然科学和技术活动中,人们把存在者当作可计算的东西,"存在"也同样成为可控制的现成东西了。人们正是以这样的"思想"和"存在"来解释巴门尼德的残篇,殊不知这样的解释根本就错失于思想的源始意义。

四、关于存在与应该

关于存在与应该这一区分,海德格尔讨论得不多。因为海德格尔的意图主要是探早期希腊思想之源。而在海德格尔看来,"存在与应该"这一区分是晚出的,它的出现是近代以后的事情。但是,这一区分的"根"同样也在希腊。柏拉图把存在释为idea(外观、理念)。理念是有等级的。较低的理念是较高的理念的"摹本"。而最高的理念是善的理念,是一切理念的理念。这个最高的理念被认为是"理念"之为"理念"的存在规定性。海德格尔说:"一旦存在被规定为理念,则必有应该(Sollen)出现而成为存在之对立面。"①在"理念"王国中,现存事物被赋予一个目的,一种合目的性,一个"应该"。

---

① 海德格尔:《形而上学导论》,德文版,图宾根,1987年,第150页。

可见在希腊哲学中,"存在与应该"的分离已经有了起源。

但"存在与应该"的这一分离的进程要到康德那里才告完成。康德区分了现象界与本体界(理念世界)。在康德那里,存在者即自然(现象界)是在自然科学和知性思维中被规定的东西;理念世界即理性理念则由"绝对命令"来规定,属于"应该"领域。在康德之后,特别是在19世纪的哲学中,人们力图为"应该"领域奠定基础,认为"应该"领域的基础是"价值"。价值与事实相对立,价值高于事实。因此有事实(自然)科学与价值(人文)科学的区别。事实与价值,"存在与应该",就成为哲学的一个根本的区分了。

海德格尔说,通过对上述四个"区分"的讨论,我们就获得了存在的规定性如下:

与生成相对,存在是持存(Bleiben)。

与显象相对,存在是持存着的原型(Vorbild),是始终相同者(das Immergleiche)。

与思想相对,存在是奠立基础者,是现成的东西。

与应该相对,存在是尚未实现的或者已经实现的应该之物(Ge-sollte),是摆在眼前的东西。

持存、始终相同性、现成性、摆在眼前(Vorliegen)——根本上这一切说的是同一回事情:持久的在场(Ständige Anwesenheit),即作为Ousia(在场)的On(存在)。

海德格尔还用以下图表来概括上述四个"区分"对存在的限制:

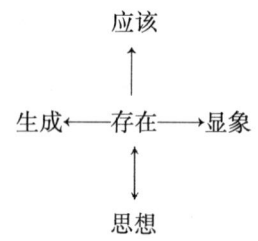

```
            应该
             ↑
             |
    生成 ←— 存在 —→ 显象
             |
             ↓
            思想
```

这个图表的布置不是随意的。与生成相对的是"持存"。与显象相对的是"相、理念"(idea),是始终相同的东西。生成与显象以不同方式构成与存在的对立,因此也是在不同方面显示了存在。所以,生成与显象在此图表中各置于"存在"的左右,表示它们是同一层面的东西。

"存在与思想"的关系是更为根本性的双向关系。这一关系可以说是从根本上决定了西方人的历史命运的,生成与显象不光是从作为在场(ousia)的存在方面来规定的,而且也是从思想方面来得到规定的。思想在源始意义上是"觉悟","觉悟"归属于作为 Physis 的存在。但后来,"觉悟"沦为主体的逻辑的"表象"活动,成为一种"计算"(Rechnen)活动。作为"计算"的思想规定了与"在场"(ousia)相应的生成和显象,因而也取得了对"存在"的支配地位。这实在是对"思想"的本性的颠倒。所以在图表中,只有"存在与思想"这一关系特别用反向箭头标示出来。"存在与思想的区分用向下的箭头方向标画出来。这表示,思想成了存在的主要的和决定性的基础。""思想与存在的对立意味着:思想延展它对存在的支配地位,同时伸展到与存在对立的东西那里。"①思想决定了存在,从而也决定了生成和显象。

"存在与应该"的区分却用一个向上的箭头来标志。海德格尔说,这是想指出,正如存在被建基于思想中,存在通过"应该"而被拔高了。在形而上学历史上,存在被理想化、观念化。由此构造起来的理念王国即"应该"领域,是目的论、道德和义务的领域。这个"应该"领域历来被认为是高于"事实"("存在")领域的。"应该"高于"存在"。

---

① 海德格尔:《形而上学导论》,德文版,图宾根,1987 年,第 149 页。

通过对"存在与生成"、"存在与显象"、"存在与思想"和"存在与应该"这四重区分的分析，海德格尔获得了形而上学的"存在"规定性。"存在"即是"持续的在场"(ständige Anwesenheit)，即 Ousia。海德格尔说，"存在"的这一规定性绝不是什么单纯的语义的界定，"它是一种力量，这种力量在今天还承担和支配着我们与存在者整体的一切关系，与生成、显象、思想和应该的一切关系"。①

在这一"存在"的规定性中，有着遗忘存在的形而上学的历史根源，有着虚无主义的历史根源。凡后世的形形色色的形而上学的存在概念，都是由这一希腊的"存在"(ousia)阐释衍生而来的，都不足以去命名一切"是"(ist)的东西。上述四重分离很久以来规定和支配了西方人的此在，并把西方人的此在保持在"存在"的"迷乱状态"中了。

第四节　早期希腊思想家

我们已经看到，在《形而上学导论》中，海德格尔着眼于早期希腊的存在之思来解析形而上学的"存在"规定性。海德格尔认为，受四重"区分"限制的形而上学的"存在"观念就是"持久的在场"，用希腊哲学的术语讲，就是作为"在场"(Ousia)的"存在"(on)。这个"存在"观念是在希腊哲学时代形成的。后世的形而上学的发展都保持着这个"存在"观念。而在这个"存在"观念中，存在的源始意义已趋于隐失，存在被遗忘了。

首先要探明"开端"的真相，然后才可能澄清"开端"的隐失过程。因此，海德格尔的"存在历史"解析实际上是回到早期希腊思想

---

① 海德格尔:《形而上学导论》,德文版,图宾根,1987年,第154页。

的"开端"来揭示存在的源始意义。对海德格尔的这一工作,我们前面已有了讨论。而总括起来看,海德格尔认为存在的源始意义集中体现在 Physis、Aletheia 和 Logos 这三个词上。在这里,我们对这三个"基本词语"还要有进一步的了解。

Physis 的本义是"涌现"(Aufgehen)。太阳升起,大海咆哮,植物生长,动物发育,都是一种"涌现"、"升起"。但 Physis 之为"涌现",却不是我们能见到的这些自然过程。Physis 乃是存在本身。存在者根据 Physis 才成为可见的,才保持为可见的。照海德格尔的说法,希腊人首先并不是从自然过程来经验 Physis 的,而是借一种关于存在的诗意的运思经验洞见到这个 Physis 的。Physis 的涌现运作使存在者成其所是,并保持其所是。因此,Physis 还有"持存"(Währen)、"逗留"(Verweilen)等意义。总之,Physis 就是存在本身,是存在本身的涌现着和逗留着的运作。

海德格尔还特别指出,希腊哲学开始了一种对 Physis 这个词语的狭隘化,但是在希腊哲学中,这个词的源始意义还没有消失殆尽。要命的是后世的拉丁语的翻译。拉丁语把 Physis 译作"自然"(Natur),就把 Physis 的源始意义彻底丢弃了。

Physis 作为"涌现",是"在自身中出于自身站出来"(In-sich-aus-sich-Hinausstehen)。Physis"涌现"之际,存在者才得以显现。这就是由"隐"入"显"的运作,也即是存在者从遮蔽处走出来成其本身。可见 Physis 的"涌现"实即一种"解蔽"。希腊人称之为 Aletheia(解蔽、无蔽)。既然 Aletheia 说的是存在本身(Physis)的一种由"隐"入"显"的运作,那么,Aletheia 也就是存在本身。我们也不妨称之为存在之真理——当然,这不是后世的"符合论"意义上的真理了。

对于 Aletheia,我们要从"解蔽"(Entbergen)与"遮蔽"(Verbergen)的相互关系中来理解,也就是说,要从存在本身的"显-隐"运作来理解。存在之真理同时既是"解蔽"又是"遮蔽"。由隐入显是"解蔽",由显入隐是"遮蔽"。存在本身在"显"出之际自身总是"隐"而不显。所谓"涌现",是从隐处站出来,意思就是存在本身从自身的"隐"才"显"出来,有所"显"而自身"隐"。用赫拉克利特的话来说:"存在喜欢隐匿自身。"这里绝没有积极或消极的评价,解蔽与遮蔽都是存在本身的运作。

"隐"者易忘。"遮蔽"者总是自行隐匿。所以,作为无蔽的 Aletheia 总是失去了与遮蔽的关联。海德格尔认为,就是在希腊语言中,无蔽与遮蔽的关联也没有达乎语言表达出来,因为"这种语言本身即源自此种关联"。这种情况,可以说是存在本身的"自行抑制"。可见存在之被遗忘状态实际在"事情本身"中有其根据。后起的形而上学正是从存在之真理的"显"方面而来,固执于在无蔽中的存在者(在场者),而对在场者何以能达乎"无蔽"而"显"出来这回事情是无所关心的。忘"在",实即忘了"解蔽"与"遮蔽"的关联,忘了存在本身的"显-隐"一体的运作。

关于 Logos,海德格尔明确地说,它与 Physis 是同一的。这就是说,Logos 也是存在本身。在《形而上学导论》中,海德格尔对早期希腊诗人和思者的作品(特别是赫拉克利特的残篇)作了大量的阐释工作。海德格尔发现,Logos 的源始意义乃是"聚集"。[①] 作为"聚集"的 Logos 也是存在本身的运作。如果说 Aletheia 是存在本身的由"隐"入"显"方面,突出的是"显",那么,Logos 就可以说是存在本身的由"显"入"隐"的方面,突出的是"隐"。Logos 所要说的就是,隐而不显的存在本身是如何使存在者入于无蔽状态而"显"出,同时自

[①] 关于海德格尔对赫拉克利特的 Logos 的具体考证和译解,我们留待下面作专门的讨论。

身又返回"隐"处从而把无蔽中的存在者聚合为"一"。但 Logos 与 Aletheia 根本上是同一的。正像 Aletheia 同时既是一种解蔽又是一种遮蔽,Logos 亦然。两者是存在本身的一体两面的运作,虽然各有所侧重,一方重于"分"("显"),另一方重于"合"("隐"),根本却是一体的。

笼而统之,Physis、Aletheia 和 Logos 都是存在的源始意义。"涌现"、"解蔽"和"聚集",就是存在本身亦显亦隐、亦分亦合的运作。

这样的存在的源始意义却只有在早期希腊思想这个"开端"处绽露出来。在后来的形而上学中,存在的源始意义都是隐失了的。Physis 成了"自然"(物理),Aletheia 成为主-客体相符合一致意义上的"真理",Logos 成了"逻辑"。

在海德格尔看来,即便在早期希腊时代,也只有那些源初的"刨造者"们——诗人和思者——才有源始的存在之思。这些早期诗人和思者只为我们留下了一些残简断片。我们今天所能做的,首先就是从这些残简断片中去追踪"开端性的东西",摸索其中的"存在之真理"的一些踪迹。

在早期希腊诗人当中,我们看到,海德格尔解释过荷马、品达和索福克勒斯等诗人的作品。在早期希腊思想家(前苏格拉底的思想家)中,海德格尔选择了阿那克西曼德、赫拉克利特和巴门尼德三位,对他们的一些残篇箴言作了独特的思考和阐释。这些工作,海德格尔在《形而上学导论》中已经充分地加以展开了;同时,海德格尔的"思-诗合一"的思想也业已形成了。

我们上面对海德格尔在《形而上学导论》中所作的阐释已经有所引述和讨论。除《形而上学导论》之外,海德格尔另外还有一些单篇论文专门解释早期思想家的残篇。这些工作都是着眼于海德格尔的"存在之思"来进行的,因此与一般哲学史家的对早期希腊著作的考订和解释往往出入很大,也引起了许多的争议。

而海德格尔的意图是要探明,在早期希腊思想家那里,源始的存在之思的情形如何？这里,我们还有必要作进一步的分别的考察。

一、阿那克西曼德的 Chreon

阿那克西曼德是米利都学派的思想家。人们一般把他视为朴素的自然哲学家。哲学史家们对阿那克西曼德的讨论,通常集中在他的 apeiron 概念上。① 对阿氏思想的争议亦往往起于对他这个"阿派朗"的理解。但出人意表的是,海德格尔似乎对这个"阿派朗"并没有多少兴趣。他别出心裁地发掘出阿那克西曼德的一个"基本词语",就是 Chreon。在对阿氏一个残篇的长篇解释中,海德格尔仅有一处提到"阿派朗"。

众所周知,阿那克西曼德没有传下什么著作。海德格尔所解释的阿那克西曼德箴言,是阿氏身后一千多年的辛普里丘(Simplikos)收在其《〈物理学〉注释》中的。后被第尔斯(H. Diels)辑为阿那克西曼德残篇第一。人们认为它是可靠的,是西方思想史上最古老的一个箴言。根据第尔斯的德译本,此箴言可中译如下:

> 万物由它产生,毁灭后又复归于它。这都是按照必然性;因为它们按照时间的秩序为其不正义受到惩罚并且相互补偿。②

---

① 阿那克西曼德的 apeiron 中文一般译作"无限者",也有人把它译解为"无定形",参看叶秀山:《前苏格拉底哲学研究》,三联书店,1982 年,第 48 页;或干脆取音译,译作"阿派朗",参看汪子嵩等:《希腊哲学史》第 1 卷,人民出版社,1988 年,第 182 页(范明生所撰阿那克西曼德部分)。

② 引自海德格尔:"阿那克西曼德之箴言",载《林中路》,德文版,美茵法兰克福,1980 年,第 318 页。该文是海德格尔的早期希腊思想阐释的典范性文本,从中我们可以看到海德格尔关于早期希腊思想的基本看法以及他的"存在历史"观的基本轮廓。

按照流行的意见,此话说的是万物的产生和消失。万物产生之处也是它们复归之处。万物生生灭灭,根据"必然性"进行。万物是相互作用的,对立面相互斗争,结果一方必占优势,而另一方就受到"不公正"。为这"不公正",一方必受到"惩罚",并对另一方进行补偿。所以人们认为,阿那克西曼德是以"拟人"的手法表达了宇宙万物的生灭、运动的过程,具有朴素的辩证法思想。

海德格尔表示不能同意这种通俗看法以及其他类似的解释。他首先认为,这个箴言的原文起自何处、断至何处,是大成问题的。他赞同 J. 布纳特(John Burnet)的考证,认为阿那克西曼德的原文应该如下(只保留"根据必然性……"之后的文字):

……kata to Chreon; didonai gar auta diken kaitisin allelois tes adikias。

海德格尔倾向于把上面这些文字当作直接的、真正的阿那克西曼德箴言的文字,但他也并不排除通行的文本,认为后者也是可以作为阿氏思想的间接证据的。经过一番独特的阐释,海德格尔把上面这段话译成德文如下:

…… entlang dem Brauch; gehören nämlich lassen sie Fug somit auch Ruch eines dem anderen (im Verwinden) des Un-Fugs。[①]

这段德文几不成体统。再要把它译成中文,怕是十分困难的。

---

① 海德格尔:《林中路》,德文版,美茵法兰克福,1980 年,第 367 页。

如若与第尔斯的通行文本相比较,差距不止千里了。而在海德格尔看来,关于阿那克西曼德的思想,我们比较确凿地也就只能从这些文字中探出一些消息了。

在海德格尔的译文中,有四个词几近不可译解,但很关键。我们试作一些说明。

一般认为,阿那克西曼德的箴言是说"存在者整体"(ta onta)的。但 on 和 onta 已经是哲学时代的概念词语了。在更源始的希腊语中,包括在巴门尼德和赫拉克利特的语言中,人们用的是 eon 和 eonta[后来被语法学家释为 eimi(是)的中性动名词],根本还没有后来被语法学家释为"分词"的 on 和 onta。分词 on 既有动词含义又有名词含义,即有 seiend(存在着)和 das Seiende(存在者)双重含义。形而上学就是用这个分词 on 来表示作为"超越(者)"(Transzendenz)的"存在"的。作为形而上学概念词语的 on 是从 eon 演变而来的。海德格尔的这个意思,我们前文已作了提示。

那么,eon 和 eonta 的原意为何?根据海德格尔的考证,在荷马诗歌中,在早期思想家的文本中,eon 的意思是:"入于无蔽状态而在场";ta eonta 的意思是:"当前在场者和非当前在场者。"阿那克西曼德的箴言就是要道说这个 ta eonta。

扩大来看,海德格尔认为,包括阿那克西曼德在内的整个早期希腊思想,都是从 eonta 的 eon(即在场者之在场)的运思经验而来道出它的基本词语的。这些基本词语有:Physis(涌现)和 Logos(逻各斯),Moira(命运)和 Eris(斗争),Aletheia(无蔽)和 Hen(一)。它们都是出于源始的存在之思的词语。但后起的形而上学却把存在的隐含于早期基本词语之中的丰富本质掩盖起来了,存在才上升到最空洞的和最普遍的概念这一不幸位置上了。

海德格尔的下面这段话十分重要,可以说是他对早期希腊存在思想的辛勤探索的一个总结性观点：

> 在早期思想中，"存在"(sein)就是指有所澄明－有所庇护的聚集意义上的在场者的在场。Logos 就是作为这种聚集被思考和命名的。Logos(legein,读、聚集)是从 Aletheia,即有所解蔽的庇护(entbergende Bergen)方面得到经验的。在 Aletheia 的分裂的本质中隐藏着 Eris(斗争)和 Moira(命运)的被思及的本质,而在这两个名称中,Physis 也同时被命名出来了。①

要解释阿那克西曼德的箴言,需得有上面海德格尔所揭示的早期希腊存在之思的背景。阿那克西曼德的箴言是在上面这些基本词语所道出的存在之思中说话的。海德格尔由此展开了对阿那克西曼德箴言的解释。

海德格尔认为,阿那克西曼德箴言中最后一个词 adikias 不应译作"不正义",dike 也不应译成"正义",更不能译成"惩罚"。② 从义理上讲,后者应译成"裂隙"(die Fuge),前者应作"非裂隙"(die Un-Fuge)。这都是出于存在之思来译的。在场本身包含着"裂隙",也包含着出于"裂隙"之外("非裂隙")的可能性。因为在场者总是逗留在"到来"和"离开"之间,这个"之间"就是"裂隙",也就是双重的"不在场"。在场者正是在这种"裂隙"中成其本质,而一旦在场者成其本质,也即出于"裂隙"之外,而在"非裂隙"中了。在"裂隙"中,在双重的"不在场"(产生和消失)中,在场者保持着它的逗留,可见"裂隙"有嵌接、缝合的作用,所以"裂隙"也即"嵌合"(der Fug),而

---

① 海德格尔:《林中路》,德文版,美茵法兰克福,1980年,第348页。
② Dike(狄凯)本来就是希腊神话中的"正义女神"。我们不知道海德格尔的改译(把一般译作"正义"的 dike 改译为"裂隙")有何根据。

"非裂隙"也即"非嵌合"(der Un-Fug)。①

这一番话着实令人费解了,且看似矛盾。其实,海德格尔在这里颇有辩证意味地道出了"存在本身"的"分－合"或"显－隐"的运作过程:显中有隐,隐中有显,显即是隐,隐即是显。这其中有"冲突",有"裂隙",因此也才有"统一",有"合",有"存在本身"这个"一"(Hen)。

通常译作"补偿"的 tisis,海德格尔认为其原义乃是"尊重"和"重视",所以本可以用"顾视"(Rücksicht)译之,但"顾视"太具人味,而 tisis 则是中性的,本质上是就一切在场者来说的。如此考虑,海德格尔认为,应该用 Ruch 来译这个 tisis。现代德语中已经没有 Ruch 一词了。在古高地德语中有 ruoche 一词,意思乃是"谨慎"、"忧虑"、"照料"等,即"牵挂"于别的东西。这也就是 tisis 即 Ruch 的意思。故我们勉强可把 Ruch 中译为"牵系"。

阿那克西曼德这个箴言中的关键词是通常译作"必然性"的 to Chreon。海德格尔说,此种通常的翻译是固执于词语的派生含义。他宁可把它译作德文的 der Brauch。习惯上,人们把 brauchen 和 Brauch 理解为"使用"、"需要"等。而从其词根意义上看,海德格尔说,动词 brauchen 乃是 bruchen,即拉丁语的 frui 和德语的 fruchten(结果实、起作用等)。拉丁语的 frui 含有 praesto habere 之意,而 praesto 在希腊语中就是 hypokeimenon,意谓:在无蔽中的东西,即 ousia,始终逗留的在场者。所以 brauchen 意即"让在场者作为在场者在场"。据此,海德格尔认为,Brauch 说的就是存在本身成其本质的方式。而这正好就是 to Chreon 的意思。To Chreon 就是存在本身的

---

① 海德格尔:《林中路》,德文版,美茵法兰克福,1980 年,第 352 页。有英译者把这里的 die Fuge 译作"接合"(jointure),把 der Fug 译作"秩序"(order),我以为是不合原意的。参见海德格尔:《早期希腊思想》,英译本,纽约,1975 年,第 41 页以下。

运作。

存在本身的运作是分分合合的过程,所以阿那克西曼德箴言中谈到"裂隙"、"嵌合"和"牵系"等,其实都是说存在本身(即 Chreon)的"显-隐"或"分-合"。存在本身给出"裂隙"。"裂隙"把在双重的不在场(到达和离开)之间的在场者"界定"(begrenzt)起来,所以 Chreon 是"给出界线的东西"。给出界线的 Chreon 自身是无界线的。因此,阿那克西曼德的 Chreon(即 Brauch)也就是他的 apeiron("阿派朗"、"无限者")。阿那克西曼德的 apeiron(照海德格尔的意思,应译作"无界限者")在哲学史上已经是众所周知的了;而这个思存在本身的 Chreon,恐怕就是海德格尔的独家发现了。

海德格尔把阿那克西曼德的 Chreon 译作 Brauch,中文却不可译了。不可译仍想强译之。我们看到,在后期海德格尔的著作中,特别在《在通向语言的途中》等作品中,Brauch 几乎成了他的思想的一个基本词语了。在一些语境中,尤其是在其语言之思中,海德格尔是联系于他后期思想的一个核心词语 Ereignis(我们译之为"大道"或"本有")而用到 Brauch 的,并以之来指明"大道""用"人而"说"出(即展开)的语言生成和运作过程。① 因此,我们实可以把海德格尔这里的 Brauch,进而也把阿那克西曼德的 Chreon,中译为"用"。

若然,则海德格尔对阿那克西曼德箴言的德译文可中译如下:

---

① 参看海德格尔:《在通向语言的途中》,德文版,弗林根,1986 年,第 125 页以下和第 260 页;亦请参看本书第五章第四节的有关讨论。显然,在海德格尔那里,"用"(Brauch)与"大道"(Ereignis)是同层面的;或者说,"用"乃是"大道"之"用",是"大道"的"作用"、"运作",是至大的"用",断不是工具之"用"了。我们知道"用"也是中国思想中的基本同语,所谓"体用一源"、"体用合一"、"体用玄通"、"体用相即"等等,是中国古代思想的一项基本主张,我们实可以此来诠证海德格尔所思的存在(大道)之"用"。如此诠证,除了有趣,亦有启人思处。

>……根据"用"(to Chreon);因为它们(在克服)非嵌合(Un-Fug)中让嵌合(Fug)从而也让牵系(Ruch)一方归属于另一方。

这个译文太异乎寻常,令人难以接受。难怪一般哲学史家要对海德格尔的希腊思想阐释大光其火了。海德格尔自己说,这个译文既不能科学地证明,也不能凭何种权威一味地相信,而"只能在箴言之思中得到思考"。那么,箴言之思何所思呢？思了"用"(to Chreon、Brauch),即存在本身。这个箴言所思的就是:在场者根据"用"(to Chreon)而在场。"用(Brauch)乃是使在场者入于其时时逗留的在场之中的有所嵌合和有所保持的聚集。"①阿那克西曼德的 Chreon 就是"聚集"。因此,阿那克西曼德的 Chreon 也就是赫拉克利特的 Logos,也就是巴门尼德的 Moira(命运)了。它们都是对"作为具有统一作用的一的存在"即 Hen 的规定。海德格尔指出,Moira 和 Logos 的本质在阿那克西曼德的 Chreon 中先行被思了。阿那克西曼德是最早期的思者,他的借 Chreon 表达出来的思想就是源始的存在之思了。

阿那克西曼德只是间接地留下这么个残句。海德格尔在这个残句中发掘出一种源始的存在之思。我们看到,在海德格尔的阐释中其实贯穿着他自己的存在思想。海德格尔把 Chreon 译作"用"(Brauch),十分令人费解。我们理解,他是以此来思入存在本身(Ereignis)的分合运作,此运作也就是存在本身"用"出来了。而他所译解的"裂隙"和"嵌合"等,实际上是他的"存在学差异"思想(即他后期所谓"亲密的区分"或"二重性")的体现。因此,上述对阿那克西曼德箴言所作的解释,是海德格尔的"六经注我"式的希腊思想研究

---

① 海德格尔:《林中路》,德文版,美茵法兰克福,1980 年,第 364 页。

的一个突出例子。

也许我们只能说:海德格尔不是作考证,而是要思想。

二、赫拉克利特的 Logos

海德格尔特别看重赫拉克利特这位"晦涩"思想家。在 1930 年代的《形而上学导论》中,海德格尔就对赫拉克利特残篇做了大量的阐释工作。在 1940 年代,海德格尔又陆续做了两篇论文,专门探讨赫拉克利特的 Logos(残篇第 50)和 Aletheia(残篇第 16)。鉴于 Logos 和 Aletheia 这两个词在海德格尔思想中起着突出的指导性作用,我们可以想见赫拉克利特在海德格尔心目中是何等重要了。

我们已经看到,海德格尔把 Physis、Logos、Moira、Fris、Aletheia 和 Hen 等视为早期希腊思想的"基本词语"。存在的源始意义,即由这些"基本词语"道出。海德格尔并且把阿那克西曼德的 Chreon,赫拉克利特的 Logos 和巴门尼德的 Moira 相提并论,认为它们都是对存在本身这个"一"(Hen)的命名。讨论了阿那克西曼德的 Chreon 之后,我们这里再来看看赫拉克利特的 Logos。

说赫拉克利特的 Logos 命名了"一"(Hen),看来比较好理解。赫拉克利特残篇第五十就说到这个"一"(Hen):

onk emon alla tou logon akonsantas homologein sophon estin: Hen Panta。

根据海德格尔所引的斯纳尔(Snell)的德译本,我们把这个残篇中译如下:

如果你们不是听了我的话,而是听了逻各斯,那么,在同一逻各斯中说"一切是一"就是智慧的。①

在题为《逻各斯》的论文中,海德格尔对这个残篇作了专题阐释。这里的关键当然是解释赫拉克利特的 Logos 的意义。

Logos 在希腊语和希腊哲学中是一个含义十分丰富的常用词语。格思里(W. K. C. Guthrie)总结 Logos 在古代希腊著作中有"叙述"、"名誉"、"思想"、"原因"、"尺度"、"比例"、"规则"等十一种含义。但海德格尔对 Logos 却另有一番释义。他认为 Logos 的本质,要在其动词形式 legein 中寻觅,要从其词根 leg 来理解。②

不可否认,动词 legein 确有"说"和"读"的意思。但海德格尔认为,更源始地来看,它的意思是"放置"。"放置"(legen)意味着把某物摆在某处,也意味着把某物与它物集中在一起。所以"放置"也即"采集"(lesen)。一般把 lesen 解为"读",其实它的根本含义是"采集"。海德格尔举例说,德文中,诸如 Ährenlese(拾穗),Traubenlese(采葡萄),Auslese(精选)中的 lese,都有"采集"之意。即使是读书的"读"(lesen)其实也是一种"采集",即把许多词"集"在一起。总之,legein 就是"放置",即"采集",也可以说是"聚合"(sammeln),其意义就是"让事物在一起出现",或者,"让在一起的在场者集合到自身中而出现"(in sich gesammeltes vorliegen-lassen)。据此,海德格尔说:"Logos 就是从源初的放置而来的源初的采集(Lese)的源始性聚集(Versammlung)。Logos 即采集着的放置(die lesende Lege),如此而已。"③

----

① 海德格尔:《演讲与论文集》,德文版,弗林根,1978 年,第 199 页。斯纳尔的德译文把 Logos 译作德语的 der Sinn(意义、思想、感官等),殊为不妥。
② 基尔克(G. S. Kirk)也强调了要从词根 leg("选出来")来理解拉克利特的 Logos。参看叶秀山:《前苏格拉底哲学研究》,三联书店,1982 年,第 105 页。这也可以旁证海德格尔的解释。
③ 海德格尔:《演讲与论文集》,德文版,弗林根,1978 年,第 208 页。

这个作为"聚集"或"采集着的放置"的 Logos,其实就是"存在"(Hon, Physis)。海德格尔引赫拉克利特残篇第一来予以说明。残篇第一说:

> 这个 Logos 虽然始终如一,但无论是在听到它之前还是之后,人们总是对它理解不了。其实一切都是根据 Logos 才成为存在者的。但是他们虽然也尝试述说我所说的那些话和所做的那些事情,却就像那些毫无经验、没有胆气的人一样;而我是按 Physis 即存在来分析每一事物并说明其情况的……①

海德格尔认为,在上面这个残篇中,赫拉克利特关于 Logos 道出了以下意思:Logos 具有持驻性;它是聚集者,把存在聚合在一起;一切存在者是根据 Logos 而进入存在的。Logos 就是这样一个运作者。所以 Logos 即"持驻地在自身中运作的采集着的聚集"。而且这个残篇明显地表示出 Logos 与 Physis 即存在是同一的。Logos 在一个新的也是古老的方面标示出存在:存在者从自身而来被聚集于自身中并保持在此聚集中。

Logos 即存在,它让一切在场者入乎其在场,把一切在场者聚集为"一"(Hen)。所以 Logos 就是"源始的具有统一作用的一"。赫拉克利特的残篇第五十明白地道出了这一点。残篇第五十结尾处说 Hen Panta,一般译作"一切是一"或"一是一切"(Eines ist Alles)。海德格尔却认为,这种译法也是不确切的,正确的翻译应是:"一统一着一切"或者"一使一切合一"(Eines einend Alles)。Hen 是具有统

---

① 中译文依据海德格尔做的德译文。参看《形而上学导论》,德文版,图宾根,1987年,第97页。

一作用的"一",它通过聚集而起统一作用。所以,Hen 也就是 Logos,即"采集着的放置"或"聚集"。海德格尔说:"Hen Panta 道说 Logos 之所是。Logos 道说 Hen Panta 是如何成其本质的。两者是同一回事情。"①

这里,我们认为,海德格尔关于 Logos 和 Hen Panta 的解释是颇有说服力的。其实,也不妨把 Hen Panta 译作"一是一切",只要我们把这个"是"(ist)解作动词性的"存在";其意就是:这个"一"(Hen)让一切"是"出来,这个"是"也即"聚集"(Logos)了。

这就摆明了:Logos 即存在本身,即"一"(Hen)。进一步,Logos 也即 Aletheia。因为 Logos 把在场者集合到在场之中,而在场(Anwesen)意谓"保持在无蔽状态中"。可见,Logos 就是集在场者入于无蔽状态而彰现出来。所以 Logos 与 Aletheia 也是同一的。Logos 是从另一个角度标示出存在本身的"显－隐"一体的运作。

有了上述种种考虑,海德格尔就对赫拉克利特残篇第五十作了奇特的翻译:

不要听从我,而是听从采集着的放置,让同一东西摆放出来:天命成其本质(采集着的放置):一统一着一切。②

这个译文仍让人失措。与我们前面所引斯纳尔的以及其他通行的译文相比较,海德格尔的译文实在是太玄乎其玄了。这真是道不同不能相谋。海德格尔自有他的道理。他的道理,上面应该已经说了一个大概。

---

① 海德格尔:《演讲与论文集》,德文版,弗林根,1978 年,第 213 页。
② 海德格尔:《演讲与论文集》,德文版,弗林根,1978 年,第 218 页。

三、巴门尼德的 Moira

海德格尔对巴门尼德的阐释也是独创的。这首先表现在海德格尔所见的巴门尼德的"位置"。海德格尔认为，巴门尼德是早期希腊的思想家，而不是哲学家。思想和哲学在海德格尔那里是两回事情。而在一般研究者看来，巴门尼德是历史上第一位名副其实的哲学家，因为他首先提出了抽象的"存在"概念。黑格尔在巴门尼德所属的爱里亚学派那里看到了"辩证法的起始"，即"思想在概念里的纯粹运动的起始"。① 巴门尼德提出了"存在"范畴，因此也有人认为他是"存在学"（"本体论"）的开创者。总之，依流行之见，巴门尼德就是抽象思辨的开始，就是纯粹的哲学的开端了。

海德格尔却把巴门尼德放在早期思想家的行列。这就意味着，巴门尼德的"存在"还不是一个抽象的哲学范畴，他的"思想"也还不是概念思维意义上的主体思想。关于巴门尼德的"存在"，海德格尔提供的一个证据是，巴门尼德等早期思者所使用的是 eon 和 eonta，而不是在柏拉图和亚里士多德那里用的 on 和 onta。前者是非概念性词语，后者则是哲学时代的概念词语了，是经过对前者的某种"锤炼"而形成的。②

至于巴门尼德的"思想"（noein），海德格尔是通过对有关残篇的解释来说明它并非概念思维的。在《形而上学导论》中，海德格尔对通常译作"思想与存在是同一的"（残篇第三）这个名句作了解释。

---

① 黑格尔：《哲学史讲演录》第 1 卷，中译本，贺麟、王太庆译，商务印书馆，1983 年，第 253 页。

② 海德格尔：《林中路》，德文版，美茵法兰克福，1980 年，第 340 页。关于从 eon 到 on 的演变事实，我们前面已提出了证据。但何以 eon 就是非概念性词语，而 on 就是概念性词语？据笔者了解，海德格尔似乎没有为我们提供特别令人信服的解答。

在那里，海德格尔认为巴门尼德的 noein 应译作 vernehmen，而不应译作"思想"。Vernehmen 的日常含义是：听闻、获悉、审问、讯问等。在海德格尔这里其意义又是很特别的。我们勉强译之为"觉悟"。作为"觉悟"的 noein 不是主体性行为，而是一种把人吸纳入其中的源始的存在境界。所以，巴门尼德的这个残篇应该是：觉悟与存在是同一的。这些意思，我们上文已有了较详细的讨论。

在后来作的一个演讲稿中，海德格尔又把 noein 译作"照管"（In-die-Acht-nehmen），并因此把巴门尼德的残篇第三译作："照管与在场是同一的"。① 这就把 noein 的非主体性更加明朗化了。作为"照管"的 noein 归属于存在（在场），根本就不是那种对象性的概念思维。人是存在的"保管员"。他小心看护，细细照拂。

这个演讲稿题名为《命运》，解释巴门尼德残篇第八的第三十四至四十一行。我们据海德格尔所引的克兰茨（W. Kranz）德译本翻译如下：

思想和被思想的存在是同一的；因为你找不到一个思想是没有它们所表达的存在者的。存在者之外，绝没有也绝不会有任何别的东西，因为命运（Moira）已经用锁链把它捆在那不可分割的、不动的整体上。因此，凡人们在语言中加以固定的东西，如产生和消灭、存在与不存在、位置变化与色彩变化，只不过是空洞的名称而已。②

可以想见，海德格尔是不会同意这种翻译的。特别是第一句话，

---

① 海德格尔：《演讲与论文集》，德文版，弗林根，1978 年，第 238 页。
② 引自海德格尔：《演讲与论文集》，德文版，弗林根，1978 年，第 223 页。

海德格尔认为应该译作："照管与照料着的觉悟所趋近的东西是同一的。"① 我们已经能理解这种译法了。这里,我们主要来看看海德格尔重点关心的 Moira。

Moira 是希腊神话中的命运女神。因为去古未远,早期希腊思想往往带些神话因素,在那些思想家留下来的文字中,我们往往能见到希腊诸神的名字,这本身是不足为怪的。在巴门尼德的残篇中,就出现了太阳女神、正义女神、命运女神等。而且我们看到,在巴门尼德那里特别重要的是正义女神狄凯(Dike);他的"真理之路"和"意见之路",都是由这位正义女神向他传授的。至于命运女神(Moira),据我们所见,仅在残篇第八中出现了一次。那么,海德格尔为何特别关心这个 Moira 呢?我们不得而知。这也许跟海德格尔本人的存在之思有关。海德格尔总是把"存在历史"说成是一种"命运"(Geschick),常有"存在之命运"的说法。

在海德格尔看来,Moira 是巴门尼德的存在之思的根本词语,正如 Chreon 之于阿那克西曼德,Logos 之于赫拉克利特。不但如此,海德格尔甚至认为 Moira 是早期希腊思想的基本词语,是希腊人的存在之思的最根本的词语之一。当然,Moira 是在巴门尼德那里首先得到思的。海德格尔指出,正如 Logos 命名 Hen("一"),巴门尼德也思这个相同的 Hen,他明确地在残篇第八中"把这个统一者的统一性思为 Moira"。总之,Moira(命运)就是存在本身,它与 Physis(涌现)、Logos(逻各斯)、Eris(斗争)、Aletheia(无蔽)和 Hen(一)等一样,都是命名存在本身的基本词语。

由此看来,海德格尔根本就没有把巴门尼德的 Moira 看做诸神中的一"神"。他指出:"Moira 涵盖了诸神和人类。"② 海德格尔理解

---

① 海德格尔:《演讲与论文集》,德文版,弗林根,1978 年,第 228 页。
② 海德格尔:《林中路》,德文版,美茵法兰克福,1980 年,第 364 页。

这个 Moira(命运)就是存在本身。

在《命运》(Moira)一文中,海德格尔是从他的"存在学差异"思想出发来解释这个 Moira 的。但是在这里,海德格尔不再说"差异"(Differenz),而是说存在与存在者的"二重性"(Zwiefalt)。何谓"二重性"呢?海德格尔认为其含义至少可以用"存在者的存在"(Sein des Seienden)和"存在者在存在中"(Seiendes in Sein)这两个短语来挑明。① 我们理解海德格尔的意思是讲,"二重性"是存在本身的"显-隐"运作。存在总是存在者的存在,这就是说,存在总是"显"为存在者,即由隐入显;同时,存在总是在存在中,在存在中聚合为一,这也可以说是由隐入显了。在海德格尔看来,早期希腊思想借 Physis、Logos 和 Hen 等基本词语思了这个"二重性";而在后来的哲学的"表象"中,一切都是存在者了,"二重性"被"废除"(wegfallen)了。

海德格尔干脆列出了这样一个等式:存在,即在场者之在场,即"二重性"。

巴门尼德的残篇第八思的就是"二重性"意义上的 eon,即存在(在场)。eon 这个词译成德文是 seiend(存在着)。我们局外人一看,也许从字形上就可以见出它的"二重性"特征:seiend 介于 das Sein 与 das Seiende 之间。

那么这个残篇中的 Moira 呢?海德格尔说 Moira 乃是一种"分派"(Zuteilung),它有所允诺地分配并因此把"二重性"展开来。这就是命运的"派遣"。"Moira 乃是 eon 意义上的'存在'的命运。"② Moira 是存在之命运(Geschick),也即"二重性"的命运。海德格尔进

---

① 海德格尔:《演讲与论文集》,德文版,弗林根,1978 年,第 232 页。
② 海德格尔:《演讲与论文集》,德文版,弗林根,1978 年,第 244 页。在此上下文中,海德格尔充分玩弄了他所惯用的用词技法,即利用"命运"(Geschick、Schicksal)和"派遣"、"发送"(beschicken、Schickung)等词语之间的词面联系,来表明这里所思的 Moira(命运)的运作。

一步把 Moira 与 Aletheia 联系起来。所谓"命运"的"分派",其实就是对"二重性"的解蔽。照海德格尔的理解,巴门尼德说"命运"已经把存在者捆在那不可分割的、不动的整体上,意思就是"命运"把"二重性"展开出来了。"在二重性的展开中,在场者随着在场的显(scheinen)而达乎显现了。"可见 Moira(命运)就是"二重性"之解蔽的命运。存在(eon)之命运,"二重性"之命运和 Aletheia,根本上说的是一回事。

总之,海德格尔所思的巴门尼德的 Moira(根本上是希腊人的 Moira)就是存在本身的命运。海德格尔着眼于"二重性"对"命运"(Moira)的解释,实际上与我们前述的海德格尔对阿那克西曼德的解释是一致的;在后一情形中,海德格尔是用"裂隙"和"嵌合"等词语来揭示存在本身的"二重性"的。海德格尔的希腊思想解释,始终贯穿着他自己的存在之思,特别是他的"存在学差异"或"二重性"思想。我们后面还将看到,在海德格尔的真理之思和语言之思中,同样也贯穿着这种"二重性"思想。

第五节　语言的源始

我们看到,海德格尔的"存在历史"解析和对早期希腊思想残篇的阐释,实际上是通过一种词源分析来实现的。他所着力探讨的"基本词语"有 Physis、Logos、Aletheia、Moira 和 Hen,等等。在海德格尔看来,这些词语都是早期思想用以表达其存在经验的词语。正是在这些希腊词语中,蕴含着"存在"的源始意义。

海德格尔曾强调指出:"存在问题绝不是语法学和词源学的事情。"[①]看来,我们不能简单地把海德格尔的词源分析视为一种语言

---

① 海德格尔:《形而上学导论》,德文版,图宾根,1987年,第66页。

科学的研究,也不能单纯地以科学性的要求来衡量它。在许多地方,海德格尔的着眼于存在之思的词源分析,是语言科学的词源学研究所不能接受的;他的一些结论,也为一般哲学史家所难容。这里,海德格尔会辩驳说:思想的事情,大相径庭于学究的事体。

然而我们仍不妨说,一种总是与词源分析相联系的"语言分析",构成了后期海德格尔思想的一个方法特征。如果说广义的语言分析是当代的"第一哲学",那么,海德格尔的"语言分析"应在其中占有突出的地位。在海德格尔的"语言分析"与英美语言分析哲学之间,似还有许多比较工作可做,特别是在海德格尔与维特根斯坦这两大家之间,是很有些共同问题可以探讨的。这首先表现在两者对传统哲学(形而上学)语言的"拒斥"态度上;进一步,两人的后期思想还有着一个共同的目标,即恢复语言的意义。两者达到这个目标的途径有所不同:海德格尔主要是通过词源分析,并由此形成一种诗意语言的文风;后期维特根斯坦则是通过日常语言分析,并坚持在日常语言的世界里。

鉴于海德格尔和维特根斯坦这两位当代思想大家在各自的传统和阵营(欧陆人文语言哲学和英美语言分析哲学)中所产生的巨大的影响,对两者的联系作深入的比较研究,自然就成了当代哲学的一个重大的课题。① 只可惜,尽管这两位本世纪最伟大的思想家都以

---

① 国内外都已经有人做这方面的努力了。如德国当代哲学家阿佩尔立足于他的"语言交往共同体"观念,对海德格尔和维特根斯坦作了深入的比较研究,认为海德格尔的语言论和维特根斯坦的"语言游戏说"之间有着一种互补关系。参看阿佩尔:《哲学的改造》第1卷第2部分,"解释学与意义批判"。理查·罗蒂则从美国实用主义传统出发,把维特根斯坦、海德格尔和杜威三者并举,认为这三位本世纪最重要的哲学家是殊途同归的。参看罗蒂:《哲学与自然之境》导论部分(三联书店,1987年)和《后哲学文化》(上海译文出版社,1992年)等。国内也有学者注意到这个问题,如张志扬在《门·一个不得其门而入者的记录》(上海人民出版社,1992年)中的论述,特别是其中的"语义生成:维特根斯坦与海德格尔"一文。

德语为母语,两者的后期的思想旨趣以及生活性情等,也多有投合之处,但相互之间却没有什么实际的接触和沟通。①

就海德格尔的词源分析而言,我们所关心的问题是:海德格尔是从何种语言理解出发来做他的词源分析的? 分而论之,这里有两个问题:

其一,海德格尔对于包括希腊语在内的欧洲民族语言的一般看法;

其二,海德格尔着眼于存在之思的语言理解,即他关于语言与存在的关系的理解。

回到希腊这个"开端"来思想,这是顺理成章的事情。希腊是西方文明的源头,是西方文化传统的"本"。这个"本"不能忘,也忘不了。西方哲学源出于希腊。而哲学又是文化之"本"。因此在海德格尔看来,后世的西方文化,包括现代科技文明诸现象,都在希腊哲学中有其根源。海德格尔说:

> 哲学一词说的是希腊语。这个希腊词语作为希腊词语乃是一条道路。一方面,这条道路在我们前面,因为很久以来这个词语就先行对我们说话了,另一方面,这条道路已经在我们后面,因为我们总是已经听和说了这个词语。据此看来,希腊词语Philosophia(哲学)就是一条我们行进于其上的道路。②

---

① 我们只看到维特根斯坦写于1929年下半年的一则笔记,很短,其中讲到,"我很可设想海德格尔所谓的存在和死亡,人有碰触语言之界限的冲动"。参看维特根斯坦:"论海德格尔的存在和死亡",载墨莱编《海德格尔与当代哲学》,纽黑汶,1978年,第80页。海德格尔的《形而上学是什么?》即发表于1929年;而卡尔纳普在1931年发表"通过语言的逻辑分析清除形而上学"一文,把海德格尔的"有-无"问题斥为无意义的形而上学问题的典范。同为逻辑实证主义者,维特根斯坦的境界显然要比卡尔纳普高得多。

② 海德格尔:《什么是哲学?》,德-英对照本,纽黑汶,1958年,第28页。

哲学是希腊的。西方人总是走在由希腊哲学开启出来的道路上。希腊是西方人的历史性此在由之而来的源头。

哲学即遗忘存在的形而上学。希腊哲学不是凭空而来的。在伟大的希腊哲学之先,还有一个伟大的开端,就是希腊思想的开端——后者的伟大是别一种伟大了。在此伟大的思想的开端中,一切都是生动的、圆满的、丰沛的,有着天真的惊讶、和谐的创造、敞开的保护。而这个伟大的开端却在希腊哲学中"隐失"了。这才有了所谓文明的进程,也才有了炮弹和卫星,也才有了上帝的生和死。凡此种种。海德格尔概括为"存在之命运"。看来,希腊对于欧洲民族的重要性就在于,欧洲人的历史性命运在希腊就已经被裁定了。

由希腊思想和哲学的伟大而及希腊语言的伟大。无论是思想还是哲学,最初都借希腊语言道出自身。海德格尔屡屡强调了希腊语言的力量。他对于希腊语,有一种近乎膜拜的热爱。在《形而上学导论》中,海德格尔说,希腊语是最强大的,同时也是最富于精神的(geistigste)语言;而除希腊语之外,就要数他的母语即德语了。[①] 既然希腊语和德语是最富于精神,是最适合于思想的,那么,海德格尔用德语来"更希腊地思希腊思想",用德语来阐释希腊词语,当然是最般配、最契合的了。

值得我们注意的是,声称德语是最思辨、最哲学的伟大语言,这几乎是近代以来德国的哲人们的一个"共识"。而且看来也不限于德国的哲学家有此想法了。近代以来日耳曼民族在哲学和文化上的突出的成就已经足供德国的哲学家们生此"自负"了。只有德语最具哲理、最适合于做哲学,而别的欧洲语言似乎都是不适合于做哲学的。

---

① 海德格尔:《形而上学导论》,德文版,图宾根,1987年,第43页。

诗人海涅在《论德国宗教和哲学的历史》中讲到早期的德语思想家时说:"除开我们可爱的德语外,大自然可能无法用任何其他语言把它那最为神秘的事业显示出来。只有在粗壮的槲树上才能生出那神圣的槲寄生。"海涅并且显然是看不起拉丁文的,认为用德语研究形而上学远比拉丁文适宜。他说,1000多年来,基督教企图使拉丁文这种"唯物主义的语言""唯灵主义化",但终于没有成功;而当14世纪的神秘主义者约翰内斯·陶勒想表达最神圣的思想时,"他便不得不讲德国话","他的语言好像从坚硬的石缝中迸流出来的山泉,不可思议地孕育着不为人知的野草的气味和神秘的顽石的力量"。① 海涅的这种态度是十分有代表性的。

海德格尔的看法与海涅同趣。海德格尔直到晚年还谈到,德语与希腊语及其思想家有着特殊的"亲属关系",并且说这一点已经由法国人向他证实了:"当他们(指法国人)开始思想时,他们说德国话;他们总说,他们若用他们的语文就搞不下去。"②我们不知道这种情形是真是假。说德语与希腊语有特别的"亲属关系",这实际上就是说日耳曼人最亲近"本源",是"嫡系",而其他民族都是"旁系"。这听来多少含有一种民族主义的自大狂了——我们在此且不提海德格尔那笔纠缠不清的与纳粹主义的政治瓜葛的旧账了。

海德格尔对拉丁语很有反感。在他看来,在思想隐失和形而上学兴起的过程中,拉丁语对希腊语的翻译简直是致命的,后果是十分严重的。海德格尔多次强调了这一点。尽管哲学在希腊时代就出现了,但无论是柏拉图还是亚里士多德,他们的哲学总还未失与早期思

---

① 海涅:《论德国宗教和哲学的历史》,中译本,海安译,商务印书馆,1974年,第77页。

② 海德格尔:"只还有一个上帝能救渡我们",熊伟译,载《外国哲学资料》,第7辑,第185页。

想的联系,即使在希腊哲学时代中出现的 Physis、Logos、Aletheia、Idea 等词语,都也还回响着存在的源始意义。希腊哲学已经开始了一种对词语的"狭隘化",但是"古风"未失。而罗马人一来,情形就完全两样了。罗马人是无所建树的,而且简直是破坏性的。应该指出的是,这一点并不是海德格尔的独家看法,许多史家和思想家曾表达过对罗马人和拉丁语言文化的不屑。①

不过海德格尔着眼的是"翻译"。在海德格尔看来,拉丁语的翻译,实在是对源始的语言和词语的"疏离",是语言"异化"的真正开始。海德格尔说:"从希腊语到拉丁语的翻译过程并不是随意的和无害的,而是那种对希腊哲学之源始本质的割裂和疏离过程的最初阶段。"②有了这个最初的阶段,也就有了基督教的中世纪,也就有了近代。其中的原因,海德格尔在别处也讲了:"罗马思想接受了希腊的词语(Wörter),却没有继承相应的同样源始的这些词语所表达的经验,即没有继承希腊人的话(das Wort)。西方思想的无根基状态即始于这种翻译。"③

总而言之,拉丁语是罪魁祸首,后世的哲学紧跟拉丁语。当然愈加疏离于希腊的开端了。拉丁语(恐怕还包括拉丁语系的语种)是不能思想的,而且是危害思想的。

希腊语言所享有的殊荣,依海德格尔之见,并非由怀古念旧的情

---

① 如费希特就认为,德语有异常的可塑性,能表现最深刻的思想,是德意志民族有创造力的充分证据。而条顿族语言与德语相比较,就是一种无生气的、机械的语言了。参看费希特:《对德意志民族的演讲》,梁治学译,辽宁教育出版社,2003 年。
② 海德格尔:《形而上学导论》,德文版,图宾根,1987 年,第 11 页。
③ 海德格尔:《林中路》,第 7 页。一般理解"翻译"(übersetzen),强调的是"翻"(über),从而把"翻译"了解为单纯的字面转换;而海德格尔似乎突出"翻译"中的"译","译"是一种"渡"(setzen),真正的"翻译"就是一种"转渡"(über-setzen)。显然,在海德格尔看来,拉丁语对于希腊语的"翻译"只是"翻",而没有"译"、没有"转渡"。

绪渲染出来的;相反,它在"存在历史"上有其根据。且听下面这段话:

> ……希腊语并不是像我们所了解的欧洲语言那样的一种单纯的语言。希腊语,而且只有希腊语才是 Logos。……在希腊语言中,被道说的东西同时就是它所命名的东西。如果我们希腊地来听一个希腊词语,那么我们就跟随这个词的 legein(说、集合),即它的直接呈示。它所呈示的东西就在我们面前。通过希腊式地听到的词语,我们直接就在呈现的事情本身那里,而不首先在一个单纯的词语含义那里。①

这是在"语言-存在"思想的水平上来看待希腊语了。希腊语是 Logos,而且只有希腊语是 Logos。Logos 不仅仅是希腊人所说出来的话语,而是希腊人所经验的存在本身的运作——"聚集"。因此,海德格尔所见的希腊语就是存在本身的展开和运作。在希腊人的源始经验中,语言与存在是一回事。语言之本质向希腊人开启自身为 Logos,这就是存在本身的开启。我们今天的语言观已经与希腊的语言经验相去甚远。海德格尔说,我们现在既不可能回到这种语言的本质上去,也不能简单地予以接受,而是必须"与希腊的作为 Logos 的语言经验一道进入一种对话"。② 显然,海德格尔会认为,他的早期希腊之思、他的词源分析,就是这样一种"对话",而不是什么考证或诠注。

由此可见,海德格尔的"探源"工作是以他的"语言-存在"思想

---

① 海德格尔:《什么是哲学?》,德-英对照本,纽黑汶,1958 年,第 44 页。
② 海德格尔:《什么是哲学?》,德-英对照本,纽黑汶,1958 年,第 92 页。

为指导的。或者也可以说,在海德格尔对早期希腊的沉思中,并且与这种沉思相联系,他后期的"语言-存在"思想已经形成了。关于这一点,我们还要有进一步的认识。

我们看到,在《形而上学导论》中,"语言与存在"这个主题无疑已得到了充分的实现。海德格尔说过,他对希腊基本词语的阐释,旨在重获语言和词语的未受损害的命名力量。"因为词语和语言绝不是包裹着仅仅用来谈论和书写交流的事物的皮壳。在词语中,在语言中,才有事物的生成和存在。"①海德格尔1950年代引诗人格奥尔格的诗句来表达这里所说的意思:词语破碎处,无物存在。

在对"存在"一词所作的语法学考察中,海德格尔指出,"本质(Wesen)和存在是在语言中说话的";并且说,他的语法学考察并不是一种对语法的改善,根本上乃是"在其与语言之本质的合乎本质的交织关系方面来揭示存在之本质"。② 这也即说:"存在之本质"与"语言之本质"相合,本就是一回事。后来,海德格尔在《在通向语言的途中》中更有直接的发挥:语言的本质即本质的语言。

海德格尔还认为,他对 Physis、Aletheia 和 Logos 等希腊词语所作的词源阐释,是一种对"存在"的"追思"(Andenken),同时也是对语言的"本质"的"追思"。如果说 Physis,Aletheia 和 Logos 等早期思想的基本词语说的是存在,那么在海德格尔看来,它们也就是说语言的。语言作为 Logos,就是"聚集"。语言作为 Physis,是一种统摄人的"巨大的力量"(überwaltigende Gewalt),人能"保管"、"看护"语言,而不能支配语言。语言作为"无蔽"(Aletheia),就是存在借以开启出来的"真理之发生"(Wahrheitsgeschehen)。这些想法,虽大多语

---

① 海德格尔:《形而上学导论》,德文版,图宾根,1987年,第11页。
② 海德格尔:《形而上学导论》,德文版,图宾根,1987年,第41页。

焉不详,尚未充分展开讨论,但我们看到,后期海德格尔语言思想的轮廓已经在《形而上学导论》中构成了。

语言之本质的问题,往往就是语言之起源(Ursprung)的问题。这里,在《形而上学导论》中,海德格尔提出了语言是"原诗"(Urdichtung)的思想。

海德格尔认为,语言的起源问题至今还是一个悬疑,还是一个秘密。这并不是偶然的,而是由语言的源始的本质所决定了的。我们现在往往把语言当作人的工具,从发生学角度来追寻它的起源。这在海德格尔看来显然是摸错了路子。这样的语言观念首先已经错了。海德格尔是从他的存在之思出发来思考语言及其起源的。在他看来,语言的开端出于"巨大者",即作为 Physis 的存在。只有当人入于存在的"突现"中,才有语言的开端。人入于存在之"突现",才有作为"存在之词语生成"(Wortwerden des Seins)的语言。而作为"存在之词语生成",语言就是诗。

"存在之词语生成",这个表述对于海德格尔后期"语言－存在"之思具有特别重要的意义,可以标示海德格尔后期思想的主题。所谓"存在之词语生成",也就是源始意义上的"言(道)成肉身",是语言的源始开端。而源始的"言(道)成肉身"乃是最初的诗,是"原诗"。海德格尔说:"语言是原诗,一个民族就在其中诗化(dichten)存在"。使一个民族进入历史的伟大的诗,就是一个民族的语言的形成。在希腊,是荷马等早期诗人们经验并且创作了这种伟大的"原诗"。此即希腊人的"言成肉身",是希腊语言的源起。"语言对希腊人的此在就是敞开的,是入于存在的显突(Aufbruch in das Sein),是对存在者的有所开启的赋形。"①

---

① 海德格尔:《形而上学导论》,德文版,图宾根,1987年,第131页。

海德格尔这里所表达的"语言是原诗"的观点,十分接近于18世纪意大利的思想家维柯(Vico)的"诗性智慧"说。维柯也认为源始的语言就是诗,并且说荷马是希腊语言的创始人。[①] 我们没有看到什么材料可以证明海德格尔对维柯有过什么关注,但两者的思想有明显的拍合相承之处。扩大而言,在维柯之后的欧洲人文思想传统中,主张语言的诗性起源的哲学家不在少数。远如哈曼、赫尔德尔,近如洪堡、卡西尔等,均持此说。而海德格尔的观点,算得上是其中最激进和最深刻的一种了。

综合上述,我们认为,海德格尔在1930年代所作的对早期希腊思想的探究(主要集中在《形而上学导论》一书中),乃是他的后期思想的一个里程碑。通过这一阵子"探源",海德格尔形成了清晰的"存在历史"观,也初步形成了他的"语言-存在"思想。所谓"探源",就是探存在之源,也就是探语言之源。后期海德格尔思想的各个方面,在这一番"探源"中都已有了根苗。

"探源"探出了存在之思的路向。我们看到,此后的海德格尔的运思努力,基本上就是在 Aletheia 和 Logos 这两个课题下展开的——在前一个课题中,海德格尔主要思真理、艺术、诗和技术等;在后一课题中,海德格尔主要思世界、物和词语(语言)等。而不待说,这两个题目是一体两面的。

---

① 参看维柯:《新科学》,中译本,朱光潜译,人民文学出版社,1987年。维柯的思想直到20世纪才得以生发光华,尤其为现代欧洲大陆的人文语言思想家们所看重。卡西尔和克罗齐均视维柯为西方人文哲学之先驱。当代之阿佩尔则有专门著作《从但丁到维柯的人文主义传统中的语言观念》(波恩,1980年),讨论人文语言哲学之传统,而维柯被看做集传统之大成者和开风气之先的思想家。

第三章 解蔽(Aletheia):艺术·诗

　　学术界有一种意见把1930–1940年代称为海德格尔思想的"真理时期",认为海德格尔这一时期的主要课题是真理问题。瓦尔特·比梅尔(W. Biemel)甚至认为海德格尔的毕生思想的核心就在"存在与真理"这两个词语上。① 其实,我们以为,给海德格尔的某个阶段的思想以至整个思想冠以某个名目,这并不重要,这样做还容易掩盖思想的全幅。要说有所谓"中心词语",在海德格尔那里可以列出的至少有以下这些:"存在"(Sein)和"语言"(Sprache)、"真理"(Aletheia)和"逻各斯"(Logos)、"大道"(Ereignis)和"道说"(Sage)等。而且,从根本上看,这些词语都是具有相同"位值"的。

　　真理问题当然是一个重要课题。在海德格尔1930年代展开的各种思想努力中,实际都贯穿了"真理"这个题目。1930年海德格尔即多次做了题为"论真理的本质"的演讲。对早期希腊思想的"探源",也已经探得了这个"真理"(Aletheia)。1936年海德格尔发表了"荷尔德林和诗的本质"一文;演讲"艺术作品的本源"是在1935年做的。而在海德格尔关于艺术和诗的思考中,突出的就是"存在之真理"的问题。1947年,海德格尔发表了"关于人道主义的书信"和"柏拉图的真理学说"两篇文章,重点也思了"存在之真理"。

　　思"存在之真理",这是后期海德格尔的一贯主题。这个主题相

---

① 参看比梅尔:《海德格尔》,德文版,汉堡,1973年,第35页。比梅尔以"存在与真理"为指导线索(所谓"双重主题"),描述了海德格尔从《存在与时间》到《哲学的终结和思想的任务》的毕生思想道路。

对地集中在 1930 – 1940 年代,而且又是通过关于诗和艺术的沉思来展开的。这条"解蔽"之路,实际上乃是海德格尔从早期希腊思想(思想的"第一个开端")而来、寻求"存在历史"的"另一个开端"的运思努力。

第一节 真理的本质

关于真理问题,海德格尔在《存在与时间》等前期著作中也作了讨论。在这个问题上,海德格尔前、后期思想的变化是特别明显的。所以,在论述海德格尔 1930 年代以后的真理思想之前,我们先要简单地摆一摆他前期的真理观。

海德格尔前期的真理思考立足于他的实存论存在学,是一种"实存论真理观"。《存在与时间》专论真理的第 44 节有一段话,表明了前期海德格尔关于真理问题的基本看法:

> **唯当此在存在,才"有"真理**。唯当此在存在,存在者**才**是被揭示被展开的。唯当此在**存在**,牛顿定律、矛盾律才在,无论什么真理才在。此在根本不存在之前,任何真理都不曾存在,此在根本不在之后,任何真理都将不在……①

我们看到,前期海德格尔思想的主观主义倾向在这里得到了强烈的流露。但我们先别忙着贴标签。海德格尔自认为他的"实存论存在学"或"基本存在学"已经超逾了"主 - 客"分离和对立的认识论哲学。此在存在就是"在世界之中存在"。"在世"是一个源始的整

---

① 海德格尔:《存在与时间》,德文版,图宾根,1986 年,第 226 页。

体现象,此在与世界,本就是"一"。因此,照海德格尔的意思,他的真理理解既不是主观的,也不是客观的,而是反对主观的或客观的真理概念的。

我们先从他对传统真理观的批判谈起。海德格尔概括传统的真理观就是"符合论"。传统哲学把人从世界中"提"出来,并且把人简化为"知"的动物,这种"知"的动物"知"他的对象世界。所以,传统哲学就认为真理的本质在于 Intellectus(知)与 res(物)的符合。这一真理的"符合论"在亚里士多德那里就创立了,2000多年来一仍其旧。近代以来,"符合论"的真理观更是广为流行。然而,到底是"知"的判断或陈述形式与"物"相符合呢,还是"知"的活动与"物"相符合?"知"与"物"如何可能"符合"起来?这些问题还是暧昧不清的。

海德格尔指出,解决真理问题的关键在于把认识活动本身解释清楚,即首先要揭示出认识("知")本身的存在方式。认识无非是此在的存在方式之一,是此在揭示存在者的一种方式。凭此在对存在者的揭示,存在者才处于被揭示状态中,才被展示出来。这就是认识论上的真理,即科学的真理。传统所谈的真理就是这一种真理。

但是,认识这种"揭示活动"不是此在的唯一的存在方式,此在还有别的存在方式。源始整一的此在在世,首先是把实存(生存)展开,即把此在本身揭示出来。所以,此在的"展开状态"才是源始的实存的真理;而认识活动只是实存的一部分。可见,认识的真理,科学的真理,是"第二位意义上的",是从属于实存的真理的。

海德格尔说,"有真理"必须被设为前提,因为此在总是已经在世界之中实存。此在实存着,揭示着世内存在者的存在,即有科学的真理;而此在更源始地揭示着此在本身的存在,即此在展开出来,就有源始的实存的真理。只要此在实存着,就有真理。源始的真理就是此在的展开状态,也就是"此在"(Dasein)的那个"此"(Da)。

这样,我们就不难理解海德格尔的下面这番话了:"唯当真理在,才'有'存在——而非才有'存在者'。而唯当此在在,真理才在。"①这就是说,唯当此在站出来实存,才谈得上有真理,也才谈得上存在之领悟。可见在真理问题上,也体现出前期海德格尔的"从此在到存在"的实存论存在学的思路。把实存展开,是"基本存在学"的任务。所谓实存的真理,实即存在学上的真理。

在稍后的演讲"论根据的本质"中,海德格尔提出了"存在者状态上的真理"与"存在学上的真理"的区分。"存在者状态上的真理"就是科学的真理,而"存在学上的真理"实际上就是实存的真理,两者的区分是吻合于"存在学差异"的。而由于"存在学差异的根据可称为此在的超越",②所以两种真理的区分也植根于实存。归根到底,源始的真理就是实存的真理。

概而言之,前期海德格尔所思的真理是此在的"展开状态",存在的"展开"有待于此在的"展开"。前期海德格尔的思路的是是非非,也体现在他的"真理"观上了。

1930 年代初,海德格尔开始实施所谓思想的"转向"。关于真理之本质的多次演讲,不是从此在出发思真理,而是从真理出发重新思考此在以及此在与存在的关系。这一转变对海德格尔思想来说是根本性的。

海德格尔的这篇题为"论真理的本质"(1930 年)的演讲十分重要,其要旨体现在以下两个"命题"中:一、真理的本质是自由;二、真理的本质即是本质的真理。我们要依次来解析这两个命题。

---

① 海德格尔:《存在与时间》,德文版,图宾根,1986 年,第 230 页。
② 海德格尔:《论根据的本质》,德文版,美茵法兰克福,1955 年,第 16 页。

首先还是要批判传统的真理观。这种批判在《存在与时间》中已经有了。不过在"论真理的本质"中,海德格尔的批判所依持的立场以及所导出的结论,却与《存在与时间》有所不同了。

传统真理观是"符合"论。真理就是"物"与"知"的符合一致。"知"借陈述(命题)表达出来。所以,传统哲学还把真理定义为陈述(命题)与事物的符合一致。但这种"符合一致"是如何可能的?对此,哲学似乎从未予以深究。海德格尔认为不可放过这个问题。举一个简单的命题:"这张桌子是红的。"此命题又如何可能与"桌子"这个物"符合一致"起来呢?

无疑,异质的命题与物的"符合",一定是由于两者之间有某种"关系"。海德格尔认为,这是一种"表象关系"(vorstellende Beziehung)。一个命题把某个事物"表象"出来,并且说出了这个事物的主要方面,这个命题就与该事物发生"关系"了。这里的"表象"不是在心理学上讲的。"表象"的意思是"让物对立而为对象",就是那种把物立为对象(Gegenstand)的活动。

但是,"表象"又如何可能把物"立"为对象呢?为了把物"表象"为对象,物首先必须是"显"然可见的,照海德格尔的说法,物必须先已进入"敞开领域"(das Offene)中了。否则不明不白,物如何被"表象"?海德格尔指出,物之被立为对象是在"敞开领域"中发生的,而此"敞开领域"却不是由"表象"创造出来的。① 这就是说,"敞开领域"不是由主体(表象者)制作的,它不是人力所能作成的。这个"敞开领域",也就是"无蔽领域"(das Unverborgene)。

我们知道,海德格尔在《存在与时间》中也谈"无蔽",但那里说

---

① 海德格尔:"论真理的本质",载《路标》,德文版,美茵法兰克福,1978 年,第 182 页。

的"无蔽"等同于此在的"展开状态"。存在、真理(无蔽)依此在实存的展开而得。一切系于实存。倘无此在,亦无"无蔽"或"敞开"。而在"论真理的本质"中,海德格尔的态度就变了样,可以说倒转过来了:有一个"敞开领域"不是人力所为,相反,人的所作所为也要受制于这个"敞开领域"。

人不但不逮于制作这个"敞开领域",而且人本身也必得置自身于这个"敞开领域"中,才谈得上去"表象",把同样也在"敞开领域"中的事物立为对象。唯当人与物都已经在"敞开领域"中了,才有表象者与被表象者的"关系"。在"敞开领域"中敞开出来的东西,希腊人称为"在场者"(Anwesende),后世一直叫做"存在者"。

人进入"敞开领域"中是一种对存在者保持开放的"行为"(Verhalten)。在"敞开领域"中存在者是自行显示的,而不是借助于人力才"显"出来的。所以人的"行为"首先是向"显"出来的存在者保持开放,才遭遇到存在者,才把存在者"表象"出来而立为对象,并对之有所陈述。可见,陈述和命题的"正确性"或"符合一致"("表象关系")的根据在于人的向存在者保持开放的"行为"中。这种开放"行为",其实是一种"自由"态度,是向着存在者的"自由存在"(Freisein)。因此,海德格尔得出结论说:"作为正确性之内在可能性的行为的开放植根于自由。**真理的本质是自由。**"[①]

这里的结论还是初步的。海德格尔还有更深的意图。

首先,所谓"自由"意味着什么呢?我们在此不可作通俗的理解。人向存在者的一种开放"行为"即"自由存在"。"自由"是对敞开领域的可敞开者来说的自由,而这种"自由"就是"让存在者成其为所是的存在者"。所以自由就是"让存在者存在"(das Seinlassen

---

① 海德格尔:《路标》,德文版,美茵法兰克福,1978年,第183页。

von Seienden)。不过,"让存在"(Seinlassen)也不是无所作为,听之任之;这种"让"倒是一种"参与"(Sicheinlassen auf),就是"参与"到存在者那里。而因为存在者在敞开领域中,所以"让存在"就意味着"参与"到敞开领域及其敞开状态那里。

"自由"就是人向存在者"开放",就是"让存在"。但并不是人想自由就自由了,也不是人使存在者存在。人具有"自由"态度并不是人所决定的。人是置身于"敞开领域"或"无蔽状态"中,是受制于"敞开"或"无蔽"的。所以,根本上说来,"自由"就不是人的"自由",而是一种把人的行为置入"敞开领域"中的"自由",这种根本意义上的"自由"自身就是"绽出的"(ek-sistent),是自身出离的。这样的"自由"是由作为无蔽的真理开启出来的。"让存在"其实就是存在之真理(无蔽)的运作和发生,而人不过是参与其中罢了。

所以,海德格尔说,"人并不把自由'占有'为特征,情形恰恰相反:自由,即绽出的、揭示着的此之在(Da-sein)才占有了人"。[1] 这里的"绽出的、揭示着的此之在"并不是前期所谓"此在"(Dasein)的"展开状态"了,而是人因之而得以实存的本质根据,是"敞开领域之敞开状态"(Offenheit des Offenen),也即存在之真理的无蔽彰现。"此之在"的"此"(Da),在后来的"关于人道主义的书信"中,就干脆被叫做"存在之澄明"(Lichtung des Seins)了。[2]

由此看来,海德格尔所说的"自由",一方面是指人向存在的"开放"态度;另一方面,根本的"自由"不是人的"自由",而是人力所不逮的"敞开状态",是"此之在"。

至于人的实存(此在),海德格尔认为是要从"此之在"(Da-

---

[1] 海德格尔:《路标》,德文版,美茵法兰克福,1978年,第187页。
[2] 海德格尔:"关于人道主义的书信",载《路标》,德文版,美茵法兰克福,1978年,第323页。

sein)方面来得到规定的,也即说,人的本质在于他与敞开领域的关联。"此之在"敞然显明,是存在者整体得到揭露的境界。人的实存就是投入到这种自由境界中去"参与"存在者的揭示。自由境界即绽出的"此之在"赋予人以人的"自由",人才有了选择的可能性,人才可能去追问存在者是什么。而这一追问就是把可能性付诸实现,存在者的无蔽才首次被"经验"到了,存在者整体才首次被揭示出来了。历史就是这样开始的。海德格尔说,对存在者整体的源初解蔽,对存在者本身的追问,与西方历史的开端是一回事情。

人"实存"一番,就是"让存在者存在",也即"参与"存在者之解蔽。"真理乃是一种敞开状态借以成其本质的存在者之解蔽"。[①] 作为"解蔽状态"(Entborgenheit)的真理是"存在者的真理"(Wahrheit des Seienden)。这种真理就是作为自由的真理。就此而言,真理的本质是自由。更明确地说,存在者之解蔽状态的根据在自由之中。

存在者可能被揭示出来,同样也可能被掩盖、伪装起来,即被遮蔽起来。存在者的"遮蔽状态"就是"非真理"(Unwahrheit)。然而"非真理"并不是真理的简单否定。"非真理"同样源始地植根于"自由"之中。何以这么说呢? 在海德格尔看来,自由是"让存在者存在",就可能性而言,是参与存在者整体的解蔽。但自由这种"让存在"在具体个别的"行为"中总是让具体个别的存在者存在,从而把具体个别的存在者解蔽出来,而这同时也就是对存在者整体的遮蔽。所以,海德格尔说,"让存在"本身也是一种遮蔽。在此之在的绽出的自由中发生着对存在者整体的遮蔽,也即发生着"遮蔽状态"(Verborgenheit)。

---

① 海德格尔:"论真理的本质",载《路标》,德文版,美茵法兰克福,1978 年,第 188 页。

解蔽与遮蔽看来还不是平权的对立双方。存在者整体的遮蔽状态,即"非真理",倒是在解蔽之先,比"让存在"本身还要"古老"。解蔽是"显","遮蔽"是"隐"。"隐"在"显"之先。倘若先没有"隐",则根本就谈不上"显"。"隐"是"显"的背景和基础。但"隐"既为"隐"就不是"显",则"隐"如何可能达乎思想和言说呢?以海德格尔看,人参与存在者的解蔽,就是对遮蔽状态有所作为,但遮蔽状态本身对人来说依然是隐而不显的。此遮蔽之遮蔽,海德格尔称之为"神秘"(Geheimnis)。"真理的根本性的非本质就是神秘。"①"神秘"是遮蔽状态本身,是自行隐匿的"隐"。

海德格尔关于"非真理"、"遮蔽状态"和"神秘"的讨论具有深义。可以说,对"真理的本质"的探讨于此才算达到目标了。按海德格尔自己的说法,"非真理"即真理的"非本质"的"非"(Un-),指示着尚未得到经验的"存在之真理"(而不是存在者之真理)的领域。前面所谈的"真理"还只是存在者的真理,即存在者之解蔽状态。"非真理"即"遮蔽状态"("神秘")却引向"存在之真理"。唯"存在"是"神秘"。其神秘在于,存在既"隐"又"显"。这既"隐"又"显"的"显",就是希腊的"无蔽"(Aletheia)意义上的"存在之真理"了。

"非真理"和"神秘"揭示了存在之"隐"的方面。"隐"者易忘。虽则遮蔽状态乃一切解蔽的背景和基础,但平常我们总是固执于解蔽了的东西,"显"出的东西,而遮蔽状态本身,即"神秘",却沦于遗忘了。这也就是形而上学的"忘在"的情形。形而上学执于"显"而忘于"隐",当然不逮于思存在之真理,因为存在之真理是既"显"又"隐"的。"忘在"就是忘了"存在"之"隐"而执于"存在"之"显"。

---

① 海德格尔:《路标》,德文版,美茵法兰克福,1978年,第191页。

作为"神秘"的"非真理"（遮蔽状态）自身就是蔽而不显的，所以"非真理"是一种"迷途"（die Irre）。人作为此在虽然总是"绽出的"（ek-sistent），总是以一种开放态度投入到存在者之真理中，但人同时也总是"固执的"（insistent），总是固守在由自身敞开的存在者提供出来的东西那里。人有这种"固执"，可见是容易遗忘"神秘"的。一旦遗忘"神秘"，即是"误入歧途"（das Irren）。以海德格尔的说法，人离开"神秘"而奔逐于方便可达的东西，从一种流行奔向最切近的流行，错失了"神秘"，此即"误入歧途"。但"误入歧途"并不全然是人的谬误和失误。人之所以"误入歧途"，一方面，固然是因为人本质上是绽出的同时也是固执的；另一方面，人总是已经在"迷途"（Irre）中了。"迷途"不是人造成的。这里所说的"迷途"实际上出于存在之真理，说的也就是存在的"隐"的特性。我们还不可把海德格尔这里所讲的"迷途"看做是对人生性状的描绘。说"迷途"，在此更不是道德上的说教。

海德格尔明确指出："遮蔽者之遮蔽与迷途归属于真理之源初本质。从此在之固执的实存来理解，自由乃是真理之本质（表象之正确性意义上的），这正是因为自由本身乃源出于真理之源初本质，源出于在迷途中的神秘之运作。"[①]这段话其实总结了上面的讨论。在"真理的本质是自由"这个命题中的"真理"乃是表象之"正确性"意义上的真理，是存在者之真理；而真理的源初本质则包含着遮蔽之遮蔽和迷途，是"神秘"的运作，是存在之真理。因此，海德格尔认为，这样一来，真理之本质的问题就得到了更源始的追问。"真理之本质"和"本质之真理"的交织的根源就显露出来了。这就把问题引到了海德格尔的思考的目标那里：思"本质之真理"（Wahrheit des

---

① 海德格尔：《路标》，德文版，美茵法兰克福，1978年，第195页。

Wesens），亦即思"存在之真理"。

海德格尔"论真理的本质"的演讲的结论就体现在以下命题中：**真理的本质即本质的真理**。这个命题的提出，在海德格尔思想发展中实具有"转向"的意义。

在命题"真理的本质是自由"中，真理乃是陈述之正确性意义上的存在者之真理，或者照海德格尔的说法，在这个命题中的"本质"乃是"什么"（Washeit, quidditas），或"实在"（realitas）意义上的"本质"，"真理"则是"知识的特性"意义上的"真理"。而在命题"真理的本质即本质的真理"中，"本质"就是"存在"，"真理"就是存在之真理。思"本质的真理"就是思"存在之真理"。

在后来（1949年）对"论真理的本质"一文所加的注释中，海德格尔更明确地指出，在"本质的真理"问题中"本质"一词作动词解，并且在这个词中，思的就是"作为存在与存在者之间的运作着的差异的存有（Seyn）"；而真理意味着"作为存在之基本特性的有所澄明之庇护（lichtendes Bergen）"。所以，"本质之真理"的问题在"真理的本质即本质的真理"这个命题中找到了答案。可见这个命题并不是单纯地颠倒一下词序，也不是要唤起某种矛盾感，或者表达某种辩证法。海德格尔说它根本不是一个陈述意义上的命题。海德格尔是站在"存在历史"的角度讲这句话的。"对真理之本质问题的回答乃是对存在历史内的一种转向的道说（Sage），因为存在包含着有所澄明之庇护，所以存在源初地显现于有所遮蔽的隐匿（Entzug）的光亮中。这种澄明（Lichtung）的名称就叫 Aletheia（无蔽）。"[1]

这里的句子是离演讲近20年之后加上的。海德格尔这时可以把问题看得更清楚了。存在之真理就是"澄明"，即"无蔽"。存在是

---

[1] 海德格尔：《路标》，德文版，美茵法兰克福，1978年，第199页。

自行隐匿的。作为"有所澄明之庇护"的源始意义上的真理(即 Aletheia)道出了存在的基本特征。这就是"真理的本质是本质的真理"这个命题的意思。

自行隐匿而有所澄明的 Aletheia 意义上的存在不是形而上学的存在,或者说,一切形而上学的存在规定都不能道出存在之真理。Aletheia 逸出了形而上学范围之外。所以,海德格尔这时(1949 年)有意选用了 Seyn(存有)这个德语古词来表达他所思的"存在"。① 这表明 1940 年代后期的海德格尔已充分地自觉到有抛弃形而上学的概念和词语表达的必要性了。

演讲"论真理的本质"按其思路和海德格尔原先的设想,应由第二个演讲"论本质的真理"来加以补充。而这第二个演讲终于没有作成,其原因在后来的"关于人道主义的书信"也已有了说明:"乞灵于形而上学的语言无济于事。"②这就是说,海德格尔在"论真理的本质"的用语还是形而上学的。但对非形而上学的存在之思而言,形而上学的语言已经不够用了。我们看到,就"论真理的本质"这个演讲而言,海德格尔思想的转变确实还不很干脆和彻底。比较明显的情况是,海德格尔在这个演讲中的用语几乎无异于前期的文本,某些地方的论述也还语焉不详,论述的路子也还是从存在者之真理入手而引向存在之真理的。

然而,思想的变化还是很显然的。这主要体现在以下三个方面:首先,海德格尔明确地提出,存在之真理高于存在者之真理,作为自由的真理之本质源出于作为存在之真理的"本质之真理"。思想的目标是存在之真理。其次,海德格尔在对"非真理"即遮蔽状态的讨

---

① 我们不妨把古德语词 Seyn 译为"存有",以区别于"存在"(Sein)。
② 海德格尔:"关于人道主义的书信",载《路标》,德文版,美茵法兰克福,1978 年,第 325 页。

论中,着重揭示了存在之真理的"隐"的方面。从"显"与"隐"的关系中来思存在,这是其思想的一大进化了。再者,更重要地,在人与存在的关系方面,海德格尔明确强调,存在高于此在,"此之在"(Dasein)即存在之"敞开"高于此在(Dasein)。人只是"让存在者存在","参与"存在者之解蔽,自身却需得先在"敞开领域"中,也即先在存在之真理的无蔽彰现中了。只是由于人能够进入"此之在"中,历史性的人类才得以邻近于存在之真理。

在1940年代后期的"关于人道主义的书信"(也包括上文所引的对"论真理的本质"所作的注释)等文中,海德格尔的思想的"转向"就愈加显明可睹了。在这里,海德格尔直截了当、干干脆脆就是谈作为"澄明"本身的存在,谈"存在之真理","思"就是思"存在"。体现在人与存在(存在之真理)的关系上,海德格尔明确地断言:

> 人却是被存在本身"抛"入存在之真理中的,人在如此这般绽出地实存之际守护着存在之真理,以便存在者作为它所是的存在者在存在之光亮中显现出来。至于存在者是否显现以及存在者如何显现,上帝和诸神、历史和自然是否以及如何进入存在之澄明中,是否以及如何在场与不在场,凡此种种,都不是人决定的。存在者之到达乃基于存在之天命。但对人来说,仍然有一个问题:人是否发现应合于这种天命的他的本质的命运性的东西? 因为按照存在之天命,作为绽出地实存者的人必须守护存在之真理。人是存在的看护者(Hirt des Seins)。[①]

---

① 海德格尔:"关于人道主义的书信",载《路标》,德文版,美茵法兰克福,1978年,第327–328页。

这样的意思,应该说在"论真理的本质"的演讲中也已经有了,只是没有如此明朗罢了。譬如,海德格尔在"论真理的本质"中也说,人绽出的实存就是一种向存在者的"开放"态度,是一种自由,即"让存在者存在"。"让存在"就表明"人不是存在者的主人"。"让存在"这种"自由"本身也不是人创造出来的,人只是在"敞开领域"中才参与存在者之解蔽。这也就是说,人只有进入到存在之真理(无蔽)或存在之澄明中,才能与存在者打交道;而此种"交道"也不是征服和掌握存在者,而只是"参与"而已。

"真理的本质是本质的真理。"这一命题以形而上学的概念词语提出,所含的内容却超出了形而上学之范围。"这个命题的主语——如果我们还可以用这个糟糕的语法范畴的话——是本质的真理。"[①]这里的"本质"(Wesen)即存在,而真理指示着存在的基本特征,是"有所澄明之庇护"。"本质之真理"即存在之真理,就是"澄明"。希腊人也称其为 Aletheia(无蔽)。思这样的有所澄明又自行隐匿的"澄明",思这样的"本质之真理"(无蔽),就需得越出形而上学的藩篱,形而上学的语言和概念方式也不中用了。所以,"解蔽"之途上突现出艺术和诗的主题,是绝非偶然的。

思"存在之真理",思"澄明"或 Aletheia(无蔽)。这是 1930 年代以后海德格尔所尝试的非形而上学的"思"。我们看到,这种"思"在《形而上学导论》中已经有所展开了,在那里艺术和诗的课题就已经有所突现。此后围绕艺术和诗等,海德格尔更进一步把这种"解蔽"(Aletheia)之"思"引向深入了。

---

① 海德格尔:"论真理的本质",载《路标》,德文版,美茵法兰克福,1978 年,第 198 页。

第二节 艺术与真理

1935年至1936年间,海德格尔做了几次关于艺术作品之本源的演讲。这些演讲文字("艺术作品的本源")虽然至1950年才正式出版,但当时的演讲就已经激起了人们的狂热兴趣,成为"轰动一时的哲学事件"。[①] 在那里,海德格尔明显接过了他在"论真理的本质"等演讲和讲座中形成的真理观,并予以进一步的具体发挥。

"艺术作品的本源"并没有为我们提供出某种传统意义上的"艺术哲学"或"艺术理论";它的课题,与其说是艺术,倒不如说是"真理"(Aletheia)。

艺术与真理,在传统哲学和美学中,完全是互不相干的两个领域的问题。艺术问题属于美学,而真理问题归于知识学(认识论)。曾几何时,人们在美学中议论真理而在知识学中讨论美和艺术了?康德的三大"批判"把"真、善、美"三大领域分划得清清楚楚。人们对这种分划也早已习以为常了。现在,海德格尔却要破这个传统,他要在艺术中思真理——思存在之真理。

这里,光"前提"的清扫就颇费口舌。[②] 我们首先还得下一番工夫来清理传统的艺术观和美学理论。

---

① 伽达默尔:《美的现实性》,中译本,张志扬等译,三联书店,1991年,第96页;伽达默尔指出,《艺术作品的本源》这个演讲之所以是"轰动一时的哲学事件",不仅是因为它把艺术理解为"整个世界历史的基本事件",而首先是因为它意味着"海德格尔的新的思想的探索"。显然,在伽达默尔看来,《艺术作品的本源》对海德格尔的思想来说具有"转向"意义。

② 我们下面的讨论差不多是对海德格尔文本的一个笨拙的压缩处理。对海德格尔思想文本的读解的大困难(却也是大诱惑)即在于:海德格尔的追问和致思往往起于平常,归于非常,步步紧逼,峰回路转,出人意表,极具牵引力和迷惑力。"艺术作品的本源"一文可谓海德格尔思想文风的一个范例。

美学是专门研究艺术的。但它是如何考察艺术的呢？"美学把艺术作品当作一个对象,而且当作……宽广意义上的感性知觉的对象。"①这就是说,传统美学是以主体－客体对立的知识学思维模式来考察艺术和美的。虽然从表面上看来,它似乎是固守美与真、感性与知性的区分的。

美学把艺术作品当作对象性的物,把艺术创作和欣赏当作对象性活动。因此,它或者是用流行的关于物的概念来理解艺术作品的物性因素,从中找出艺术的本质；或者是从创作和欣赏活动中去认识艺术的本质。这也就是传统美学的两个倾向：客观论和主观论。主观论美学,譬如现代的"体验美学",似乎摆脱了对艺术作品的对象性理解,是从"审美主体"的活动中来把捉艺术的本质的。而实际上,海德格尔认为,"体验美学"也依然贯彻着对象性原则,它不但脱不了与"审美对象"的干系,而且进一步也对主体的活动(体验)作了对象性的处置。所以,"享誉甚高的审美体验也难以摆脱艺术作品的物性"。② 从古及今的传统美学和艺术哲学,在海德格尔看来都植根于形而上学,都是以形而上学的存在理解和"物"概念为准绳的。

探讨艺术的本质,当然要从艺术作品谈起。艺术作品当然也是物。一幅画挂在墙上,犹如一支猎枪挂在墙上。一幅画四处送展,就好比从森林里运出木材。荷尔德林的赞美诗也可以跟牙具一起放在背包里。各种艺术门类的作品都有"物性因素"。但是艺术作品之为作品,显然不止于是一件"物",必定还有"超出"物的"作品因素"在其中。可见为了探明艺术的本质,需得弄清楚艺术作品的"物性因素"和"作品因素"。

---

① 海德格尔："艺术作品的本源",载《林中路》,德文版,美茵法兰克福,1980年,第65页。
② 海德格尔：《林中路》,德文版,美茵法兰克福,1980年,第3页。

要说作品的"物性",先还得澄清一般的物之为物。西方传统留下来种种关于物的解释,海德格尔归纳为以下三种,看来都是不足为凭的。

第一种是实体属性说。它把物之物性规定为"具有诸属性的实体",认为物是属性(特性)的载体。一块石头有重量、硬度、色彩、光泽等等属性;把这些属性集合为一体的是"内核",被称为"实体"(subiectum)。物就是这个"实体"与诸属性的统一体。实体-属性的统一结构表达在陈述句的命题结构中。物的实体对应于命题的主词。物的属性对应于命题的谓词。看来仿佛是人们把命题结构"转嫁"到物的结构上去了。命题结构似乎是物的结构的反映。其实,海德格尔认为,命题结构和物的结构有着一个共同的更为源始的根源,而实体属性说对这个根源是无所关心的。以命题结构来表达物的结构,实际上是人类思维(理性)对物之物性的"强暴",是对物的一种"扰乱"。

第二种是感觉复合说。它把物看做是感觉之多样性的统一。稍事反省,即可见出此说的破绽。按照这种物的概念,似乎我们首先是在物的显现中感知到某种感觉的涌迫,然后对此种感觉加以综合,才得到了物。其实,海德格尔指出,物本身比一切感觉更切近于我们。我们听到天上的飞机、街上的汽车,而绝不是首先听到声音的感觉。海德格尔这里的想法,在《存在与时间》中就已经有了。人总是已经寓于物而存在,首先就与物有一种"存在"关系。我们首先听到汽车,而不是听到声音,再复合这种听的感觉,尔后才一跳跳到汽车那里。感觉复合说似乎想最直接地把捉物,结果却免不了要"抽象"。为了听到一种纯粹的声音,我们必须远离物来听,"抽象地听"。这就表明,感觉复合说与实体属性说殊途同归,都是把物设为对象,由感知或陈述去通达这个对象,总之是免不了要由人去干预和"抽象"

物。在这两个物的概念中,物都消失不见了。

第三种是质料形式说。它认为物是质料和形式的结合,或者说,物是"具有形式的质料"。质料和形式的区分及其变式"绝对是所要艺术理论和美学的概念图式"。而且此概念图式远远超出了美学领域。质料和形式是可以吞没一切的概念机器。人们甚至视理性(逻辑)为形式,把非理性(非逻辑)归于质料。近代哲学(如在康德那里)甚至把主-客体关系处理为形式-质料的关系。总之,这对概念可以无所不包。表面看来,质料形式说是按物的本然的样子来描述物的。其实不然。海德格尔认为,它首先是从人们制作器具的活动中得出来的看法。譬如一个罐的制作,人们出于用途的考虑来采用其形式,选择其质料,即用什么材料制作成什么样子。人们把器具的质料-形式结构推广到一切存在者那里,就得出了关于物的质料形式说。这就表明,从人的制作活动中得出的质料-形式概念,也是难保物的独立自存,也是对物的一种"扰乱"。

概言之,以上三种物的概念实际都是以形而上学的对象性思维方式为基础的,都是出于主体-客体对立的思维模式来考察物。这种对象性思维方式是一种强力,一种对物的"扰乱",是不能启示物的本质的。海德格尔认为,我们应该回转到存在者那里,从存在者之存在的角度去思考存在者本身;而与此同时,在这种思考中,我们又要使存在者保持原样,不受扰乱。这话不但是对形而上学的批评,也是海德格尔对其前期思想的反省:凸出此在即有凸出主体从而落入对象性思维之嫌;重要的是从存在者之存在角度来思存在者而不至于损害存在者。

要思这样的自持的、憩息于自身的物实在是困难的。物之物性终归难说。上述关于物的概念的历史佐证了这一点。人一思一说都有落入对象性的"思"和逻辑的"说"的危险。但不可"说"还要强说,而且人也已经说了。在何处又是如何说的呢? 在艺术作品中。

目标是寻索物之物性和艺术作品的作品因素。如何寻索呢? 海德格尔这里还像《存在与时间》的"周围世界"分析那样,看中了切近的"器具"。器具在纯然物与艺术作品之间居有特殊的中间地位,拿它作讨论的切入口,应该是可靠的。兹举一双农鞋为例。

农鞋是一件寻常的器具。农鞋之为农鞋,是因为它有用。推广而言,器具的器具存在就在于其"有用性"。但这无非是老生常谈。这种"有用性"的根据又是什么? 海德格尔认为,如若我们把一双农鞋立为对象,作一番对象性的分析、认知,我们是不能了解真正的器具的器具因素的。但是,凡·高的一幅油画却让我们体验到一双农鞋的器具存在,向我们昭示了这个器具的存在的意义:

> 从鞋具磨损的内部那黑洞洞的敞口中,凝聚着劳动步履的艰辛。这硬邦邦、沉甸甸的破旧农鞋里,聚积着那寒风陡峭中迈动在一望无际的永远单调的田垄上的步履的坚韧和滞缓。鞋皮上粘着湿润而肥沃的泥土。暮色降临,这双鞋底在田野小径上踽踽而行。在这鞋具里,回响着大地无声的召唤,显示着大地对成熟谷物的宁静馈赠,表征着大地在冬闲的荒芜田野里朦胧的冬冥。这器具浸透着对面包的稳靠性无怨无艾的焦虑,以及那战胜了贫困的无言喜悦,隐含着分娩阵痛时的哆嗦,死亡逼近时的战栗。这器具属于**大地**,它在农妇的**世界**里得到保存。正是由于这种保存的归属关系,器具本身才得以出现而得以自持。①

---

① 海德格尔:《林中路》,德文版,美茵法兰克福,1980年,第19页。这里参考了刘小枫的中译文,见于其《诗化哲学》,山东人民出版社,1986年,第229—230页(略有改动)。顺便指出,刘小枫节译的这段文字堪称译中精品——当然,首先是海德格尔的原文已经是现代艺术阐释中的一个"名段"了。

世人研读海德格尔的艺术论,必引这段美丽的文字。它写得太抒情,给人的感觉是发挥得太无度、太奢侈了。海德格尔却犹嫌不足。他说,要是这里有什么值得起疑之处,我们只能说,我们站在作品前面的体验还太过肤浅,我们对自己的体验的表达也还太过粗陋,太过简单了。而且,这部作品并非只为了使我们更好地目睹器具是什么;不如说,通过这幅作品,也只有在这幅作品中,器具的器具存在才得以显露出来了。

凡·高的画揭示了"器具的器具存在",即农鞋这个器具的存在的意义。海德格尔称之为"可靠性"(Verläβlichkeit)。"可靠性"是器具的有用性的根据。"借助于这种可靠性,农妇通过这个器具而被置入大地无声的召唤之中;借助于器具的可靠性,农妇才对自己的世界有了把握。……因为器具的可靠性才给这单朴的世界带来安全,并且保证了大地无限延展的自由。"[①]

按照我们的理解,海德格尔这里所谓的"可靠性",指的是器具与"大地"(Erde)的归属性。这个"大地",乃是 Physis 意义上的"大地"。农妇的"世界"相当于海德格尔前期所说的"周围世界",它对农妇来说是"显"出的。农妇在其世界里漫不经心地使用器具。但农妇对于器具的"用"的关系并不是根本性的。因为器具本质上归属于隐而不显的、无限伸展的"大地"。这种归属关系,这种"可靠性"才是根本性的。器具凭"可靠性"把农妇置入"大地"无声的召唤,农妇也由于"可靠性"把握了她的世界。所以,海德格尔在这里强调的,其实也是人对于"大地"的归属关系。

凡·高的画揭示出农鞋这个器具的存在。这个存在者进入其存在之"无蔽"中了。存在者无所遮蔽、露出真相了。这就是希腊人所

---

① 海德格尔:《林中路》,德文版,美茵法兰克福,1980 年,第 19 页。

思的"无蔽"(Aletheia),也即"真理"。可见在作品中发生了存在者之无蔽。一双农鞋,在凡·高的作品中,走进了它的存在的光亮中。存在者之真理在艺术作品中被"设置"起来了。

海德格尔由此得出一个结论:"艺术的本质就应该是:存在者之真理自行设置入作品(das Sich-ins-Werk-Setzen der Wahrheit des Seienden)。"①艺术并不是对现实存在者的摹仿和再现,真理也不是观念与存在者的符合一致。艺术作品开启存在者之存在。这种"开启"也就是"解蔽"(Entbergen),就是存在者之真理的"置入"。艺术就是自行置入作品的真理。

在艺术作品中,存在者的真理(无蔽)发生了。但是何谓真理呢?真理又是如何发生或运作的,即如何设置入作品中的?海德格尔有意选择了一部非表现性的艺术作品——希腊神庙——进一步来解说"艺术作品的作品因素",艺术作品中真理的自行"置入"。

一座希腊神庙,无声无闻地矗立在巨岩密布的岩谷中,仿佛只是一个古老遗迹而已。但在这个作品中包含着神的形象。诸神在神庙中现身。这种现身是一个神圣领域的展开和延伸。神庙作品安排、聚集那些道路和关联于一体,在其中生与死、祸与福、胜利与耻辱、忍耐与堕落便获得了人类命运的形态。这些敞开的关联的作用领域就是这个历史性民族的世界。所以神庙作品通过诸神的现身到场,开启、建立了一个世界。希腊民族正是在这样一个世界里实现了它的历史使命,获得了它的规定性。

神庙兀立在岩地上,显示出岩石那种笨拙而无所促迫的承受力。神庙抵御着狂风暴雨,从而也证明了风暴的强力。岩石的璀璨光芒使得昼之明、夜之暗显露出来。神庙高耸入云,显示出天空的深邃。

---

① 海德格尔:《林中路》,德文版,美茵法兰克福,1980年,第21页。

神庙泰然宁静的样子衬映出遥遥相望的大海的波涛汹涌。树木和草地、兀鹰和公牛、长蛇和蟋蟀,因此获得了它们的突出鲜明的形象,显示出它们的存在。希腊人早就把这种露面和涌现本身的整体称作Physis。Physis同时照亮了人赖以筑居的地方,即"大地"。此所谓"大地",既不是堆积起来的质料,也不是宇宙学意义上的行星。大地是万物之涌现的归隐之所,乃是"庇护者"(das Bergende)。

总之,"神庙作品阒然无声地开启着世界,同时把这世界重又置回到大地中。如此这般,大地本身才作为家园般的基地而露面"。①神庙作品开启世界同时又把世界引回大地。这就是神庙这个作品的"作品存在"。

由此已经见出艺术作品的"作品存在"的两个基本特征:

一、作品存在就是建立一个世界。世界是什么?它根本不是"什么"。世界不是可数或不可数的现存事物之单纯聚积,不是站在我们面前的对象。因为不是认知的对象,我们就不能说世界是"什么"。按海德格尔的古怪表述:"世界世界化(Welt weltet)。""只要诞生与死亡、祝福与诅咒的轨道不断地使我们进入存在,世界就始终是非对象性的东西,而我们人始终隶属于它。在我们的历史的本质性决断发生之处,在这些本质性决断为我们所采纳和离弃,误解和重新追问的地方,世界世界化。"②

世界是人的世界。一块石头是无世界的,植物和动物同样不具有世界;相反,农妇却有一个世界,因为她居留于存在者之敞开领域中。但说世界是人的世界也并不适切。世界不是由人创造的,人不是世界的主人。而不如说,人是进入到存在者之敞开领域中,人是在

---

① 海德格尔:《林中路》,德文版,美茵法兰克福,1980年,第28页。
② 海德格尔:《林中路》,德文版,美茵法兰克福,1980年,第30页。

世界之中。早在"论真理的本质"中,海德格尔就论述了人与敞开性和存在者之解蔽状态之间的关系。人是置身于敞开领域中"参与"存在者之解蔽。这是人较之无机物和动植物的一点儿优势。

有鉴于此,所谓"作品存在就是建立一个世界"这句话中的"建立"(aufstellen),也就不能说是纯粹的对象性的设立和处置。海德格尔说,"建立"乃是"奉献和赞美意义上的树立"。"建立一个世界",无非是说,在作品中开启一个世界并且守护这个世界。

二、作品存在就是制造大地。乍看起来,作品是从那些作品材料诸如石头、木材、颜料、词语等那里被制造出来的。但是,作品之为作品不在于它被制造,而在于它本质上是有所制造的。作品"制造"什么呢?海德格尔说,作品"制造"大地。对这话要小心,关键在于,作品的"被制造"不同于一般器具的被制造。一般器具的被制造是对材料的消耗,譬如制作一把斧头,就是对石头材料的消耗。但作品的"被制造"却没有使材料消失,倒是使材料出现在作品的世界的敞开中:岩石得以负荷和持守,金属得以闪烁,颜料发放光彩,声音得以朗朗出声,词语达乎言辞。所以,与其说作品是被制造的,倒不如说作品是有所制造的。作品使材料进入敞开的世界中,而这是由于作品同时把自身置回到石头的硕大沉重、木头的坚韧、金属的光泽、颜料的明暗、声音的音调和词语的命名力量中去了。海德格尔说:

> 作品回归之处,作品在这种自身回归中让其出现的东西,我们曾称之为大地。大地乃是涌现着－庇护着的东西。大地是无所促迫的无碍无累和不屈不挠的东西。立于大地之上并在大地之中,历史性的人类建立了他们在世界之中的栖居。由于建立一个世界,作品制造大地。在这里,我们应该从这个词的严格意义上来思制造。作品把大地本身挪入一个世界的敞开领域中,

并使之保持于其中。**作品让大地成为大地**(Das Werk läßt die Erde eine Erde sein)。①

大地本质上是自行锁闭的。所谓制造大地,是把自行锁闭的大地带入敞开之中。而所谓大地"自行锁闭",并不意味着大地是僵固不变的遮盖物。自行锁闭的大地以无限的丰富性展开自身。作品通过把自身置回大地,才制造大地。

世界是"显",大地是"隐"。"显"之为"显",是由于"隐"的背景。艺术作品开启存在者之存在,让大地达乎"显";作品本身却又置回"隐"处。唯置回"隐"处之无限可能性中,作品才能有所揭示,有所"显"。这大致就是海德格尔的意思了。

我们也看到,海德格尔这里在艺术的本源性意义上给予"艺术家"独一的崇高地位。"艺术家"地位特殊,远非一般工匠所能比攀。一位雕塑家之"用"石头,不同于工匠的"用"。前者没有消耗石头,而是让石头成就存在。画家不是消耗颜料,而是使颜料大放异彩。诗人之"用"词语,不像常人的消耗性的说和写,倒是词语经诗人一"用"才成为词语了。那是因为"艺术家"的"用"不是对象性的,而是保护性的。而且无疑地,这是就可能性来说的,而不是拿现实情况说事。就可能性来说,艺术和艺术家创作活动的源始意义,盖源出于存在之真理。这在下面还要论及。

"建立一个世界"和"制造大地",这是作品的作品存在的两个基本特征。但两者的关系如何?它们如何在作品中达乎一体呢?海德格尔用"争执"(Streit)一词来解说"世界"与"大地"之间的关系。

"世界"是自行公开的敞开状态,"大地"是自行锁闭的隐匿者。

---

① 海德格尔:《林中路》,德文版,美茵法兰克福,1980年,第32页。

"世界"是"显","大地"是"隐"。"显"、"隐"有别。"世界"不能容忍任何锁闭,因为它是自行公开的;"大地"是隐匿者,总是要把"世界"摄入其中并将其"扣留"起来。一"显"一"隐",两者必有"争执"或"冲突"。但"争执"不是分庭抗礼、怒目相向。在"争执"中,倒是争执双方各各进入了本质的自我确立。在"争执"中,一方超出自身包含着另一方。且"争执"愈烈,双方愈能达乎亲密的一致。"大地"与"世界"的"争执"就是如此。"大地"离不开"世界"的敞开,因为"大地"本身的"闭"和"隐"要由"世界"的"开"和"显"来松动;"世界"也不能飘然飞离"大地",因为"世界"是建基于"大地"的坚实基地上的。

因此,作品建立一个世界和制造大地,就是完成了这种"争执"。海德格尔说,作品的作品存在就在于世界与大地的"争执"的实现过程中。在"争执"的亲密性中,作品才成为一体的作品,才获得了它的本质。

那么,在世界与大地的"争执"中,真理究竟是怎样发生的? 存在者之真理如何"自行设置"入作品呢?

真理是存在者之无蔽。存在者之所以无蔽而显,是由于存在者进入了一个光亮领域。照海德格尔的说法,"在存在者整体中间有一个敞开之所,一种澄明(Lichtung)在焉"。① 存在者唯进入这一澄明的光亮中才作为存在者而存在;人这个存在者也是在"澄明"中才与其他存在者打交道,才有所作为的。凭这一"澄明",存在者才可能是无蔽的,才有存在者之真理。可见,"澄明"是使存在者之真理(无蔽)成为可能的东西。这种"澄明"乃是更源始的"无蔽"(Aletheia)。

"澄明"同时又是"遮蔽"。"遮蔽"以双重方式进行。一种方式

---

① 海德格尔:《林中路》,德文版,美茵法兰克福,1980 年,第 38 页。

是"拒绝"(Versagen)。存在者抑制自身,自始就没有显出,这是发生在"澄明"之开端的"遮蔽";另一种方式叫"伪装"(Verstellen)。存在者在澄明之光亮中蜂拥而动,彼此遮盖,相互掩饰,少量阻隔大量,个别掩盖全体。"澄明"就是作为这双重的"遮蔽"而出现的。"澄明"之光从隐处升起,有所照亮也有所遮蔽。所以真理本质上是"非真理",作为"非真理"的真理不是存在者之真理,而是存在之真理,是作为"澄明"的无蔽。

在"澄明"与"遮蔽"中发生的"争执",便是一种"源始争执"(Urstreit)。海德格尔说,真理的本质是"源始争执"。作为"源始争执"的真理就是源始的存在之真理。存在一方面照亮存在者,使存在者无蔽而显;但存在有所澄明之际也总是隐匿自身,这种自行隐匿也表现为对存在者的遮蔽。有所"显"而自身"隐",这就是存在之真理。这种存在之真理的本质,自古以来未曾被思及。希腊人把"真理"称为 Aletheia(无蔽),似对存在之真理的"显-隐"关系有所洞察;但是他们把存在理解为"持久在场",一定是执于存在之真理的"显"方面的后果,而"隐"方面,尚未思及就被忽略了。

这里需得注意存在之真理与存在者之真理的关系。世界与大地的"争执"是存在者之真理;澄明与遮蔽的"源始争执"是存在之真理。对后期海德格尔思想来说,理清这两者之间的关系是至为重要的。两种真理之间的"差异",实际上是后期海德格尔对他的"存在学差异"思想的深化。我们已经知道,海德格尔认为自己是清晰地区分了"存在者之存在"与"作为存在的存在"之间的差异的,而所谓"作为存在的存在",指的就是存在所固有的意义,即存在之真理,也就是"澄明"。① 至于"差异",我们上文业已多次论及,那是"亲密的

---

① 海德格尔:《在通向语言的途中》,德文版,弗林根,1986 年,第 110 页。参看本书第一章第一节关于"存在学差异"的讨论。

区分"。

这种"亲密的区分"是如何体现出来的呢？存在之真理（实即存在本身）是"显"（澄明）与"隐"（遮蔽）的"源始争执"，由此"源始争执"争得了那个"敞开中心"，后者发生在存在者整体中间，遂有世界与大地的"争执"，也即有存在者之真理。世界与大地构成"存在者整体"。世界为"显"，大地为"隐"。世界之"显"和大地之"隐"只有进入"澄明"与"遮蔽"的"源始争执"中才是可能的。世界并非直接就是"澄明"，大地并非直接就是"遮蔽"。这里，所谓"亲密的区分"也许就在于，"源始争执"通过"争执"展现出来，但"争执"不是"源始争执"。

看来，有两种"显－隐"：澄明与遮蔽，世界与大地。前者为源，后者为流。有源才有流。流乃源的展开和表现。所以，海德格尔说，只要作为澄明与遮蔽之"源始争执"的真理发生了，则大地就通过世界凸现出来，世界就建基于大地。这里似有以下关系：

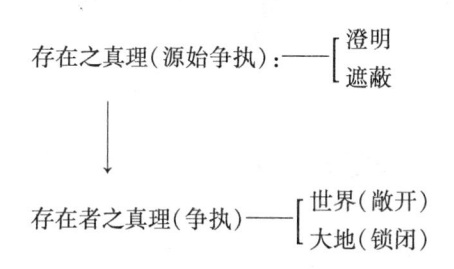

$$
\begin{array}{l}
\text{存在之真理（源始争执）：} \left[\begin{array}{l} \text{澄明} \\ \text{遮蔽} \end{array} \right. \\
\quad \downarrow \\
\text{存在者之真理（争执）} \left[\begin{array}{l} \text{世界（敞开）} \\ \text{大地（锁闭）} \end{array} \right.
\end{array}
$$

真理的生成实即从"存在之真理"到"存在者之真理"的发生过程。这种生成或发生有其必然性。在"源始争执"中必有一种"敞开领域"被"争得"了，这种"敞开领域"的敞开性（Offenheit）就是存在之真理。作为敞开性的真理占据着敞开领域，把自身建立在其敞开中。"在这种敞开领域中始终必定有存在者存在，好让敞开性（真理)获得栖身之所和坚定性。"① 敞开性开放并维护着敞开领域。这意思是说,存在之真理必定要实现出来,必定有所敞开并把自身建立在这种敞开领域中,一旦"实现"出来,即为存在者之真理。真理本质上要把自身建立在存在者中才成其为真理。真理绝非首先自在地存在于某处,然后再安置到存在者中去。生成中才有真理。真理在发生中。这才是"亲密的区分"。存在之真理与存在者之真理本是一体,两者之间是没有什么"隔阂"的。

进一步我们还须指出,世界和大地的"争执"是在作为存在之真理的"源始争执"所"争"得的"敞开中心"中实现的,所以,无论是世界抑或大地,都体现了存在之真理的"显-隐"的同时性。这也就是说,自行敞开的世界也有"蔽"的一面,世界是既敞开又遮蔽着的;而自行锁闭的大地也有"显"的可能性,大地是既"涌现"又"退隐"着的。这一层意思也不可放过。

那么,存在之真理究竟通过何种方式发生呢?这就又回到了艺术这个课题上了。海德格尔认为,"真理把自身建基于由真理开启出来的存在者之中"的根本性方式是艺术、建国、牺牲、思想等。与此相反,科学却不是存在之真理的发生,科学无非是对一个已经敞开的真理领域的"扩建"(Ausbau)。② 这个看法也是海德格尔的"存在

---

① 海德格尔:《林中路》,德文版,美茵法兰克福,1980年,第47页。
② 海德格尔:《林中路》,德文版,美茵法兰克福,1980年,第48页。海德格尔这里的"扩建"一词用得十分得体。以海德格尔的思路,艺术与科学(技术)都是一种"解蔽"("揭示")活动,都是创造性的活动,所以,海德格尔对艺术和科学(技术)的讨论都联系于Aletheia这个课题。但同为"解蔽"活动,看来也有区别:艺术是一种具有源始性意义的"解蔽",而技术则不是源始的,是对由艺术等源始的揭示活动所敞开的领域的一种"扩建"、"再造"。我们认为,海德格尔与浪漫美学(诗学)的区分也正在于此:海德格尔没有像那些浪漫美学家们那样,把艺术与技术对立起来,没有企图以浪漫主义的诗学主张来反对技术,而是在"诗-思"关系中来思技术。这在我看来是海德格尔思想的高超之处。有关这方面的讨论,可参看本书第五章第五节。

历史"观的体现:在他看来,民族的早期"创造者"们的活动是依"本源"而展开的;后出的植根于形而上学的科学则无非是对存在者的揭示活动,并不具有源始意义。

作品的作品存在是存在之真理的根本方式之一。所以在凡·高的油画中发生着真理,这并不是说,这油画多么真实地复制和描摹了现实,而是说,由于作品开启了鞋具的器具存在,存在者整体亦即在其冲突中的世界与大地进入无蔽之中了。在作品中,无蔽本身(存在之真理)关涉存在者整体而发生了。于是,"自行遮蔽着的存在便被澄亮了。如此这般形成的光亮,把它的闪耀嵌入作品之中。这种被嵌入作品之中的闪耀(Scheinen)就是美。**美乃是作为无蔽的真理的一种现身方式**"。①

美是真理的现身方式,是真理的显现和发生。这是海德格尔由他的存在之思而得的独特的"美学观"。这里需得小心,切莫错认为海德格尔是在重弹黑格尔的老调了。我们知道,黑格尔把美界说为"真理的感性显现"。在黑格尔那里,真理是"绝对理念",艺术作为感性形式是"绝对理念"向自身回复的过渡环节,而且只是一个较低级的环节。艺术早就在"绝对理念"的辩证的历史发展中被超越了。所以,黑格尔能够断言:"艺术形式已不再是精神的最高需要了。""从这一切方面看,就它的最高的职能来说,艺术对于我们现代人已是过去的事了。"②这就是黑格尔关于"艺术的终结"的著名论点:艺术的黄金时代已经一去不复返了。

显然,当海德格尔说美是真理的显现和发生时,其意思是区别于黑格尔的命题的。海德格尔也意识到,黑格尔的上述判词确实不可

---

① 海德格尔:《林中路》,德文版,美茵法兰克福,1980年,第43页。
② 黑格尔:《美学》第一卷,中译本,朱光潜译,商务印书馆,1982年,第15页。

回避。虽然现代艺术作品和艺术思潮纷繁迭出,但问题依然是:"艺术对我们的历史性此在来说仍然是决定性的真理的一种基本和必然的发生方式吗?或者,艺术压根儿就不再是这种方式了?但如果艺术不再是这种方式了,那么问题是:何以会这样呢?"[①]照海德格尔看来,黑格尔的这个判词植根于西方形而上学,可以说是西方形而上学的一个自我反思,所以,现在我们对黑格尔的这个判词的裁决,就是对传统形而上学的真理作出裁决。在此之前,我们就还不能宣布黑格尔的判词是无效的。

艺术是真理的发生方式之一,作品的作品存在就在"存在之真理——存在者之真理"的发生中。这样来规定艺术之本质,诚然是高屋建瓴了,但稍事反省,便觉不足。作品毕竟是作品,是被创作的。在前面的讨论中,作品的"被创作性"被忽略掉了。完整的对艺术之本质的探讨,还得着眼于"作品－真理－创作"的关系来进行。这其实也就是要从人与真理的关系方面来讨论艺术的本质。

创作是一种"生产"(Hervorbringen),即"把……带出来"。不待说,制作器具也是"生产"。但两者如何区别开来?一个能工巧匠的精湛技术,我们平常也称之为"艺术"。伟大的艺术家最崇尚工艺技巧了。庖丁解牛,游刃有余,不也是一种"艺术"么?海德格尔却认为,创作这种"生产"是有别于工匠的制作的。制作是对材料的加工和消耗,而创作却是"让……出现而进入被生产者"(das Hervorgehenlassen in ein Hervorgebrachtes)。创作不是一种对象性的活动,它不是消耗和掠夺。它的本质是自由,是"论真理的本质"一文中所说的"让存在者存在"。作为创作的"生产"带出的是存在者的敞开状态亦即真理,而被生产者即是作品。"作为这种带出,创作毋宁说是

[①] 海德格尔:《林中路》,德文版,美茵法兰克福,1980年,第66页。

在与无蔽的关联范围中的一种接收和获取"。① 真理自行发生,创作"参与"了存在之真理的发生,真理自行进入作品,创作"接收"和"获取"真理并"带出"存在者之真理。

创作如何"接收"存在之真理而"生产"("带出")存在者之真理?作品的"被创作存在"何在?海德格尔认为,要从两个方面来解说作品的"被创作存在"。这就是说,创作有两个特性:

首先,创作乃是让真理进入"形象"。如果说真理在作品中发生,那么就意味着真理在作品中现身为世界与大地的争执,从而也就是说,作品这个存在者必须具备争执的本质特征。海德格尔用"裂隙"(Riβ)和"形象"(Gestalt)来说明作品中争执的实现。争执是一种"裂隙",但不是简单的撕裂。"裂隙"倒是争执者双方的一体亲密性。"裂隙"是一个"基本构图",是描绘出存在者之澄明的涌现的"略图",它不是让对立者破裂,而是把尺度和界限的对立带入一体的"轮廓"中。② 这种"裂隙"是在作品中实现出来的"争执"。"裂隙"必然要把自身带回大地中,置回到石头的沉重、木头的坚韧、色彩的明暗中去,才能实现出来。这就是"裂隙"付诸"形象",创作才告完成。"被带入裂隙从而被置回到大地中并固定下来的争执乃是形象。作品的被创作存在意谓:入于形象之真理的被固定存在。"③可见,创作是下面这样一个"转化"过程:

真理(争执)——→裂隙——→形象

---

① 海德格尔:《林中路》,德文版,美茵法兰克福,1980年,第49页。
② 海德格尔这里用"基本构图"(Grundriβ)、"略图"(Aufriβ)和"轮廓"(Umriβ)等词与"裂隙"(Riβ)的字面联系,来突出表示"裂隙"不是分裂,而是"亲密性"。
③ 海德格尔:《林中路》,德文版,美茵法兰克福,1980年,第50页。

其次,创作造成一种进入敞开之中的"冲力"(Stoβ),它构成了作品的被创作存在的"如此实情"。这是作品的被创作存在与器具的完成状态之间不同的地方。一件器具完成了,它的存在的"如此实情"(Daβ)就消失在有用性中了;一件器具越是凑手可用,就越没有独特性。而艺术作品是作为异乎寻常、不同凡响的东西存在的,因为作品存在乃一种"冲力"。"作品自己敞开得越彻底,那种唯一性,即它存在而不是不存在这一如此实情的唯一性,也就变得越是显赫明朗。这种冲力越是本质性地进入敞开领域中,作品也就变得越是令人意外,越是孤独。"①

海德格尔这里的意思大抵是说,创作是独特的创造,作品之为作品,以独具品格见出。我们平常也说,创作切忌雷同和平庸。海德格尔在更深的意义上讲,作品存在的"独一性"是一种进入敞开领域的"冲力"。作品之所以存在,是因为它进入无蔽之真理中了,而且是"第一次"。这一作品**存在**了,的的确确地存在了。

海德格尔还进一步发挥了"冲力"说。作品中有"冲力"。"冲力"把异乎寻常的东西"冲"开了,把惯常的东西"冲翻"了。作品把我们移入由作品开启出来的存在者之敞开性中,同时把我们移出寻常平庸之境。这就是说,通过一件作品,我们与世界和大地的关系就发生了变化,我们因此得以把流行的行为评价、见闻态度抑制起来,从而逗留于在作品中发生的真理之中。这种变化,其实就是作品的现实化,也即"让作品成为作品"。海德格尔称之为"保藏"(Bewahrung)。

作品需要创作者,同样也需要保藏者。这里,海德格尔所说的

---

① 海德格尔:《林中路》,德文版,美茵法兰克福,1980年,第52页。

"保藏"并非一般所见的文物收藏或保护。"保藏"有深义。保藏作品意味着:"置身于在作品中所发生的敞开性中去。""保藏"就是置身于在作品中发生的真理中去,或者说,置身于由作品的"冲力"冲开的异乎寻常中去。

按我们理解,海德格尔这里所谓"保藏",大约就是一般所见的"艺术欣赏"了。各色的美学教本和艺术理论都把"艺术欣赏"视为艺术的实现环节,认为艺术作品是离不开审美主体的"艺术欣赏"的。海德格尔反对美学上的主体论和体验说,认为不能把艺术作品处理为"对象",不能把作品纳入体验领域,把作品贬降为体验的激发者。与创作一样,"欣赏"(海德格尔说"保藏")也必须从作品的本质即作品中发生的真理方面来理解。海德格尔说:"作品的保藏并不是使人孤立于私人体验,而是把人推入与在作品中发生的真理的归属关系中……"。① 所谓"保藏",就是人进入存在之无蔽中。

因此,海德格尔之论"创作"和"保藏"(一般所见的"欣赏"),实际都是从人与存在(真理)的关系方面来讲的。"创作"与"保藏"都不是主体的对象性活动,因为人与真理的关系,乃是一种"归属关系",而不是对象性关系。人归属于真理。但这也并没有降低"创作"和"保藏"的积极性。真理的现身要通过创作,通过对"裂隙"的勾画,才能诉诸"形象";"保藏"也不是消极被动的,而是积极地("绽出地")纵身于敞开性之中,守护那由作品开启出来的真理。

艺术作品不是一个现存的对象,仿佛它对立于我们,等着我们去打量之、琢磨之、欣赏之、享受之。创作绝不是"骄傲跋扈的主体的

---

① 海德格尔:《林中路》,德文版,美茵法兰克福,1980年,第54页。

天才活动"。① 这是海德格尔对现代形形色色的以主体形而上学为根基的美学思潮的批判,其锐意值得我们思索。于此我们也看到,世面上一直流行的对海德格尔思想所作的诗学的或浪漫美学的解释是不免虚妄的。

以形而上学的思维方式根本就把握不了艺术的本性,因为它遵循着对存在者的武断解释,从物的物性出发来规定作品的作品因素。这根本就摸错了方向。海德格尔认为,我们绝对无法直接认识物的物因素。我们只有通过艺术作品才能认识器具的器具因素、物的物因素。如果说在作品中有什么物因素的话,那它就是作品的"大地性"(Erdhafte)。物归属于大地。大地是自行锁闭的,它只有嵌入一个世界中,在它与世界的相互作用中才揭示自身。大地与世界的"争执"在作品的"形象"中固定下来,并通过"形象"得以展现。所以,是作品把物因素置入敞开之中。要认识物,必须从作品出发,因为在作品中才有物(存在者)之开启,即真理的发生。

由此,海德格尔要在本源性意义上揭示艺术与大地(自然)的关系。他引用画家丢勒(A. Dürer)的话:"千真万确,艺术隐藏在自身之内。因此谁能把艺术从自然中撕扯出来,谁就拥有了艺术。"海德格尔说,这里的"撕扯"(reiβen)即是勾画"裂隙"。② 在自然中隐藏着裂隙和艺术;而隐藏在自然中的艺术只有通过作品才能显露出来。

---

① 海德格尔:《林中路》,德文版,美茵法兰克福,1980年,第62页。德国古典美学和浪漫主义美学的哲学基础是"主体形而上学"。美学中的"天才论"由来已久。康德称"美的艺术必然要看做出自天才的艺术",而海德格尔在此所谓创作绝非"骄横跋扈的主体的天才活动",无疑是对传统"天才美学"及至"体验美学"的彻底批判。在我看,海德格尔之《艺术作品的本源》对于美学和艺术理论的意义即在于此,它可以看做一个标志,标示着现代主义(主体主义)的美学和艺术观念的跌落或终结。后起的"后现代主义"的文艺理论可以为此佐证。

② 这里的"撕扯"(reiβen)与"裂隙"(Riβ)有字面联系,而reiβen一词原就有"绘画"之意。

这里,海德格尔突出强调了作品与大地(自然)的亲密关系,作品的"形象"被固定在大地中,大地在作品中凸现出来。因此,艺术在作品中;进一步,艺术植根于大地,隐藏在大地中。

自然(大地)中隐藏着艺术。这一说法启示着一个更深的维度,而不是在讨论人们一般所谓的"自然美"。此外,我们还应指出,海德格尔这里对艺术的"大地性"的强调,显然与他后期对语言(人言)的"植根性"(即"大地性")的强调是一体的事情。

世界的本质是敞开,大地的本质是锁闭。但海德格尔在世界与大地中看到了"争执因素":即世界是敞开同时也是遮蔽,大地既涌现又归隐。在世界与大地的"争执"("裂隙")中,海德格尔更倾向于认为"显"以"隐"为根据,"隐"比"显"是更源始的。就此而言,"裂隙"隐藏在大地中,艺术隐藏在大地中。大地是希腊意义上的Physis,标示着存在的从隐处升起、涌现出来的特性。真理在解蔽(脱"隐"而出)中生成。艺术是解蔽,即真理之生成。生成之源"隐"而不显,亦"隐"亦"显",乃"澄明"意义上的存在本身。

至此,海德格尔可以总结说:

> 真理之生发在作品中起作用,而且是以作品的方式起作用。因此,艺术的本质先行就被规定为真理之自行设置入作品。但我们自知,这一规定具有一种蓄意的模棱两可。它一方面说:艺术是自身建立的真理固定于形态中,这种固定是在作为存在者之无蔽状态的生产的创作中发生的。而另一方面,设置入作品也意味着:作品存在进入运动和进入发生中。这也就是保存。于是,艺术就是:对作品中的真理的创作性保存(die schaffende Bewahrung)。**因此,艺术就是真理的生成和发生**(ein Werden

und Geschehen der Wahrheit)。①

海德格尔还有进一步的发挥。作为真理的生成和发生,一切艺术本质上都是诗(Dichtung)。艺术创作就是"诗意创造"或"作诗"(dichten)。作为诗意创造的艺术在存在者中间打开一方敞开之地,在此敞开之地的敞开性中,一切存在者才各呈仪态。

艺术的本质是诗。诗的本质是真理的"创建"。这是顺理成章的话了。所谓"创建"(Stiften),海德格尔认为有三层意思:"捐赠"(Schenken)、"建基"(Gründen)和"开端"(Anfangen)。这三重意思,分别指示出艺术的三个方面的特性。

首先,艺术作品的作品存在是一种"冲力",此"冲力"冲开了异常不凡,冲倒了惯常平庸。创作本身是一种"创新"。创作绝不是对惯常、过往、现有的复制。在作品中开启出来的真理,是不可能从现有事物中推导出来的。真理不断生成和发生。艺术生命常新。可见,艺术之为真理的"创建",乃一种"充溢",一种"捐赠"。

其次,作品的作品存在即建立一个世界和制造大地。建立一个世界实即上面所说的真理的"捐赠"。而制造大地即"建基"。诗意创造是对历史性此在已经被抛入其中的大地的开启。这个大地是历史性此在的基础。由此可见,真理的创建不光是一种自由"捐赠",也是一种铺设基础的"建基"。

最后,"捐赠"和"建基"本身就有"开端"的意义了。"开端"不是源始古老的意思。海德格尔认为,真正的开端是"跳跃"(Sprung),也是"领先"(Vorsprung)。在作为"领先"的"开端"中,一切后来的东西都被越过了;"开端"总是包含着异乎寻常的东西的未

---

① 海德格尔:《林中路》,德文版,美茵法兰克福,1980年,第58页。

曾展开的全部的丰富性。艺术作为诗,就是"开端"意义上的"创建"。在西方,这种作为创建的艺术最早发生在古希腊,那时,后来被称为"存在"的东西被决定性地设置入作品了。

艺术创建开端(Anfang)。艺术就是一种"开端活动"(An-fan-gen)。海德格尔由此引发出"艺术的历史性"的观点。一旦艺术发生,即有一开端,即有一种"冲力"入于历史,历史于是才有了开端或重新开端一番。所以,艺术本质上是历史性的。这不只是说艺术也有变迁、沉浮,而是说,"艺术乃本质意义上的历史,艺术为历史建基"。①

海德格尔在这里以晦涩的笔调道出的关于艺术的"开端性"(或"源始性")的观点,明显地继承了从维柯、哈曼、赫尔德尔到威廉姆·洪堡等的欧洲人文主义语言思想的传统,尤其与维柯的"诗性智慧"说大可合拍。当然,海德格尔是从他的"存在历史"观出发的。在他看来,早期的希腊思想和艺术构成了西方历史的"第一个开端"——"存在历史"的开端。

至此,我们似乎可以为"艺术作品的本源"一文"正名"了:艺术就是一个"本源"。此处所谓"本源"不是自然哲学意义上的"基底"。"本源"(Ursprung)一词的意思是从真理的本质方面来思的。②艺术是艺术作品的本源,也是创作者和保藏者的本源,即人类历史性此在的本源,因为,艺术乃是存在之真理的生成或发生。

在今天,在艺术荒芜的时代里,我们必得深入地追问、思考艺术的本质。在我们的历史性的此在中,艺术还能成为一个本源吗?或者,艺术终究只能是一个附庸,只能作为一种伴生的文化现象而时装

---

① 海德格尔:《林中路》,德文版,美茵法兰克福,1980年,第63页。
② 海德格尔:《林中路》,德文版,美茵法兰克福,1980年,第66页。

般地更替流行了？海德格尔把问题挑得更加迫切和深入："我们在我们的此在中历史性地存在于本源的近旁吗？"①

现代人面临着决断。这种决断不光是对艺术之存亡的决断，根本上乃是对我们的存在命运的严峻决断。这种决断看来也不光是西方人所面临的决断，东方人也同样有此决断了。

而诗人荷尔德林已经有了启示：

那邻近本源而居者
终难离弃原位。

第三节　荷尔德林和诗的本质

自柏拉图以降的西方哲学，历来不能抬举诗和诗人。最明显的表现在于，思与诗（哲学与文艺）一向是被隔离开来的，思属于理性的范围，而诗被划归感性的范围；这两者又是不平等的，思享有尊位，而诗是被贬的。在柏拉图的"理想国"里，哲学家是"王"，诗人是没有位置的。现在，这个传统看来正在被打破。现代人文主义思潮已经酝酿着这种"破"。而真正的"破"，恐怕要到海德格尔以及之后的当代所谓后现代（主义）文化中。海德格尔标举的"诗－思合一"，后现代主义的文艺理论的兴起和发展，对于西方传统来说是意味深长的，可以看做一种新的文化征兆，一个新的文明动向。

实际上，在后期海德格尔的诗意运思中，我们已经很难辨别出他到底是在做哲学呢，抑或在写诗。他的行文走笔，就很有诗意。整个

---

① 海德格尔：《林中路》，德文版，美茵法兰克福，1980年，第64页。

后期，海德格尔不但论诗很积极，且自己偶尔也吟赋几句。按海德格尔自己的说法，"运思"即"作诗"也。他平生发表的"诗文"，现在被集中收在《全集》第 13 卷中，此卷的标题即为:《从思想的经验而来》。

海德格尔看得上眼的诗人，为数不多。释希腊早期思想时，海德格尔对荷马、索福克勒斯和品达等希腊诗人有所引据。后世的西方诗人中，曾得海德格尔关心的主要有荷尔德林、特拉克尔、里尔克和格奥尔格等，都是德语国家的诗人。而大诗人如歌德之类却少得海德格尔青睐。上述诗人中，尤以荷尔德林最为海德格尔所推崇。

在文学史上，荷尔德林（Hölderlin, 1770 – 1843）被列为德国浪漫派的先驱。有史家称之为他那个时代的"最高尚、最优雅的心灵之一"。① 据传，荷尔德林生性悒郁孤独。1802 年始患癫疾。之后约 40 年间在精神分裂中苟延生命。荷尔德林当时未曾加入浪漫派诗群，加上行吟生涯短暂，因此生前和死后很长时间内未受世人关注。他几乎就要湮没在"历史"（Historie）中了。但到 20 世纪初，却有一批哲学家和诗人（主要有狄尔泰、格奥尔格和特拉克尔等）重新"发现"了荷尔德林。诗人的遗稿也由海林格拉特（N. V. Hellingrath）于世纪初整理出版。一时间掀起了"荷尔德林热"，追随者视之为日耳曼民族的"先知"，尊之为伟大的"预言家"。

诗人荷尔德林之"再生"，显然绝不是无端的事情。根本的原因还在于，他的诗先行吟唱了现代人的心灵境况和命运，从而在 20 世纪初引发了人们的共鸣。荷尔德林从隐蔽的"历史"（Geschichte）中"显"出来了。

---

① 勃兰兑斯：《十九世纪文学主流》第二分册，刘半九译，人民文学出版社，1985 年，第 47 页。

据海德格尔自供,他对于荷尔德林的诗的关心并非起自 1930 年代中期,而是早在第一次世界大战前的他的大学时代。① 当然,我们也看到,荷尔德林的诗成为海德格尔思想的课题突现出来,则是 1930 年代中期的事情。自 1934 年至 1944 年间,除有关荷尔德林的阐释论文外,海德格尔还专门开了数次讲座,讲了荷尔德林以下诗作:《日耳曼人》、《莱茵河》、《追忆》、《伊斯特河》等。同期以及此后的文字中,海德格尔对荷尔德林其人其诗亦往往多有标举。足见海德格尔对于这位诗人的钟情了。

海德格尔甚至认为,他的思想与荷尔德林的诗歌处于一种"非此不可的关系中";并且说:"我认为荷尔德林是这样一个诗人,他指向未来,他期待上帝,因而他不能只不过是文学史思想中的荷尔德林研究的一个对象而已。"② 这里,海德格尔也道出了他的荷尔德林探讨的意图。海德格尔不是做文学史的考证研究,也不是做荷尔德林诗歌"入门"或"导读"之类。对荷尔德林诗的阐释,盖出于"思想的必然性"。③

关于海德格尔的荷尔德林阐释,评论界一向多有微词。人们认为海德格尔的阐释太任性独断,漫无边际。如著名哲学家阿多诺指责海德格尔对荷尔德林的诗强行"灌注"了一种外部的哲学,把荷尔德林曲解为一个"思想抒情诗人"(Gedankenlyriker)了。④ 尽管海德格尔本人屡屡申明自己无意于做文学史研究或美学评论,但人们还

---

① 海德格尔:《在通向语言的途中》,德文版,弗林根,1986 年,第 92 页。
② 海德格尔:"只还有一个上帝能救渡我们",载《外国哲学资料》,第 7 辑,第 183 - 184 页。
③ 海德格尔:《荷尔德林诗的阐释》,增补第四版,美茵法兰克福,1971 年,前言。
④ 阿多诺:《文学笔记》,《全集》第十一卷,德文版,美茵法兰克福,1974 年,第 549 页,第 454 页。参考贝格:《阿多诺对诗的哲学解说——美学理论和阐释实践:以荷尔德林论文为模式》,德文版,波恩,1989 年,第 158 页以下。

是不免要把海德格尔往这一水平上拉扯。

我们看到,海德格尔的阐释实际上超越了传统文学批评。按海德格尔后学伽达默尔的说法,海德格尔是借助于荷尔德林的诗性语言来尝试超越"形而上学的语言"。① 进一步,我们还更应该着眼于海德格尔的"存在历史观"来看他的阐释。就态度而论,海德格尔的工作当然应该说是"六经注我"式的。

海德格尔也曾为自己的工作"定性":"这些阐释乃一种思与一种诗的对话;这种诗的历史性的唯一性是绝无可能在文学历史上得到证明的,而通过思的对话却能够进入这种唯一性。"②况且,从根本处说,诗固不可"释"。海德格尔说,"释"诗犹如落雪覆盖晚钟,终不免使晚钟走样。关键是反复吟诵,悟其诗意,幸得要领,观入堂奥,则一切阐释便属多余了。

但我们在这里仍不免要追问:为什么海德格尔偏偏要挚爱荷尔德林而不是别的诗人? 为什么海德格尔的"思"特别要与荷尔德林的"诗"作一番"对话",而不是与但丁、莎士比亚、歌德等等大诗人"对话"? 对此,海德格尔也自有说法:

> 诗人思入那由存在之澄明所决定的处所。作为自我完成的西方形而上学之领地,存在之澄明已达乎其印记。荷尔德林的运思之诗也一起给这一诗性思想的领域打上了烙印。荷尔德林的作诗活动如此亲密地居于这一处所之中,在他那个时代里任何别的诗人都不能与之一较轩轾。荷尔德林所到达的处所乃是存在的敞开状态(Offenheit des Seins);这个敞开状态本身属于

---

① 伽达默尔:《文集》第二卷,德文版,图宾根,1986年,第367页。
② 海德格尔:《荷尔德林诗的阐释》,第三版,美茵法兰克福,1963年,第7页(以下均引该书第三版)。

存在之命运,并且从存在之命运而来才为诗人所思。①

这就是说,荷尔德林的诗歌其实诗意地思了存在之真理(澄明)。在这一点上,历史上别的诗人是无法与之比肩的。海德格尔还认为,荷尔德林的诗还领受诗的天命的召唤而特别地"诗化"(dichten)了诗的本质。所以,荷尔德林就是"别具一格的诗人之诗人(der Dichter des Dichters)"。②

可见,对海德格尔来说,荷尔德林别具一格的伟大在于以下两点:

一、荷尔德林规定了诗人的天职和诗的本质;

二、荷尔德林的诗"思"了存在之真理。

有此两点,荷尔德林就是"诗人之诗人",是诗人的领袖了。

我们先来看第一点。由荷尔德林诗化地表达出来的诗的本质是什么呢?海德格尔的"荷尔德林和诗的本质"一文就是解答这个问题的。这篇文章开头先列出荷尔德林的五个"中心诗句":

1. 作诗是最清白无邪的事业。
2. 因此人被赋予语言,
   那最危险的财富……
   人借语言见证其本质……
3. 人已体验许多。
   自我们是一种对话,
   而且能彼此倾听,

---

① 海德格尔:《林中路》,德文版,美茵法兰克福,1980年,第269页。
② 海德格尔:《荷尔德林诗的阐释》,第三版,美茵法兰克福,1963年,第32页。

众多天神得以命名。
4. 但诗人,创建那持存的东西。
5. 充满劳绩,然而人诗意地
栖居在这片大地上。①

海德格尔认为,上面五个关于诗的"中心诗句",已经颇能端出诗的本质了。这五个诗句有着内在的相互关联,且次第推进,直逼诗的真谛。

第一句说"诗无邪"。这其实是算不得稀奇的。作诗为"游戏"。诗的游戏自由无碍,沉湎于想象王国。要说有非功利性的事情,那么作诗就是最无功利计较的了。我们看到,荷尔德林曾与席勒过从甚密,后者对荷氏诗歌亦有过良好的评识。显然,荷尔德林的"诗无邪"说承袭席勒之"游戏说"。作诗无利害取向,纯系"语言游戏"。

"诗无邪"说还不能摸到诗的本质。诗之为"游戏",平常之见。但诗之为游戏乃游戏于词语,足见应在语言中求索诗的本质。荷尔德林的第二个诗句说:被赋予给人的语言乃最危险的财富,人借语言见证其本质。只有人能"见证"他自己的本质,而人的本质在于他与存在的归属关系。人就是在"见证"活动中成其本质、成其历史的,而这种"见证"活动需借助于语言。何以语言是"最危险的财富"呢? 按海德格尔的理解,所谓"危险",乃是"存在者对存在的威胁"。语言有所揭示,被揭示的存在者向人驱迫而来,既可能向人露出真相,也可能以假象和伪装来迷惑人。也即说,语言既有"显"的一面,也有"隐"(蔽)的一面。所以,语言创造了存在之被"威胁"的可能性,即"存在之遗失"(Seinsverlust)的可能性,这就是"危险"了。况且,

---

① 海德格尔:《荷尔德林诗的阐释》,第三版,美茵法兰克福,1963年,第31页。

虽说语言有揭示和保存存在之真理的作用,但在语言的实际发生中,往往是鱼目混珠、雅俗难辨的。足见语言是"最危险的财富"。

　　说语言是人的财富,似乎应了工具主义的语言观。仿佛语言就是工具,是人取之用之的对象。其实不然。语言是被赋予给人的。语言不是人的工具,倒可以说,人是语言的"工具"。语言通过人展开出来。语言为人提供了置身于存在者之敞开中而实存一番的可能性。海德格尔发挥说:

> 唯有语言处,才有世界……唯在世界运作的地方,才有历史。在一种更源始的意义上,语言是一种财富。语言足以担保——也就是说,语言保证了——人作为历史性的人而**存在**的可能性。语言不是一个可支配的工具,而是那种拥有人之存在的最高可能性的居有事件(Ereignis)。①

　　后期海德格尔关于人与语言(存在)的关系的观点,在这段话中已可明见。

　　荷尔德林的第三个中心诗句接着要解答"语言如何发生"的问题。"自我们是一种对话,而且能被此倾听,众多天神得以命名。"这就是说,语言根本上乃发生于对话(Gespräch)中。我们人是一种对话,这也等于说:我们人能彼此倾听。说和听是同样源始的。语言就在说和听中实现出来。此处的关键在于"众多天神得以命名"一句。海德格尔释之曰:"自从语言真正作这对话发生,诸神便达乎词语,一个世界便显现出来。但又必须看到:诸神的出现和世界的显现并不单单是语言之发生的一个结果,它们与语言之发生是同时的。而

---

① 海德格尔:《荷尔德林诗的阐释》,第三版,美茵法兰克福,1963年,第35页。

且情形恰恰是,我们本身所是的本真对话就存在于诸神之命名和世界的词语生成(Wort-Werden)中。"①实际上,是诸神把我们带向语言,诸神招呼我们,我们应答(Zusagen)诸神,诸神才获得命名。但谁来"命名"诸神呢？并非我们中无论谁谁都可以负此重任的。唯有诗人。

所以,荷尔德林接着诗曰:"但诗人,创建那持存的东西(Was bleibt aber, stiften die Dichter)。"海德格尔认为,此处所谓"持存"(das Bleibende),即是"存在"(Sein)。存在不是已经现成之物,而总是发生着、涌现着的,固此可以说是"易逝的"。"创建"这易逝的存在,保持神圣,正是诗人的天职。"创建"通过"命名"来实现。诗人命名诸神,命名一切存在者。凭此"命名",存在者才被"指派"(ernennen)为它所是的东西。"诗乃存在之词语性创建(worthafte Stiftung)。"②在"艺术作品的本源"中,我们已经看到,海德格尔区分了"创建"的三重意义:捐赠、建基和开端。创建存在绝不是对现成事物的加工。创建是自由的创造,"新"的设立,是一种充沛的"捐赠"。诗把存在"捐赠"出来。"捐赠"即"建基"。"捐赠"之际,人才有"本",人才被建基于大地之上。所以,荷尔德林诗曰:"人诗意地,栖居在这片大地上。"

"充满劳绩,然而人诗意地,栖居在这片大地上。"人有劳碌之命,但人之栖居的本质不在于劳碌。人的栖居是因为诗的存在之创建而获得奠基。所以人之存在在根基上就是"诗意的"。人生在世,乃诗意地栖居在这片大地上。

但这诗句的意义还不止于我们从字面上获得的美妙感觉。海德

---

① 海德格尔:《荷尔德林诗的阐释》,第三版,美茵法兰克福,1963年,第37页。
② 海德格尔:《荷尔德林诗的阐释》,第三版,美茵法兰克福,1963年,第36页。

格尔后来以此诗句为题专门作了一个演讲(1951年)。如果说诗人因为"作诗"而活得"诗意"十足,似乎不会引起多少异议。但荷尔德林这个诗句说的是人。海德格尔认为,荷尔德林的这个诗句标明了人之存在的基本特征,即栖居的"诗意"本质。作诗并不是一个职业,以此为职业的倒也不见得就是诗人了。作诗乃是人之实存的本真特性。人当然可能堕落,沉沦于非本真的无诗意状态,但无诗意的非本真不能否定诗意的本真。海德格尔说:"栖居之所以可能是无诗意的,乃因为栖居本质上是诗意的。"①人有视力,才会有盲者。绝不能因为有盲者而否定人有视力。人本质上是要"作诗"的。

"作诗"让栖居成为栖居。但人又是如何达到栖居的?是通过"筑造"。无所筑造便无所栖居。所以,所谓"作诗"也是一种"筑造"。海德格尔从词源上考证说,在古高地德语中,"筑造"(bauen)即buan,意即"栖居"(wohnen)。而且,表示"筑造"的buan、bhu、beo亦即"我是"(ich bin)、"你是"(du bist)中的bin(是)。就此而言,"我是"、"你是"即是"我栖居"、"你栖居"。② 足见"筑造"、"栖居"与"作诗",甚至与人的"是"(存在)是一体的关系。人存在,即作诗,即筑造和栖居。人生在世,是诗意的栖居。

诗人荷尔德林关于"诗意的栖居"道出了更多的东西:

> 如果生活纯属劳累,
> 人还能举目仰望说:
> 我也甘于存在吗?是的!
> 只要善良,这种纯真,尚与人心同在,

---

① 海德格尔:《演讲与论文集》,德文版,弗林根,1978年,第197页。
② 海德格尔:《演讲与论文集》,德文版,弗林根,1978年,第141页。

人就不无欣喜
以神性来度量自身。
神莫测而不可知吗?
神如苍天昭然显明吗?
我宁愿信奉后者。
神本是人的尺度。
充满劳绩,然而人诗意地
栖居在这片大地上。我要说
星光璀璨的夜之阴影
也难与人的纯洁相匹敌。
人是神性的形象。
大地上有没有尺度?
绝对没有。

海德格尔认为,通读这首诗,我们就可以更深入地理解"充满劳绩,然而人诗意地,栖居在这片大地上"这个中心诗句的意思了,可以更好地理解栖居的诗意本质了。人如此劳碌,但何以人仍能在仰望之际说"我也甘于存在"呢?因为人用神性度量自身。人用神性来度量他的栖居,度量他在天地之间的逗留,人因之才能合乎本性地存在。人之栖居,就在于他仰望着去测度天地共属的那一"度"(Dimension)。"测度"不是科学上的测量,不是测量科学意义上的自在的大地和天空。"测度"之所测,是测人栖居于其中的那一"度",天地合一的那一"度"。"测度乃栖居的诗意本质。作诗是一种度量(Messen)。"① 而"度量"活动实即尺度之采取,作为"度量"的作诗乃

---

① 海德格尔:《演讲与论文集》,德文版,弗林根,1978年,第189页。

是"采取尺度"(Maβ-Nahme)。通过"采取尺度",人才为他的本质之幅度接受尺度,从中也就实现了对他的本质存在的测度。所以,荷尔德林是在"采取尺度"中看出了栖居的诗意。

那么,人在作诗之际采取何种尺度来度量自身,测出自己的存在的幅度呢?只有"神性"这个尺度。神本是人之尺度。神莫测而不可知么?神如苍天昭然显明么?两者之间,荷尔德林更愿意相信后者。为何?因为神固然不可知,但通过天空(Himmel)得以彰现出来。"不可知的神通过天空的彰现而显现,这种显现(Erscheinen)就是人据以度量自身的尺度。"①天空是神的"显",而神本身是"隐"而不显的。天地之间万物的光影声色、盛衰枯荣,都是天空的"面貌",是神的"显现"。但是诗人之为诗人,也不在于描绘一番天地形象。诗人还要道说那自行遮蔽的、隐而不显的神本身。诗人呼唤神圣。诗人以"形象"道说神圣。所以荷尔德林说,神性是人的尺度,而人是神性的形象。

作诗就是对诸神的源始命名,而诗意词语的命名力量来自诗人对"显"出的诸神的响应。诸神"显"出即是诸神的语言。荷尔德林有诗云:"自古以来,诸神的语言就是暗示"。诗人的道说就是对诸神的"暗示"(Winke)的"截获",进而把此"暗示"暗示给诗人的民众:

　　……大胆的精灵,宛若鹰隼
　　穿越狂风暴雨,预言着
　　他未来诸神的消息……

---

① 海德格尔:《演讲与论文集》,德文版,弗林根,1978年,第191页。

作诗系于诸神的"暗示",而诗意词语又是对"民族之音"的解释。因此,"诗的本质就被嵌入到诸神之暗示与民族之音的相互追求的法则中了。诗人本身处于诸神与民族之间"。① 诗人在神与人之间。诗人把神的消息和暗示传递给人们。所以,海德格尔也把诗人叫做"半神"(Halbgott)。

总之,照海德格尔的阐释,无论是诗的本质,诗人的天职,还是人的本质存在,都要在"神-诗人(半神)-人"这层关系中来摸索。只有在这层关系中,我们才能探明人是谁,人的存在定居于何处,我们才能说"人诗意地栖居在这片大地上"。

第四节 荷尔德林的自然和神圣

我们已经指出,海德格尔对荷尔德林的厚爱并非无缘无故。原因有二:首先,在海德格尔看来,荷尔德林的诗表达了诗的本质和诗人的天职;其次,海德格尔认为,荷尔德林在一个多世纪前就先行吟唱了存在之真理(澄明)。关于前一点,我们前面已经有了讨论;关于后一点,显然也是更为根本的一点,我们在这里还要有进一步的了解。

荷尔德林的诗歌诗意地命名了存在。这种命名突出表现在荷尔德林诗作的中心词语"自然"(die Natur)和"神圣"(das Heilige)上。这就是说,在海德格尔看来,荷尔德林借"自然"和"神圣"之名道说了"存在"。就此而言,荷尔德林的诗就可以标志着"存在历史"的一个"转向"。

据笔者所见,海德格尔主要是在阐释荷尔德林的《如当节日的

---

① 海德格尔:《荷尔德林诗的阐释》,第三版,美茵法兰克福,1963年,第43页。

时候……》一诗时,对荷氏的"自然"作了专门的讨论。《如当节日的时候……》写于1800年;100多年之后才由N.v.海林格拉特从荷尔德林遗稿中整理出来,并公诸于世。我们这里不能照录这首七节长诗,仅译出海德格尔着重探讨的几节。荷尔德林在第二节中写道:

> 同样地,他们处于适宜气候中
> 自然的轻柔怀抱培育诗人们,
> 强大圣美的自然,它无所不在,令人惊叹,
> 但绝非任何主宰。
> 因此当自然在年岁中偶有沉睡模样
> 在天空、在植物或在民众中,
> 诗人们也黯然神伤,
> 他们显得孤独,却总在预感。
> 因为在预感中自然本身也安宁。①

我们从这节诗并且联系全诗来看,诗人在这里写的是自然与诗人的关系。这一点是不含糊的。自然"强大"而"圣美",令人惊叹而无所不在。诗人们被摄入自然的轻柔怀抱中,自然培育了诗人。自然偶有"沉睡"——依海德格尔来看,即偶有"不在场"。但这种"沉睡"却只是一种"假象"(Schein),其实"不在场者"也总在到达之中。诗人们也只是看来显得"孤独",其实也并不孤独,因为诗人们"总在预感"那个看来似乎"沉睡"或"不在场"的自然。所以,有所预感的诗人保持在与自然的归属关系中——"因为在预感中自然本身也安宁"。总之,诗人们心系自然,诗人的本质是要根据自然的本质来衡

---

① 引自海德格尔:《荷尔德林诗的阐释》,第三版,美茵法兰克福,1963年,第47页。

度的。

但是这样的意思实在是不足为奇的。浪漫主义诗人和诗学家们一向就是提倡返归自然,要在自然怀抱中觅得诗意灵感的。如若不是把这首诗置于海德格尔的"语境"中,我们恐怕很难把它与华兹华斯、柯勒律治或别的浪漫派诗人的诗作区别开来。朱光潜论中西诗人对自然的态度时说:"中国诗人在自然中只能听到自然,西方诗人在自然中往往能见出一种神秘的巨大的力量。"① 此话可信。荷尔德林在此所谓的"圣美的自然"当然有别于陶渊明的"悠然见南山"的那种自然而然;但泛神论式的自然态度在西方却是不稀奇的。

然而,海德格尔却要在荷尔德林这首诗歌中听出另一番寓意。首先,海德格尔认为,如若我们在此把荷尔德林的"自然"当作人们一般滥用的自然,那是不免把荷氏的诗曲解了的。通常人们谈论"自然与艺术"、"自然与精神"、"自然与超自然"等等,这里所谈的"自然"不外乎是存在者的一个特殊领域。海德格尔说,甚至连荷尔德林本人在《如当节日的时候……》之前所写的诗作中,也还是在通常意义上用"自然"一词的。② 然而在此后的诗作中,荷尔德林诗作中出现的"自然"就远不是一般所见的"自然"了。这里,海德格尔似乎认为荷尔德林的诗歌创作经历了一个"转向"。值得指出的是,依海德格尔所见,荷尔德林是在1800年的这首《如当节日的时候……》中才开始使用"存在历史"意义上的"自然"一词的;而两年之后,荷尔德林便精神病发作。如此看来,是否荷尔德林的精神失常是由这一"转向"所引起的,是由于对"存在历史"的深刻洞见这一"精神历险"所引发的呢?我们不得而知,海德格尔也没有论及此点。

---

① 朱光潜:《论诗》,三联书店,1984年,76页。
② 海德格尔:《荷尔德林诗的阐释》,第三版,美茵法兰克福,1963年,第54页。

姑存一问。①

不论是否合荷尔德林的本意,总之海德格尔对荷氏的"自然"这个主导词语作了独到的阐释。鉴于"自然"概念的歧义性和由于人们的滥用而带来的误解,以及传统形而上学在这个词语上的烙印,海德格尔认为我们本不该用这个词语了。如若不得已还要用这个词,那么首先就须得用"词源"方法来回复这个词的本来的"道说力量"。

海德格尔认为,荷尔德林的"自然"(或许我们更应该说,是海德格尔所见的荷尔德林的"自然")基本上恢复或保存了西方思想开端之际作为思想家的基本词语的 Physis 的本来意义。后世所谓自然(natura),希腊文作 Physis;而 Physis 大致有"出现"、"涌现"、"开启自身"之意。进一步讲,Physis 即入于敞开领域的涌现,入于"澄明之照亮"(das Lichten der Lichtung)之中。可见,Physis 根本不是某物,相反,某物只有入于 Physis 这种"澄明"中才以其"外观"表现出来,即现身在场。但我们凭何感知这种"敞开领域之澄明"(die Lichtung des Offenen)呢?需得有"光"(Licht)。Physis 澄然照亮,即有光,万物才显现出来。因此,海德格尔说,"Physis 是照亮之澄明的涌现,从而是光的发源地和场所"。②

无疑,海德格尔这是在说自己的思想。也许为了保险起见,海德格尔一方面认为荷尔德林的"自然"按照 Physis 这个源初的基本词语所隐含的真理诗化了它的本质,另一方面又赶紧补充说,荷尔德林

---

① 关于在东西方的伟大诗人中相对高密度的"自杀"和"精神失常"("精神自杀")现象与文化危机之间的深刻的内在联系的探讨,可参看刘小枫:《拯救与逍遥》,特别是该书的"绪论:诗人自杀的意义"。作者称:"诗人自杀的事件是20世纪最令人震惊的内在事件。"而荷尔德林之发疯,看来已然成了这个事件的先导。

② 海德格尔:《荷尔德林诗的阐释》,第三版,美茵法兰克福,1963年,第55页。也参看本书第二章。

也还没有认识到 Physis 的上述源初内涵。归根到底，Physis 的源初意义，在人们拿 natura 去翻译它时，就已经丧失了许多，后来更加入了一些有违于原义的生疏的东西。即使在今天，人们也还没有细细思量这个词语在思想的开端所独具的开端性的东西，又如何能要求荷尔德林对之有明确的认识呢？诗人总归只有"预感"和"暗示"而已。

固然不能要求荷尔德林对 Physis 有高度的认识，但海德格尔认为，荷氏还在"自然"一词中诗意地表达出"另一个东西"，后者则又与希腊人借 Physis 所命名的那个东西有某种隐含的关系。这里所谓"另一个东西"就是"神圣（者）"（das Heilige）。海德格尔发现，荷尔德林在《如当节日的时候……》这首赞美诗之后，其实不再把"自然"当作基本词语了，而代之以"神圣者"一词。在海德格尔看来，这乃是荷尔德林开始更源初地道说的结果和标志。从海德格尔所引的荷尔德林的几首诗来看，确有这种情况。所以，照海德格尔的意思，当荷尔德林洞见到"自然"的源始意义时，他就试图用另一个词语，即"神圣者"一词，来诗意地运思了。

《如当节日的时候……》一诗的第三节唱道：

> 但现在正破晓！我期候着，看到了
> 神圣者到来，神圣者就是我的词语。
> 因为自然本身，比季节更古老
> 并且逾越东、西方的诸神，
> 自然现在已随武器之音苏醒，
> 而从天穹高处直抵幽幽深渊
> 遵循牢不可破的法则，一如既往地
> 自然源出于神圣的混沌，

> 重新感受澎湃激情,那创造一切者。

这节诗在海德格尔看来十分重要。我们先按照海德格尔的读解思路对之作简明的"释义"。

"破晓"是光从隐处(黑暗)升起,可以说,"破晓"过程就是Physis的运作,是"敞开领域"(Offene)的澄明照亮,用荷尔德林的诗来说,即是"神圣者到来"。"神圣者就是我的词语"——此话怎讲?因为"神圣者""令"(召唤)诗人去"命名",用词语去"命名""神圣者"所"显"出来的Physis,即自然。而这一"命名"又总是在"显"与"隐"的紧张关系中(要从"隐"处把"显者"命名出来),也即词语在"显"与"隐"的"冲突"中,所以说,词语是"武器"。海德格尔引荷尔德林的赞美诗《多瑙河之源》中的一句诗:"词语的武器"是保存神圣者的"圣物"。"自然"现在是随"武器之音"苏醒了,也即随诗人的命名活动苏醒了。关于这里的"自然"的意思。我们不妨概括如下:一、"自然"源出于"神圣者"(荷尔德林又叫"神圣的混沌"),是根据"神圣者"的牢不可破的法则而彰现出来的。二、"自然"是无所不在的"创造一切者",其老更甚于季节(时间),是在先的,并且"超越""诸神"。

这里,我们特别需要注意"神"(das Göttliche)或"诸神"(Götter)、"自然"(Natur)与"神圣者"(das Heilige)的区别和联系。首先,海德格尔严格区分了"神圣者"与"神"(诸神)。海德格尔说:"神圣者"绝不是某个固定的神所秉有的特性。"神圣者"不是神性的(göttlich),而是"神圣的"(heilig);相反,神是神性的,因为它的方式是"神圣的"。海德格尔的意思很明白:"神圣者"高于"神",是"神圣者"使得"神(性)"和"诸神"成为可能。"神"(诸神)是"神圣者"的存在方式。进而,海德格尔认为"自然"是"神圣者"的彰现,是高于"诸神"的,或者毋宁说,"自然"包含了"诸神"。"'强大的'自然比诸神更能有另一番作为:在作为澄明之自然中万物才能现身当前。"①

总之,这里可以说有以下的"递进"关系:

神圣者——→自然——→诸神

对以上关系,我们仍需有一个进一步的具体描画。"神圣者"是"自然"的本质。"自然"是"神圣者"的"显"。因此荷尔德林也可以把"自然"称为"神圣的"。"显"的过程即是"破晓"、"苏醒";"显"才有了"光",才照亮了万物,让万物涌现出来而成其所是。所以"自然"是"创造一切者",当然是源出于"神圣的混沌"才创造一切。这所谓"一切"当然也包括"诸神"。所以"自然""从天穹高处直抵幽幽深渊",是囊括了万物的。这诗句中所说的"天穹"和"深渊"十分关键。海德格尔说,"天穹"(Äther)这一名称表示"光之父",而"深渊"(Abgrund)意谓"大地母亲"(地母)所孕育的"锁闭一切的东西"。"天穹和深渊既命名着现实的极端区域,也命名着最高的神性。"②天穹(天父)是"显",是"解蔽",是"光";而"深渊"(地母)是"隐",是"遮蔽",是"光"的隐失。

海德格尔在阐释荷尔德林的《还乡——致亲人》一诗时,花了可观的笔墨来讨论这里所说的"天父"和"地母"。在那里,他借荷尔德林的诗句称"天穹"即"光"为"年岁天使",称"深渊"即"大地"为"家园天使"。③ 据此,我们也可以列出下面的图式:

---

① 海德格尔:《荷尔德林诗的阐释》,第三版,美茵法兰克福,1963年,第58页。
② 海德格尔:《荷尔德林诗的阐释》,第三版,美茵法兰克福,1963年,第59页。
③ 海德格尔:《荷尔德林诗的阐释》,第三版,美茵法兰克福,1963年,第16页。

$$\text{神圣者} \longrightarrow \text{自然} \longrightarrow \begin{bmatrix} \text{天穹(光)}——\text{年岁天使} \\ \text{深渊(大地)}——\text{家园天使} \end{bmatrix}$$

至此，已经越来越显明的是，海德格尔思想"转向"之后所构筑的存在之思，特别是他的关于存在之"显－隐"关系的思想，或者说，他的关于"世界－大地"关系的思想，是与荷尔德林的诗作相互对应、相互启发的。我们既可以说海德格尔是以其存在之思来阐释荷尔德林之诗，也可以说海德格尔是借助于荷尔德林的诗来构筑他的存在之思。荷尔德林的"神圣者"对应于海德格尔的"存在"（后来所思"大道"或"本有"），荷尔德林的"自然"对应于海德格尔的"世界游戏"说中的"世界"，荷尔德林的"天穹"和"深渊"对应于海德格尔的"天"和"地"。海德格尔后期的"天、地、神、人""四方"的"世界游戏"说，在阐释荷尔德林的诗歌时实已形成了。

海德格尔接着对《如当节日的时候……》一诗的阐释就着手讨论了"四方"中的神和人，特别是诸神与诗人们。荷尔德林的这首诗的第六节中有这样几句：

> 诗人的心灵悚然震惊，
> 被神圣的火焰点燃，
> 久已知道的无限物在回忆中颤动，
> 果实在爱情中诞生，那诸神和人类的作品
> 歌唱蔚为大观，见证着诸神和人类。

因为天正破晓，即神圣正在"到达"，在"涌现"（Physis）过程中成其本质，于是乎万物成其所是，"年岁天使"、"家园天使"等等纷纷登场现身。正如上文所引，这里所说的"年岁天使"（天穹）和"家园

天使"(深渊)既是现实的两个"极端区域",又是对"最高的神性"的命名。而诸神和人类就在这"两极"之间运作,才有了"诸神和人类的作品"。

然而,诸神和人类是在与"神圣者"的关系中才达乎一体的。海德格尔说:"因为无论是人类还是诸神都不能自力地完成与神圣者的直接关系,所以人类需要诸神,天神之物需要终有一死者。"①这里所谓"天神之物"(Himmelische)即诸神之域,而"终有一死者"(Sterbliche)即有限的人类。荷尔德林在《回忆》一诗中云:

……天神之力并非万能
正是终有一死者更早达乎深渊

足见诸神与人类表征着"神圣者"显露领域的"两极":诸神在"天穹"之域,人类在"深渊"(大地)之域。但也只有在这一貌似分划开来的"两极"中,诸神才必然成为诸神,而人才必然成为人,同时两者之间才有了"爱情"。此处所谓的"爱情"(Liebe)实乃"圣爱"。由此"爱情",诸神与人类结成一体,一体地属于"神圣者"了。

那么,由谁唤来这"圣爱"呢?唯有诗人。诗人在"自然"之怀抱中,实质上就在神圣者的怀抱中,诗人的本质就在于被神圣者所拥抱。神圣之光击中了诗人的心灵,于是诗人的心灵颤动起来,并且是被"回忆"所颤动,即为先行发生的"神圣者的自行开启"所颤动。神圣者在先,诗人期候着神圣者,此乃所谓"回忆"。"颤动打破了沉默的宁静。词语生成。如此这般产生的词语作品才能显现出神与人的一体关系。歌给予神人一体关系的基础以证据。歌见证(be-zeugt)

---

① 海德格尔:《荷尔德林诗的阐释》,第三版,美茵法兰克福,1963年,第66页。

神圣者。"①

领受着神圣者之恩慈的诗人的歌唱见证着神圣者,见证着诸神和人类的一体关系。诗人当然不是直接去命名神圣者,而是受神圣者所激励,去命名、道说诸神,去歌唱、见证神圣者。用荷尔德林的诗来说,神圣者开启之际,"歌唱蔚为大观",道说着神圣者的词语在诗人心中蔚为大观。于是——

> 因此大地之子现在毫无危险地
> 畅饮天国之火。
> 而我们诗人!当以裸赤的头颅,
> 迎承神的狂暴雷霆,
> 用自己的手去抓住天父之光芒,
> 抓住天父本身,把民众庇护
> 在歌中,让他们享获天国的赠礼,
> 因为我们唯有纯洁的心脏
> 宛若儿童,我们的双手清白无邪。

这里,照海德格尔看来,荷尔德林道出了诗人所负的有别于一般人类("大地之子")的天命。事情是这样的:由于神圣者的到达,歌唱蔚为大观了,所以"大地之子"和诗人们都被抛入一种新的现身存在方式中;但结果,"大地之子"的现身存在方式与诗人们的现身存在方式愈加分道扬镳了。现在,"大地之子"直接可以无危险地畅饮"天国之火",领受神圣的光芒;而诗人们却被置入了最极端的危险之中,诗人们必得无畏地去迎受神圣者的狂暴雷霆,去抓住天父的光

---

① 海德格尔:《荷尔德林诗的阐释》,第三版,美茵法兰克福,1963 年,第 67 页。

芒,并且付诸歌唱,让"大地之子"("民众")庇护在歌之中。

如果说神圣者是至高的直接性,那么诗人的天职就是根据这一直接性的"牢不可破的法则",以中间者的间接性唱出神圣者之歌。但是在现在这个破晓时分,"直接者"(神圣者)本身是不能直接"审听"到的。诗人们不免不堪重负,他们所能抓住的也只是比他们更高一些的诸神(天父)的光芒,他们所能命名的,也只是作为"较高的间接者"的诸神。诗人的义务就是保持与这个"较高的间接者"的关系。这样的诗人可不好当,经受心灵之伟大的艰苦卓绝的历险势所必然。因此这样的诗人不免是罕见的,归根到底,他们是一些"未来诗人"。而像荷尔德林这样先行一步的"未来诗人",不免就要失常于他的时代了。

以上所述,我们仍不妨用图式较为清晰地端出:

神圣者(直接者、至高者)──→诸神(较高的间接者)──→诗人(半神、间接者)──→民众(大地之子)

这就是海德格尔所见的荷尔德林的"神圣者"之"贯彻图"了。从"神圣者"到"民众",看来还隔了两层。"神圣者"以诸神和诗人为中介,并且在诗人的歌唱中诞生。但正是这一点含着大危险,它大有可能威胁"神圣者"的本质,使"直接者"颠倒而为"间接者"。这也就是说,"神圣者"有被"异化"的危险。"由于神圣者成为词语,神圣者最内在的本质就动摇了,法则受到威胁。神圣者便有成为不牢固之虞。"[1]然而,荷尔德林在这首诗的结尾唱道:

---

① 海德格尔:《荷尔德林诗的阐释》,第三版,美茵法兰克福,1963年,第70页。

> 天父的纯洁光芒,并没有把它烤焦,
> 虽受深深撼动,却还同情于神的痛苦,
> 永恒心脏坚如磐石。

照海德格尔看来,这里所谓"永恒心脏",指的就是至高的"持存者"(das Bleibende),亦即"神圣者"。"神圣者"看来受到了诗人的歌唱的词语中介化的威胁(这是由"神圣者"的到达所要求的),更凶猛地,诸神("天父的光芒")大有剥夺"神圣者"之直接性的危险,"神圣者"面临着成为间接物的灭顶之灾。这乃是"道(言)成肉身"中必然的现象,也即通常人们所说的词语的"异化"和宗教的"异化"。

那么,"神圣者"是否就因此丧失、湮没了呢?荷尔德林的回答是:"永恒心脏坚如磐石。"不但本身"坚如磐石",作为"永恒心脏"的"神圣者"还对"神的痛苦"深表同情,因为诸神有归属于"神圣者"而又不得的"痛苦"。总之,无论是诸神还是诗人,它们源出于"神圣者",就不足以与"神圣者"这个本源相抗衡。而对于诸神和"半神"(诗人)来说,本质上必然有一种力求归属于"神圣者"的"痛苦"。

坚如磐石的"神圣者"有待于道说,尽管"道(言)成肉身"必致危害。诗人的天命依然要"痛苦"。这种"痛苦"就是力求"坚定地保持在开端中"的痛苦,就是力求向"神圣者"归属的痛苦。诗人保持着对"神圣者"这一最源初的开端之到达的期候——"诗人创建那持存的东西"。

因此,海德格尔在结束对荷尔德林《如当节日的时候……》这首赞美诗的独特阐释时说,荷氏的诗虽名为"赞美诗",但它不是对某某事物的赞美,既不是赞美诗人,也不是赞美自然,而是"神圣者之赞美"。"神圣者赠送词语并且自身进入词语中。词语乃神圣者之成道事件(Ereignis des Heiligen)。"①这里所言,对后期海德格尔思想来说至为重要。说"神圣者赠送词语",以及"词语乃神圣者之成道事件",已经含着后期海德格尔语言思想的基本要义:语言说而非人说;存在("大道")——也即荷尔德林的"神圣者"——展开而成语言。只是在1930年代海德格尔的思想语汇中,Ereignis 一词(我们此处权译之为"成道事件")恐怕还没有他在 1950 – 1960 年代所用的专门的明确的意义。此点留待后论。

在神性愈来愈暗淡的黑夜时代里,荷尔德林的诗意词语道说着神圣者,追踪着那"坚如磐石"的"永恒心脏"。而倾听者稀。而无家可归者众。而还乡者寂寞。

第五节　贫困时代的诗人里尔克

我们看到,诗人荷尔德林的歌唱恰好唱出了海德格尔的存在之思。"存在历史"的"另一个开端"在荷尔德林那里已有了启发。不管文学批评家们能否同意海德格尔的解释,至少我们可以说,荷尔德林的"诗"与海德格尔的"思"是"互释"的,而这种"互释"实际也是一切解释活动的本性和准则。联系到海德格尔对早期希腊思想的"探源",我们进一步还可以说,早期希腊思想、荷尔德林的诗与海德格尔的思是"互释"的。而这在海德格尔看来,实出于"存在历史"的"命运"。

"永恒心脏坚如磐石"。这是荷尔德林的信念,也是海德格尔的信念。"神圣者"固然可能被遮蔽,为人类语言所蔽,为诸神所蔽,特

---

① 海德格尔:《荷尔德林诗的阐释》,第三版,美茵法兰克福,1963 年,第 74 页。

别为基督教的上帝所蔽;但是"遮蔽"并非消灭,坚如磐石的"神圣者"既不因为上帝之生而生,也不因为上帝之死而消失。这个"神圣者",也正是后期海德格尔所孜孜以求的——其实说"求"并不妥,"求"乃求诸对象,而"神圣者"非对象。"神圣者"自行发生,自行显示。海德格尔之思响应"神圣者",随"神圣者"之"说"而有所道说。后期海德格尔的"大道"(Ereignis)之思,庶几近于思"神圣者"了。

海德格尔是否一神学家?这个问题十分棘手,也是一个聚讼纷纭的课题了。我们已经指出,在海德格尔的语汇和思想中,"神"(Gott)与"神圣者"(das Heilige)是两码事。"神圣者"高于"神"。海德格尔要思的是"神圣者",而不止于思"神"。无疑,海德格尔的本意绝不想成为论证"神"或"上帝"之有无的"神学家"。对于海德格尔这样一位反形而上学(连同也反传统神学)的思想者,我们以为最好是不贴标签,而是任思想"如其所是"。这绝不是和稀泥的中庸态度,而是维护思想的"严格性"。但这又谈何容易呢?[①]

一位西方思想家当然免不了要思基督教的上帝。谁也跳不过这

[①] 在与日本教授手冢富雄的一次对话中,海德格尔谈到,他之所以在后期取消了"现象学"这个名称,并非否定现象学的意义,而是为了"让我的思想保持在无名之中"。参看海德格尔:《在通向语言的途中》,第121页。这话大可注意,可以看做后期海德格尔对自己的思想的一个注解。然而,世人是非要名称不可的。现在触处可见"海德格尔的……论(……观、……学)"了。本书作者虽然力求就"思"论"思",任"思"之保持"无名",但在本书的具体论述中,也终难免已经落此套路。而这本身是不是也彰明着"说"之困难和无奈?

时下人们对海德格尔的理解有两条基本思路:诗学的(美学的)和神学的。不待说,要在海德格尔那里梳理出一个诗学体系或一套神学思想,均不算难事。而在我看来,诗学的理解毕竟有失稳重;神学的思路恐怕也难于涵摄海德格尔思想之全幅——思想的"林中路"。刘小枫在《诗化哲学》和《走向十字架的真》等著作中均重点论及海德格尔,在我看来,他的论述实际上分别尝试了上述两条思路,亦代表了中国"海学"研究界的两种理解倾向。

个"神"。而尤其在尼采喊出"上帝死了"之后,现代的西方的思想家恐怕还多了一项使命:思这上帝之"死"。海德格尔也曾对尼采所说的"上帝死了"做过专题分析。在此专题中,海德格尔着重探讨了由尼采首先揭示出来的"虚无主义"与西方传统形而上学之间的内在关系。海德格尔认为,虚无主义是西方历史的内核,是西方历史的"基本逻辑";而虚无主义的根在形而上学中,并且与西方形而上学的历史结伴而来,是"存在历史"的命运的必然性的展开。①

植根形而上学的虚无主义烙印了我们这个时代,使这个时代成为"贫困时代"。在"诗人何为?"一文中,海德格尔借荷尔德林的诗句发问道:在贫困时代里诗人何为? 无疑,诗人这个负有特殊天命的"半神半人",在这贫困时代里是必得有一番非同寻常的动作的。

在贫困时代里诗人何为? 这个问题含着两部分:何谓"贫困时代"? 进一步,诗人何为?

世人对现时代的人的精神贫困状态的描绘,已经很周全了。而海德格尔的比较著名的说法有:"无家可归状态"、"世界黑夜的时代"、"虚无主义"、"上帝之缺席"等等。在"诗人何为?"中,海德格尔首先对"贫困时代"作了如下刻画:

> "……在贫困时代里诗人何为?""时代"一词在此指的是我们自己还置身于其中的时代。对于荷尔德林的历史经验来说,随着基督的出现和殉道,神的日子就日薄西山了。夜晚到来。自从赫拉克勒斯、狄奥尼索斯、耶稣基督这个"三位一体"弃世而去,世界时代的夜晚就趋向于黑夜了。世界黑夜弥漫着它的黑暗。上帝之离去,"上帝之缺席",决定了世界时代。……上

---

① 海德格尔:《林中路》,德文版,美茵法兰克福,1980年,第219页。

帝之缺席意味着，不再有上帝明显而确实地把人和物聚集在它周围，并且由于这种聚集，把世界历史和人在其中的栖留嵌合为一体。但在上帝之缺席这回事情上还预示着更为恶劣的东西。不光诸神和上帝逃遁了，而且神性之光辉也已经在世界历史中黯然熄灭。世界黑夜的时代是贫困的时代，因为它一味地变得更加贫困了。它已经变得如此贫困，以至于它不再能察觉到上帝之缺席本身了。①

值得注意的是，海德格尔（以及荷尔德林）显然认为，在古代人的源始经验（包括源始的基督经验）中还是有充沛神性的；但一旦基督教形成，上帝就离弃了世界，就到了世界黑夜的时代。基督教并不确立和维护神性，而倒是神性消逝的开始。纵观基督教史，无论是中世纪的宗教黑暗还是宗教改革以来的世俗化运动，都不外乎是对神性的背弃。我们认为海德格尔的说法是很深刻的。显然，海德格尔认为，"上帝之死"其实早在基督殉道的时代就已经被铸定了。因为上帝的离弃，神性的光辉黯然，世界就进入黑夜了，时代就成为贫困的时代了。世界黑夜的时代已经漫长，可以说已经达到"夜半"了。"夜半"是最大的时代贫困，却也有了启明的迹象。

因为上帝之缺席，世界失去了它的基础（Grund），而归于"深渊"（Abgrund）了。黑夜已近夜半。夜半中的人们必得期备一个世界黑夜的"转向"。但这并不是说，人们必得去期待上帝的重降。海德格尔说得有趣："世界时代的转向的发生，并非由于何时有一个新上帝杀将出来，或者有一个老上帝重新自埋伏处冲出来。"②复兴基督教

---

① 海德格尔：《林中路》，德文版，美茵法兰克福，1980 年，第 265 页。
② 海德格尔：《林中路》，德文版，美茵法兰克福，1980 年，第 266 页。

怕是救不了人类(西方人)的。恢复"神性"(Gottheit)并不是要重振没落中的基督教。而且,在海德格尔看来,如若"神圣者"的光辉不先在一切存在事物中普照闪烁,则上帝之重降就还是不可能的,神在世界中的居留就也还是不可能的。

那么,如何恢复"神性"——而不是恢复基督教上帝?如何去赢获或达到一个世界时代的"转向"呢?荷尔德林在《回忆》一诗中唱道:

> ……天神之力并非万能
> 正是终有一死者更早达乎深渊
> 于是转变与之相伴
> 时代久远矣,而真实自行发生。

因为神性隐遁到"深渊"中去了,所以首先要有人入于深渊去摸索神性,才有望引来时代的"转向"。而在"终有一死"的人中间,更早地入于深渊去寻觅神性的光辉的乃是诗人。神性的光辉即诸神的踪迹。诸神在基督教的上帝出现之后就隐逝了。所以作为"终有一死者"的诗人,其天命就是要去追寻消逝了的诸神的踪迹,去歌唱那隐失了神性的光辉,从而为他的同类摸索通往"转向"的道路。而所谓神性的光辉或诸神的踪迹,根本上就是"神圣者"(das Heilige)的显现。海德格尔说:

> 诸神唯在天穹之中才是诸神,天穹(Äther)乃诸神之神性。这种天穹的要素是神圣者,在其中才还有神性。对于远逝的诸神之到达而言,也即对于神圣者而言,天穹之要素乃是远逝诸神的踪迹。……在贫困时代里作为诗人意味着:吟咏着去摸索远

逝诸神的踪迹。因此,诗人就能在世界黑夜的时代里道说神圣者。①

诗人的天职是道说"神圣者"。而旁的人则必须学会倾听诗人的道说,庶几才有望摆脱"贫困",从世界黑夜走向白昼。在这里,海德格尔明确地表示,诗人道说的"神圣者"就是他所谓的"存在之澄明";而所谓神性的逃遁,根本上就是"存在的最极端的遗忘",这一遗忘乃是时代的贫困状态的"隐含本质"。所以,海德格尔思"存在之澄明",就等于荷尔德林歌唱"神圣者"。这一点我们上文已经说明了。

贫困时代的诗人并不是触处可见的。触处可见的"诗人"也未必就是诗人。荷尔德林是先行者,因为他如此亲密地诗化地思了"存在之澄明",如此孤独地吟唱了"神圣者"。他同时代的任何诗人都难以与之一较轩轾。诗人荷尔德林出于存在之命运而思存在。所以对荷尔德林的诗,绝不可"审美地"去欣赏,而是要冷静地运思,要在他的诗中去洞察存在历史的轨迹,要与之作一种"存在历史的对话"。

荷尔德林是"诗人的诗人"。但如果独此一家,更无后来,则存在之历史就不成其命运了,所谓"另一个开端"也就开端不起来了。在"诗人何为?"一文中,海德格尔着重分析了 20 世纪的诗人里尔克。我们可以说,海德格尔是想借里尔克作试金石,考验一下他自己的"存在历史"观。

里尔克(R·M·Rilke,1875 – 1926)是奥地利诗人。他的诗晦涩而富有哲思。海德格尔选择里尔克作试金石不是偶然的。海德格

---

① 海德格尔:《林中路》,德文版,美茵法兰克福,1980 年,第 268 页。

尔认为,尽管里尔克的诗在存在历史的进程中还没有到达荷尔德林那样的地位和起点,但里尔克也可以称得上是"贫困时代的诗人"了。

要做"贫困时代的诗人",基本的一个条件是对这个时代的"贫困"有清醒的认识。在这一点上,看来里尔克已经够格了。海德格尔引里尔克《致奥尔弗斯的十四行诗》中的一首(第1部第19首):

尽管世界急速变化
如同云形之飘忽,
但完成了的一切
都归本于源初。

在变化和运行之上,
更宽广更自由,
还有你的序曲歌唱不息,
带着七弦琴的上帝。

没有认清痛苦,
也没有学会爱情,
凡在死亡中远离我们的,
都不曾揭开面纱。

唯有大地上的歌声
在颂扬,在欢庆。

海德格尔认为,这首诗就是对时代之"贫困"的清晰认识。它道出了这样的意思:"时代处于贫困不光是因为上帝之死,而是因为终有一死的人甚至连他们本身的终有一死也不能认识和承受。终有一死的人还没有居有他们的本质。死亡遁入谜团。痛苦的秘密被掩蔽了。人们还没有学会爱情。但终有一死的人却存在着。只要语言在,他们就存在。歌声依然逗留于其贫困的大地上。歌者的词语依然持有神圣者的踪迹。"①可见这首诗既认清了时代的"贫困",且也坚持着一个歌者的信念。

里尔克是悲哀的诗哲。有史家把他列入"实存主义(存在主义)"作家的行列中,恐怕多少也受海德格尔对里尔克的阐释的影响。② 然而,如若我们仅仅想在里尔克身上发现那种"实在主义"的情绪,甚至那种"实存主义"的个体"边缘处境",是用不着海德格尔来启发的。下面这首《严重的时刻》读来沉重,充斥着"实存主义"作家所独具的"怆然涕下"的命运感:

> 此刻有谁在世上某处哭,
> 无缘无故在世上哭,
> 在哭我。
>
> 此刻有谁在夜间某处笑,
> 无缘无故在夜间笑,
> 在笑我。
>
> 此刻有谁在世上某处走,

---

① 海德格尔:《林中路》,德文版,美茵法兰克福,1980 年,第 270 页。
② 参看 W.考夫曼编:《存在主义》,中译本,陈鼓应等译,商务印书馆,1987 年。

无缘无故在世上走,
走向我。

此刻有谁在世上某处死,
无缘无故在世上死,
望着我。①

这真是"严重的时刻"!前期海德格尔的"我在世"——总是已经"被抛入"的"在世"——的那种"处身"的实际性和绽出之实存的可能性,里尔克在此以他的诗意语言表达得淋漓尽致了。

但海德格尔并不满足于在里尔克的诗歌里去发现个体实存情绪之类的东西。他现在要用另一种尺度来衡量里尔克是否是一个"贫困时代的诗人"。海德格尔所用的尺度是"存在历史"的尺度,就是要探问:里尔克是否道说了"神圣者",思了"存在之澄明"?为此,海德格尔选释了一首里尔克生前未发表的无题诗。这首诗十分晦涩玄奥。我们试译如下:

正如自然一任万物
听其阴沉乐趣的冒险摆布,而绝没有
以土地和树枝给予特殊保护,
同样,我们对自己存在的源始基础
也不再喜好;它使我们冒险。不过我们
更甚于植物或动物
随这种冒险而行,意愿冒险,有时甚至

---

① 引陈敬容译文,载《图像与花朵》,湖南人民出版社,1984年,第80页。

> 冒险更甚(并非出于贪营私利),
> 甚于生命本身,更秉一丝气息……
> 这就为我们创造安全,在保护之外,
> 那是纯粹之力的重力的统辖之所;
> 最终庇护我们的,是我们的无保护性,
> 而且当我们看到它逼近时,
> 我们已改变了它,使之进入敞开者中,
> 为的是在最宽广轨道中,
> 在法则触动我们的某个地方,来把它肯定。①

海德格尔对这首诗作了絮絮叨叨的长篇大论。我们在此只能作一些重点的提示。

首先,海德格尔认为,里尔克诗中所作的"自然",不是自然科学意义上的对象领域,而是希腊思想意义上的 Physis 和 Zoe,意即"涌现"和"生命"。所以里尔克诗中的"自然"和"生命",指的是存在者整体意义上的"存在",也是我们人这个存在者的"源始基础"。其次,所谓"冒险"(das Wagnis),据海德格尔解释,其实也是指"存在"。再者,"自然"(存在)一任万物"去冒险"("去存在")。"存在"即是"冒险"。"存在"这一"冒险"对一切存在者起着"牵引"(Bezug)的中心作用,它是赋予存在者(冒险者)以重力的"重力",里尔克称之为"纯粹之力的重力"。可见诗中所说的"自然"、"生命"、"冒险"、"纯粹之力的重力"等,是同一的,都是指"存在"。

诗中的另一个关键词语是"敞开者"(das Offene),它是指"一切存在者作为冒险者始终被交托于其中的那个整体牵引","是一切没

---

① 引自海德格尔:《林中路》,德文版,美茵法兰克福,1980 年,第 273 页。

有界限的东西的伟大整体"。① 这样说仍然费解。从里尔克的自陈来看,"敞开者"似乎是指无锁闭的、无界限的本然状态。任何"限制"都是在人的表象(观念)中建立起来的,所以有意识的人更难直接进入"敞开者"之中。里尔克说,动物在世界中存在,我们则站在世界面前。根据意识的不同等级,万物和人与"敞开者"的关系也是不同的。

总之,在海德格尔看来,里尔克关于"自然"、"冒险"和"敞开者"等的谈论说的就是"存在",但这种谈论根本上还囿于传统形而上学之中。当里尔克把"自然"表达为"冒险"时,他就是在形而上学上根据"意志"的本质来思考"自然"的;他的"敞开者"也还是一个有歧义的形而上学的概念,因为这个概念并没有摆脱"表象性"思维的特性。也即是说,这个"敞开者"与海德格尔在"存在之澄明"意义上所思的"敞开"还是有区别的。海德格尔认为,"里尔克的诗依然笼罩着尼采式的调和的形而上学的阴影"。②

如此说来,里尔克就很难称得上一个在贫困时代里道说"神圣者"的诗人。与荷尔德林相比,里尔克确实是大为逊色了。尽管如此,在海德格尔看来,里尔克的这首诗至少在以下两个方面作了非形而上学的努力,使得他作为一个贫困时代的诗人也还是有些分量的。

其一,里尔克在诗中所说的"无保护性",揭示了技术时代的人类的"贫困"状态。因为里尔克所见的"敞开者"是完美的非对象性的本然状态,而在技术时代里,人变成了对象性的动物,人与"敞开者"的关系是对立的,作为"表象者"和"制造者"的人类无处不贯彻他的"意图",要把一切事物"摆弄"出来。于是乎,照海德格尔的说

---

① 海德格尔:《林中路》,德文版,美茵法兰克福,1980 年,第 280 页。
② 海德格尔:《林中路》,德文版,美茵法兰克福,1980 年,第 283 页。

法,"人本身及其事物都面临着一种日益增长的危险,就是要变成单纯的材料以及变成对象化的功能。……人在无条件的制造这回事上有失掉他自己的危险"。① 这种把世界对象化的活动不仅把人置于"保护之外",而且还日益把保护的可能性给消灭了。"无保护"如何?"无保护"就是人类"无家可归状态"。在这一点上,里尔克的诗揭示得特别显明。

其二,里尔克在诗中亦道出了歌者(诗人)的使命。为了把"无保护状态"转变入"敞开者"之中,从而创造一种"安全存在",就需要那些"冒险更甚者"(即诗人),大胆入于"无保护状态",并且"更秉一丝气息",去道说"美妙"(das Heile)、道说"神圣者"(das Heilige)。海德格尔认为,里尔克诗中的"更秉一丝气息"的"气"就暗示出一种独特的"道说",即诗人的"道说"。海德格尔进一步阐发说,"那些更秉一丝气息而大胆冒险者,是随语言而大胆冒险。他们是道说更甚的道说者"。"冒险更甚者乃是诗人,却是这样一种诗人,他们的歌唱把我们的无保护性转变入敞开者之中。……他们在不妙之境(Unheile)中吟唱着美妙(Heile)。"②

所以,里尔克的"冒险更甚者"就是在世界黑夜的时代里先行入于深渊的诗人。"冒险更甚者在不妙之境中体会着无保护性。他们为终有一死的人带来远逝诸神的踪迹,即消逝在世界黑夜中的诸神的踪迹。冒险更甚者作为美妙神性的歌者乃是'贫困时代的诗人'。"③贫困时代的诗人不但要追踪"神圣者",而且要追问诗人的本质和诗人的天职。在追踪"神圣者"方面,里尔克看来做得还不

---

① 海德格尔:《林中路》,德文版,美茵法兰克福,1980年,第289页。
② 海德格尔:《林中路》,德文版,美茵法兰克福,1980年,第314页。这里需注意"美妙"(das Heile)与"神圣者"(das Heilige)的字面联系和意义联系。
③ 海德格尔:《林中路》,德文版,美茵法兰克福,1980年,第315页。

够,还不如荷尔德林这位"先知"。但在对于诗人的本质和诗人的天职的体认上,里尔克也已经很有作为了。就此而言,里尔克仍可以说是"贫困时代的诗人"。

诗人何为?在贫困时代里诗人的天命为何?诗人荷尔德林给出了答案。后继者里尔克也给出了答案。思者海德格尔更加明察了这一天命。那就是:道说"神圣者"。唯"神圣者"才是"家",才是"保护",才是"安全"。"诗人的天职是还乡,唯通过还乡,故乡才作为达乎本源的切近国度而得到准备。"①

还乡者忧心忡忡。命定的痛苦愁煞歌者。荷尔德林的《还乡——致亲人》一诗唱出了这一番"忧心":

歌者的灵魂必得常常承受,这般忧心,
不论他是否乐意,而他人却全忧心全无。

第六节 解蔽与语言

我们何以要在"解蔽"(Aletheia)这个名目下集中讨论海德格尔的艺术论和诗论,这一点眼下应该是比较清楚了。在"艺术作品的本源"中,海德格尔的最后结论就是:艺术乃存在之真理(Aletheia)的生成和发生;对荷尔德林诗歌的阐释,特别是对荷氏诗歌中的"神圣者"和"自然"等中心词语的阐释,实际上也是着眼于存在之真理的"显-隐"运作和发生来展开的。看起来,荷尔德林的"诗"与海德格尔的"思"简直可以配合得天衣无缝。照海德格尔的理解看,荷尔

---

① 海德格尔:《荷尔德林诗的阐释》,第三版,美茵法兰克福,1963年,第28页。

德林在贫困时代里先行道说了"神圣者",实际上就是先行诗意地"思"了存在之真理的无蔽发生。因此,荷尔德林的"诗"对"存在历史"的"另一个开端"实有启发之功。

作为存在之真理的生成和发生,艺术本质上就是诗。在此我们不可对"诗"(Dichtung)作轻佻通俗的了解。诗不是异想天开的虚构,不是无病呻吟的矫情。诗也不是一般所见的作为艺术门类的诗歌(Poesie)。诗的含义要比诗歌更深、更广一些。从存在之真理方面来规定的诗,应该是涵括诗歌、建筑、绘画、音乐等艺术门类的。

海德格尔把"诗"界说为真理的"有所澄明的筹划"。[①] 我们知道,海德格尔在《存在与时间》中也说"筹划"(Entwurf),那时说的"筹划"是指此在的实存可能性;而在"艺术作品的本源"一文中,所谓"有所澄明的筹划"指的是存在之真理的"贯彻"和"发生",并不单纯指此在(人)的实存方式。这一点在后来的"关于人道主义的书信"一文中说得更为明确:筹划是被抛的,而在筹划中"抛者"不是人,而是存在本身。[②] 所谓"有所澄明的筹划",说的就是存在本身的"投射",即是存在之真理的"显-隐"运作。海德格尔也借荷尔德林的话来讲:"作诗"是"存在之创建"。这里的"创建"一词容易引起误解。"创建"并不是把存在提供出来或制造出来,而是人应合存在之真理的展开,进入"神圣者"的轨迹中有所道说。人"作诗",总是在存在之真理的发生中"作诗"。

作为诸艺术门类之一的诗歌(Poesie)只是真理之有所澄明的筹划的一种方式,也即只是广义的"作诗"(Dichten)的方式之一。当然,狭义的诗(即语言作品)在整个艺术领域中是占有突出地位的。

---

① 海德格尔:《林中路》,德文版,美茵法兰克福,1980年,第58页。
② 海德格尔:《路标》,德文版,美茵法兰克福,1978年,第334页。

关于此点,海德格尔认为,我们必须从一个正确的语言观出发来予以理解。

流行之见把语言看做人传达或交流的工具和媒介。这样见出的语言当然是诗意全无的了。但语言首先并不是这样的工具。海德格尔说:"唯语言才使存在者作为存在者进入敞开之中。在没有语言处,譬如在石头、植物和动物的存在中,便没有存在者的任何敞开性,因而也没有不存在者和虚空的任何敞开性。"① 何以这么讲?因为语言首度"命名"(Nennen)存在者。此所谓"命名"并不是给某物贴上一个标签、冠以一个名称。这种"命名"把存在者带向词语而达乎显现,就是说,"命名"让存在者无蔽而"显"出。此种"命名",海德格尔也称之为"道说"。"道说"的意思也就是"让显现"。真正的语言就是这种"道说"的发生,也即存在之真理的发生。

这里所谓的"道说"(Sage, Sagen)一词殊为重要。海德格尔后来明确指出,他已经不想用被形而上学用滥了的"语言"(Sprache)这个概念了,而要用"道说"(Sage)来表示他所思的语言。

联系到"诗"(Dichtung)来讲,上面已经提到,"诗"是"有所澄明的筹划",其意也即,"诗"是有所澄明的"道说"。广义的"诗"就是"对世界和大地的道说(Sage),对世界与大地之争执领域的道说,因而也是对诸神的一切远远近近的场所的道说。诗乃对存在者之无蔽的道说"。②

这难道不是说,"诗"就是"语言","语言"就是"诗"吗?确然。归根到底,"诗"和"语言"一体地就是"道说",即存在之真理的自行发生。在这种"发生"中,存在者之为存在者得以展示出来,也就是

---

① 海德格尔:《林中路》,德文版,美茵法兰克福,1980 年,第 59 页。
② 海德格尔:《林中路》,德文版,美茵法兰克福,1980 年,第 60 页。

说,存在者达乎"无蔽"而"显"出了。作为"道说"的语言(诗)的"发生"就是由"隐"入"显"的运作。海德格尔也说,"有所筹划的道说"在对"可说的东西"的准备中也把"不可说的东西"带向世界了。此处所谓"可说"与"不可说",我们认为也要从存在之真理的"显－隐"运作方面来加以理解。在语言之"道说"中,在"诗"中,实现着从"不可说"向"可说"的转换,由"隐"入"显"的生成。

语言本身就是根本意义上的"诗"。历史上有语言乃"原诗歌"之说。在海德格尔看来,此说并不充分。与其说语言是"原诗歌"(Urpoesie),倒不如说语言是"原诗"(Urdichtung)。"语言是诗,并不是因为语言是原诗歌;而毋宁说,诗歌在语言中发生,因为语言保存着诗的源始本质。"[①]在这里,海德格尔理解"诗"(Dichtung)与"诗歌"(Poesie)实有"源"与"流"的关系。在源始性的意义上,"诗"与"语言"可以划一,而"诗歌"是在"语言"("诗")中发生的。

但也不可否认,"诗歌"(语言作品)在艺术领域中是有突出地位的。有了上述语言观之后,这一点也不难理解了。如果说在源始意义上语言就是"诗",那么,"诗歌"就是最源始的"诗"了。"诗"发生之际,首先成就的艺术就是"诗歌",就是语言作品。其他艺术门类,如建筑、绘画等等,始终只是发生在"道说"和"命名"的敞开之中,它们是在存在者之澄明范围内的各具特色的"作诗"(Dichten),而存在者之澄明早已不知不觉地在语言(诗)中发生了。"诗歌"最切近于"诗"。总之,是"诗"与"语言"的亲缘一体关系决定了"诗歌"在艺术领域中的突出地位。

这里,海德格尔似乎也提供了关于语言之起源的一个解答。这个解答当然不是科学发生学上的。在海德格尔看来,科学发生学上

[①] 海德格尔:《林中路》,德文版,美茵法兰克福,1980年,第60页。

对语言起源的研究根本就是不当的路子。这种研究所持的语言观首先就错了。语言不是人的对象性工具,是不可能完全对象化的。如果说人有语言,那么在海德格尔看来只是因为人进入存在之真理的发生中了。另一方面,说语言首先不是人的语言,其意倒也不是说没有人也有语言。"人之存在建基于语言;而语言根本上唯在对话(Gespräch)中发生。"①人类此在就是一种"对话存在",而这种"对话存在"就是语言的发生。这也即说,作为存在之真理的语言的发生总是在人的"说"("对话")中展开出来的。因此,如果说果真有"语言的起源"这样一个问题的话,那么,这个问题的答案就不是在科学上能够提供出来的,而是首先必须着眼于存在之真理的发生来思语言的本质和人与语言的关系。

具体地看,海德格尔提出的是一种"诗性起源"说。在他看来,一个历史性民族的语言的形成首先应归功于那些诗人,因为"诗人创建持存"。诗是存在的"创建性命名",是那种让万物进入"敞开领域"的"道说"。先有了诗的源初命名和道说,人们才可能进一步在日常语言中谈论和处置所有这些显出的事物了。因此,海德格尔说:"诗是一个历史性民族的源始语言(Ursprache)。"②显然,这是从存在之真理方面思得的结论。

着眼于存在之真理来思语言的本质,这可以说是后期海德格尔(特别是1930－1940年代)关于艺术和诗的沉思的内在主题。这一番思考的结果表达在海德格尔的一个著名命题中:"语言是存在之家。"这个命题时下已经被广泛地传布,但也许正因此,它也往往没有得到正确的领会,往往被当作一个有趣的口号了。

---

① 海德格尔:《荷尔德林诗的阐释》,第三版,美茵法兰克福,1963年,第36页。
② 海德格尔:《荷尔德林诗的阐释》,第三版,美茵法兰克福,1963年,第40页。

"语言是存在之家。"这是海德格尔在"关于人道主义的书信"（1946 年）一文中提出的一个命题。此文一开头就写道："语言是存在之家，人居住在语言之家中。思想者和作诗者就是这个家的看护人。"行文中又多次出现了这个命题。这并不是一个轻佻的比喻，而是一个严肃的思想命题。但它也不是一个关于语言的科学的"定义"或一个形而上学的"规定"。要说"严肃"，这个命题的"严肃性"是超出科学和形而上学之外的"严肃性"。

从这个命题及其语境来看，海德格尔向我们道出了以下两点：

首先，"语言是存在之家"暗示出，语言乃是存在之真理的发生，语言就是"解蔽或无蔽"（Aletheia）。海德格尔说："语言在其本质中并不是一个有机体的吐白，也不是一个生物的表达。因此语言绝不能从符号特性方面来得到合乎本质的思考，也许连从意义特性方面都不能得到合乎本质的思考。语言是存在本身的既澄明着又遮蔽着的到达。"[①]这里至少有一点是明白的：海德格尔是从存在之真理方面来思语言的。语言就是存在本身的源始的"显－隐"运作，就是"解蔽"（Aletheia）。语言是存在之家。"家"（Haus）这个形象极富启示的弹性和张力。"家"是恬然澄明之所，总是有所照亮，也总是有所庇护。存在本身的运作就是"有所澄明的庇护（隐匿）"，就是"显－隐"的一体。"存在自行澄明而达乎语言，存在总是在走向语言的途中。"[②]这无非是说，存在总是在亦"隐"亦"显"的发生中，而此"发生"就是语言。

其次，我们认为，"语言是存在之家"还从人与语言的关系方面思了人的本质。海德格尔说："人不仅是一种在其他能力之外还有

---

① 海德格尔:《路标》,德文版,美茵法兰克福,1978 年,第 324 页。
② 海德格尔:《路标》,德文版,美茵法兰克福,1978 年,第 358 页。

语言的生物。毋宁说,语言是存在之家,人居于其中而实存,同时看护着存在之真理而又属于存在之真理。"①语言是存在之家,同时也是人的住所。人居于语言之中,而不是在语言之外把语言当作工具来掌握和使用。人居于语言之家中也即居于存在之邻而成为存在的"看护者"。人的本质需得从人的"居家"情况方面来思考,也即要从人与语言(存在)的"归属关系"方面来规定。人首先总是已经在语言这个"存在之家"中看护着存在之真理。这种"看护"的方式有二:"思"(运思)与"诗"(作诗)。正因为人总是在语言中,总在"看护",因此人也才可能"不在家"。而此所谓"不在家",就是语言的荒疏,也是人的沉沦了。

海德格尔所谓的"语言是存在之家"一说有着明确的反人道主义或者主体形而上学的思想立场和倾向,对于后起的后现代主义的主体哲学批判是有启发意义的。罗蒂在比较海德格尔、福柯和德里达这三者时指出:"所有这三个哲学家,虽然动机不一,都一致认为,语言是一种不能归在'人'的概念下的现象。他们认为,我们不应当像塞尔、戴维森和菲什这样的人那样,把语言简单地看做人类用符号和声音达到某些目的的东西。所有这三个人都暗示,对语言'超越人'这个事实的认识将提供新的社会－政治的可能性。"②无疑地,重新摆正人与语言(存在)的关系,在超出逻辑主义和主体哲学(人道主义)的维面上重新理解和认识语言现象,乃是 20 世纪西方思想的

---

① 海德格尔:《路标》,德文版,美茵法兰克福,1978 年,第 330 页。
② 罗蒂:《后哲学文化》,中译本,黄勇编译,上海译文出版社,1992 年,第 135－136 页。也正是在人与语言的关系问题上,在海德格尔"关于人道主义的书信"一文中,德里达看出海德格尔对"主体形而上学"(人道主义)的反动的不彻底性,认为海德格尔走出"人"的方式不会有用,所需要的是一种"风格"的改变,这种"风格"能够"同时说几种语言,产生几种文本"。参看德里达:《哲学的边缘》,英译本,芝加哥,1982 年,第 135 页;另请参看本书第一章第三节。

一个基本努力;而在这方面,海德格尔当然是一个先导人物。

海德格尔后来在"走向语言之途"一文中指出,他的"语言是存在之家"的命题是思语言之本质的。但是,海德格尔说:"哪怕是'存在之家'这个说法也没有提供出关于语言之本质的任何概念,这是令那些哲学家们遗憾的,他们的恼怒在这一说法中还只发现了一种思想的堕落。"①海德格尔并且说,"存在之家"这个说法只是给出了关于语言之本质的一个"暗示"。在这里,关键是要求我们首先解除那种思维陋习,即追求概念性定义的形而上学思维方式。我们已经太深太久地陷于形而上学的概念机器中了,我们总是想在每一个句子中见出"什么"来,找出某个确定的"内涵"来。而在海德格尔看来,一切形而上学上的概念和定义不但都触不着语言的本质,而且还构成了对语言之本质的损害和掩蔽。海德格尔根本没有试图端出诸如此类的一个关于语言的"定义",他所做的,只不过是"暗示"而已。

语言是存在之家。这是后期海德格尔的"语言-存在"之思的一个诗意结论。而从海德格尔的整个后期思想来看,它也不是一个最终的结论。说语言是存在之家,意思就是:语言是存在本身的由"隐"入"显"的运作和展开。语言是一种源始性的"显"(Aletheia),是存在之真理的澄明发生。

然而,存在本身的"显-隐"运作乃是一体两面的,它既是"显"(由隐入显)又是"隐"(由显入隐)。海德格尔的围绕"解蔽或无蔽"(Aletheia)的语言(诗、艺术)之思尽管已经对这两面的"显-隐"运作都有了揭示,但这种"解蔽"(Aletheia)之思侧重的还是"显",或者更准确地说,是侧重于存在本身之运作的由"隐"入"显"。由"隐"入"显"即"成世界"("世界化"),就是澄明之光的普照。由此一

---

① 海德格尔:《在通向语言的途中》,德文版,弗林根,1986年,第112页。

"显",万物各各成其所是,世界成世界了,世界诸要素(天、地、神、人之"四方")纷纷现身出场了。这一源始的"显"也就是语言的"道(言)成肉身"。

由此也可见出,"解蔽"(Aletheia)之思尚有不足之处,还需得着眼于"隐",也即着眼于由"显"入"隐"的方面,来思"存在-语言"的运作。由"隐"入"显"的"世界化"成就了"多",万物各各呈现出迥然不同之仪态。但"多"如何合而为"一"?这恐怕是海德格尔进一步的运思课题,即"逻各斯"(Logos)这个思想课题了。

第四章 聚集(Logos):物·词

"解蔽"(Aletheia)和"聚集"(Logos)是海德格尔1930年代实行思想"转向"之后的两个基本的思想课题。海德格尔的早期希腊之思已经启发出这两个课题。以这两个词语来概括和理解后期海德格尔思想发展的脉络,是适切的,也是合乎思想的实情的。我们并且发现,尽管"解蔽"(Aletheia)和"聚集"(Logos)是后期海德格尔思想中的两个不可分离的一贯的课题,但关于Aletheia(真理、艺术、诗)的讨论更集中在1930 – 1940年代,而关于Logos(物、词)的讨论更集中在1950年代。因此,本书的论述实际上是依着一种并不十分严格的时间秩序来展开的。

依我看,海德格尔围绕着"解蔽"(Aletheia)所作的诗意运思的着眼点是存在(希腊意义上的Physis)的**否定性**的方面。海德格尔有时也把Aletheia书作A-letheia。"A-"为希腊文的否定性前缀,lethe意谓"遮蔽"、"晦蔽"。"解蔽"即"**不 – 蔽**",去掉遮蔽而使存在者万物显现出来。"解蔽"之际,万物显出,各各成其所是,于是有"天、地、神、人"之世界整体。这是从"不"(Nicht)方面来思存在。"不"使某物是某物而不是他物。"不"使存在者入于存在之澄明,入于存在之"涌现"(Physis)的光亮中。这样的"不"着的Aletheia与Physis是同一的。"是"(存在)本身就"不"。

而事情的另一方面更要直接从"**是**"本身着手。就"解蔽"(Aletheia)而言,我们必得问:凭Physis的"不"("解蔽")而各各成其所是的存在者("天、地、神、人"诸要素),是如何合为一体而成"世界"

的？质朴地讲，由"解蔽"显出的"多"是如何达乎"一"的？答案就在"聚集"(Logos)中觅得。因此，在我看来，后期海德格尔之思"聚集"(Logos)，实际乃是从**肯定性的**方面思存在本身。相对于 Aletheia 而言，思 Logos 就是要从"显－隐"运作的"隐"方面来思"存在－语言"，思作为"有所澄明的隐匿"的存在本身如何把一切存在者聚合为"一"。

然而，这里我们仍旧要先行强调指出，分别地讨论 Aletheia 和 Logos，并不意味着两者是互不相关的两码事，也并不意味着存在之运作是先"解蔽"（显、分）而后"聚集"（隐、合）。毋宁说，"解蔽"(Aletheia)与"聚集"(Logos)是存在的一体的运作。根本上，Logos 也就是 Aletheia。① 如果说 Aletheia 是"显－隐"运作，是"隐"之"显"，那么，Logos 也是既"显"又"隐"的，是"显"之"隐"。两者各有侧重，却不失为一体。

Logos 是"聚集"，亦即赫拉克利特所说的"一是一切"中的"是"。"一"如何"是"一切？这是本章要解答的问题，实即"聚集"之方式问题。海德格尔关于 Logos 的思考集中在"物"和"词"上。"物"和"词"，是 Logos 的基本的"聚集"方式。我们还将看到，海德格尔关于 Logos 的探讨更直接地切中了"语言－存在"这个思想主题。

第一节　物——聚集方式

在"逻各斯"(Logos)的名下来讨论物，不免有些奇怪。莫非海德格尔所思的物，不是人们一般所见的物？倒也并不尽然。海德格

---

① 海德格尔：《演讲与论文集》，德文版，弗林根，1978 年，第 213 页。

尔自己的意图是要还物以本来面目,是要把物从形而上学的"高度"拉回到"日常"水平上来,来思切近的"朴实无华的"物。但何以物与这个 Logos 联系在一起了?

前文对于 Logos 的源始意义已有了许多讨论。我们已经知道,海德格尔是从其动词形式 legein 来理解希腊名词 Logos 的。希腊文的动词 legein 是多义的,但基本意思是"聚集",名词 Logos 就是把一切存在者集而为"一"的那种"聚集"。不过,这样的 Logos 与物有何干系? 物如何是"聚集"方式呢? 这里又有一番玄奥的运思。

海德格尔前、后期关于物的思考有一些变化。即便是后期海德格尔的关于物的思考也有一个发展过程。在此我们有必要先摆一下这个情况。

前期海德格尔少用"物"(Ding)一词。《存在与时间》中约在五六个不显眼的地方用了"物"这个词。海德格尔在讨论"周围世界"时重点考察的是"器具"(Zeug)。海德格尔认为,"器具"的"指引"和"意蕴"联系,对周围世界具有"构成意义整体"的作用。[①] 突出上手、凑手的器具,从人们切身可用的"物"来谈世界,这是与前期海德格尔的实存论存在学的思路相合拍的。我们认为,这里既有反形而上学的"物"观念的成分,同时也体现出前期海德格尔思想中的形而上学残余:"器具"之优先对应于此在的优先性。

1930 年代以来,海德格尔关于"物"作了许多讨论,主要可见于 1930 年代的《艺术作品的本源》和《物的追问》,以及 1950 年代收在《演讲与论文集》和《在通向语言的途中》中的几个篇目。我们看到,海德格尔 1930 年代论"物"的两篇文章重在批判形而上学的"物"概念,但是显然还没有在"聚集"(Logos)意义上来思考"物";在《艺术

---

① 参看海德格尔:《存在与时间》,德文版,图宾根,1986 年,第 15 页。

作品的本源》一文中,海德格尔是为了分析艺术作品而论及物之物性的,他在其中批判了传统形而上学的三个"物性"规定;《物的追问》对物的问题作了历史的分析,着重研讨在康德的《纯粹理性批判》中物的问题如何成了"人的问题"。①

而至1950年代,在几个重要的演讲报告中,海德格尔对物作了十分玄奥的思考,而且明确地是在"聚集"(Logos)即存在之运作方式的意义上来讨论物的。从1930年代对传统"物"观念的批判,到1950年代对作为聚集方式的"物化"所作的诗意运思,这之间有一个思想的演进、深化的过程。

在Logos意义上思"物"或"物化",这是海德格尔1950年代的思想主题之一。而此前的形而上学批判已经表明,传统关于"物"的种种概念都不足以用来把捉物之物性,都脱不了是对物的一种"扰乱",因为所有这些概念都取形而上学的对象性态度。要非形而上学地思物之物性么?难也!"毫不显眼的物最顽强地躲避思想。"让物不受扰乱地获得思,这终究困难。"物之物性的道说特别艰难而稀罕"。② 在《艺术作品的本源》中,海德格尔着眼于"解蔽或无蔽"(Aletheia),通过艺术作品来说物之物性,说物之存在的"显"。但这一说还不充分,还要着眼于Logos来说物之为物。

何谓物(Ding)?海德格尔首先作了一种词源学的考察。依海德格尔之见,在古高地德语中,"物"(thing)这个词语意味着"聚集"(Versammlung),尤其是指一种导致对某个在言谈中的事情(即某个有争议的事情)的协商的聚集。据此,古德语中的 thing 和 dinc 就成了表示事件、争议和事情等的词语,它们命名着一切与人相关、因之

---

① 参看海德格尔:《物的追问:康德先验规律的学说》,德文版,图宾根,1962年。
② 海德格尔:《林中路》,德文版,美茵法兰克福,1980年,第15页。

处于言谈中的东西。这种东西在罗马人那里叫做 res;在希腊语中叫做 eiro。然而,在后来发展的欧洲语言中,这些词的源始语义渐次丧失了。拉丁语的 res 被译成各门欧洲语言中的"物"。在德语中也不再用 thing 和 dinc,而是说 Ding(物)了。

海德格尔指出,唯独在英语的 thing 一词中,还保持着拉丁语 res 一词的全部的命名力量。英语中带 thing 的一些说法就可以佐证此点。譬如,he knows his thing(他知道他的事情);he knows how to handle things(他知道如何办事);that is a great thing(这是一个大事件),等等。① 在这些句子中,thing 一词所指的就不是形而上学意义上的客观的物,而是指与人相关的事情和事件。

那么,拉丁语中的 res 是如何沦落为形而上学的"对象"意义上的"物"的?这个问题关系到海德格尔对形而上学历史的批判性观解。res 指一切与人相关涉的东西。"关涉"就是 res 的"实在"(realitas)。海德格尔认为,罗马人虽然经验到了这种"关涉",但却没有予以恰当的思考。相反,罗马人是根据从后期希腊哲学那里转借来的 on 来表象 res 的 realitas。希腊文的 on 在拉丁语中就是 ens,意谓持存的在场者。于是,res 就成了 ens,成了被摆置和表象出来的在场者,成为"对象"了。res 成为 ens,这在海德格尔看来就是从罗马人源初经验到的"与人相关涉的事情"向形而上学的"物"概念的演变。到中世纪,就只有对象意义上的"物"(ens),而没有"事情"(res)了。同样的情形也发生在古德语的 dinc 一词上。譬如,在艾克哈特大师那里,dinc 就还不是"对象",而是指以某种方式存在的东西,例如他说上帝是至高的 dinc,灵魂是伟大的 dinc,并不是把上帝和灵魂看做对象性的"物"。

---

① 海德格尔:"物",载《演讲与论文集》,德文版,弗林根,1978 年,第 168 页。

显然,"物"这个概念的演变体现了形而上学对存在者的解释的历史。"物"真正被确立为"对象",这是近代以来的事情。在近代哲学中,"物"明确地就是主体认识的对象、客体,是人的"表象"的对象。如康德所谓"物自身"(das Ding an sich)就是"对象自身"。

海德格尔的上述分析意在向我们表明,形而上学的"物"概念是一个历史性的概念,它是在近代知识学哲学中才定型下来的。而拉丁语的 res 虽然与"物"的源始意义(即"聚集")也有了疏远,但它毕竟还保留着一些源初的东西。特别应该指出的是,依海德格尔所见,res、thing 和 dinc 等词语原本具有"与人相关涉的事情"和"处于言谈中的东西"等含义,这就暗示出它们与作为"聚集"的 Logos 的联系,从而也就暗示出物与语言(Logos)的联系。

从词源学的考察可以得知,物的源始意义就是"聚集"。物"聚集"什么,又如何"聚集"呢?海德格尔举了一把壶为例来思物的本质。

壶是一物。以表象性思维方式来看,我们先会认为壶之为壶,是因为它是被制造出来的东西。一把壶么,无非是由陶匠煅烧泥土而成的器皿。但这样说显然是不着要害的。其实更应该反过来说。壶并非因为制造而成为一器皿,相反地,倒是因为它是这种能容纳的器皿才必须被制造。说壶是被制造的相对于制造者的对象,这终究还没有道出壶的本性。

壶之为壶,是因为它能容纳什么。而如果说壶这个物的物性是"能容纳",那么,表象思维在这里就不能把捉壶的物性。壶如何容纳?习惯于表象思维的人们会说,是壶的壁和底担当容纳。其实不然,我们根本就不是把酒注入壶的壁和底,而是注入壁和底构成的空洞中。"这个空洞,壶的这一无(Nichts),才是壶作为容纳的器皿所是的东西。"①如此说来,壶的物性并不在于它由之构成的质料,而在于能容纳的"空洞"。要说陶匠制造壶这个物的话,那么,他根本上只是制造了"空洞"。

壶凭这一"空洞"或"无"而容纳。但正是这一"空洞"或"无"是表象思维所不能把握到的。科学实际上是否认这一"空洞"或"无"的。物理学家会说,这一空洞根本上不是无物,在这一空洞中充满着空气混合物。如若把酒或水注入壶中,就由液体替代了空气。所以从科学上看,把壶充满就是由一种充满状态替换另一种充满状态。诸如此类的物理学的解说当然没有错。科学就是这样来"表象"现实事物的。但这样"表象"出来的是真正的壶吗?海德格尔说:不。科学始终只能针对它的表象方式的可能的对象。科学认识是有限的、片面的,凡不能成为其表象活动之对象的东西,都不在科学的范围内,也是为科学所不逮的。这里,海德格尔实际上想表明,科学拘执于对象事物,而不能把捉那个构成物之物性的"空洞"的"无"。

海德格尔在此还发挥了"科学消灭物"的观点。在海德格尔看来,在其对象领域中具有某种"强制性"的科学认识,早已经把物消灭了。原子弹的爆炸,是对物的消灭,这恐怕是无异议的。人们不是威慑于原子弹的"杀伤力"吗?但海德格尔认为,早在原子弹爆炸之前,科学就已经消灭了物。而原子弹的爆炸无非是一切对久已发生了的物的消灭过程的粗暴证实中"最粗暴的证实"。如今人们战战兢兢,唯恐这种最粗暴的证实再来证实一次。科学已经垄断了人类生活。科学的无度扩张实际上是人类的一种恶性自杀。人类大有在这种畸形的扩张中丧失自己的危险。核弹的爆炸以及可能还要降临

---

① 海德格尔:《演讲与论文集》,德文版,弗林根,1978年,第161页。

的爆炸,就是人类自招的灭顶之灾的征兆。等到我们今天认清这些,恐怕为时已晚矣。西方形而上学及其科学表象思维早已规定了这一进程。

"科学消灭物。"这个看法实际上是海德格尔关于形而上学遗忘存在的论点的另一种表达。把物立为"对象"的表象思维方式对物采取了一种虎视眈眈的掠夺性态度。说到底,形而上学一出现,物就难保自然而然的本来样子。

我们看到,海德格尔的"科学观"无疑要比历来的浪漫主义者的反科学观要高超得多,因为海德格尔要挖科学技术的"根"。而这个"根"就在形而上学中。

消灭物的科学当然是不能揭示物之为物的。所以,海德格尔认为,物之物性依然蔽而不显,依然被遗忘了,物的本质从没有显示出来,也即从未得到过表达;而这个情况本身就是所谓对物的消灭。从外观来看,核弹的爆炸,肆无忌惮的制造业,算得上是物之消灭的明证了;进一步在道理上,科学技术的扩张,使得物的本质隐失了,是更深刻的对物的消灭。

那么,科学所不能揭示反而使之湮灭的物之物性是什么呢?拿壶来说,壶之为壶是什么呢?

上文已推出,壶之为壶,是因为它有所容纳的"空洞"。而正是这一"空洞",这一"无"(Nichts),是科学的表象方式所不能把握到的。科学不逮于"无",而且还否定这一"无"。前期海德格尔在《形而上学是什么?》一文中早就有此一说了。这一"无"是如何揭示自身的?海德格尔以壶为例,作了一种非科学的诗意的描写。

海德格尔的发问仍极寻常。他问:壶的空洞如何容纳的呢?壶的空洞以两种方式容纳,即承受和保持。承受并保持注入壶中的东西是为了倾泻,是为了能倒出来。所以,空洞的容纳作用就在于倾泻。倾泻是一种"馈赠"(Schenken)。这种"馈赠"即是壶的容纳作用的本质。这种"馈赠"在双重容纳以及倾泻中聚集自身。人们称群山之聚集为山脉,同样,也可以把"馈赠"的这种聚集称为"赠品"(Geschenk)。① 壶之壶性就在于这种"赠品"中。这种"赠品"又是什么呢?是饮料、水和酒。

水这种赠品取于泉。泉在岩脉中。岩脉中有大地的浑然蛰伏。这大地又承受着天空的雨露。在泉水中,天空与大地联姻。同样地,在酒中也有这种天空与大地的联姻。酒由葡萄的果实酿成。果实由大地的滋养与天空的阳光所玉成。所以,"在水的赠品中,在酒的赠品中,总是栖留着天空和大地。但流注的赠品乃壶之壶性。故在壶之本质中,总是栖留着天空与大地"。② 可见壶之为壶,乃集天地之造化。

流注的赠品是人的饮料。它解人之渴,提神解乏。欢宴交游,少不了水酒一杯。不但如此,壶之赠品时也用于敬神献祭,用于盛大圣典的欢庆。这时,赠品就不只是解渴提神之物了,而是奉献给永恒诸神的祭品了。用于奉献的祭品,乃"流注"(Guβ)一词的本意,即捐赠和牺牲。从语文上讲,希腊语的cheein,印欧语系的ghu,亦即德文中的gieβen(流注、倾注),意思就是"牺牲"。因此,在流注的赠品中,在一种饮料和一种奉神的祭品中,各各栖留着终有一死的人和永生的诸神。可见壶之为壶,乃集人、神于一体。

于是,海德格尔说,在流注的"赠品"中,同时栖留着天空与大地,诸神与人类。这四者是相互归属的,本为一体,聚合为一个纯一

---

① 在这里,海德格尔还是在做他拿手的"词语游戏":"群山"(Berge)聚集而为"山脉"(Gebirge),同理,"馈赠"(schenken)出来的"赠品"(Geschenk)也是一种"聚集"。显然,海德格尔在此意在强调壶这个"物"的聚集作用。
② 海德格尔:《演讲与论文集》,德文版,弗林根,1978年,第165页。

的"四重整体"。①

壶之为壶,是由于它有所馈赠。壶之为壶,在赠品中成其本质。赠品聚集着壶之馈赠。在赠品中被聚集的乃是"天、地、神、人"。这"四方"合而为一。这种多重合一的"聚集"乃壶之本质。而这种"聚集",在古德语中就叫"物"(thing)。海德格尔由此得出结论说:

> 壶的本质乃是那种使纯一的四重整体入于一种逗留的有所馈赠的纯粹聚集。壶成其本质为一物。壶乃是作为一物的壶。但物如何成其本质呢?物物化(Das Ding dingt)。物化聚集(Das Dingen versammelt)。在居有着四重整体之际,物化聚集着四重整体的逗留(Weile),使之入于一个当下栖留的东西(ein je Weiliges),即入于此一物,入于彼一物。②

这样,海德格尔认为就从切近处把捉并道出了物的本性。物物化。物化聚集。我们实在不能说物是"什么"。形而上学和科学总是问物是"什么",说物是"什么",那是把切近的物推拒在外,当作对象来予以表象;经这一推拒,这一表象,物就疏离了、湮灭了、隐失了。物当然可以被看做一个具体的"什么",但是,"什么"绝不是物的本性;实际上,从根本上讲,物就是一"无",但这一"无"却集"天、地、神、人"于一体。其空空如也,正是存在的冥冥运作,正是Logos之聚集作用。物物化,物乃聚集方式(Logos)。

海德格尔在此所发挥的"物论"可谓玄乎了。他所谓的"物物化"和"物化聚集"等等,均不是对物下科学的或者哲学的"定义"。

---

① 此处"四重整体"(Geviert)也可译为"四方体",指天、地、神、人"四方"(Vier)的聚集。

② 海德格尔:《演讲与论文集》,德文版,弗林根,1978年,第166页。

海德格尔的思路脱出西方形而上学和科技传统甚远。依海德格尔之见,形而上学或科技以工具性和对象性态度对待于物,单单执于明显可睹处,取有用性尺度将物占为己有,都是对物的"干扰",对物的"消灭",必致物的意义的全盘丧失,而断不能让人体会本然之物。与此背道,海德格尔则着眼于空无,着眼于隐而不显处,思入物之本然,道出周围世界的生机盎然的物的意义。

在1962年做的题为《传承之语言与技术之语言》的演讲中,海德格尔引到庄子《逍遥游》末段(即庄子与惠子议论"无用之大树"的一段)以及《山木》之首段。海德格尔从中引发共鸣:物之"无用"自有其伟力,于此"无用"中可见物之意义;在技术无度铺张的现时代,庄子之谓"物物而不物于物"实有世界性的意义。①

在此,海德格尔当然不是倒向了东方主义,并非企图在东方的"境界"中寻求庇护和脱身之道,而是要在世界性的技术时代里倡导一种克制态度,其立足点是"存在-语言"("大道-道说")之思。

海德格尔上面思物之"物化"时,举的例子是壶,而且看来是一把古代的壶(可用于敬神献祭的壶)。在《筑·居·思》中,海德格尔举的例子是桥。在《物》一文的结尾,海德格尔举出小桥、犁、小溪、山峦、苍鹭、鹿、马、镜子、书、画、花冠、十字架,等等,认为这些物都是能在"物化"之际聚集"天、地、神、人"之"四方"的。我们看到,这里既有一般所谓的"自然物",也有"用具物","艺术品"当然更不在话下了。这也即说,在海德格尔看来,各种物都是能够"物化"或"聚集"的。但另一方面,海德格尔显然也认为,在大规模的企业性技术生产中加工出来的"用具物",是不再能够"物化",不再起"聚集"作用的了。譬如同样是壶,现代制造出来的壶就不再能"聚集""神"这

---

① 海德格尔:《传承之语言与技术之语言》,德文版,艾克,1989年,第7-8页。

一世界区域了。①

从关于"物"("物化")的讨论中,海德格尔进一步还导出了他的"世界游戏"说。这就是要挑明:"物化"之际世界诸要素究竟如何聚合为"一"。

这里还有一条理解的引线,就是海德格尔关于"近"(Nähe)与"远"(Ferne)的见解。海德格尔认为,他是从"近"处来谈论物的。要问:何谓"近"呢?当今之世,科学技术正在消灭时空距离。交通四通八达,地球宛若一村。飞机代步,飞船航天。更有甚者,无线电和电视真让人足不出户而知世界了。远方就在眼前,古代现于耳旁。但这种对距离的消灭却并没有带来真正的"近"。所谓"近"并不在于距离的大小。路途迢迢,倒可能与我们十分的近;咫尺之间,倒可能与我们十分的远。远、近也不是心理上的感受。海德格尔别有一种理解。

照海德格尔看来,科学对距离的消失,实际上并不是求得"近",但也没有导致与此"近"相对的"远"。而毋宁应该说,科学使得这种"近"和"远"一道湮没了。我们随着科学处于一种冷漠的"无距离状态"之中。这就是说,科学的表象思维和对象化活动使一切事物进入一种既不"近"也不"远"的中性状态中。而海德格尔所说的"近"和"远",不是科学上的距离,不是测量工具所能度量的。海德格尔是在科学之外的另一度上说"近"和"远"。

什么是"近"?这极难说。因为"近"不是在科学水平上现成的东西。我们已经太习惯于在科学上看和说。先压下科学不说如何呢?海德格尔的诗意道说通过描写物之"物化"来揭示"近"的本性。

---

① 海德格尔:《演讲与论文集》,德文版,弗林根,1978年,第175页;参看魏尔纳·马克斯:《海德格尔与传统》,德文版,斯图加特,1961年,第201页。

物就在"近"处。

壶这个例子考察了壶这个物的本质,因而也道出了"近"的本质。海德格尔有一番话说:

> 物物化。物化之际,物居留大地和天空,诸神和终有一死者;居留之际,物使在它们的疏远中的四方相互趋近,这一带近即是近化(das Nähren)。近化乃切近的本质。切近使疏远近化(Nähe nähert das Ferne),并且是作为疏远来近化。切近保持疏远。在保持疏远之际,切近在其近化中成其本质。……切近在作为物之物化的近化中运作。①

这番话着实费解。我们理解,海德格尔的意思是说,"近(切近)"和"远(疏远)"不是静态的计量概念,而是非科学意义上的动态运作过程。所谓"近"其实就是物之"物化"或"聚集"。"物物化"就是"近近化"。在物居留和聚集"天、地、神、人"为一体之际,才有"近"的到来,也才有"近"和"远"的统一。"近化"不是消灭"远",而是使"远"成其为"远"。"近"与"远"也是对立面的共属一体。"物化"聚集"天、地、神、人"为一体,这实际上就是使诸要素相互趋近("近化");同时,在"近化"之际,"四重整体"(Geviert)的诸要素各各成其本质,并且保持本己了,这也才实现了"远"。

"物化"之际,"天、地、神、人"之"四方"相互趋近,合为一体。所以,"近"和"近化"实际上道出了"四方"的统一性。海德格尔下面这段诗意的描写表达出"四方"为何以及"四方"的统一:

大地(die Erde)承受筑造,滋养果实,蕴藏着水流和岩石,庇护

---

① 海德格尔:《演讲与论文集》,德文版,弗林根,1978年,第170页。

着植物和动物。——当我们说到大地时,我们同时就已经出于"四方"之纯一性而想到了其他三方。

天空(der Himmel)是日月运行,群星闪烁,是周而复始的季节,是昼之光明和隐晦,夜之暗沉和启明,是节日的温寒,是白云的飘忽和天穹的湛蓝深远。——当我们说到天空时,我们同时就已经出于"四方"之纯一性而想到了其他三方。

诸神(die Göttlichen)是暗示着的神性使者。从对神性的隐而不显的支配作用中,神显现而成其本质。神由此与在场者同伍。当我们说到诸神时,我们同时就出于"四方"之纯一性而一起想到其他三方。

终有一死者(die Sterblichen)乃是人类。人终有一死。唯人能死,而动物只是消亡,死乃"无"(Nichts)之圣殿,死乃存在的庇护之所。终有一死的人是那种与存在本身的本质性关系。①——当我们说到终有一死的人,我们同时就出于"四方"之纯一性而一起想到其他三方了。

天、地、神、人归于一体。这种"一体",海德格尔称之为"统一的四重整体(Geviert)之纯一"。作为"物化"的"近化",就是由远及近把"四方"集为一体,达乎这"纯一"。"四方"如何"近化"而聚集为一体呢?海德格尔用"映射"(Spiegeln)一词来予以解说。"四方"中的每一方都以自身的方式映射自身,从而进入它在"四方"之纯一内的本己之中。这就是说,"四方"中的每一方都既能映射其他三方,又反映自身,从而才成其本质。所以,这种"映射"乃是一个"居有"(ereignen)和"照亮"(lichten)的过程。凭着这种"居有"和"照亮"的

---

① 海德格尔这里的说法对其前期的"无"论仍有明显的继承,但前期关于此在凭借"畏"的情态而入于"无"的境界的看法,在此已经被转换了。

"映射","四方"的每一方就达乎一种自由之境(das Freie)。海德格尔称这种把"四方"联结起来,并使之进入自由之境的映射为"游戏"(Spiel),由于这种"游戏",才有"四方"的浑然一体。

这种"映射游戏"(Spiegel-Spiel),这种浑然一体,就是"世界"。海德格尔说:"天、地、神、人之纯一性的居有着的映射游戏,我们称之为世界(Welt)。世界通过世界化而成其本质。这就是说,世界之世界化(das Welten von Welt)既不能通过某个他者来说明,也不能根据某个他者来论证。"①

世界之成世界("世界化")是不能证明的。科学力求说明和论证。但诸如原因和根据之类的东西与世界之"世界化"格格不入。"世界化"之"纯一"太朴素了,科学的说明意志不逮于此。海德格尔在此排除了对他的"世界游戏"说的科学性要求。世界世界化,这里没有逻辑,不作逻辑上的终极的说明和论证。

所谓"物物化"(Das Ding dingt),所谓"世界世界化"(Die Welt weltet),以及诸如此类的非常的用词手法,几乎可以说是海德格尔那里的一个显著的语言现象。我们理解这是海德格尔超越形而上学的概念方式和逻辑化语言的一个努力,同时也是出于思想的事情的要求。"物化"和"世界化"乃存在自身——海德格尔这时说"大道"(Ereignis)——的一体的运作和展开;我们不能对此运作和展开作科学描述,不能说它是"什么",不能对之作对象性的说明和论证。故只能说:"物物化"和"世界世界化"。

尝试一种非形而上学的"思"和非形而上学的"言",这特别是1930年代以后的海德格尔的主要课题。就所谓"世界化"(Welten)而言,我们看到,海德格尔在《艺术作品的本源》中就已经有此一说。

---

① 海德格尔:《演讲与论文集》,德文版,弗林根,1978年,第172页。

而据伽达默尔回忆,海德格尔早在1920年的一个讲座中就开始思考何谓"世界化"了,伽达默尔并且认为,"这乃是对一种纯粹的但与其独有的本源完全疏离的形而上学学院语言的突破,同时也意味着一个语言事件,意味着赢得了对语言的一种更深刻的悟解"。①

这里需要指出的是,前、后期海德格尔关于"世界"的讨论是有区别的。前期此在"在世"的"世界"不同于后期的"世界游戏"。最显明的一点区别乃是,此在"在世"的"世界"可与此在划一,而"世界游戏"的"世界"则是"四方"的一体,人只是"世界"诸要素之一。当然,前、后期的"世界"论也有共同之处。无论是在前期,还是在后期,海德格尔都遵循着现象学的眼光,都没有把"世界"看做现成的对象性事物的总和。世界不是"什么",而是"如何"。

海德格尔还用"圆舞"这个形象来描写"世界游戏"。"天、地、神、人"之"四方"分别成其本质,相互反映并居有自身了。这就是"世界化"。世界的"映射游戏"是"居有作用的圆舞"(der Reigen des Ereignens)。圆舞在游戏中结成"圆圈"(der Ring)。在世界游戏的圆舞中,"四方"相互依偎、达乎一体,但又保持着各自的本质。也即说,"四方"在温顺地世界化之际柔和地合成世界。游戏是柔和的圆舞。"映射"并非强烈反照,"居有"亦非蛮横占领,一切都在款款柔姿中展开。游戏之间,切忌粗暴强横;圆舞之中,杜绝蛮力相向。轻柔中才有明亮,和谐中才有本然,任其自然而然也。

自然而然的物之"物化",自然而然的世界之"世界化",这才是浑然一体的自由的"世界游戏"。"物化"也就是"世界化"。"物化"

---

① 伽达默尔:《全集》第二卷,德文版,图宾根,1986年,第362页。伽达默尔的回忆有所偏失,他所指讲座应为海德格尔1919年战时学期讲座《哲学观念与世界观问题》,现被收入《论哲学的规定》,《全集》第56/57卷,美茵法兰克福,1987年。该书第73页上有"es weltet"之说。

之际,世界成焉。"物物化四重整体,物物化世界"。"物化乃是世界之近化。近化乃是切近之本质。只要我们保护着物之为物,我们便居住于切近中。切近之近化乃是世界之映射游戏的真正的和唯一的维度。"①如今这个科学时代是消灭物的时代,是"无距离"而"近"之阙如的时代。在这个时代里,物作为物如何自然而然地到来?如何恢复浑然一体的"亲近"?通过人的策划和制作,物是不会到来的。但也少不了要有人的"留神",终有一死的人需得留神期备,要小心守护。首先要做的乃一"回归步伐",从一味的表象或说明性思维中抽身出来,进入一种"回忆的思"(das andenkende Denken),变对象性方式为一种款款期待的自由态度。

关于海德格尔的"世界游戏"说,我们最后还要谈谈它在更为广大的西方当代文化背景中显示出来的深层意蕴。

我们发现,当代西方的许多大思想家各各提出了自己的"游戏观"。除了海德格尔的"世界游戏",后期维特根斯坦提出了著名的"语言游戏"之说。伽达默尔《真理与方法》第一篇中有题为"游戏作为存在学阐明的引线"一节。法国后结构主义思想家巴尔特、福柯和德里达等,也从各个方面强调了"游戏"。特别是在德里达那里,"游戏"是一个十分重要的概念,而且明显地,德里达所谓"差异间的游戏",是与海德格尔的"游戏"和"差异"("区分")思想有着承继关系的。"游戏"一词在当代西方思想中的突出地位绝非空穴来风,其中大有深意可究。美国学者迈克尔·默里指出:"'游戏'的表现范围是如此广泛。我们不得不承认它的确称得上是西方思想方向的里程碑。"②

---

① 海德格尔:《演讲与论文集》,德文版,弗林根,1978年,第171页。
② M.默里:"美国现代艺术哲学的新潮流",载《现代外国哲学》,第9辑,人民出版社,1986年,第86页。

这确实是一个十分有意味的、令人深思的文化现象。可以认为，它是西方文化和社会发展的一个新的征兆。尤其是联系最近几十年来西方思想界纷纷讨论的"后现代社会"和"后现代主义"等课题来看，我们是否可以猜度说，后现代文化将是一种"游戏文化"？而后现代的人类生存方式，将趋向一种多元化的格局，趋向异质性的、无中心、无等级的自由"游戏"？

无疑，这也是海德格尔留给当代思想的一个重大课题。

第二节　亲密的区分：物与世界

我们看到，海德格尔之论物，是十分玄怪的。海德格尔是在非科学的(非形而上学的)层面上发议论。满脑子科学的人们以为凭科学已经笃笃实实地掌握了物，认识了世界。海德格尔却说科学是对物的消灭，而只有他所思的物才是真正的切近的物，他所思的世界才是人在其中栖居的世界。实际上，在海德格尔那里。所谓"物物化"，"世界世界化"，说的是存在本身(Ereignis)的运作和展开。物化之际，"四方"居有并照亮，浑然一体而为"世界游戏"。形而上学和科学是"说"不了这样的事情的。说这样的物和世界，要求一种非形而上学的诗意的说。

在《在通向语言的途中》开篇的"语言"一文中，海德格尔进一步实践了这种诗意的"道说"。海德格尔借奥地利著名诗人特拉克尔的《冬夜》来解说物与世界及其关系。物与世界虽说是存在本身的一体的运作，但两者无疑是有区别的。两者的"关系"，海德格尔称之为"亲密的区分"。海德格尔认为，特拉克尔的"冬夜"一诗恰好道出了物与世界以及两者的"亲密的区分"。我们先把特拉克尔的这首诗录在下面：

雪花在窗外轻轻拂扬，
　　晚祷的钟声悠悠鸣响，
　　屋子已准备完好
　　餐桌上为众人摆下了盛筵。

　　只有少量漫游者，
　　从幽暗路径走向大门。
　　金光闪烁的恩惠之树
　　吮吸着大地中的寒露。

　　漫游者静静地跨进；
　　痛苦已把门槛化成石头。
　　在清澄光华的照映中
　　是桌上的面包和美酒。①

　　诗描写一个冬夜。但它不是对某时某地的一个真实冬夜的描写。诗的形式和内容都不算奇特。在形式上，此诗堪称音韵完美、格式齐准（我们的中译不免已经使之走样了）。内容上也没有冷僻模糊之处。它写的是在落雪的冬夜漂泊的游子晚归的情景。诗学鉴赏指南会告诉我们，此诗通过对漂泊途中与恬美居家的形象化比较，写出了游子漫游的困顿和归家的心情。不过如此而已。又有什么稀奇的呢？
　　然而海德格尔对此诗另有一些高见。他认为这首诗的第一节是

---

　　① 引自海德格尔：“语言”，载《在通向语言的途中》，德文版，弗林根 1986 年，第 17 页。

命名"物"的,第二节是命名"世界"的,第三节是命名物与世界的"亲密的区分"的。由这一番命名,这首诗揭示了"物化"和"世界化",体现了存在本身的运作和展开。我们来看看海德格尔的具体解说。

诗的第一节是对物的"命名",这大约不会引起什么大的异议。诗中出现了雪花、钟声、屋子、餐桌、筵席等"物"。但海德格尔对于诗的"命名"和"物"都有异乎寻常的看法。何谓"命名"？"命名"(Nennen)是一种召唤,一种"令"(Heiβen)。"命名"召唤物,令物到来。物在诗之"命名"的召唤中现身在场,但又不是成为具体的在场之物。海德格尔认为,诗所召唤的物的在场是一种隐入不在场中的在场,是比眼前事物的在场更高的在场。这意思大概是说,诗创建的是既隐又显的存在之真理。

诗之命名的召唤"令"物到达,"令"物作为物关涉于人。于是,落雪把人带入黑夜的天空之下,晚祷的钟声把终有一死的人带到诸神面前,屋子和桌子把人与大地结合起来。"被命名的物聚集亦即召唤天、地、神、人四方于自身。这四方乃是源始统一的相互并存。物让四方的四重整体栖留于自身那里。这一聚集着的让栖留乃是物之物化。我们把在物之物化中栖留的天、地、神、人的四重整体称为世界……物通过物化来实现世界……。由于物化,物才是物。由于物化,物才承受(实现)一个世界。"①所以,诗的第一节不光是命名物,而且也命名世界。

这首诗的第二节一开始命名了终有一死的人,也即少数"漫游者"。"漫游者"这一形象,在海德格尔看来就是突出了终有一死者的"死"。第二节的后两行特别重要,是专门召唤世界的。这两行诗突兀而起,所命名的物全然不同于前面所命名的："金光闪烁的恩惠

---

① 海德格尔:《在通向语言的途中》,德文版,弗林根1986年,第22页。

之树,吮吸着大地中的寒露"。这里所说的"恩惠之树",在海德格尔看来就是命名了"神圣者"(das Heilige)。恩惠之树闪烁着金色光芒。"神圣者"显出,即成世界。因此,在闪着金色光芒的树上,包含着"天、地、神、人"。而这"四方"的四重整体就是世界。对"恩惠之树"的命名就是令世界到来,把世界的四重整体召唤出来,因此向物召唤世界。神圣之光即世界之光,是存在之无蔽的澄明之光。在世界的金色光辉中,物成其本质。物"实现"世界,世界"允诺"物。

所以,海德格尔认为,诗的第一节是令物走向世界;诗的第二节是令世界走向物。顺势而下,第三节必令物与世界的"中间者"到达。接着的阐释就更见其玄怪了。海德格尔在此发挥出他的"区分"说,并借此进一步发挥出他奇特的语言观。物与世界本属一体,是亲密无间的。要说两者之间有"中间者",那么这个"中间者"就是"亲密性"(Innigkeit)。但"亲密"不是抹杀"区分","区分"中才有"亲密"。海德格尔说,物与世界的"亲密性"就在于"区分"(Unter-Schied)之中。所谓"区分",不是一般用以鉴别不同事物的概念,不是通常所说的区别,也不是关系。海德格尔所用的"区分"已经远离了这个词的日常用法,所以他用"Unter-Schied"这种特殊的书写方式来表示。"区分"是使物与世界相互贯通的"中间者",海德格尔说:"区分"在世界化中实现世界,在物化中实现物,"区分"首先决定了物和世界达乎其本质,进入其亲密的一体。① 这样的"区分",实际上就是"存在本身"。

这里关于"区分",我们还要多说几句。我们理解,海德格尔所谓"区分",乃是对其前期的"存在学差异"的深化的表达。所谓物与世界的"区分",实际上就是存在者与存在的"差异"(Differenz)。但

---

① 海德格尔:《在通向语言的途中》,德文版,弗林根1986年,第24页。

何以海德格尔这时不说"差异",而要说"区分"? 我们认为,这又是海德格尔出于对形而上学概念词语的超越的考虑。"同一"、"差异"之类的形而上学词语,无论我们多么用力,都无法排除它们已经沾染的形而上学的逻辑思辨品质。所以海德格尔宁可用"亲密"和"区分"。

不过,"区分"也并不就是固定的和唯一的用法了。在稍后的《从一次关于语言的对话而来》中,海德格尔不是用"区分",而是用了另一个玄奥的词,即"二重性"(Zwiefalt)。关于"二重性",我们在前文已有所议论。海德格尔认为,他一向坚持了"存在者之存在"与"作为存在的存在"(存在本身、澄明)的"区分"。而所谓"二重性",指的就是"存在本身"。"存在本身——这说的是:在场者之在场,亦即两者的出于其纯一的二重性。"①存在本身的运作是"有－无"(在场－不在场)的统一,存在本身一方面显现为存在者之存在(有),同时作为存在的存在又隐而不显,隐蔽入无。这就是"二重性",也是"亲密的区分"。

海德格尔还指出,他是要"在语言与存在之本质即二重性之运作的关系之中来沉思语言"。② 由此可见,海德格尔所谓的"区分"和"二重性",都是表示"存在本身"及其运作的词语,可以说,都是后期海德格尔寻求非形而上学的思想尝试的表达。总括言之,物("物化")和世界("世界化")都是"存在本身"的一体运作,但表现有所不同。"物化"是从无到有(隐——→显)的"聚集"(居有),"世界化"是从有到无(显——→隐)的归于隐匿的"解蔽"(澄明)。"物化"之际,物实现世界,即"天、地、神、人""四重整体"的世界得以"显"出;

---

① 海德格尔:"从一次关于语言的对话而来",载《在通向语言的途中》,德文版,弗林根,1986年,第122页。
② 海德格尔:《在通向语言的途中》,德文版,弗林根,1986年,第127页。

而"物化"的这种有所"显"的"聚集"之所以可能,是因为"世界化"这种由显入隐的"解蔽"。世界是"显",但趋向于隐蔽入无,在物中聚集起来;物是"隐",但趋向于由隐入显,在世界中显突出来。"物化"由隐入显而"实现"世界,"世界化"由显入隐而"允诺"物。"物化"成就世界之本质。"世界化"成就物之本质。其中的关系,我们不妨简化如下:

$$物 \underset{世界化}{\overset{物化}{\rightleftharpoons}} 世界$$

这里标示出来的"⇌"就是"区分",也即"二重性"。这个"区分"既是令物到来,也即令物由隐入显(无中生有),即"物化"而成就世界(物⟶世界);又是令世界到来,让世界允诺物而自身入无,即"世界化"而成就物(世界⟶物)。所以,"区分"包含着"物化"和"世界化"。"物化"和"世界化"就是"中间者"(作为存在本身的"区分"或"二重性")的一体的运作,因此,海德格尔说物与世界的"区分"乃"亲密的区分"。

让我们回到特拉克尔的《冬夜》一诗上来。诗的前两节道出了"物化"和"世界化",是否也对"物-世界"之间的"亲密的区分"有所道说?且看诗的第三节:

> 漫游者静静地跨进;
> 痛苦已把门槛化成石头。
> 在清澄光华的照映中
> 是桌上的面包和美酒。

海德格尔认为,这第三节诗就是令物与世界的"中间者"到来。尤其是第二句"痛苦已把门槛化成石头",在海德格尔看来说的就是"区分"。这句子中重要的是"门槛"和"痛苦"。"门槛"命名了"中间者"。门槛外是风雪茫茫,黯淡旅途;门槛内则烛光融融,温馨家居。"门槛"就是贯通内外而同时又保持内外之别的"中间者"。"中间者"需坚忍不拔,所以诗句说"痛苦已把门槛化成石头"。

何谓"痛苦"? 海德格尔说,在此"痛苦"不可以解作一种令人苦恼的感受或什么伤感情绪之类。海德格尔对"痛苦"作了奇怪的解释。海德格尔说,痛苦是"裂隙"(Riβ),是一种"分";但痛苦同时是"聚集",是一种"合",把在"分"中分开的东西嵌合起来。"痛苦是裂隙的嵌合,此嵌合乃是门槛。……痛苦嵌合区分之裂隙。痛苦即区分本身。"[①]既分又合的"痛苦"就是"亲密的区分"。因此,海德格尔认为,特拉克尔的诗句尽管没有专门思"区分",也没有用"区分"一词,但却用"痛苦"、"门槛"等意象,诗意地道说了那种既贯通物和世界又保持两者之别的"区分"(Unter-Schied)。

我们看不出海德格尔对"痛苦-区分"的奇特解释有何令人放心的依据,但在此我们愿意指出的是,海德格尔在这方面的思想是与德国神秘主义(所谓"逻各斯神秘主义")传统有着隐秘的联系的,特别是与雅各布·波墨(Jakob Boehme,1575 - 1624)的思想有着特殊的联系。波墨用"痛苦"(Qual)来表示"圣父"(神)是"黑暗与光明的区分和统一"。"痛苦"是那种内在的分裂,但又是单纯的统一。波墨又从"痛苦"一词推出"源泉"(Quelle)和"涌流性"(Quallitaet);进一步还把"痛苦"与"圣言"(即"逻各斯")联系了起来,因为"圣

[①] 海德格尔:《在通向语言的途中》,德文版,弗林根,1986 年,第 27 页。

言"就是"神圣太一"的"流溢"。① 无疑地,海德格尔所思的"痛苦-区分"以及接着要展开的联系于"区分"的语言("区分之令"),与波墨的"痛苦"和"圣言",是有某种渊源关系的。而总的来说,海德格尔与德国神秘主义思想传统的联系,还是一个少见关心的课题。

但在此我们且言归正传。

既分又合的"区分"("痛苦")已经现身而出,于是有物和世界的实现,即物"物化"和世界"世界化"。"在清澄光华的照映中,是桌上的面包和美酒。"海德格尔认为这最后两句诗写的就是"区分"的"分-合"运作。"区分"的裂隙使清澄光华闪耀,这才有世界之光(显);"区分"的嵌合决定了世界之光由显入隐。"区分"之裂隙所导致的世界之光("世界化")允诺物,于是面包和美酒也同时达乎光照。面包和美酒乃天地之果实,是诸神给予人的馈赠。面包和美酒把合一的"四方"聚集于自身,此即物之"物化"了。

因此,海德格尔说,特拉克尔这首诗的第三节"聚集了对物的命令和对世界的命令"。何故?因为第三节诗的召唤"源始地出于亲密的命令(inniges Heiβen)的纯朴性",而这一"亲密的命令"通过听任"区分"之不可说来召唤"区分"。这话又十分奇谲,它引出了后期

---

① 黑格尔称波墨是"第一个德国哲学家",认为其哲学思想的内容是"真正德国气派的"。黑格尔在解说波墨的"痛苦"观时,引用了波墨的一段话:"神是一切,他是黑暗和光明、爱和恨、火和光;但人们却单从光明和爱的一面称他为唯一的神。——黑暗与光明之间有一种永恒的对立:这一方并不包括那一方,那一方并不是这一方,双方都只是一个单一的东西,但是为 Qual(痛苦)所区分,也为意志所区分,但并不是可以割裂的东西。唯一的划分原则是:一方在对方中是无,却又是有;但这是按照一方的潜在特质说的,不是指它的明显特质。"黑格尔:《哲学史讲演录》第四卷,中译本,贺麟、王太庆译,商务印书馆,1983年,第39-40页。黑格尔显然对波墨上面这段话作了绝对精神之辩证法的理解,认为波墨一贯贯彻了"差别的绝对同一性"。黑格尔也引证了波墨的"圣言",但显然没有把波墨的"圣言"("逻各斯")与他所说的"痛苦"联系起来。参看黑格尔:《哲学史讲演录》第四卷,中译本,第46页。

海德格尔的异乎寻常的语言思想。

关键乃是"亲密的命令"。前面已经说过,诗是有所"命名"(Nennen),而这"命名"也即一种"命令(Heiβen),一种"召唤"(Rufen)。诗"令"物和世界到来。但从根本上说来,这个"令"还不是诗发出的"令"。诗无非是响应一种源始的"令"才有所"命名"或"令"的。这种源始的"令"即"亲密之令",是源始的"召唤"、本真的"令",是语言之"令"、语言之"说"。所以,海德格尔接着写道:"语言说话。语言说话,因为语言令被令者即物－世界(Ding－Welt)和世界－物(Welt－Ding)进入区分这个中间者之中。如此被令者,被命令出于区分而达乎区分。"①

特拉克尔的诗是响应源始的"令"(语言之"说")而把这个"令"道出在诗句中。语言发"令",于是物物化,世界世界化。这样的语言之"令"也就是"区分"之"令","存在本身"(Ereignis)之"令"。

"语言说话"(Die Sprache spricht)。这是后期海德格尔挂在嘴边的话,是他的又一个怪论。人当然也"说话",但人之"说"不能与"语言之说"相涵盖,相反,人只有在"语言之说"中倾听"语言之说"才有所"说"。在人之"说"中,诗意的"说"是最本真的纯粹的"说",因为诗意的"说"最合辙于"语言之说"。因此,譬如特拉克尔的诗歌,就能让人听一听"语言之说"。他的《冬夜》一诗,就充分地传达了"语言之说"。此诗的第一节命名"物－世界",第二节命名"世界－物",第三节命名物和世界的"中间者"即"亲密的区分"。这在海德格尔看来,就是把"语言之说"(即"亲密的命令",或"区分之令")诗意地"说"出来了。

语言说话。语言令物物化,令世界世界化。语言如何"说",如

---

① 海德格尔:《在通向语言的途中》,德文版,弗林根,1986 年,第 28 页。

何"令"呢？海德格尔认为，语言之说其实是无声之声，语言的本质乃是"寂静之音"(das Geläut der Stille)。语言之说即"区分之令"。语言在"区分"中归本于静默，"区分"特别以双重方式静默：使物入于"物化"而静默，使世界入于"世界化"而静默。"区分"自身即是"静默"。这意思就是讲，"区分"的运作（"物化"和"世界化"）是默然无声的。"区分"本身即是这种默然无声。物和世界均在这一默然无声之中展开。一切在无声中发生，绝无喧嚣尘上之嘈杂。寂静之中，物成物，世界成世界。

无声而仍然有"令"，仍然"召唤"，所以叫"寂静之音"。海德格尔总结说："语言说话，语言作为寂静之音说话。……语言，即寂静之音，乃由于区分之自行居有而存在。语言乃作为世界和物的自行居有着的区分而成其本质。"①上面讲过，"区分"即存在本身，或者说，就是后期海德格尔所谓"大道"(Ereignis)。海德格尔所见的语言，就是作为"亲密的区分"的存在本身的静默无声的自行发生。

这里，我们还可以拿中国的老庄之学来作一番比较和诠证。

我们知道，老子有"大音希声"之说，《道德经》第四十章曰："大方无隅，大器晚成；大音希声，大象无形；道隐无名。夫唯道，善始且善成。"此所谓"大音希声"，按王弼注："听之不闻名曰希，不可得闻之者也。有声则有分，有分则不宫而商矣。分则不能统众。故有声者非大音也。""大音"寂然无声，乃"道"之无声展开，非分音节之人言也。庄子《天地第十二》亦谓："视乎冥冥，听乎无声。冥冥之中，独见晓焉；无声之中，独闻和焉。"此所谓"无声之中，独闻和焉"，意即老子所谓"大音希声"。而庄子更有"天籁"、"天乐"之说。"天乐"也者，"听之不闻其声，视之不见其形，充满天地，苞裹六极"（《天

---

① 海德格尔：《在通向语言的途中》，德文版，弗林根，1986年，第30页。

运第十四》)。海德格尔之谓"寂静之音",实可与老子之"大音希声"和庄子之"天籁"或"天乐"相互参照。

海德格尔所思的作为"寂静之音"的语言,当然不是人的发声的"说",不是人说出的语言,而是使人的"说"、人的语言成为可能的那种无可名状的"大音"。海德格尔认为,人之说不是以自身为依据的,而是植根于它与语言之说的关系之中。作为人之说的可能性依据,"寂静之音"当然不是人力所及的,不是人之说所能穷尽,所能表达出来的。对"寂静之音",人首先要沉默,要在沉默中倾听,于无声处听"大音"。

沉默要干脆彻底。维特根斯坦称"凡不能说的就要沉默"。这还不够干脆彻底。因为,对"沉默"本身的"说"和"写",就大有可能促成最有害的闲淡。你说要沉默,主张沉默,就已经对沉默不沉默了。首先是对沉默的沉默。但是,"谁能够径直对沉默保持沉默呢"?①沉默也难。此即王维所谓"默语无际,不言言也"。称"予欲无言",即是言了。"不言"之难,儒、释、道诸家对此均有所体悟。②

我们看到,海德格尔自己也还不能沉默。关于"寂静之音",关于"语言之说",海德格尔也还不甘于缄口,仍然有进一步的"言无言"。

第三节 词语破碎处,无物存在

前面关于物的思考,已经领我们在"逻各斯"(Logos)之途上走

---

① 海德格尔:《在通向语言的途中》,德文版,弗林根,1986 年,第 152 页。
② 参见钱钟书:《管锥篇》第二册,中华书局,1986 年,第 453 页以下。

了一阵。物"物化"。"物化"即存在本身之"聚集"（Logos）。"物化"之际,世界成焉。世界"世界化"。"世界化"即存在本身之"解蔽"（Aletheia）。"世界化"之际,有物成焉。物与世界（Ding-Welt）有"区分",那是"亲密的区分"。"物化"和"世界化"乃存在本身之一体运作。"亲密的区分"就是存在本身之"分－合"作用。此"分－合"作用即是作为"寂静之音"的语言之说。语言乃无声之"大音"。语言"令"物"物化","令"世界"世界化"。

因此,物之思实即语言之思。但我们看到,前述虽然引出了对语言之本质的揭示,却是着眼于物谈出来的。要说物即"聚集"方式,那么,根本上乃是语言使得物有此"聚集"方式。是语言"令"物到来。源始的"聚集"乃语言本身。语言即逻各斯。因此之故,海德格尔进一步要着眼于语言本身来揭示语言之本质以及语言（词）与物的关系等。

愈到晚期,海德格尔的"语言－存在"思想愈见老辣成熟。1957年12月至1958年2月间,海德格尔在弗莱堡大学做了三次演讲。这三个演讲冠有"语言的本质"之题目。后期海德格尔的语言思想在这里得到了最集中的表达。与后期的大多数文本一样,海德格尔的"语言的本质"演讲也是围绕诗歌文本展开的。诗人斯蒂芬·格奥尔格（Stefan George）的《词语》一诗幸获青睐,成了海德格尔的这个演讲的"道具"。

演讲的意图是要"在语言身上取得一种经验"。但这并不是说,要对语言作一种实验性的研究以获得关于语言的知识。形形色色的语言科学和语言哲学为我们提供了关于语言的知识。新近的语言科学和哲学忙碌于"元语言"的制作,创出所谓"元语言学"。元语言学也无非是对语言现象的对象性（工具性）的研究,其结果是把一切语言形式化和技术化,使之成为全球性的信息工具。海德格尔说:"元语言和人造卫星、元语言学和导弹技术,一回事情也。"①

　　我们认为,海德格尔的这个看法表面上很荒谬,实际是很深刻、很有见地的。在西方,自莱布尼茨以来,人们提出了数百种"人工语言"方案,明显都是在技术上看待语言、处理语言的结果。所谓"世界语"之发明和推广,实可以看做人类对语言的技术化(工具化)的过程的突出情形。语言被视为可制作的,正如同人造卫星是被制作的。

　　真正说来,海德格尔并不是要弃智绝圣,否定知识。人类的所有知识都有其正当的、合理的权利。关于语言的科学知识也是如此。但知识的泛滥,知识对人类的宰制,人对知识的无度沉湎,极易把知识之外的"事情本身"给遮蔽了。海德格尔认为,语言知识无涉于我们从语言身上获得一种经验。相反,语言知识还掩盖真相,把人与语言的关系给颠倒和歪曲了。人们一向自以为是地把语言当作工具来操作。但人说话之际,语言本身果真已经被表达出来了吗?人说话能够连同把语言的本质也说出来吗?

　　关于语言确有一些似是而非的难题。语言的本质、语言的起源、人与语言的关系等等问题,都还不能说已经有了定论。语言科学和语言哲学在"人-语言"的"主-客"关系的框架中来提供关于这类问题的答案。语言首先被处理为人的对象和材料。然而在语言这个课题上,对象性的科学研究恐怕是最成问题的。因为人在语言中,正是语言使人成为人,包括科学研究在内的人的活动,都是在语言中并通过语言来进行的。内在于语言的人如何能超然语言之外来"研究"语言?

---

　　① 海德格尔:"语言的本质",载《在通向语言的途中》,德文版,弗林根1986年,第160页。

海德格尔说:"只是由于在日常的说话中语言本身并**没有**把自身带向语言而表达出来,而是抑制着自己,我们才能够说一种语言,在说话中讨论某事、处理某事。"①这话其实已经把一般人们所见的人与语言的关系拗转过来了。人说话之际表达出许多东西(事实、问题、请求等),但没有表达出语言本身;语言隐而不显,人之说才是有可能的。如此,就可以讲,不是人说语言,而倒是并不现身出来的语言让人说话。不是人占有语言,而是语言居有了人。人置身于语言中才有所说。

这里含着一种态度的转变。倘若要获悉语言的本质,必先改变我们对于语言的态度,即首先改变我们对凡事凡物都要支配之、操纵之的知性科学的态度。海德格尔申明:"在语言上取得一种经验意谓:接受和顺应语言之要求,从而让我们适当地为语言之要求所关涉。"②这种态度的转变事关宏旨。我们需得响应语言、接受语言,而不是倨傲地对待语言。唯有顺应语言的"要求",我们才有可能经历这样的瞬间,让语言之本质稍纵即逝地触及到我们。在款款期待的非暴力的顺应中,才可望让那隐而不显的语言触动我们,为我们所采纳和获悉。

这种对于语言的顺应(归属)态度要求我们倾听。倾听首先是倾听诗人的歌唱,因为诗人拥有着与语言的特殊关系,诗人能够把他从语言那里获得的经验特别地、诗意地表达出来。譬如,诗人格奥尔格的《词语》一诗就特别地向我们传达出语言之本质,并对词与物的关系有所道说。这里,我们且来听听格奥尔格所唱的《词语》:

---

① 海德格尔:《在通向语言的途中》,德文版,弗林根 1986 年,第 161 页。
② 海德格尔:《在通向语言的途中》,德文版,弗林根 1986 年,第 159 页。

我把遥远的奇迹或梦想
带到我的疆域边缘

期待着远古女神降临
在她的渊源深处发现名称——

我于是能把它掌握,严密而结实
穿越整个边界,万物欣荣生辉……

一度幸运的漫游,我达到她的领地
带着一颗宝石,它丰富而细腻

她久久地掂量,然后向我昭示:
"如此,在渊源深处一无所有"

那宝石因此逸离我的双手
我的疆域再没有把宝藏赢获……

我于是哀伤地学会了弃绝:
词语破碎处,无物可存在。

  格奥尔格是德国现代诗人。他的《词语》一诗发表于1919年,收在诗人的后期诗集《新王国》中。这首七节诗明显分三部分。1-3节为第一部分,4-6节为第二部分,最后一节为第三部分。我们先说说此诗的"段落大意"。
  诗的第一部分(1-3节)写出诗人的力量。诗人能获得遥远的奇迹或梦想,并且把它带到诗人的疆域边缘,在那里期待命运女神(Norne)来命名它。奇迹或梦想通过女神的命名而获得名字(词语),从而显现出来。这样,诗人就能够严密和结实地把它掌握了。这就是说,诗人的创作(dichten)从命运女神那里获得了物的名字,万物因之得以彰显朗照,在整个疆域内"万物欣荣生辉"。

　　诗的第二部分(4-6节)与第一部分形成了明显的反差。这里描写了诗人的另一番经历。诗人手里握着一颗宝石,照例去命运女神那里祈求赏赐一个名字。但女神此次突兀变了态度,昭示诗人说:如此,在渊源深处一无所有。此宝石不可命名,是无名的。经女神的这一昭示,诗人手中的宝石便不翼而飞,诗人再也不能将其掌握。

　　诗的第三部分(即第7节)是全诗的总结,显然也是此诗的"诗眼"所在。由于女神未赋予诗人的宝石以名字,宝石便逸离诗人之手,诗人于是哀伤地学会了"弃绝"(Verzicht);"弃绝"之际,诗人同时了悟事情真相:

　　　　词语破碎处,无物可存在。
　　　　Kein ding sei wo das wort gebricht。

　　前面两部分较好理解,关键是抓住可命名的"奇迹"或"梦想"与不可命名的"宝石"之间的区别。"奇迹"或"梦想"就是诗意的物,是诗人可以从命运女神(语言)那里为之觅得名字的物(存在者);与之不同,"丰富而细腻的宝石"则是无名的,这个"宝石"既不是"遥远的奇迹",也不是"梦想",它不是任何物,因此不可命名,在女神的渊源处(语言的源泉),找不到一个名字(词语)来称呼宝石。诗人的天职就是"命名",无可名状乃大痛苦。"命名"之际,物存在。而宝石无名,为诗人所不逮,故不能成为诗人的"宝藏"。这个无名的"宝石"究竟是什么？诗人没有明说。根据海德格尔的解析，"宝石"就是"词语本身"，即语言本身，同样也即"存在本身"。但我们要到后面才能领悟海德格尔的这个意思。

诗人"一度"历险。经受到"无名"之苦，于是学会了"弃绝"。"弃绝"什么呢？依海德格尔之见，并不是弃绝"词语破碎处，无物存在"这句话，而是弃绝诗人从前所持有的关于词与物之间的关系的看法，即拒绝那种认为没有语言（词语）物也存在的常识之见。而这种"弃绝"还引出了另一种经验："词语破碎处，无物可存在。"

海德格尔认为，最后这个诗句专门表达了"语言的词语和语言本身"，并且道说了"词与物的关系"。海德格尔的演讲絮絮叨叨着重分析的就是这个诗句。

"词语破碎处，无物可存在。"这个诗句在字面上不算费解，"破碎"意即"缺失"。词语破碎处，也就是命名物的词语缺失之处。词语缺失处，无物可存在。是词语使物成其为物，让物存在（ist）。但问题是：词语何以能使物存在？词语何以具有此种资格呢？

这里先得破常识。说词语使物存在，这是与常识格格不入的。常识会说，情形恰恰相反，而且说到底，词语也无非是一类物。拿人造卫星来讲，人们自然会认为，这个物之为物，是不依赖于"人造卫星"这个后来加给它的名称的。海德格尔的看法却又与常识背道。他认为，人造卫星这个"物"也是"在它的名称的命义中"、是由它的"名称"所促成的。海德格尔说：

> 倘若不是那种尽其可能地在技术上提高速度的急迫……招呼着人，并且把人定置到它的指令（Geheiβ）之中，倘若这种指令没有对人挑起和摆置这种急迫，倘若这种摆置（Stellen）的词语没有被谈论，那么，也就不会有什么人造卫星了：词语破碎处，

无物存在。这就是说,始终有一件莫名其妙的事情:语言的词语和词语对物的关系,词语对任何存在者——它所是和如何是——的关系。①

这段话听来令人莫名其妙。但其中大有深意。我们不可对之作简单化的理解。难道竟是"人造卫星"这个名称(词语)使得人造卫星这个物存在吗?我们理解,海德格尔的意思是说,"人造卫星"这个具体确定的词语是一个"指令"(Geheiβ),这个"指令"是由语言(词语本身)发出来的;语言是在先的,人总是在语言中接受语言的"指令",才进行包括"制作"在内的活动。在此意义上,我们也就可以说,是"人造卫星"这个词语才使人造卫星这个物"存在"。

现代的语言思想家卡西尔也谈到"命名"和语言的在先性,他说:"命名的工作必定是先于心智构想关于现象的概念并理解现象这一智性工作的,并且必定在此之前业已达到了一定的精确度。因为正是命名过程改变了连动物也都具有的感官印象世界,使其变成了一个心理的世界、一个观念和意义的世界。全部理论认知都是从一个语言在此之前就已经赋予了形式的世界出发的;科学家、历史学家以至哲学家无一不是按照语言呈现给他的样子而与其客体对象生活在一起的。"②卡西尔的这番话比较直露,差不多可以被看做对海德格尔关于"命名"(语言之"令")的思想的一个简单解说。

词语绝不是某个现成物,不是一个事后贴到物身上去的标签之类的东西。词与物的关系,比我们平常所见的以及语言科学所见的

---

① 海德格尔:《在通向语言的途中》,德文版,弗林根 1986 年,第 165 页。
② 卡西尔:《语言与神话》,中译本,于晓等译,三联书店,1988 年,第 55 页。卡西尔也强调指出:"事物的界限必须首先借助于语言媒介才能得以设定,事物的轮廓必须首先借助于语言媒介才能得以规划……。"参见《语言与神话》,中译本,第 63 页。

要复杂得多、要玄奥得多,而在海德格尔看来,格奥尔格的《词语》一诗就抛弃了关于词与物的流俗之见,并且把一种关于词与物的关系的新型洞识表达在这样一个诗句中:词语破碎处,无物存在。按海德格尔的理解,这个诗句实际上就意味着:"任何存在者的存在都寓居于词语中。所以才有这样一个命题:语言是存在之家。"①格奥尔格的诗句在此竟成了海德格尔的思想的美丽的明证,这也是"诗－思合一"的一项见证了。

海德格尔对这个诗句还有进一步的"释义"。"词语破碎处,无物可存在"一句的原文是:Kein ding sei wo das wort gebricht。诗人在这里没有用直陈式"ist"(存在、是),而是用虚拟式或命令式"sei"来表示"存在"。据海德格尔的分析,这表明一方面我们可以把这个诗句转化为直陈式,从而读出"词语破碎处,无物存在(ist)"的意思;而另一方面,原诗句还含有别的意思。"sei"在此诗句中不是"ist"的虚拟式,而是命令式。"sei"就是一个"指令"。这个"sei"既意味着在词语破碎处,此后不允许物存在;进一步说,"sei"又意味着诗人必须遵守的一个"指令",它令诗人"弃绝"他先前的语言经验,并进入一种新的语言经验之中。②

那么,这个"指令"发自何方?"令"物存在并且"令"诗人获得一种新的语言经验的是什么呢?是词语本身。海德格尔说:"诗人经验到:唯有词语才让一物作为它所是的物显现出来,并因此让它在场。词语把自身允诺给诗人,作为这样一个词语,它持有并保持一物在其存在中。诗人经验到词语的一种权能和尊严,再不能更高更远地思这种权能和尊严了……诗人把诗人的天职经验为对作为存在之

---

① 海德格尔:《在通向语言的途中》,德文版,弗林根,1986年,第166页。
② 汉语中没有虚拟式或命令式的动词形式,故我们只能勉强地把 sei 译成"可存在",以区别于直陈式的"存在"(ist)。

渊源的词语的召集。"①词语有殊荣。词语是"存在之渊源"。诗人总算高明了,但对词语本身这块"宝石"仍然只能徒唤奈何。"令"万物有"名"者本身无名。

所以,词与物并不是一方词与另一方物的关系。"词语本身就是关系。因为词语把一切物保持并且留存于存在之中。倘若没有如此这般的词语,那么物之整体,亦即'世界',便会沉入一片暗冥之中;包括'我',即那个把他所遇到的奇迹和梦幻带到他的疆域边缘、带向名称之源泉的'我'的,也会沉入一片暗冥之中。"②倘若没有词语,则不但世界不得启明,不得揭示,连人也不能进入光亮之域。

诗人虽受无名之苦,但诗人的天职却是入于深渊去"召集"词语。诗人最亲近于词语。不只格奥尔格有"词语破碎处,无物存在"这一番诗意经验,别的诗人也有此经验。在此上下文中,海德格尔举出现代诗人哥特弗里德·伯恩(Gottfried Benn)的一首题为《一个词语》的诗。此诗唱道:

> 一个词语,一个句子——从密码中升起
> 熟悉的生命,突兀的意义,
> 太阳驻留,天体沉默
> 万物向着词语聚拢。
>
> 一个词语——是闪光、是飞絮、是火,
> 是火焰的溅射,是星球的轨迹——,
> 然后又是硕大无朋的暗冥,

---

① 海德格尔:《在通向语言的途中》,德文版,弗林根,1986年,第169页。
② 海德格尔:《在通向语言的途中》,德文版,弗林根,1986年,第177页。

在虚空中环绕着世界和我。

伯恩的这首诗可以说很直白,直接抒写出词语的伟力。但此诗也玄。伯恩诗中所谓"万物向着词语聚拢",几乎写出了海德格尔在"聚集"意义上对词与物的思考。

在思想家中间,特别是现代思想家中间,我们看到,也不止海德格尔一人对词语(逻各斯)的魔力有所洞察。卡西尔从另一个角度,从神话-宗教之维,来考察语言意识之发生。他举例证明,在世界各民族的所有宇宙起源说中,都无一例外地可以发现词语(逻各斯)的至高无上的地位。"所有的言语结构同时也作为赋有神话力量的神话实体而出现;词语(逻各斯)实际上成为一种首要的力,全部'存在'(Being)和作为(doing)皆源出于此。"[①]卡西尔主要是在历时性(发生性)的角度来探讨词语(逻各斯)或语言问题,其思路有别于海德格尔。但卡西尔所做的例证是极富启示性的。

在同样以格奥尔格的《词语》一诗为解析主题的演讲报告(《词语》,1958年3月作)中。海德格尔进一步思索了词与物,并用Bedingnis这个古怪的词语来表示词与物的关系:词乃物的Bedingnis。

何谓Bedingnis呢?海德格尔说,词语"决定"(be-dingt)物成为物,而词语的这种"决定"作用,这一运作,就可以叫做Bedingnis。这个Bedingnis是个古词,现代德语中已经没有这个词了。据海德格尔考证,歌德时代还是有此词的,但歌德也把Bedingnis理解为"条件"

[①] 卡西尔:《语言与神话》,中译本,于晓等译,三联书店,1988年,第70页。卡西尔下面的话听来仿佛出自海德格尔之口:"的确,正是词语,正是语言,才真正向人揭示出较之任何自然客体的世界更接近于他的这个世界;正是词语,正是语言,才真正比物理本性更直接地触动了他的幸福与悲哀。因为,正是语言使得人在社团中的存在成为可能;而只有在社会中,在与'你'的关系中,人的主体性才能称自己为'我'。"参见《语言与神话》,中译本,第82页。

(Bedingung)了。所谓"条件",指的是存在者的根据。但是,Bedingnis 所表示的是词对物的作用,并不是指词是物的条件或根据。海德格尔明言:"词语并不为物设立根据,词语让物作为物而在场。这一让(Lassen)就是 Bedingnis。"①总之,海德格尔所发掘出来的这个 Bedingnis 的意思就是"让物存在"。此词难译,如一定要译,我们考虑可以译之为汉语的"造化"。

　　落实到格奥尔格的诗句上,"词语破碎处,无物存在"意思就是说:词语"是"(sei)物的"造化"(Bedingnis)。前文已有分析,"sei"有"令"的意思。现在更见明显:这一"sei"就是"让存在"。可见诗人所用的这个"sei"道出了"词语的奥秘":词乃物的"造化"。

　　海德格尔用"造化"(Bedingnis)来表示词与物的关系,表示词对物的作用,这就突出了词与物的一体性。反观前文关于物(物化)的讨论,此点尤为显明。物"物化"(dingen)。"物化"即"聚集"。词语是物的"造化",词语"让"物存在,"令"物成其为物。"造化"这一"让",这一"令",实际上就是词语的"聚集"作用。海德格尔说:"词语之运作(Walten)闪现为使物成其为物的造化。词语开始闪亮,它是把在场者带入其在场的聚集。"②物之物化和词语之运作都是"聚集",就是希腊意义上的"逻各斯"(Logos)的运作方式。"逻各斯"之"聚集"运作从物方面讲就是"物化",从词方面讲就是"造化"(也即"让存在")了。

　　这当然已经是在"语言－存在"思想的境界和水平上来谈论词与物了。而这种谈论还有待深入。如果说词与物在"逻各斯"("聚集")意义上是一体的,而词又是物的所谓"造化",那么,根本上需得

---

① 海德格尔:《在通向语言的途中》,德文版,弗林根,1986 年,第 233 页。
② 海德格尔:《在通向语言的途中》,德文版,弗林根,1986 年,第 237 页。

澄清的乃是词语的本质,需着眼于词语本身把词语这种"聚集"方式道破。这就是要深入地思语言之本质了。

不难看出,前面的讨论实际上只是对格奥尔格的"词语破碎处,无物可存在"这个诗句作了这样一个"改写":唯在并不缺失词语因而**存在着**(ist)词语之处,一物才存在。但这一"改写"不免让人读出疑问:如果说词语存在,那么它本身也必是一物。因为诗中所说的物指的是以任何方式存在的东西。这么看来,是词语这一物使物存在吗?或者,赋予物以存在的词语是一个更具存在特性的物吗?其实,格奥尔格的诗句并没有说:词语存在处,物存在;而是说:词语破碎处,无物存在。可见上述"改写"是使原诗走样了。

有待进一步思的是"词语破碎处,无物可存在",思"词语本身"及其"破碎"。诗人格奥尔格关于词语的诗意经验已经暗示了我们:任何物("遥远的奇迹或梦想")都是有名的,而"词语本身"("丰富而细腻的宝石")则是无名的,也就是说,找不到一个词语来命名"词语本身"。可见词语不是物,不是任何存在者。

词语本身不是现成的触摸得着的物。随便打开一本词典,满目皆词;阅读书写,无不与词打交道。这难道不是实实在在的物吗?白纸黑字,岂容否认。但海德格尔所说的词语却不是这种白纸黑字意义上的词语,不是人们日常所谈的词语。而是使这些形形色色的词语(Wörter)成为词语的那**一个词语**(Wort)。**词语本身**不是物,却使物(包括日常所谈的词语)成其为物。

词语不是物。词语不存在。海德格尔说,按实情来看,我们对词语绝不能说:它存在(ist),而要说:它给出(es gibt)。Es gibt(相当于英语中的 there be)是日常德语中的一个普遍用法。"山上有草莓"、"地上有花"、"屋里有人"等等,用的都是这个 es gibt(有)。它表示一种现成存在状态。但海德格尔在此却对之作了不同的使用。Es gibt 并不表示"有词语",而是"它－词语－给出"(Es－das Wort－gibt)。① 词语即"给出者"(das Gebende)。词语给出什么呢？给出"存在"。

海德格尔认为,这一"它－词语－给出"揭示了事情的真相,也即词语的奥秘:本身不存在(ist)的词语给出存在。从格奥尔格的诗意经验来看,就是逸离诗人之手的"宝石"(词语本身)退隐入神秘之域中。诗人学会了"弃绝",这本身是因为诗人对神秘的隐而不显的词语本身有所洞察,有所猜度了。

这个作为"给出者"的词语本身就是"本质的语言",即海德格尔这时公开所说的"大道"(Ereignis)之"道说"(Sage)了。海德格尔不无惊奇地发现,在格奥尔格的另一首题为《歌》的诗中也出现了"道说"一词。这首诗唱道:

  何种大胆轻松的步伐
  漫游在祖母的童话园
  那最独特的王国？

  吹奏者银铃般的号角
  把何种唤醒的呼声
  逐入道说(Sage)的沉睡丛林？

  何种隐秘的气息

---

① 海德格尔:《在通向语言的途中》,德文版,弗林根,1986 年,第 194 页。这里关于"Es gibt"的思考也是海德格尔的一番独具匠心,他在多处作了议论。而且我们看到,海德格尔关于"Es gibt"的思考是与他的"大道"(Ereignis)之思联系在一起的。特别可参看海德格尔:《面向思的事情》,德文版,图宾根,1976 年,第 16 页以下和第 41 页以下。

弥漫在灵魂之中
那刚刚消逝的忧郁的气息？

在德语中，Sage 一词有"传说、谣言"等意。格奥尔格这首诗用了 Sage 一词，本不足为怪。但是，在格奥尔格的诗作中，一般是不出现大写字母的，而这首诗中的 Sage 的"S"却用了大写字母。这在海德格尔看来绝对不是偶然的事情。它表明，诗人必定是对词语的奥秘即语言的本质有所洞识和领会了。[①]

通过以上的解说，海德格尔得出了一个结论：

语言的本质即：本质的语言
Das Wesen der Sprache:
Die Sprache des Wesens。[②]

我们可以理解，海德格尔上述"等式"中用的两个"本质"有着不同的意义：前一个"本质"是传统形而上学意义上的实体性的"什么"，而后一个"本质"则是动词性的，是海德格尔所思的"存在"或"大道"；这里所谓"本质的语言"，就是"大道"之"道说"，也就是我们前文已经提到过的"寂静之音"。它以"不在场"（abwesen）显出"在场"（anwesen），以"无声"显出"有声"。它给予世界"四方"之域以"道路"。海德格尔说："我们把这种无声地召唤着的聚集——道说（Sage）就是作为这种聚集给予世界关系以道路的——称为寂静

[①] 后期海德格尔以"道说"（Sage）一词来标示他所思的语言。看来，他也从格奥尔格的诗意经验中有所获取。关于"道说"的具体、深入的讨论，参看本书第五章第四节。

[②] 海德格尔：《在通向语言的途中》，德文版，弗林根，1986年，第200页。

之音。它就是本质的语言。"①

而在海德格尔看来,诗人格奥尔格的诗句"词语破碎处,无物存在"对这样的"寂静之音"也有所揭示了。海德格尔把这个诗句改写为:

> 词语崩解处,一个"存在"出现。
> Ein "ist" ergibt sich, wo das Wort zerbricht。

这里的"存在"用的是动词(系动词)"ist"("是"),而不是名词(动名词)"Sein"。而所谓"崩解",海德格尔解释说:"在这里,崩解(zerbrechen)意味着:宣露出来的词语返回到无声之中,返回到它由之获得允诺的地方中去,也就是返回到静寂之音中去——作为道说,静寂之音为世界四重整体诸地带开辟道路,而让诸地带进入它们的切近之中。这种词语之崩解乃是返回到思想之道路的真正步伐。"②

所谓"崩解",却并不是打碎、崩溃或消散。我们理解"崩解"就是由显入隐的"聚集"作用。词语本身("道说")总是有所"宣露",而这种有所"宣露"又总是一种入于无声的"宣露",是返回不在场而给出在场,入于无声而有所出声。另一方面,"崩解"也对思想提出了要求。词语归本于静默。思想就要对静默保持静默。所以海德格尔才说,词语的"崩解"乃是返回到思想道路的真正步伐。

总括而言,海德格尔借格奥尔格的诗道出了两点:首先,词语让物成其为物,或者说,词语缺失处,无物可存在。就此而言,词语就是"让存在"、"让显现"意义上的"道说"(Sage)。词语是物的"造化"

---

① 海德格尔:《在通向语言的途中》,德文版,弗林根,1986年,第215页。
② 海德格尔:《在通向语言的途中》,德文版,弗林根,1986年,第216页。

(Bedingnis)。其次,词语"崩解"处,物才存在。词语作为"给出者"惟有进入不存在、返回到它所从出的"静寂之音"中去,才能"给出"存在。这也就是词语的由显入隐的"聚集"。词语就是"聚集"意义上的"道说"。因此,我们可以把海德格尔关于词与物的讨论的要义表达为如下两句:

(一)词语**缺失**处,无物可存在。
(二)词语**崩解**处,一个"存在"出现。

或者更直白些说:前一句主要是道出了词语的伟力,词语的"解蔽"和"揭示"作用;后一句则更深层地道出了词语的"聚集"作用,更深层地启示出语言的隐蔽之维——作为"大道"之展开的"道说"乃是无声的"大音"。由此我们也看到语言("道说")的"显－隐"(解蔽－遮蔽)的一体性。

如是观之,则上面这两句话实可以视为后期海德格尔"语言－存在"思想的一个概括。而关于海德格尔语言思想的更细致和更具体的描述,我们还留待下面第五章的"大道之说"的讨论。

第四节　逻各斯与语言

"逻各斯"(Logos)这个课题在海德格尔那里始终是与语言思考联系在一起的。海德格尔在《存在与时间》中就作了拯救"逻各斯"即恢复"逻各斯"之源始意义的努力,并且提出了"把语法从逻辑中解放出来"的口号。在那里,海德格尔把"逻各斯"的基本含义释为"言谈"(Rede),认为"言谈"就是实存论存在学上的语言。我们已经指出,由于受"基本存在学"思路的限制,前期海德格尔还没有把语言这个主题充分地突现出来,"逻各斯"意义上的"言谈"(语言)还只是被当作此在的一个实存论环节。海德格尔自己也承认了这方面的不足。

反对逻辑主义的或工具主义的语言观,提出一种非形而上学的语言理解,这根本上就是后期海德格尔思想的大旨。据海德格尔自供,他在 1934 夏季学期的《逻辑学》讲座中,就开始大胆地探讨语言问题了。这个讲座是对"逻各斯"的思考,海德格尔想在其中"寻求语言的本质"。① 在我们前面已有着重探讨的《形而上学导论》中,海德格尔对"逻各斯"作了有别于前期的解释。"逻各斯"的基本含义不再被释为"言谈",而是被释为"聚集"。关于"逻各斯"这种"聚集",《形而上学导论》中有一段话对之作了不失为有趣的描写,我们不妨引录如下:

> 聚集绝不是单纯的凑集和堆积。聚集把纷然杂陈和相互排斥的东西纳入一种共属一体状态。聚集不是把这种东西崩裂在纯然涣散的和一味东倒西歪的状态中。作为一体共属的纳入,Logos 具有无所不在的运作之特性,即 Physis 之特性。聚集不是

---

① 海德格尔:《在通向语言的途中》,德文版,弗林根,1986 年,第 93 页。这个作于 1934 夏季学期的讲座的讲稿被辑为海德格尔《全集》第 38 卷,卷名为《论作为语言之追问的逻辑学》。中国学者熊伟先生至今仍记得当时听此课的情景,记得当时海德格尔在课中所说的一段话:"逻辑学须探究语言的本质,而一般的语言学则与语言的本质毫不相干。语言被说出,但当人让自己就存在而言说之际,语言就什么也没有说,语言既不是有机体的吐白也不是有生物的表述,语言是存在自身既澄明又遮蔽的到来,因此,语言是存在之家。人在其中生-存着栖居。如果我们在存在近旁发现了人,那么它一定是在无名中生存。"参看熊伟:"恬然于不居所成",载《文化:中国与世界》,第 1 辑,三联书店,1957 年,第 133 页。由此可见,在 20 世纪 30 年代的思想"转向"之初,海德格尔就已经形成了他的语言思想的大体;尽管他对于自己的语言之思的公开的、完整的表述是在 1950 年代的《在通向语言的途中》中。

把无所不在的运作而成的东西消散到某种空洞的无对立状态中,而是从相互排斥因素的统一过程而来把这种东西保持在其最鲜明的紧张状态中。①

综括起来讲,"逻各斯"就是存在本身(Physis)的无所不在的运作;"逻各斯"聚集纷然杂乱的东西入于在场而为在场者;聚集的结果是共属一体的状态——"一是一切"。"逻各斯"既是这个"一"(Hen),又是把一切"聚集"起来的"是"("存在")。

后期海德格尔把"逻各斯"释为"聚集",倒也不是说他前期释之为"言谈"就错了。"言谈"也是一种"聚集"。根本上,后期海德格尔在"聚集"意义上所思的"逻各斯"也就是语言。当然,从"言谈"到"聚集",海德格尔对"逻各斯"的不同的释义,体现着海德格尔语言之思的深化。后期海德格尔所思的语言,不再是实存论上的此在的环节,而是一种把人也涵括在其中的无所不在地运作着的源始的发生性力量。在后期海德格尔那里,语言与存在可以说是一而二、二而一的。"聚集"意义上的"逻各斯",既是存在的无所不在的运作,也是语言的无所不在的运作。

我们认为,海德格尔在 1930－1940 年代主要着眼于"解蔽"(Aletheia)来思存在(语言)的"显－隐"运作;而具体地思考"逻各斯"(Logos)这一聚集运作,主要还是 1950 年代的事情。在《逻各斯》(1951 年)一文中,海德格尔是通过对赫拉克利特的残篇的解释来思"逻各斯"的。在那里,海德格尔把 Logos 释为"采集着的置放"(die lesenede Lege),并且明确地指出,Logos 就是语言。海德格尔写道:

---

① 海德格尔:《形而上学导论》,德文版,图宾根,1987 年,第 102 页。

逻各斯(Logos),即 to legein,就是采集着的置放。但对希腊人来说,legein(置放)始终也意味着:呈送、陈述、讲述、道说。于是,逻各斯或许就是表示作为道说的言说、表示语言的希腊名称。不止于此,作为采集着的置放,Logos 或者还是希腊人所思的道说(Sage)的本质。语言或许就是道说。语言或许就是:聚集着让在其在场中呈放出来。①

　　语言就是"逻各斯"。语言的本质就是"采集着的置放",也就是"聚集"。

　　海德格尔认为,希腊语言就是"逻各斯"。希腊人就居住在"语言的这一本质"中。但是身在其中的希腊人,包括早期那些对存在有所思的伟大思想家如赫拉克利特等,也从未思语言的这一本质。毫无迹象表明,希腊人直接从存在之本质方面思了语言之本质。相反地,语言也是被当作发声的"表达"(Ausdruck)了。因此,海德格尔说:"曾几何时,在西方思想的开端中,语言之本质曾在存在之光中闪现。曾几何时,赫拉克利特把 Logos 思为他的主导词语,旨在以此词语思存在者之存在。但此乃惊鸿一瞥,这种闪光突兀熄灭。没有人把捉住它的光芒以及它所照亮的东西的切近。"②连置身在语言之本质即"逻各斯"中的希腊人也没有思语言之本质,思作为"聚集"或"采集着的置放"的语言,就更不用说后世的形而上学时代中的西方人了。这也可见海德格尔自己的语言之思真是前无古人的事业了。

　　海德格尔的语言之思在哲学史上确实是前所未有的。根本的原

---

① 海德格尔:《演讲与论文集》,德文版,弗林根,1978 年,第 220 页。
② 海德格尔:《演讲与论文集》,德文版,弗林根,1978 年,第 221 页。

因在于，传统的哲学和语言科学都是着眼于语言的"显"处，来研究人的话语活动和作为词语材料之集合的语言的形式结构，而海德格尔则要深入"隐"处，来揭示"显"出的人言之所以可能的隐而不显的根基和背景。在海德格尔看来，人言之所以可能，是因为它植根于一种人言所不能涵盖的更为广大的有所显而自身隐的发生性力量。这种发生性力量可以叫做"大语言"。这就是海德格尔所谓的"大道"之"道说"（Sage），或者"寂静之音"。

我们理解，后期海德格尔的运思主题就是对这种"大语言"之运作的描述。这种描述在 Aletheia（解蔽）和 Logos（聚集）两个题目下展开。所谓 Aletheia，突出的是作为"道说"的语言的"解蔽"运作（显、分）；而所谓 Logos，突出的是作为"道说"的语言的"聚集"运作（隐、合）。语言既有解蔽性，又有聚集性。

这里依旧要重申的是，"解蔽"与"聚集"乃是语言的一体运作，需要对之作一体贯通的理解。"解蔽"乃是聚集性的"解蔽"，"聚集"是解蔽性的"聚集"。海德格尔说 Logos 是"采集着的置放"，就比较突出了"解蔽"与"聚集"的一体性。着眼于此，就更应该把 Logos 释为"解蔽着的聚集"（entbergende Versammlung），即有所显的隐或有所分的合。这才是"亲密的区分"了。

海德格尔正是在这样一种"解蔽着的聚集"（Logos）意义上来讨论物与词的。物之物化和词语之运作乃是"逻各斯"的聚集方式，即语言（Sage）的聚集方式。不妨说，物之物化是从存在方面说"逻各斯"，说"一是一切"；而词语之运作是从语言方面说"逻各斯"，说"一是一切"。但根本上说来，两者却是相互归属的一体。海德格尔说：

> 表示如此这般被思得的词语之支配作用的最古老词语，亦

即表示道说的最古老词语,叫做逻各斯(Logos),即显示着让存在者在其"**它存在**"(es ist)中显现出来的道说(Sage)。另一方面,表示**道说**的同一个词语逻各斯(Logos),也就是表示**存在**即在场者之在场的词语。道说与存在(Sage und Sein),词与物(Wort und Ding),以一种隐蔽的、几乎未曾被思考的,并且终究不可思议的方式相互归属。①

诗人格奥尔格却诗意地思了这种"相互归属":"词语破碎处,无物可存在。"物之为物,是由于它聚集天、地、神、人"四方"于自身。物让"四重整体"的世界栖留在自身那里。这就是物之物化。由于物化,物才是物。而词语破碎处,无物可存在。物在词语中才成其为物。词语是物的"造化"(Bedingnis)。所以词语乃是把在场者带入其在场的"聚集"。于是,不可思议之处在于:物之物化是一种"聚集",词语之运作也是一种"聚集"。物之物化就是词语之运作。

这里我们需得小心领会。物当然不是词语。词语也不是物。物是通过置回到隐而不显的大地之中才把世界聚集于自身,这就是作为"聚集"的物之物化。而词语如何"聚集"呢?海德格尔说,词语"崩解"处,一个"存在"出现。这也就是说,词语之聚集运作是返回到"寂静之音"中才让存在者存在。而此处所谓"寂静之音",就是隐而不显的大地的"涌动"和"生长",就是希腊的 Physis 意义上的存在本身。大地之中有无声之"大音"。因此,作为"聚集"方式的物之物化和词语之运作,乃是作为发生之源的大地的涌现,也即作为大地的无声之歌的"寂静之音"的"道说"。

需要指出的是,在"天、地、神、人""四方"中的"大地"指的是

---

① 海德格尔:《在通向语言的途中》,德文版,弗林根,1986 年,第 231 页。

"显"出的大地,而作为"显"的世界的立足之处的大地本身则是"隐"而不显的。这个"隐"的大地启示着希腊意义上的 Physis,即存在本身。这一点海德格尔在《艺术作品的本源》中已多有讨论。在世界与大地的"显－隐"关系中,海德格尔无疑更强调"隐"的大地的源始性。

我们认为,海德格尔在"逻各斯"意义上对词与物的探讨,实际上着意于语言的"**大地性**"。长期以来,语言被看做人说话的活动,是语言器官(嘴、唇、舌等)的活动。人们进而把在发声过程中被说出的东西,即符号关系的系统,当作语言的本质要素来研究。生理学和物理学对发声现象作了大量的科学研究。但在海德格尔看来,在这种研究中,语言的"肉身因素"是否被揭示出来了,还是大可置疑的。因为语言的"肉身因素"根本上并不是形而上学的哲学和科学研究所能触着的。

海德格尔为此举例说,就连"方言"这样简单的事情,几乎也没有被思考过。语言科学家对"方言"固然作了大量的实证研究,但都还不是对"方言"的本质的思考和揭示。海德格尔说:"方言的差异并不单单而且并不首先在于语言器官的运动方式的不同。在方言中各各不同地说话的是地方(Landschaft),也就是大地(Erde)。而口不光是在某个被表象为有机体的身体上的一个器官,倒是身体和口都归属于大地的涌动和生长——我们终有一死的人就成长于这大地的涌动和生长中,我们从大地那里获得我们的根基的稳靠性。"① 显然,在海德格尔看来,"方言"这一现象是很能表明语言的"大地性"的。而这种语言与大地的源始关系,早已超出了"形而上学－技术的解释"的范围。

---

① 海德格尔:《在通向语言的途中》,德文版,弗林根,1986 年,第 205 页。

看来，还是诗人荷尔德林对这一源始的一度有所揭示和洞察。在《日耳曼人》一诗中，荷尔德林把语言说成"口之花朵"（die Blume des Mundes）。在《面包和美酒》中，荷尔德林又说："词语，犹如花朵。"这在海德格尔看来就是对语言的"大地性"和源始意义上的语言（"寂静之音"）的暗示了。"如果把词语称为口之花朵或口之花，那么，我们就倾听到语言之音的大地一般的涌现。从何处涌现出来？从道说中，从那种在其中发生着让世界显现这样一回事情的道说中。音（das Lauten）从鸣响（das Läuten）中发出，从那种召唤着的聚集中发出，这种对敞开者（das Offene）敞开的聚集让世界在物那里显现出来。"① "口之花朵"来自何处？来自涌动着、生长着的"大地"，来自那有所敞开地聚集着的"寂静之音"。

在今天这个物湮灭、词语荒疏的科学时代里，人类已经被"连根拔起"了。被"连根拔起"的人类扩张着对物的掠夺和对语言的滥用，离弃了源始的"根基"，本真的"家"。而这个"根基"就是大地。这个"家"就是语言——大地的无声的无边无际的寂静之歌。

---

① 海德格尔：《在通向语言的途中》，德文版，弗林根，1986年，第208页。

第五章 大道之说

对于海德格尔这样一位反哲学的哲学家,我们有一些谈论上的困难。含而混之,我们称之为思想家。在本书第一章开篇处,我们说海德格尔是"存在"思想家。但对这话也还得小心看待。从后期海德格尔的思想来看,这话尤见不妥。"存在"一词虽然在后期的文本中还常常出现,但是,海德格尔不止一次地提醒过人们:"存在"是一个"暂时的词语"。后期海德格尔几乎不再提"存在学"(Ontologie),也忌讳用"哲学"一词来标识自己的思想。而如果说后期海德格尔旨在反形而上学哲学,那么,他首先就要挣脱"存在"这个形而上学的中心范畴。

思想寻求非形而上学的表达或道说方式。海德格尔对于早期希腊思想的探讨,关于艺术和诗的思考,关于词与物的沉思,无不体现着他对"思想的事情"作非形而上学的表达的努力。这种努力愈来愈趋向于成熟,就要达到它的目标了。至1950年代,海德格尔在非形而上学意义上提出了"大道"(Ereignis)一词;与之相联系,他用"道说"(Sage)一词来取代形而上学的"语言"(Sprache)概念。

在我们看来,"大道之说"应是海德格尔思想的归趋和目标。如果还可以说海德格尔思想的主题是"存在与语言",那么,这种思想的完成就在"大道与道说"中。又,如果说后期海德格尔的思路乃是"走向语言之途",那么它也就是一条走向"大道之说"的道路。

从"存在"到"大道",这就是海德格尔转向非形而上学的思想之路。

第一节　关于 Ereignis 的翻译

在前面的行文中,我们已经禁不住多次用了 Ereignis 一词。海德格尔的思想步步紧逼,越来越接近于这个玄秘的 Ereignis 了。

Ereignis 是后期海德格尔思想中的一个关键词语。如果先没有弄清这个词,则根本还谈不上对后期海德格尔思想有充分的了解。遗憾的是,迄今为止,尚未见中国学者对这个 Ereignis 做过专门的译介,更谈不上有深入的探讨了。

真正说来,Ereignis 一词固不可译。在展开对 Ereignis 的具体探讨之前,我在这里先要初步摆明其不可译的实情,同时也要说明我何以不可译而仍强译之为"大道"。

从英语世界所做的海德格尔翻译和研究的情况来看,我们感到 Ereignis 一词确实难译,乃至于不可译。英译者们对这个 Ereignis 采取了如下不同的态度:或任其不可译而不予翻译;或译之为"事件"(event)、"发生"(happening);或译之为"转让"和"居有"(appropriation);也有的,译之为"居有之事件"(the event of appropriation)等。

译 Ereignis 为"事件",与海德格尔的原旨相去太远。虽然日常德语中 Ereignis 确有英文的"事件"(event)、"发生"(happening)和"出现"(occurrence)等意义。但海德格尔曾明确申明,他所谓的 Ereignis 并非日常德语中的"事件"、"发生"等。[①] 译之为"转让"和"居有"(appropriation),尽管传达了 Ereignis 一点儿意思,但 appropriation 一词在学理上不够畅快和通达,而且亦不能满足 Ereignis 的全部

[①] 参看海德格尔:《面向思的事情》,德文版,图宾根,1976 年,第 21 页;《在通向语言的途中》,德文版,弗林根,1986 年,第 258 页。

意义。同样地,译为"居有之事件",也仍不能令人信服和满意。现有的少量中文译介偶有触及 Ereignis 一词,多据英译而解之为"事件"、"转让"或"居有"等了。

就笔者接触的资料看,在海德格尔著作的英译者中,美国学者阿尔伯特·霍夫斯达特(Albert Hofstadter)对 Ereignis 的理解较为准确和完全,但所译也还难尽人意。霍夫斯达特可以说采取了"意译"的态度,把 Ereignis 译为"居有(转让)之解蔽"(the disclosure of appropriation)。[①] 这种译法是很笨拙和累赘的,当然也属情有可原,是无法之法。

在英文中,怕是找不到适当的单个词语来译 Ereignis 了。我们见到的诸种翻译,不是太啰唆,就是往往不着义理。甚至,对日常语境中的德语读者来说,恐怕也先要经过一番"翻译"工作,才能找到理解的通道,去接近海德格尔的这个 Ereignis。这可以说是海德格尔的"个人语言",虽然海德格尔会把它看做"命运性"的。

不过,我们看到,霍夫斯达特为翻译 Ereignis 而作的解释,较好地解悟了海德格尔的意思。霍夫斯达特先从海德格尔后期的"世界"概念讲起。

在"物"一文中,海德格尔把"世界"界说为"天、地、神、人"之纯一的"居有着的映射游戏"。这里最费解的就是所谓"映射游戏"(Spiegel-Spiel)之前的动词"居有"(ereignen)。此动词的名词形式即 Ereignis。霍夫斯达特指出,海德格尔在这里是在 eigen(本己、自身)的意义上来阅读动词 ereignen 的,其意即为"去成为自身"、"居有",故可以英文的 appropriate 译之。海德格尔在此想说明,"世界"中"天、地、神、人""四方"以各自的方式相互映射,也以各自的方式

---

① 参看海德格尔:《诗·语言·思》,英译本,纽约,1971年,英译者前言。

反映自身而进入其"本己"(Eignes)之中,即它在"四方"之纯一性中成为自身。"世界"之不同因素("四方")是相互归属、相互转让的,同时又自行居有,即在相互转让中居有自身。在转让和自行居有(appropriating and self-appropriating)的"圆舞"中,"世界"之"四方"聚集而为一体。此即所谓"世界游戏"(Weltspiel)。所以,上述界说中的 ereignen 这个动词,即为英文的 appropriating(转让、居有)。

这是事情的一个方面。另一方面,从德语语言史的角度来看,ereignen 脱胎于一个更早的动词 eräugnen,后者联系于名词的"眼睛"(Auge),有"把……置于眼前"、"把……带到位置上使之可见"的意思。依德语的发音,äu 者接近于 ei,于是人们就很自然地把 eräugnen 读为 ereignen,并因此来理解 ereignen。相应地,名词 Ereignis 也相关于 Eräugnung 和 Ereignung。由此,我们必得把 ereignen 联系于海德格尔的真理观。在海德格尔的真理观中,真理就是"澄明"(Lichtung)、"照亮"(Lichten)、"敞开"(Offnen)。在这个意义上,ereignen 就是让存在者进入敞开,即进入真理之光亮和澄明之中。①

所以,霍夫斯达特认为,在海德格尔那里,ereignen 意味着一个结合过程,在此过程中,四位一体的"四方"得以显现而进入真理之光亮和澄明中,并因此成其自身,同时又在相互"转让"中共属一体。因此,ereignen 既有相互归属、相互转让(居有)之意,同时也有相互照亮和映射之意,即 eräugnen 之意。这两个意思合在一起,才构成 Ereignis 之本义。Ereignis 是 Ereignen 之 Eräugnen 和 Eräugnen 之 Ereignen。即是说,转让(居有)与澄明(解蔽)是一体的,此一体才是

---

① 参看海德格尔:《诗·语言·思》,英译本,纽约,1971 年,英译者前言。这里所谈的情况并不是霍夫斯达特杜撰的,而是海德格尔本人所强调的。参看海德格尔:《同一与差异》,德文版,弗林根,1957 年,第 28 页以下。

Ereignen。

以上是霍夫斯达特之英译 Ereignis 为"居有(转让)之解蔽"的理由。我们认为,这个理由是确凿可靠的,是合乎海德格尔的原意的,所以也可以为我们的中文翻译提供一个参考。但我们的中译也还有别的方面的考虑。而这别的方面的考虑,可以说已经伸出了西方文化的范围之外。

在英文(以及其他欧洲语言)中找不到适切的对译词语的 Ereignis,以东方语文翻译,想必更是繁难了。这里先可以讲讲日本方面的情况。[1] 我们了解到,对于海德格尔的 Ereignis,目前在日本至少已经有七种不同的译法了,而多数是从佛学的词语来加以翻译的。海德格尔的学生、日本著名的翻译家 K. Tsujimura 把 Ereignis 译为大乘佛教的"性起"(日文拼音法的 shoki),也堪称一绝了。[2] 邻国日本的这种立足于自己的(东亚的)文化和语言传统而做的翻译,对我们汉语译解 Ereignis 的工作来说,无疑是可以有借鉴意义的。

在中文中,我们好歹也找到了一个词语。这个中文词语就是

---

[1] 日本的海德格尔研究和翻译是十分发达的,在世界上很有地位。日本哲学家隈阮忠敬 1988 年写了一篇文章,题为"德国哲学在日本",介绍了近百年来日本研究德国哲学的情况,其中也讲到日本的海德格尔研究和翻译。据他说,日本方面有关海德格尔的研究专著已经超过四十部,论文已经在一千多篇;日译《海德格尔选集》已出二十七卷,并几乎与德国方面同步进行海德格尔全集的翻译工作,《存在与时间》竟已经有六种以上的日译本了! 这种情况真可以令我们中国人汗颜。隈阮忠敬自豪地扬言:日本的"海学"已经达到了与海德格尔故乡德国相匹敌的水平,在某些方面甚至还超过了德国人。此所谓"某些方面",作者举的例子是日本学者往往从佛学角度来研究海德格尔——这大约不待说的。参看隈阮忠敬:"德国哲学在日本",载《德国哲学》,第 10 辑,北京大学出版社,1990 年。

[2] 参看 E. 魏因梅尔(Elmar Weinmayr):"海德格尔和日本之间的翻译方面",载托马斯·布赫海姆(编):《解析与翻译》,德文版,1989 年,第 177 页以下。关于"性起"一译,参看该书第 187 页的介绍。持此译的 K. Tsujimura 亦有一篇文章"Ereignis 与性起——论海德格尔的一个基本词语的日文翻译",载布赫纳(编):《海德格尔与日本》,德文版,1989 年,第 79–86 页。

"大道"。① 译 Ereignis 为"大道",明言乃取意于老庄之学。如老子《道德经》第三十四章曰:

> 大道氾兮,其可左右。
> 万物恃之以生而弗辞;
> 成功遂事而弗名有。
> 衣被万物而弗为主:
> 则恒无欲也,可名于小。
> 万物归焉,而弗知主:
> 则恒无名也,可名为大。

"大道"是无往而不在的。它是万物的依恃,它成就万物,让万物涌现出来,让世界显明,而自身又不"名有",又不"为主";它是"无名"的,无名而强名之,称之为"大"。

海德格尔的 Ereignis 颇接近于这样的"大道"。在海德格尔看来,Ereignis 就是成就世界诸因素(所谓"天、地、神、人"之"四方")而让诸因素成其本身,进入光亮之中而居有自身;Ereignis 又不是一个西方形而上学意义上的"本体"("本源"),不是至高无上的主宰,它既是"小"又是"大";这样一个非形而上学的"思想的事情"不是逻辑范畴可以规定的,它本属"无名",勉强名之,则称之为 Ereignis——这在我们看来,也是海德格尔迟迟疑疑地使用 Ereignis 的

---

① 在翻译海德格尔的《面向思的事情》时,我和合作者陈小文一起考虑了 Ereignis 的另一种中译——"本有"。"本有"一译较合词义,其主要缺点是它可能有形而上学色彩。本书完成后,我读到北京大学外国哲学研究所研究生姚治华未发表的硕士论文《庸与 Ereignis》,该文与拙文不谋而合,亦以老庄思想诠释并翻译海德格尔之 Ereignis。姚治华建议以"庸"译解 Ereignis,实为大胆。我们看到,海德格尔也曾把阿那克西曼德的 Chreon "训"为"用"(Brauch)。参看本书第二章第四节关于阿那克西曼德之 Chreon 的讨论。

因此之故，我们译 Ereignis 为"大道"。不待说，此译也是"强译"。盖由其"无名"（不可说）而致"不可译"也。

之所以这样"强译"，还因为海德格尔在使用 Ereignis 一词的时候，显然考虑到了老子的或者汉语的"道"。在《同一与差异》中，海德格尔指出，Ereignis 这个主导词语"就像希腊的逻各斯(Logos)和中国的道(Tao)一样不可译"。① 这话除了显明 Ereignis 之"不可译"的品质外，至少还表明，海德格尔认为他的 Ereignis 是与"逻各斯"和"道"处于同一层面上的，它们是具有类似的相近的含义的，都有着逸出概念和范畴的规定性之外的特性。众所周知，希腊的"逻各斯"还往往被中译为"道"。这似也可以支持我们把 Ereignis 强译为"大道"。

我们甚至可以说，海德格尔的 Ereignis 就含有老子的"道"的影子，是受过老子思想的启发的。众所周知，海德格尔曾与中国学人合译过老子的《道德经》，对东方思想（主要是老庄之学和佛学）有过充分的关注，对老子的"道"大有兴趣，且也是有所体悟的。这是无可否认的事实。在这里，我们也还有必要摆一摆这个事实。

与海德格尔有过长期深交的彼茨特(Heinrich Wiegang Petzt)曾撰书回忆他与海德格尔的交往，其中亦较详细地记述了海德格尔对东方思想的关注。根据彼茨特的描写，在海德格尔的工作室里，挂有一幅中文的书法作品，上书："孰能浊以止，静之徐清？孰能安以久，动之徐生？"语出《道德经》第十五章。法书出自中国台湾学者萧师毅之手，应海德格尔之邀而作。此作之旁，是一尊日本木雕，为一禅宗和尚。道释相映，颇具东方氛围。另外，著名作家恩斯特·荣格尔

---

① 海德格尔：《同一与差异》，德文版，弗林根，1957年，第29页。

(Ernst Jünger)1966年将赴远东之际,海德格尔曾致信一封,并附上他与萧师毅合译的《道德经》第四十七章。①

中国学者萧师毅(Paul Shih Yi Hsiao)曾撰"海德格尔与我们的《道德经》翻译"一文,回忆他与海德格尔在黑森林山上托特瑙堡合作翻译的情况。② 那是1946年春天的故事。但他们的计划终于没有能够完成,仅译出其中的八章。这固然是十分让人遗憾的。而在萧师毅的印象中,《道德经》对海德格尔产生了重要的影响。萧师毅在文中写道,海德格尔本人曾向人谈起,由于与老子和孔孟思想的交往,他比较多地了解东方了。

根据珀格勒介绍,在1930年10月9日晚上,海德格尔做完"论真理的本质"演讲后在朋友家里搞座谈会,他在会上当众朗诵《庄子·秋水》中的一段,就是庄子和惠施"濠上观鱼"的那一段对话。他念的是马丁·布伯(M. Buber)的德译本。③ 显然,在海德格尔看来,这段对话是可以用来解说他当时所思得的真理观的。海德格尔认为,立一个命题,下一个判断,这样做出来的"知"与"物"的符合一致关系,都算不得至大至真的真理。"真理的本质是自由"——是一种物我相忘的"敞开之境"(das Offene);只有在此境界中,在我与物都已进入了然明白的境界中,我与物才可能相对待,才可以"知"物,而"知"物的真理已经是等而次之的了。海德格尔这样的思想,实可以与庄子所谓"我知之濠上也"相互合拍。

在1962年7月18日的一个演讲中,海德格尔引用了《庄子·逍遥

---

① 参看彼茨特:《迎向一颗星——与海德格尔的交往》,德文版,1983年,第七章"来自曼谷的僧侣"一节。

② 萧师毅:"海德格尔与我们的《道德经》翻译",载《海德格尔与亚洲思想》,G.帕克斯编,夏威夷,1987年,第93页以下。

③ 奥托·珀格勒:"东-西方对话:海德格尔与老子",载《海德格尔与亚洲思想》,G.帕克斯编,夏威夷,1987年,第52页。

游》的末段,即庄子和惠施讨论"无用之大树"的那一段。庄子所谓无用之用,至大的用寓于无用之中的思想,对海德格尔是很有魅力的,也许正可以与海德格尔企图跳出工具性的"用"的维度的苦心相互启发。海德格尔所引的是理查德·威廉姆(Richard Wilhelm)的译本。①

  这是海德格尔关心庄子的两例,已足见其努力汲取中国思想的良苦用心了。但据笔者的认识,特别引起海德格尔重视、真正对海德格尔思想发生实际的影响并且已经渗入他的思想核心处的,还是老子的——或者汉语思想的——"道"。海德格尔后期著作中多提到"道"这个词,而且也不是随便提提而已。海德格尔显然做过一些努力,想把老子之"道"汇融入他的运思中。这样说绝不是无端的猜断。在重点思考"大道"(Ereignis)之说(Sage)的以"语言的本质"为题的三个演讲中,我们可以读到以下句子:

>   也许"道路"(Weg)一词是语言的源始词语,它向有所沉思的人们道出自身。老子的诗意运思的主导词语即是"道"(Tao),"根本上"意味着道路。但是由于人们容易把道路仅只设想为两个位置之间的连续路段,所以人们就仓促地认为我们的"道路"一词是不适合于命名"道"所言说的意思的。因此人们把"道"译为理性、精神、理由、意义和逻各斯等。
>   但"道"或许就是产生一切道路的道路。我们由之而来才能去思考理性、精神、意义和逻各斯,思考根本上从它们的本性而来要言说的东西。也许在"道路"即"道"一词中隐藏着运思之道说的一切神秘的神秘,如果我们让这一名称回复到它未曾

---

① 海德格尔:《传承之语言与技术之语言》,海尔曼·海德格尔编,德文版,1989年,第7页以下。

说出的东西那里并且能够这样做的话……。一切皆道路。①

老子的"道"的古朴的丰富含义足以让海德格尔感到惊奇了。在上面这段话中,海德格尔显然很好地领会了老子的——汉语的——"道"与"道路"的意义联系。"道"就是"道路"。"道"这种"道路"是高于理性、精神、意义和逻各斯等西方形而上学范畴和规定性的。"道"这种"道路"产生出一切道路。海德格尔由此引发出来,专门讨论了"大道"的"开路"或"铺设道路"(Be-wëgen, Bewëgung)。据海德格尔说,在阿伦玛尼—斯瓦本方言中,现在还管"开辟道路"叫 wëgen 或 bewëgen。而在现代日常德语中,则已经没有 wëgen 或 bewëgen 这样两个动词了。海德格尔认为,"大道"即有"开路"或"铺设道路"的作用。所以,"大道"实即给予一切以道路的东西,或干脆就说是"开路者"(das Bewëgende)。②

这样的作为"开路者"的"大道"(Ereignis)与老子的"道"是可以相通的。我们也可以说,Ereignis 在某种意义上是"挪用"了老子的"道"。"大道"开启了一切道路。在这样一个开启道路的过程(Bewëgung)中,凡事凡物,世界诸因素("天、地、神、人"之"四方")得以进入光亮之中,得以敞开出来,同时也即"居有"自身了,各各获得"成就"了。"大道"的"开路"过程也就是"大道"的"展开"。"大道"的"开路"或"展开"就是"大道"的语言。此语言不止于人的语言,不同于人的语言。"大道"的语言专门被称为"道说"(Sage)。关于"道说",我们前文已略有交代,后面还要作进一步的讨论。

以上所述,应该已经有较多的学理上的理由来支持我们把海德

---

① 海德格尔:《在通向语言的途中》,德文版,弗林根,1986 年,第 198 页。
② 海德格尔:《在通向语言的途中》,德文版,弗林根,1986 年,第 201 页和第 261 页以下。

格尔的 Ereignis 译为"大道"。据此译法，则 Ereignis 的动词形式 ereignen 该作何译呢？不待说，ereignen 就是"大道"的运作，即是"成道"或者老子所谓"成功遂事"之活动。但"大道"之"成道"运作实有一体的两面，它既是"解蔽"又是"居有"和"聚集"。这在上文已有所挑明，所以对于动词 ereignen，我们必须根据语境作具体的译读，我们一般译之为"成道"和"居有"。这是必要做的一点说明。

把海德格尔的"存在"与老庄之"道"甚至陆王"心学"等等扯在一起"比较"，这种做法这几年在国内是相当流行的。我不敢说这等"比较研究"纯系无稽之谈。也许各种各样的谈论都是必要的，且都是有待深入和进一步展开的。但我以为，凡此种种谈论需得基于义理，不可流于表皮，且要掌握分寸。倘此种谈论竟沦于一种"门面装饰"，或一种类似于"我们古已有之"式的标榜，那就不但空虚，而且至于不幸了。

而我在这里之所以要插上这段话，是想说明我之译 Ereignis 为"大道"，并不是想赶何种时髦风潮，只希望能够着眼于思想的实情和义理而做一种"强译"的尝试。毕竟，海德格尔的"大道"脱胎于西方形而上学传统的土壤，与老子之"道"的纯朴的"东方"品格，也还是有着深刻区别的。① 海德格尔在讨论"诗－思"、"世界－物"和

---

① 自近代以来，国人对待西方文化的态度始终未能摆脱"西方物质－东方精神"的逻辑怪圈，以至于对"东方精神"持怀疑或否定态度者（所谓"全盘西化者"）也难免落入此怪圈。刘小枫在对老子（中国的）的"道"与海德格尔（西方的）的"存在"作了比较之后指出：在"道"的显现中出场的是"天、地、人"三重结构，而在"存在"的显现中出场的是"天、地、神、人"四重结构，这一根本性的差异非同小可。那种把海德格尔与道家扯在一起，以为两者的景观和目的完全一致的看法，是一个"严重的失误"。参看刘小枫：《拯救与逍遥》，上海人民出版社，1988 年，第 230 页。他的这个观点明显超出流俗的所谓"比较研究"，富有启发意义。但他因此进一步认为，在海德格尔那里，神性是否在场是存在澄明的关键。这种理解至少就海德格尔来说可能也有失偏颇，因为在海德格尔所思的"四重整体"中，"天、地、神、人"之"四方"是平权的，无论哪一方都不具有优先地位。

"人言－道说"等课题时,喜欢说"亲密的区分",似亦可表明人类各种思想文化之间的"关系"。

此外,我还想指出,通常把海德格尔的"存在"概念类比于老子的"道"的做法,与我把 Ereignis 译解为"大道"("道")相比,是更缺少说服力的。如果说后期海德格尔的 Ereignis 已经从西方形而上学的概念方式中脱颖而出,那么,前期的"存在"概念(后期的一些文本中也还不得不"暂时"用之)乃是力图脱出形而上学而又未得成功,或者说还未"脱"个干净,基本上还是一个形而上学概念。这是海德格尔所自识的一个情况。形而上学是西方的;如海德格尔所谓,"哲学"是"希腊的"。海德格尔力图超越西方形而上学传统,固然未必就是向东方思想靠拢,或者乞灵于东方"境界"了。但至少在"非"形而上学的意义上,Ereignis 应该更能与中国思想中的"道"相通,这种"通",可以彰明包括东方、西方在内的人类思想的共通性。另一方面,这种"通",也绝不是文化比较的价值评判意义上的"通",而是超越了"东方中心主义"和"西方中心主义"的在"语言－思想"之维面上的"通"。

在海德格尔那里,所谓超越西方形而上学,明摆着就是超越"西方中心主义"的一个努力。而海德格尔的运思实践,特别是他的"语言－思想"之思,实已为我们揭示了一个高超的眼界,促动我们去超出无论什么"中心主义",而着实地进入汉语的"语言－思想"维面中,庶几可尝试为现代境况中的汉语思想找到自己的表达(道说)的通道。

若此,我在这里还愿意加上一句:我之译海德格尔的 Ereignis 为"大道",并非仅仅出自老子而译,而是出自汉语和汉语思想而译。"道"不止于是老子或庄子的,而更是汉语的,它属于汉语思想的表达(道说)方式。

包括 Ereignis 在内的海德格尔的一些用语,大抵有着"不可译"的品质。海德格尔甚至认为,就像诗不可翻译一样,思想也是不能翻译的;人们可以不管三七二十一把它改写一番,但只要人们进行字面翻译,则一切都变样了。① 这话当然是往绝对处说了。说不可译是要强调差异。但不可译总还不至于无所作为。"强译"仍旧必需。"强译"不免使思想"走样"。但如果于此"走样"过程中竟生发出"新"思想来又如何呢? 实际上,"强译"的历史也已经久而久之了。极而言之,所有的翻译开始时总不免勉强,而且归根到底总是"强译"。

情形正是:人们是在"说"了之后才说"不可说"的,是在"译"了之后才说"不可译"的。

关于 Ereignis 之试译,我们已经说得够多了。我们下文的具体讨论仍要对这种试译作进一步的支持和解说。

第二节 从存在到大道

词语乃思想的标志。从"存在"到"大道",可以标示出海德格尔1930年代之后的思想道路。当然,我们也无妨把"大道"视作后期海德格尔的"存在",如奥托·珀格勒尔之论"作为大道的存在"(Sein als Ereignis)。② 但是"作为大道的存在"显然已经有别于前期海德格尔所用的"存在"概念了。海德格尔自己说,"大道"不是"存

---

① 海德格尔:"只还有一个上帝能救渡我们",载《外国哲学资料》,第7辑,第185页。
② 参看珀格勒尔:"作为大道的存在",载《哲学研究杂志》(德),总第13期(1959年);又收入珀格勒尔:《海德格尔与解释学哲学》,弗莱堡,1983年,第71页以下;英译文(Being as Appropriation),载 M. 墨莱编:《海德格尔与现代哲学》,纽黑汶,1978年,第84页以下。

在"。① 我们也还可以把海德格尔的思想理解为一条走向"存在之邻"的道路;这样理解,则"大道"就是海德格尔的存在之思的道路的归趋和目标了。

前期海德格尔的"存在"概念还浸润在西方形而上学的概念方式中。《存在与时间》等前期著作的用语,尽管有种种不同于传统形而上学的新界定,但基本上还是形而上学的语言。这本身就体现了前期海德格尔思想的局限性。我们看到,在"关于人道主义的书信"(1947年)中,海德格尔有所辩解地挑明了他前期思想的不足之处。按海德格尔的自审,《存在与时间》仅仅把有待思的东西的少许"形诸语言"了,而这种语言还使思想失真了。这也是事出无奈,因为要让此种思想的尝试为世人所了解和接受,就不得不考虑现有的哲学状况,暂时还不得不用那些流行的形而上学名称来表达。然而,海德格尔说:"在此间我也已经看到,正是这些名称必得直接而又不可避免地令人误入歧途。"②

总之,海德格尔认为,《存在与时间》是他思想道路上的"路标",思想已经上路;但他同时也认识到,他的意在反形而上学的前期哲学依旧采用了形而上学的语言,这难免构成了对思想的限制,同时必带来人们的误解。

道路的"转向"当然更有学理上的考虑。我们在前面对此已经多有讨论。很明显,摆脱形而上学的概念方式既是"转向"的意图之一,同时又是"转向"本身所要求的。要挣脱形而上学的概念方式,首要的事情是从形而上学的"存在"概念那里脱身,即要寻求一个非

---

① 海德格尔:《面向思的事情》,德文版,图宾根,1976年,第22页。

② 海德格尔:"关于人道主义的书信",载《路标》,德文版,美茵法兰克福,1978年,第345页。

形而上学的词语来指说海德格尔自己所思的事情。这可以说是海德格尔1930年代以后所做的一个基本努力。

在1953年与日本东京帝国大学手冢富雄教授的对话中,海德格尔承认人们对他的思想的误解多半是由他对"存在"一词的富有歧义的使用而引起的。海德格尔指出,"存在"这个名称是形而上学语言所固有的,而他是在一种揭示形而上学之本质的努力的名义下来使用这个词的。这位日本教授问海德格尔,为什么他没有及时而明确地使"存在"这个词出离形而上学语言的范围,为什么他没有马上给他所寻求的"存在之意义"以一个别的专门名称呢? 海德格尔却反问道:"一个人如何能命名他还在寻找的东西呢? 寻找倒是植根于具有命名作用的词语的劝说的。"①

海德格尔在此把他的态度摆明了:不错,他力图摆脱形而上学的语言表达,但这一"摆脱"首先要求批判和揭露形而上学,这就不得不使用"存在"这个形而上学名称;而且,在未能寻获自己着力探索的东西之前,恐怕也只能暂且借助于传统的概念方式和词语手段,也只能姑妄用之了。正如海德格尔在1951年"逻各斯"一文中所说的那样:"'存在'只是一个暂时的词语。"②

"超越"形而上学及其概念方式的努力首先体现在海德格尔对早期希腊思想的"探源"上,这就是深入到西方形而上学之历史的背后,"取回"前苏格拉底的思想开端的源始性存在经验,并由此启发出思想的"另一个开端"。随后,围绕着"真理"(Aletheia)问题对艺术和诗的思考,尤其是对所谓存在之真理的"发生"的思考,对诗人

---

① 海德格尔:《在通向语言的途中》,德文版,弗林根,1986年,第110页。
② 海德格尔:《演讲与论文集》,德文版,弗林根,1978年,第221页。

荷尔德林的"神圣者"和"自然"的思考,显示出海德格尔寻求非形而上学的思想表达的实际尝试。如在《艺术作品的本源》一文中,海德格尔更多地使用了"发生"(Geschehnis)一词。但他很快就感觉到,这个词无法传达出动词性的"存在"(sein)、"出场"或"成本质"(wesen)和"现身在场"(anwesen)等词语的源初的丰富含义。就 wesen 和 anwesen 而言,它们在希腊思想中的对应词是具有非形而上学的源始含义的,但这两个词语太易于牵连于表象性思维,说到底也还带有形而上学的意味。所以,直到《关于人道主义的书信》,乃至此后的一些文本中,海德格尔出于一种无奈的迟疑,仍然往往要求助于形而上学的"存在"这个名称。

"艺术作品的本源"一文的"附录"是 1956 年补写的。海德格尔的"寻找"这时已经有了成果。他说:艺术"归属于大道,而'存在的意义'唯从这个大道才能得到规定"。可见此时的海德格尔已经从"存在"达乎"大道"了。同样在这里,海德格尔回顾自己的道路而表达了达乎"大道"之说的艰难:"对于作者本人来说,深感迫切困难的,乃是要在道路的不同阶段上始终以恰到好处的语言来说话。"①

然而,我们也看到,Ereignis 之出现在海德格尔的思想中,实际上也并不是 1950－1960 年代的事情。在 1959 年所作的"走向语言之途"演讲中,海德格尔特别提醒人们注意,他在 25 年前(即 1934 年前后)就已经在其手稿中使用 Ereignis 这个词了。② 这恐怕是指海德格尔生前未发表的手稿《哲学论稿——从大道而来》(成稿于 1936 年至 1938 年间)。这个手稿现已整理出版,被辑为海德格尔《全集》

---

① 海德格尔:《林中路》,德文版,美茵法兰克福,1980 年,第 71－72 页。
② 海德格尔:《在通向语言的途中》,德文版,弗林根,1986 年,第 260 页。

第 65 卷。①

这么说来，"大道"思想的提出几乎是在海德格尔思想"转向"之初。我们在海德格尔生前未发表物的目录上可以查到，在 1941 年《关于开端》(Über den Anfang)这个手稿中有专论"大道与此之在"(Ereignis und Da-sein)的内容；1941 至 1942 年间有一手稿，题目就叫《大道》(Das Ereignis)。② 由此可见，"大道"这个名称早已发现，也许只是未及深思熟虑或者不想匆匆公布出来罢了。

在海德格尔生前公开出版和发表的文字中，出现"大道"一词还是 1950 年代的事情。海德格尔自己认为，他在《演讲与论文集》(1954 年)的几个篇目中，例如在"物"、"筑·居·思"和"技术的追问"等文中，已经思及了"大道"本身。我们看到，海德格尔在"物"一文中已经用了动词 ereignen，但尚未见有 Ereignis 一词。之后，在《同

---

① 作者在写作本书初稿时尚未读到海德格尔的《哲学论稿》，仅根据海德格尔全集编委会的出版计划，就匆匆断言"此手稿尚未整理出版，我们未见其详"。这是一个见识方面的错误。其实，海德格尔的这个手稿已经于 1989 年出版(适值海德格尔诞辰一百周年)，被编为海德格尔全集之第 65 卷。本书完成后，幸得北京大学熊伟先生审阅。熊先生仔细阅完全书后指出了我的这个差错。而令我感动的是，熊先生不顾高龄，亲自为我复制了海德格尔的这部厚达 520 页的著作。

海德格尔的《哲学论稿——从大道而来》写于 1936 年至 1938 年间。也就是说，该书在海德格尔 1930 年代所谓思想"转向"时期就已经写成了，但生前一直压下而未予公开。该书出版后引起了国际"海学"研究界和哲学界的广泛重视，被认为是海德格尔的除《存在与时间》之外的又一部重头著作，是海德格尔思想"转向"的完成的标志。也只有在该书出版之后，"海学"界对海德格尔的"大道或本有"(Ereignis)才生发出特别的兴趣。《哲学论稿——从大道而来》一书共八章，各章的标题如下：一、前瞻(Vorblick)；二、谐音(Der Anklang)；三、传送(Das Zuspiel)；四、跳跃(Der Sprung)；五、建基(Die Gründung)；六、将来者(Die Zu-künftigen)；七、最后的上帝(Der letzte Gott)；八、存有(Das Seyn)。这些标题就十分怪异令人发憷。对此书的专题研究只能留待后日。这里还想指出的是，1930 年代以来的后期海德格尔在各个方向上的思想尝试是对此书的进一步展开；而海德格尔压下此书未予公开，估计也是有风格上的考虑的，即后期海德格尔不再企图形成"体系性"的著作。

② 两个手稿分别被辑为《全集》第 70 卷、第 71 卷，尚未出版。

一与差异》(1957年)、《在通向语言的途中》(1959年)等著作中,海德格尔就放胆地大量使用"大道"这个词了。

海德格尔还在1962年举行的一个讨论班上谈到"入于大道的不同途径":一、在"关于人道主义的书信"中他已经谈到了"大道",但还只是在一种有意的模棱两可中谈到的。二、较为清晰的关于"大道"的讨论是在1949年所作的四个演讲("物"、"集置"、"危险"、"转向")中,这四个演讲统一冠有"观入在者"(Einblick in das, was ist)的题目。三、在关于技术的演讲中,如在"技术的追问"、"技术和转向"等文中。四、最清晰的讨论在"同一与差异"这个演讲中。①

我们在这里蓄意摆出这些情况,目的是为了表明"大道"一词在后期海德格尔思想的重要性。目前国内"海学"研究者还没有给予海德格尔的"大道"思想以足够的重视和关注,不能不说是一个缺憾。

在海德格尔未发表的手稿中早就有了"大道"一词,而在公开出版的文字中却到1950年代才有这个词,这个情形是很奇怪的,也是令人思索的。这可以意味着"非形而上学"的"大道"之思乃是后期海德格尔思想的潜在引线。同时,这也充分表明了思想的曲折艰难。显然,海德格尔是不想轻易就抛出"大道"一词,以免过早地把"不假思索的东西"固定起来。要命名那"有待思的东西"、"正在寻找的东西",必须先走上趋向它的思想道路。"有待思的东西"始终还是不明确的,也许偶有先行的预示,但轻率的命名有违于思的严肃性。所以,尽管思想早已趋近于"大道"(有时还不免借"存在"之名义),但对"大道"的"命名"却是后来的事情。

从"存在"到"大道",这条思路的艰难性还在于,海德格尔必须

---

① 海德格尔:《面向思的事情》,德文版,图宾根,1976年,第38–39页。

时时提防着那种由形而上学的常规思维所规定的陋见。人们会认为,"大道"只是"存在"的一个替代品,只是换了个花样而已。固守在形而上学中的思维极容易把一切非形而上学的东西都看偏了,也许根本就不能观入非形而上学的那一度。海德格尔屡次表示:"大道"非"存在","大道"是高于"存在"的。海德格尔写道:"大道在本质上不同于任何可能的形而上学的存在规定,从而也比这种存在规定更为丰富。相反,存在就其本质来源而言倒要从大道方面来思考。"①"大道"是非形而上学的,它超出了一切形而上学的规定性。说"大道",绝不是要用一新的形而上学规定来取代"存在"这一旧的形而上学规定。照海德格尔的意思,"大道"已经逸出了西方传统形而上学的"概念方式"之外。这也是我们主张海德格尔的 Ereignis 比较"存在"而言更接近于汉语的非(西方)形而上学的"道"的理由之一。

从"存在"走向"大道",这正是海德格尔思想"转向"的根本内容。走向"大道"的道路就是海德格尔超越形而上学传统而转向非形而上学思想的道路;而在海德格尔看来,这种"转向"恐怕还不止是他个人的思想的"转向",而是整个西方思想的"转向",亦即所谓从哲学转向思想的"另一个开端"。

但何以"大道"就是非形而上学的呢?也许说来说去,"大道"竟也还是一个"存在"呢?难道不也有自称反形而上学传统最终却也不免落入传统之窠臼的情形吗?这些问题自然生出。因此之故,我们还必得对海德格尔的"大道"作更深入的了解。关于"大道"的含义和特征,我们前面虽然已经说了一些,但看来还是不足的。

---

① 海德格尔:《在通向语言的途中》,德文版,弗林根,1986 年,第 260 页。

第三节　大道：解蔽与聚集

"大道"(Ereignis)是什么？如果我们这样问，则一问就出了毛病。我们早就从海德格尔那里得知，"什么"(Was)的问题方式是西方传统形而上学的问法，是源于"希腊的"哲学问题方式。而"大道"却不是哲学上的课题，不是哲学的范畴可以加以规定的。今天的思维已经太易于取"什么东西"的目光看待一切。仿佛"什么东西"之外就是"无"。但也许正"是"这个"无"呢？也许正"是"这个非"什么东西"的"无"必得让人缄口呢？

"大道"就属于缄口的范围。"大道"算得上一个"名称"（"能指"）吗？也许一经说出，已落俗套。"道可道，非常道。名可名，非常名。"老子《道德经》开篇就如是说。庄子也说："道不可言，言而非也。"这就叫"放诸四海而皆准"了。

"大道"本不可说。如若我们把"大道"视为一个"能指"，再行"能指－所指"的逻辑对应关系来看待"大道"，则离"大道"已经甚远。"大道"根本就不是一个"能指"、"符号"，它是无所"指"、无所"示"的；根本也没有一个"所指"来对应"大道"，它是无所待的。海德格尔向我们说着这样不着边际的话："大道是不显眼的东西中最不显眼的，是质朴的东西中最质朴的，是切近的东西中最切近的，是遥远的东西中最遥远的……"；"大道是一切法则中最素朴最温柔的法则……"。[①] 这又正如老子所谓"道之出言，淡兮其无味"了(《道德经》第三十五章)。我们在海德格尔这样的陈述中是摸不到"大道"的"什么东西"的。

---

① 海德格尔：《在通向语言的途中》，德文版，弗林根，1986年，第259页。

就"大道"而言,有"问"和"说"的困难。"大道"无名。"大道"根本就不是"问"和"说"的对象。倘若一定要"问",也只能问问"大道"的情形如何?倘若一定要"说",也只能说说"大道"如何"成道"。人本来只能"从""道"而说些什么,听言于"道"而说些什么,而不能"对""道"而说出"道"的"什么"来。

于是我们勉强换一种方式问道:"大道"的情形如何?海德格尔答曰,我们只能这样来说:

它 – 大道 – 成其本身。
Es – das Ereignis – eignet。①

成道者乃大道本身 – 此外无它。
Das Ereignende ist das Ereignis selbst – und nichts außerdem。②

大道成道。
Das Ereignis ereignet。③

这种近乎"同义反复"的表达方式,是与那种植根于形而上学中的逻辑法则大相背离的。"大道"不是一个形而上学词语。"大道"本不可以"界说"和"定义"。如果一定要为"大道"立一"定义"加以标榜,则无疑只能说"大道成道"了。这里,我真不知道此外还能如何译解上面所引的几个句子(以及海德格尔的相应文本中的许多表述)——假如这些句子毕竟还能让人听出点儿"消息"、读出点儿"意

---

① 海德格尔:《在通向语言的途中》,德文版,弗林根,1986 年,第 259 页。
② 海德格尔:《在通向语言的途中》,德文版,弗林根,1986 年,第 258 页。
③ 海德格尔:《面向思的事情》,德文版,图宾根,1976 年,第 24 页。

思"的话。

"大道"如何"成道"(ereignet)？关于这一点，我们上文就 Ereignis 的翻译所作的讨论中已经有所解说。英译者霍夫斯达特把 Ereignis 译为"居有之解蔽"(Disclosure of Appropriation)，按我们的意见，这种英译法虽然笨拙，但是较近于义理，是依着"大道"的"成道"(ereignen)来译解的。海德格尔自己说，"大道"本就是"成道"。这就是说，"大道"不是一个静态的确定范畴，它不具有名词性的"本质"(das Wesen)，而只在于动词性的"出场"(wesen)中。① 唯着眼于"大道"的"成道"，才可望摸索出"大道"的原本含义。

实际上，本书前面第三、第四章的讨论就是对"大道"之"成道"的描画。在我们看来，"大道"之"成道"有两个方面，即"解蔽"(Aletheia)和"聚集"(Logos)。霍夫斯达特之译 Ereignis，即是着眼于这两个方面。这两个方面，实际上说的就是"大道"的"显－隐"或"分－合"的差异化运作。Aletheia 突出了"大道"之"显"和"分"的方面；Logos 突出了"大道"之"隐"和"合"的方面。这里我们依旧需要强调，因为"大道"是一体的运作，Aletheia 和 Logos 本就是一体的。

"大道"的"解蔽"方面，是海德格尔 1930－1940 年代的重头思考。此间对艺术与真理、诗与存在诸课题的探讨，都重在展示这一"解蔽"的方面。这阵子海德格尔思想的语汇，多由 Aletheia(解蔽)和 Lichtung(澄明)引发开来。其时，"敞开"、"无蔽"、"照亮"、"光亮"、"揭示"等等，是频率很高的用语。"明"与"暗"、"蔽"与"不

---

① 海德格尔不再把本质(Wesen)这个形而上学概念思为"在场者的在场性"，而是把它理解为一个动词，其意即 wesen(出场)、anwesen(现身在场)或 verwesen(本质化)。同样，把"存在"(Sein)书作德文古体词 Seyn(存有)，也是为了突出"存在"的动词性特征。可参看伽达默尔：《全集》第二卷，德文版，图宾根，1986 年，第 369 页以下。

蔽"、"开"与"闭"等等,是这里的主要矛盾或冲突。可以说,海德格尔围绕 Aletheia 所作的思考,即意在表明:"光"是如何出现的？或者说,"大道"作为光之源是如何给这"世界"带来光明的？Aletheia 就是由"隐"入"显"的源始的"显"。在这一"显"中,存在者万物才各各成其所是,露出各自的仪态和模样来,于是,"世界"得以成就。海德格尔的结论传达在"语言是存在之家"这个命题中。语言就是 Aletheia,就是这种源始的"显"。

"语言是存在之家。"这话还有更深一层的启示。语言是存在的既"澄明"又"遮蔽"的"到达"。语言既是源始的"显"(Aletheia),也是源始的"蔽"("隐"),即作为"逻各斯"(Logos)的"聚集"。这就有了海德格尔的突出在 1950 年代的"逻各斯"之思。

我们看到,海德格尔对"逻各斯"之本义的揭示是更早的事情,但具体就"大道"之"成道"来思"逻各斯",却还在 1950 年代。1950 年代初有"逻各斯"一文,已经入于"事情本身"了。海德格尔在此说:"逻各斯就是指在场者之在场在其中居有(ereignen)自身的东西。"① "逻各斯"把在场者"聚集"入其在场之中。"逻各斯"作为"大道"之"聚集",是由"显"入"隐"的"隐",是一源始的"蔽",它让在场者进入自身,成就自身,即所谓"居有自身"。这里的"逻各斯"就是语言。所以,语言是源始的"显—隐"二重性的统一,是"显"着的"隐",也是"隐"着的"显"。这才叫"语言是存在之家"。

关于"大道"的"聚集"(逻各斯)方面,海德格尔是围绕"物与词"来作具体讨论的。物与词是基本的"聚集"方式。物之物化集"世界"诸因素("四方")于一体,入于浑然一体的"世界游戏"。"物化"就是"大道"的"聚集"运作。另一方面,词语破碎处,无物存在。

---

① 海德格尔:《演讲与论文集》,德文版,弗林根,1978 年,第 219 页。

意思就是说,"隐"着的语言使得物"显"出。语言(词语)如何使物"显"出呢?海德格尔说"崩解",即词语由"显"入"隐"地隐入"寂静之音",归本于静默的"大道"中。据此,我们曾指出,物之物化和词语之运作突出标示出语言的"大地性"。此所谓"大地性"实即"遮蔽"之特性,是"大道"的由"显"入"隐"的聚集运作。

我们这里不该冷饭重炒了。只还想说一句:"解蔽"、"澄明"与"物化"、"逻各斯"等,都是具有同等位值的说法,说的同一回事情,即"大道成道"这回事情。而"大道"的展开和运作就是"大道"本身。

令人紧张的问题还是海德格尔的"大道"与传统形而上学的关系。形而上学问存在是"什么",就是用一个更高的存在者("什么")来规定被问及的存在者。如若没有一个更高的绝对的"什么",形而上学的这一"问"岂非永无止境的了?形而上学探得的最高的"什么",就是一个绝对的"本质",一个终极的"本源"。形形色色的传统形而上学理论导出了不同的"本源"。"理念"、"实体"、"上帝"、"绝对精神"等等,是典型的"本源",一个终极的"能指"。

但海德格尔的"大道"也还是一个终极的"能指"吗?它是不是一个绝对"超越者",并因此无异于希腊的"理念"和"实体",中世纪的"上帝"、康德的"自在之物"和黑格尔的"绝对精神"呢?"大道"是一个形而上学的绝对"本源"吗?这些问题紧张得令人气馁,却又是无可逃的问题。

海德格尔本人的回答当然是:否。他如何能说这个"否"呢?我们且来看看海德格尔所思的"大道"的非形而上学特性。

"大道"之"成道"即"居有"(ereignen),就是让存在者进入其存在。所以,"居有"也即:居"有"(存在)。"大道"让"有"成"有"了。那么,让"有"成"有"的"大道"本身还是"有"吗?问题于是很快归结为:"大道"是不是"有"(存在)？海德格尔明确表示,"大道"是高于"有"(存在)的。"有"是形而上学的最高规定了。但"大道"要比这种形而上学的最高规定性更丰富,而"有"(存在)倒要从"大道"方面来思考。所以在海德格尔看来,"大道"根本不是一个形而上学的规定性。其实,当我们问"大道"是不是一个形而上学的"本源"之际,就已经含有一个危险:我们企图在形而上学水平上来看"大道"。岂不是已经有违于思想了？

所有形而上学的思维规定性都是关于"有"(存在)的。而"大道"根本不"有","大道"超出了"有"。海德格尔说:"大道是一个于自身中回荡的领域,通过这一领域,人与存在一并达乎其本质现身,获得其本质因素;人与存在由此失去了形而上学所赋予给它们的那些规定性。"① 人与存在都得入于"大道"才现身而成其本身,"大道""居有"了人与存在。照此说来,"大道"就超出了形而上学的"存在"概念,同样地,海德格尔也借此超出了他前期的"基本存在学"。

正如"大道"非"存在",同样,在海德格尔看来,"大道"也不是"无"(Nichts)。立一判断说:"大道"是存在,这样的判断便是形而上学的;同理,立一判断说:"大道"本无,此判断也在形而上学的概念方式中。正如"存在"要从"大道"方面得到"规定","无"也要从"大道"方面来思。

在"面向存在问题"一文中,海德格尔就是着眼于"大道"来思"存在"和"无"的。在那里,海德格尔运用了一种别出心裁的书写法——"删除法"。"存在"(Sein)一词上往往被打上叉,以示删除。海德格尔说:"这种打叉删除首先仅只是防御性的,以阻止那种种几

---

① 海德格尔:《同一与差异》,德文版,弗林根,1957年,第30页。

乎是根深蒂固的陋习,即把'存在'像一个自立的、偶尔才摆在人面前的对立事物那样表象出来的习惯。"①显然,这是一种消极的办法,是无法之法,其用意是摆脱形而上学哲学的概念方式。被打了叉的"存在"正暗示着"有待思的东西"即"大道"的不可言传。与此同理,海德格尔说,就像"存在"必须被打上叉以示删除一样,"无"(Nichts)也必得作如是书写和思考才好。

值得注意的是,海德格尔在这里首创的"删除法",后为法国解构思想家德里达所继承和发扬,成为德里达解构策略的重要方法,即他所谓的 sous rature(删除)法。德里达反对传统语言学和语言哲学所坚持的意义观,认为并不存在"能指-所指"相对应的确定的意义关系,词语的意义是漂移的、不准确的,或者说,是不充分的,因为每一个词语都处于无限的、不确定的差异运动中。既然如此,词语就不能固定起来,就得被"删除"。然而因为词语又是必需的,所以它就必须被打叉后付印,以保持字迹的清晰而留下一种"印迹"(trace)。德里达所谓的"印迹",应该是从海德格尔的"大道"思想里发挥出来的,两者至少是可以接通的。"印迹"与"大道"的共同点在于:隐匿性(以"隐"示"显")和不确定性(以不确定给出确定,即海德格尔所谓让在场而自身又不在场)。②

之所以要在"存在"(Sein)和"无"(Nichts)上打叉,打叉之后又保持字形,根本上是为了标明"大道"的二重性:"显-隐"、"分-合"的二重性、Aletheia 与 Logos 的二重性。"大道"既显又隐,既分又

---

① 海德格尔:"面向存在问题",载《路标》,德文版,美茵法兰克福,1980年,第405页。

② 参看德里达:《论文字学》,英译本,伦敦,1974年,第一部分。值得注意的是,德里达虽然也有"删除法",但根本上还是突出了"写"(所谓"原型书写"),而贬抑"听"和"说";与之相反,海德格尔则主张要多"听"少"写"。总的说来,后期海德格尔"写"得少而"说"得多——其思想活动多以演讲、报告和讲座等形式进行。

合。"大道"既"居有""存在"也"居有""无"。海德格尔说："存在和无一样，很少'是'(ist)。但它给出(Es gibt)两者。"①给出"存在"和"无"两者的这个"它"(Es)不是别的，就是"大道"。

只有从"大道"而来，我们才能非形而上学地思"存在"和"无"。1962年海德格尔做了一个著名的题为"时间与存在"的演讲。我们知道，这个标题就是前期《存在与时间》中未完成的第一部第三篇的题目。不过，海德格尔明确地指出，现在这个演讲的内容不再与《存在与时间》相衔接了，因为现在是要从"大道"方面来思"时间与存在"了。海德格尔的提法是要"不顾存在者而思存在(Sein ohne das Seiende zu denken)"。② 这也就是说，要非形而上学地思存在本身了。

前期海德格尔曾着眼于此在揭示出"时间性"的三维结构。现在，从"大道"方面来思，海德格尔说时间是"四维"的。此所谓"第四维"就是"曾在"、"当前"和"将来"这三维的统一运作，海德格尔称之为"澄明着的端呈"(lichtendes Reichen)。③ 这里，海德格尔实际上是从"大道成道"的"显－隐"方面来思时间的。他明确地说，时间就是"存在之真理"，即Aletheia。进一步，海德格尔又从"显－隐"的"隐"方面来思时间。"大道不光是作为发送(Schicken)，作为这种发送大道毋宁是隐匿(Entzug)"。④ 海德格尔并且认为《存在与时

---

① 海德格尔：《路标》，德文版，美茵法兰克福，1978年，第405页。这里译为"它给出"的"Es gibt"是日常德语中表示现存状态的无人称结构，相当于英文的"there be"和法文的"Ilya"。海德格尔在"时间与存在"中对"Es gibt"作了有别于日常德语用法的独特解说。在海德格尔看来，这个"Es gibt"可标识出"大道"的呈现运作；"大道"正是这个无名的"它"(Es)。参看海德格尔：《面向思的事情》，德文版，图宾根，1976年，第16页以下和第41页以下。

② 海德格尔："时间与存在"，载《面向思的事情》，德文版，图宾根，1976年，第2页。

③ 海德格尔：《面向思的事情》，德文版，图宾根，1976年，第16页。

④ 海德格尔：《面向思的事情》，德文版，图宾根，1976年，第30页。

间》已经触着了这种"隐匿"。

由此也可见,我们在本文第一章第四节中关于"时间性"与"无"(隐)的讨论是摸对了路子。从 Aletheia 的"隐匿"方面来理解的"时间"就是"不"着的"无"。因此,此时说"时间与存在"也就是说"无与存在"。就此而言,海德格尔才可以把《存在与时间》视作他的思想道路的"路标"。因为,根本的一点乃是,《存在与时间》已经揭示了这种"隐匿"。依照海德格尔的说法,《存在与时间》的基本经验乃是"存在之被遗忘状态"。而所谓"遗忘",海德格尔说,在此是在希腊意义上来讲的,即"遮蔽"和"自行遮蔽"。"遗忘"首先不是人为的,而是植根于 Aletheia,植根于"大道"的"隐匿"。

总括来看,海德格尔认为他所思的"大道"是"超"形而上学的,是非形而上学的"思想的事情"。在海德格尔的思路里,"大道"实际上具有下面几个方面的特性:

首先,"大道"综合了 Aletheia 和 Logos 之双重含义,也即"大道"一方面是"解蔽",另一方面是"聚集",是 Aletheia 与 Logos 的一体。前者表明"大道"如何让万物"涌现"出来,让在场者进入在场,或者说,"光亮"是如何出现的;后者表明"大道成道"之际万物如何成其本质,世界诸因素如何聚集起来而"居有"自身。这样的"大道"是高于"存在",也高于"无"的。"存在"、"无"要从"大道"方面才能得到思考,也就是说,若要非形而上学地思"存在"和"无",必从"大道"出发。如果不说"无"而说"时间",那么,时间与存在都要从"大道"来规定。"决定时间与存在两者入于其本己,也即入于其共属一体的东西,我们称之为大道。"①因此,无论是"存在学"还是"本无论",都还是形而上学。

---

① 海德格尔:《面向思的事情》,德文版,图宾根,1976 年,第 20 页。

其次，从人与"大道"的关系来看，海德格尔认为这是一种"归属"关系。"大道""居有"人。人归属于"大道"。依海德格尔之见，这种"归属性"可以把"大道"与黑格尔的"绝对者"区分出来。表面看来，"居有""存在"的"大道"是很可以与黑格尔的终极的和最高的"绝对者"相提并论的。但在黑格尔那里，人是绝对精神实现自身的场所，因此绝对精神就是对人的有限性的扬弃。而在海德格尔那里，有限性——不仅是人的有限性而且是"大道"本身的有限性——恰恰是显而易见的。① 这里所谓"大道"本身的"有限性"（Endlichkeit）颇为费解。在我们看来，它突出了"大道"的"隐匿性"。海德格尔实际上拒绝了以"无限"救赎"有限"的形而上学－神学道路。可以认为，"大道"的"有限性"思想是与形而上学相龃龉的，实际上正好表明"大道"不是形而上学的"无限者"，不是绝对的"本体"。

再者，是"大道"的"隐匿性"。在"大道"的"显－隐"运作中，海德格尔显然倾向于突出"大道"的"隐"的方面。虽然可以说"无蔽"（Aletheia）标示着"大道"的源始的"显"，但它更启示着一种源始的"隐"。"遮蔽乃是作为无蔽的心脏而属于无蔽。"②"遮蔽"乃无蔽的"心脏"。正是这个"心脏"的庇护和保藏才允诺出"无蔽"，在场者才能"显"出。因此，澄明就是"自身遮蔽着的庇护的澄明"（Lichtung des sich verbergenden Bergen）。"大道"乃是一种"澄明着的庇护"（lichtendes Bergen），是一种"隐匿"（Entzug）。海德格尔此外还动用了"抑制"（Ansichhalten）、"拒绝"（Verweigerung）和"扣留"（Vorenthalt）等词语，来描述"大道"的"隐匿"，并且明确指出："隐匿

---

① 海德格尔：《面向思的事情》，德文版，图宾根，1976年，第53页。
② 海德格尔："哲学的终结和思的任务"，载《面向思的事情》，德文版，图宾根，1976年，第78页。

乃是大道的本性。"①要说"大道"有着非形而上学的品性,我们认为"隐匿性"最能将其标识出来。

最后,是"大道"的不可言说性。"大道"本不可说。一经人说,发声发词,即有所指。有"所指"乃指向"有"。这就有把"大道"指为一个"对象"之虞。所有关于"大道"的说都极勉强。不得已而为之,是担了大风险的。此即佛典所谓"才涉唇吻,便落意思,尽是死门,终非活路"。② 所以海德格尔虽早已思悟入"大道",但迟迟不敢启说"大道"。

"大道"之不可说,是由它的"隐匿性"决定的。人在"显"处说"显"者,如何说得"隐"者?且我们受制于形而上学表象思维的"说"一向还是说显处的"对象"的。人归属于"大道",就在"大道"中。"我们绝不能把大道摆在我们面前,既不能把它当作一个对象,也不能把它当作无所不包的大全者……。大道既不存在,也没有大道。"海德格尔接着问:那么,"还有什么可说的呢?只能说:大道成道。我们这是从同一东西而来、向着同一东西、去近同一东西来说的。看来这话没说出什么。只要我们把所说的当作一个单纯的句子来听并且用逻辑来审问它,那么它就没说什么。"③

集 Aletheia 与 Logos 于一体的"大道"高于有、无;人归属于"大道";"大道"自行隐匿;"大道"是不可言说的——这大约就是"大道"的基本意思和基本特性了。在海德格尔看来,这样的"大道"是西方形而上学所未曾思和不能思的。它也许不止于是反形而上学的;更应该说,形而上学也在"大道"的发生中,为"大道"所"居有"了。

---

① 海德格尔:《面向思的事情》,德文版,图宾根,1976 年,第 23 页。
② 参看《五灯会元》卷十二。
③ 海德格尔:《面向思的事情》,德文版,图宾根,1976 年,第 24 – 25 页。

我们感到,后期海德格尔的筑于"大道"之上的非形而上学之思是在多维度的努力中彰明出来的。因此,我们需得联系前面讨论的 Aletheia 之思与 Logos 之思来领会他所思的"大道",特别是要联系海德格尔一贯坚持的"区分"或"二重性"思想,联系我们下面所讨论的海德格尔的语言思想(作为"道说"的语言)来领会他所思的"大道"。

同时,我们也确实地感到,正是在"大道"一词上,体现着后期海德格尔思想的一个深刻的"两难":一方面,海德格尔力求挣脱西方形而上学传统的概念方式和学院哲学的言说方式,寻求以诗意语汇表达思想;而另一方面,海德格尔所确定的"大道"以及相关的词语,恐怕终究也透露了一种不自觉的恢复形而上学的努力,尽管海德格尔长时期地压抑着"大道"一词(正如前面所述的,海德格尔在 1930 年代就已经在手稿中形成和使用了这个词)。就反形而上学学院语言这个方面而言,海德格尔的努力或许没有坚决拒绝形而上学语言、主张返回日常语言的后期维特根斯坦做得成功和彻底。当然也应该说,这是两条路子上的用力。

这里所谓"两难",既是"思"的困惑,也是"说"的艰难。在语言表达上,后期海德格尔一直处于"说 – 不可说"的边缘境地中,苦尝"无言"的痛苦。而照海德格尔看,归根到底,"大道"一词上也是要"打叉删除"的——"大道"恐怕根本就不是一个"词语"。但以上所说,却已经让"大道"落入"意思"了。岂不是"尽入死门"?但又奈何之?

海德格尔还是那句话:谁人能够对沉默保持沉默呢?

打破了的"沉默"终难逃被误解的厄运。诉诸言谈的东西终归要获得非生成性的本质内核。我们可以想见,在未来的日子里,围绕海德格尔的"大道"思想的争辩仍将进一步展开,而此种争辩的中心题目脱不了是:是否从"大道"中可见出海德格尔重振形而上学、恢复哲学的"元叙述"的努力?或者,"大道"可能是一个形而上学的

"终极能指"吗？如在德里达那里,我们已然可见关于海德格尔后期思想的这样一种责难了。不过,甚至德里达本人,恐怕终究也难逃这同一种责难。①

第四节 道说(Sage)之为语言

后期海德格尔著作中另一个玄奥的关键词语是 Sage。英译者一般将其译作 Saying。Sage 一词在日常德语中多具贬义,意谓"传闻、谣言、流言"等;也有另一重意思,谓"传说",例如"民间传说、英雄传说"等。但海德格尔却不是在这两个日常的意思上来使用 Sage 一词的,而是在与"大道"的联系上来使用这个词的。

海德格尔有言:"Sage 乃是大道说话的方式。"②据此,我们把 Sage 译为"道说",有时也译之为"大道之说"。在相应的语境里,动词 sagen 一般也译作"道说"。

海德格尔还用另一个古老的、已经消失了的词语 Zeige 来命名"道说"(Sage)。我们且把 Zeige 译作"道示"。"道说"即"道示"。名词 Sage 与 Zeige 等值;动词 Sagen("道说")与 Zeigen("显示")等值。海德格尔是着眼于"大道"来思 Sage 和 Zeige 的。上面这些词的玄怪用法,明显都已经脱离了它们的日常意义。

---

① 德里达攻击海德格尔对形而上学的批判是不彻底的,认为在海德格尔思想中自始至终包含着形而上学的印记。其主要的理由是海德格尔的语汇("存在"、"存在学差异"、"大道"以及"澄明"等)还是形而上学的。然而我们看到,德里达自己也创造了一套确定的术语,如"印迹"(trace)、"分延"(differance)、"原型书写"(archi-ecriture)、"游戏"(play)等。无论德里达如何强调"差异化"和"不确定性",恐怕终于也难免落入"说"的两难中。另外,德里达似乎蓄意地对海德格尔的"区分"(Unter-Schied)和"二重性"(Zwiefalt)思想不予强调。而在我看来,恰恰海德格尔这方面的思想最能体现出非形而上学的特性。

② 海德格尔:《在通向语言的途中》,德文版,弗林根,1986 年,第 266 页。

简言之,"道说"就是"大道"之说,是从"大道"方面来思的非形而上学的语言。在形而上学传统中,欧洲人把语言叫做 Sprache、Langue 和 Language 等等。此所谓"语言",乃是被处理为人的活动或交流和表达的工具或媒介的"语言"。海德格尔力求挣脱形而上学传统,深感有必要以一个非形而上学的词语来命名他所思的语言。在他与日本教授手冢富雄的对话中,海德格尔向我们道出了"道说"的秘密:

> 海德格尔:……很久以来,当我思考语言之本质时,我是很不情愿地使用"语言"(Sprahce)这个词的。
> 日本人:但您在寻找一个更合适的词吗?
> 海:我以为我已经找到了这个词;但是我不想让这个词遭受这样的损害,即把它当作流行的称号来使用,使之成为一个概念性名称来讹用。
> 日:您用的是哪个词呢?
> 海:这个词就是"道说"(Sage),其意思是:道说(Sagen)及其所道说者(Gesagtes)和要道说的东西(das Zu-Sagende)。
> 日:何谓道说(Sagen)呢?
> 海:或许就与让显现和让闪亮(Erscheinen- und Scheinenlassen)意义上的显示(Zeigen)相同;而让显现和让照亮乃是以暗示方式进行的。
> 日:照此说来,道说并非表示人类之说(Sprechen)的名称……①

---

① 海德格尔:《在通向语言的途中》,德文版,弗林根,1986 年,第 145 页。

"语言"(Sprache)一词就如同"存在"(Sein)范畴一样,是已经被用滥了的,已经不足以用来表示海德格尔所思的语言——"大道之说"了。想要另行"命名"么？又需得十分的小心,形而上学的概念方式无所不在,稍不慎即落入陷阱。

海德格尔1959年1月所做的演讲"走向语言之途"是一个总结性的文本,比较集中地传达了海德格尔独特的语言思想。在那里,海德格尔把他的"存在与语言"的思想主题展开为"大道与道说"。该演讲被收入海德格尔1950年代出版的文集《在通向语言的途中》中,后者收录了海德格尔关于语言的六个演讲。

"走向语言之途"——这听来仿佛语言是远离于我们的,我们必须走上一条道路才能达到语言那里。但语言不是很切近于我们吗？有一个传统的观点就把人规定为"会说话的动物"。人之为人,就在于人有语言能力。由这一传统的看法就可以得知,我们首先已经在语言中了。可见,一条通向语言的道路是既无必要又无可能的。

但在海德格尔看来,人虽然总是已经在语言中,总是已经在说话,却对语言的本质是无所思的。人当然在语言中,但如果这个"语言"还只是传统所见的人说的语言,那么这种说法就还是浅薄的、无关痛痒的。根本的语言本身是人们"说"不了、"用"不了的。海德格尔的目的,就要来思这个未曾被思及的语言本身——他宁可把它称为"道说"。人在作为"道说"的语言中。但作为"道说"的语言是未曾被思及的,因此仍旧需要一条道路去通达。这是思之道路,是思入"大道"之"道说"的道路。

海德格尔在此首先立下了一个"道路公式"："把作为语言的语言带向语言(Die Sprache als die Sprache zur Sprache bringen)。"①海

---

① 海德格尔:《在通向语言的途中》,德文版,弗林根,1986年,第242页。

德格尔说这个"公式"中的三个"语言"表示了既不同又相同的东西。我们理解,所谓"作为语言的语言"就是"大道"之"道说"。而第三个"语言"是"人言",即人说的语言。这个"公式"作为道路的"引线"指示出海德格尔的一个意图:思"大道"之"道说",并且把它表达出来(形诸语言——"人言"),同时也要探"人言"之根本——"人言"与"道说"的关系。

这里,我们认为,理解海德格尔语言之思的关键是弄清楚他对待"人言"的态度。表面上可以说,海德格尔所思的"道说"不是"人言",不是我们一般所理解的语言。但这样说时我们也要小心,不可简单地主张,既然作为"道说"的语言不是"人言",不是一般的语言科学和语言哲学所研究的语言,那么,海德格尔所说的就是与"人言"不搭界的,是另一种完全可以不视其为语言的"语言"。此种看法有些危险。这也许就是眼下的语言科学和语言哲学研究对海德格尔的语言之思不顾不问的原因之一了。

实际上,我们看到,海德格尔的语言之思恰恰是从"人言"入手的。他的观点是:传统的语言科学和语言哲学是不能揭示语言("人言")的本质的;"人言"有着更为深刻的植根性,从"人言"植根之处才是根本的语言——作为"道说"的语言。

我们先从海德格尔对传统语言观的批判说起。

毫无疑问,传统语言观所见的是"人言"。传统哲学和科学把语言视作人的说话活动,从"说"方面来研究语言。海德格尔说:"自希腊以降,存在者就被经验为在场者。只要语言存在,那么语言——时时发生着的说——就属于在场者。人们从说方面,着眼于分音节的声音、含义的载体,来表象语言。说是一种人类活动。"[①]海德格尔认

---

① 海德格尔:《在通向语言的途中》,德文版,弗林根,1986年,第245页。

为,这就是西方人指导性的语言观念了。显然,这种语言观念是由传统形而上学所决定的。而以这种语言观念为基础的语言研究在威廉姆·洪堡(Wihlelm von Humboldt)那里达到了极致。

在海德格尔的语言之思中,19世纪德国语言学大师洪堡是唯一地受到关注的一位语言学家。海德格尔在《存在与时间》中就已经提到过洪堡。对海德格尔来说,洪堡的重要性在于:首先,洪堡的语言观规定了直到今天为止的整个现代语言科学和语言哲学,特别是洪堡关于爪哇岛上的卡瓦语的著作导论(即1836年出版的《论人类语言结构的差异性及其对人类精神发展的影响》),对现代语言学和语言哲学有着十分深远的影响。其次,海德格尔认为洪堡对语言之本质有着一些探幽入微的深刻洞见。① 洪堡既是西方传统语言观的集大成者,同时又对传统语言观有所突破,有所创新。

海德格尔的这种看法与其他现代欧陆人文主义语言思想家对洪堡的评价并没有多大出入。但海德格尔的评价还是有自己的尺度的。在讨论中,海德格尔特别引录了洪堡的下面这段话:

就其现实的本质来看,**语言**是某种持续地每时每刻**消逝着**

---

① 海德格尔:《在通向语言的途中》,德文版,弗林根,1986年,第246、268页。威廉姆·洪堡对现代语言学所产生的全方位影响自不待说了。我在这里特别要指出的是洪堡在欧陆人文语言哲学发展中的先驱地位。而这里所谓的"欧陆人文语言哲学",乃是指从维柯到哈曼、赫尔德尔,进而到洪堡,继之到卡西尔和克罗齐,最后到海德格尔、伽达默尔和德里达等等现当代欧洲大陆的思想家的语言思想传统。关于这个传统的研究,特别可以参看阿佩尔:《从但丁到维柯的人文主义传统中的语言观念》,波恩,1980年。对于洪堡在"欧陆人文语言哲学"传统中的地位,现代许多思想家都有论述和推崇。卡西尔认为洪堡的语言思想(在维柯和赫尔德尔等之后)构成了力图超越逻辑主义的人文主义语言哲学的传统(参见《人文科学的逻辑》,纽黑汶,1961年,第十章);伽达默尔把洪堡称为"现代语言哲学的开创者",并特别推崇洪堡的语言世界观理论(《真理与方法》,德文版,图宾根,1965年,第2卷,第415页)。

的东西。即使是文字对语言的记录也始终只是一种不完全的木乃伊式的保存,但这种保存却一再需要人们在那里寻求活生生的转化。语言本不是产品(Ergon),而是一种活动(Energeia)。它的真正的定义因此只能是一个发生学的定义。也就是说,语言乃是永远自身复现的**精神活动**,它能够使**分成音节的声音**成为**思想**的表达。直接地和严格地看来,这乃是对任何一次**说**(Sprechen)的定义;但在真正的和本质性意义上,人们似乎也只能把这种说的总体当作语言。①

这段话集中地表达了洪堡的语言观。其中传达出来的主张明显是反对逻辑主义(理性主义)的语言研究传统的。洪堡在别处也表示,以往的所谓"普遍语法"研究用的是逻辑的"分析"(Zerliederung)方法,这种"分析"其实就是肢解,是把语言当作僵死的材料来处理的。他认为,"把语言分解为词语和规则的做法,只不过是科学分析所得到的僵死的劣作而已"。② 而他的比较语言研究就不是单纯地分析语言的逻辑形式,而是要解决一个根本性的问题,即不同民族的特殊语言中如何显示出一种"人类普遍语言"? 洪堡的意思是:"整个人类只有一种语言;每个人都有一种特殊的语言。"③他并且认为,每一种语言中都蕴含了一种独特的"世界观"(Weltansicht)。这些看法都表明,洪堡是站在他那个时代的哲学的高度来思考语言的,其中也明显含着反对逻辑主义语法研究的倾向。

---

① 引自海德格尔:《在通向语言的途中》,德文版,弗林根,1986 年,第 247 页;参看洪堡:《文集》第 3 卷,德文版,柏林,1963 年,第 418 – 419 页。洪堡《文集》第 3 卷系"语言哲学"卷,收有洪堡语言哲学的基本著作。
② 洪堡:《文集》第 3 卷,德文版,柏林,1963 年,第 185 页。
③ 洪堡:《文集》第 3 卷,德文版,柏林,1963 年,第 424 页。

对洪堡语言思想中的上述倾向,海德格尔似乎没有特别加以关注。海德格尔倒是更愿意认为,正是在洪堡那里,传统形而上学的语言观得到了极端的发挥。洪堡也同样是从"说"这种人类活动来看待语言的,并且把语言看做一种特殊的"精神活动"。尽管洪堡把语言提高到"世界观"的高度来观解,但海德格尔认为,只要洪堡的哲学立场是形而上学的,那么,他就还不可能以非形而上学的方式来思考语言。"洪堡把语言的本质规定为活动(Energeia),但完全是非希腊式地在莱布尼茨单子论意义上把 Energeia 理解为主体的活动。"①

大约在海德格尔看来,因为洪堡处在黑格尔的"绝对精神"形而上学的顶峰时代里,所以他的语言思想也是形而上学语言观的顶峰了。不过,正是在这个顶峰上,也才出现了新的契机。要说洪堡语言哲学中有什么值得为思想所注意的因素的话,海德格尔认为,根本上就是一种"语言转换的可能性",即人与语言的关联的转换的可能性。

总之,海德格尔认为,着眼于人的"说"终归是触不着"作为语言的语言"的底蕴的。"说"是一种"表达",也可以称它为人的一种"活动"。这两者自然都是关于"人言"(作为"说"的语言)的正确观念,但是由此却还没有达到语言的本质,更深的一度还没有揭示出来。这更深的一度,就是我们上文已经有所陈说的语言的"大地性"。② 如若不是从这一度出发,那么,"人言"就不可能得到恰当的解释。海德格尔指出,时至今日,就连语言(人言)的发声现象也还

---

① 海德格尔:《在通向语言的途中》,德文版,弗林根,1986 年,第 249 页。
② 参看本书第四章第四节。我们在那里论及海德格尔就"方言"而引出的关于语言的"大地性"的思索。海德格尔认为"方言"的差异不在于语言器官的运动方式之差异,而在于"地方"即"大地"之不同。由此现象可以直观语言(人言)的大地归属性,或者说,语言的"遮蔽性"方面。而此处所谓"大地"当然不是固体物质,而是在希腊的 Physis 意义上的"涌现",是生成性的,其实就是"大道"的生成运作。

没有得到恰当的规定。尽管语音学、声学和物理学的解释已经十分的发达,但它们都没有深入根本,都没有从"静寂之音"来经验语音的来源。① 显然,这仍旧是要强调植根于"大地"(Physis 意义上的"大地")的"人言"的"肉身因素",需得从人与大地的"归属性"来理解"人言"。如果说"人言"是已经"显"出的,那么它的"根"却在"隐"处,是从"隐"处"显"出来的,或者说,"隐"者"显"出才成就了"人言"。

海德格尔对"说"(sprechen)与"道说"(sagen)的区分实际也表达了上面的意思。这两个词在日常德语中几近同义。海德格尔却对它们作了一番区分。一个人能"说",滔滔不绝地"说",振振有词地"说",但却没有"道说";相反地,某人沉默而不"说",但却能在不"说"中"道说"许多。"说"是人的有声的表达。而"道说"的本义是"显示"、"让显现"、"让看和听"。"道说"这种"显示"未必就是有声的,未必需要表达出来。根本上,"道说"是本真的,在"说"之先。首先要有"道说"这种"显示",人才能"说"。所谓"不可说者",其实不只是缺乏表达的东西,而是未被道说的东西,还没有被显示的东西。以海德格尔的说法:"根本上必定不可说的东西被抑制在未被道说的东西中,它作为不可显示者栖留在被遮蔽的东西中,那就是神秘。"②

为什么有不可"说"的"神秘"呢?因为"说"植根于"道说",而"道说"总是一种隐匿着的"显示",即前文所谓的"道示"(Zeige)。"道说"根本上是亦"显"亦"隐"、"显-隐"一体的"大道之说"。如果说人也"道说",那无非是指人响应于无声的"大道之说"。所以,人可以不"说"而"道说"。唯从"说"(人言)方面看,才有"神秘";而

---

① 海德格尔:《在通向语言的途中》,德文版,弗林根,1986 年,第 252 页。
② 海德格尔:《在通向语言的途中》,德文版,弗林根,1986 年,第 253 页。

从"道说"方面看,是无所谓"神秘"的,因为"道说"是自行展开的。概而言之,有一种"人言"所不能涵盖的源始的"道说"或"显示",那就是根本意义上的语言。

再从"说"和"听"的关系来讲,海德格尔认为也可以见出有一种"大"于"人言"的语言。习惯上人们把"说"和"听"对立起来,一个人"说",另一个人"听"。就这么简单吗?不然。"说"同时就是"听";而且更应该说,"说"首先就是一种"听"。有所"听"才能有所"说"。"听"也不只是"听""说"者,而是顺从我们所说的语言的"听"。海德格尔说得明白:"这种顺从语言的听也先于一切通常以最不显眼的方式发生的听。我们不只是说这语言,而是从语言而来说。只是由于我们一向已经顺从语言而有所听,我们才能从语言而来说。在此我们听什么呢?我们听语言的说。"①我们首先是在语言中"听"语言,后才能有所"说"。"说"者总是首先已经有所"听"得,后才能向"听者""说"些什么。"说"首先是一种"听"。

海德格尔是一贯倡导"听"("倾听")的。显然,在"听"和"说"中,海德格尔认为"听"更能体现出人与语言的归属关系。照一般所见,"说"在"听"之先,海德格尔却颠而倒之,认为"听"在"说"之先。在另一处,海德格尔说得更绝对、更离谱:"我们听并不是由于我们有耳朵。我们有耳朵,并且在身体上配备有耳朵,乃是因为我们听。人听雷霆、林啸、水流、琴声、摩托、噪声等,仅仅是因为人已经以某种方式归属于(zugehören)这一切了。"②说到底,"听"(Hören)就是一

---

① 海德格尔:《在通向语言的途中》,德文版,弗林根,1986年,第254页。
② 海德格尔:《演讲与论文集》,德文版,弗林根,1978年,第207页。这里的意思在《存在与时间》就已经有了。人与物的共在的存在可能性是在先的,而人对于物的感觉认知则是第二位的。参看《存在与时间》,图宾根,1986年,第163页以下。另见本书第一章第四节。

种"归属"(Gehören)。这里,海德格尔显然是要我们注意"听"与"归属"这两个德文字之间的字面联系。

"听""归属"于什么呢?根本上就是归属于作为"道说"的语言。根本的"听"即是"听"语言之说。由此就触着了深处:我们听"道说",只是因为我们本就在"道说"之中。我们归属于作为"道说"的语言。我们是以让语言向我们显示的方式而顺从语言来听。

语言无疑总是与人类的"说"维系在一起的,但海德格尔要问的是:"这是何种方式的维系呢?它的维系力量从何处而来,怎样起作用呢?语言需要人类的说,但语言并非我们的说话活动的单纯制作品。语言本质居于也即基于何处?"①这些问题不是传统语言观所能回答的。传统语言观固守于人的说话活动,所见的语言就是人的"说",并且它对"人言"的形式化和工具化的研究早已把"人言"连"根"拔起了。

海德格尔要揭示的就是这个隐而不显的"根"。这个"根"已经被思及了,那就是作为"道说"的语言,就是"大道之说"。人归属于"大道","听""大道"之"道说"(显示)才有所"说"。"道说"即"示",是源始的"隐"着的"显"。

"道说"如何"显示"?"道说"之"显示"让在场者显现出来,让不在场者归于隐匿。以海德格尔的说法,"道说"绝不是对显现者的随后追加上去的语言表达,相反,一切闪现和显露都基于显示着的"道说"。"道说把在场者释放到它当下的在场中,把不在场者禁锢在它当下的不在场中。"海德格尔又说:"有所带出的居有(das Eignen)使作为道示的道说在其显示中活动,这种居有叫做成道(er-eignen)。它给出澄明之开放,在场者进入此澄明而持留,不在场者

---

① 海德格尔:《在通向语言的途中》,德文版,弗林根,1986年,第256页。

出于此澄明而离去,并且在隐匿中保持其持留。成道者乃大道本身——此外无他。"①

这段话比较难辨。在这里,"成道"(ereignen)、"道说"(Sage)和"道示"(Zeige)是同一个意思。"道说"之"显示"即"大道"之"成道",也即"大道"的运作和展开。"大道"之"成道"有着一体的两面,即"解蔽"("澄明")和"聚集"("居有")。"道说"的"显示"也是"解蔽"和"聚集"的统一。作为"道说"的语言既是"解蔽"(Aletheia)又是"聚集"(Logos)。

但如此说来仍旧空泛得很。若要进一步了解海德格尔所说的"道说",关键还是要联系"人言"来讨论。这就是说,重要的还是弄清楚"人说"与"道说"的关系,也即人与"大道"的关系。而这里所谓的"关系",前面已经有所提示了。人是归属于"大道"的,人总是已经在"道说"中,倾听"道说"而有所"说"。这就摆明了人的位置和态度。进一步从"大道"方面来看,"道说"是如何发生为"人言"的呢?

海德格尔在这方面的议论十分晦涩。凡着眼于"大道"的议论必将是勉强的。倘若就某个具体事物发议论,我们可以求助于一个它物来解释之、说明之。但"大道"是无所凭靠的,再没有什么其他东西可以用来解释"大道"了。"大道"本不可"说"。于此"不可说"之"神秘",我们大约不能指望"明白"。

海德格尔首先说,"大道"是一切法则中"最朴素、最温柔的法则"。"大道"这个法则把终有一死的人聚集入"成道"之中并且把它保持于其中。而人之顺从道说的"能听",人之于道说的归属关系,也是基于"大道"的。"大道""居有"人。人是逃不过"大道"这一最

---

① 海德格尔:《在通向语言的途中》,德文版,弗林根,1986年,第268页。

温柔的法则的。人之所以能听,是因为"大道"已经赋予人以一个"栖留之所",人已经在"道说"中了,人在那里"应答"(Ant-worten)"道说"。"应答"之际,人才有所说。每个被说的词语都是一个"应答"。海德格尔说:"使终有一死的人人于道说的归本(Vereignung)把人之本质释放到那种用(Brauch)中,由此用而来人才被使用,去把无声的道说带入语言的有声表达之中。"①

或许,我们可以把海德格尔这里的意思简单化,那就是:人被"大道"所"用",人被"用"于化"无声"为"有声",也即化"道说"为"人说"。这就是作为"说"的"人言"的"生成"了,也就是"不可说→可说"的"生成转换"了。

"大道""用"人来让"道说"成为"说",海德格尔称这个过程为"大道"的"开辟道路"(Be-wёgung)。所谓"道说",根本上就是通向语言的"道路"。而这条"道路"也即"大道"的"成道"过程。因此,海德格尔有下面这段话:

> 大道居有着人,使人进入为大道本身的需用之中。所以作为居有(Eignen)的显示(Zeigen)成道着,大道乃是使道说通向语言的开辟道路(Be-wёgung)。这种开辟道路把语言(语言本质)作为语言(道说)带向语言(有声表达的词语)。②

回头看,海德格尔前面列出的"道路公式"就不只是标识着思考语言的思想道路,而是更有一层深意:所谓"把语言作为语言带向语言"指的就是"大道"的"开辟道路",是"大道"把"道说"带向"说"

---

① 海德格尔:《在通向语言的途中》,德文版,弗林根,1986 年,第 260 页。
② 海德格尔:《在通向语言的途中》,德文版,弗林根,1986 年,第 261 页。

("人言"),或者说,是基于"大道"的"道说"自身"开辟道路"(be-wëgen)。

我们看到,汉语中的"道"一词恰恰就有"道路"、"说"("道说")和"道"(所谓思想的最高"范畴")这样三个基本意思。我们在前文中已经指出,海德格尔的"大道"是对老子的或者汉语的"道"有所借鉴和汲取的。从这里解析的情况来看,海德格尔基本上是取了"道路"(Weg)或"开辟道路"(Be-wëgung)、"道说"(Sage)等意思,以之标征他所思的非形而上学的思想的事情,即"大道"(Ereignis)。海德格尔还说"大道"是"最温柔的法则"。中文的"道"自然也是有这个意思的。可见汉语的"道"的基本意思几乎全在海德格尔的"大道"一词上体现出来了。

我想这已经不是一般的"比附"了。我们已经了解到海德格尔接近东方思想的努力的情况。无疑,海德格尔对汉语的"道"是有相当深入的体会的。把汉语思想中的"道"译为德文的"道路"的主张,也非有一番深入的体会工夫不可,绝非胡思乱想之举。而以汉语的"道"来诠证他的 Ereignis,想必是颇令海德格尔伤了脑筋的。当我们中国人对自家的"道"的丰富的源始意义越来越隔膜和疏远的时候,海德格尔的"大道"却令我们"回忆"。然而,看来总是大成问题的是:我们"回忆"得起来吗?我们能够"回忆"吗?或者,我们应该"回忆"吗?

海德格尔说,"回忆"是思想的品性。又说,"无思"是这个时代的特质。这话尤其适合于时下的中国。我们根本还没有到海德格尔"回忆"希腊的"逻各斯"的那个境地上。我们无能于思也已经久而久之矣!所以,祖上的荣耀,本来也经不住"末代子孙"们的挥霍张扬。认了海德格尔这门"亲",实在也没必要欢喜交加热泪盈眶的。

现在我们可以对海德格尔的语言思想作一个"总结"了。

先说"道说"(Sage)。海德格尔的"定义"是:"基于大道的道说作为显示乃是最本己的成道方式。""道说"就是"大道"之说,就是"大道"的"成道",也就是"大道"的"开辟道路"。关于"道说",我们再不能说更多的了。上面这句话似乎列出了一个陈述句。这可要小心。"大道"之"道说"是不待陈述的。凭任何陈述都是捕捉不到"道说"的。

海德格尔在此又重提他的"语言是存在之家"这个命题。这个命题是在"关于人道主义的书信"中提出来的;而现在则进一步联系于"大道之说"来加以表述。海德格尔说:"语言是在场的庇护,因为在场的显露始终委诸于道说的成道着的显示。语言是存在之家,因为作为道说的语言乃是大道的方式。"①在"道说"中,在"大道"所开辟的"道路"中,才有在场的显露,也才有不在场的隐匿。

再说"人言",即"人之说"。海德格尔的意思是,凡人的任何语言都是在"道说"中生成的,都是在"大道"所开辟出来的"道路"(也即"道说")中生成的,可以说,是由作为"道说"的语言"指派"、"发送"(schicken)给人的。只有这样的"人言"(人的语言)才是本真的人言,才是"命运性的"(geschicklich)和"历史性的"(geschichtlich)。②

从根本上讲,并不是人"说"语言,而是语言"说"人,是语言"让"人"说"。是语言("道说")"用"人,而不是人"用"语言。也可以说,语言在人那里"开辟道路",通过人而发声为词。人能"说",那

---

① 此句德文原文为:Die im Ereignis beruhende Sage ist als Zeigen die eigenste Weise des Ereignens。见海德格尔:《在通向语言的途中》,德文版,弗林根,1986 年,第 266 页。
② 在海德格尔的文字中,诸如对我们这里所标出的在"命运"(Geschick)、"命运性的"(geschicklich)、"历史性的"(geschichtlich)与动词"指派"、"发送"(schicken)之间的字面以及意义联系的强调,是经常性的事情。我们绝不可视之为单纯的词语游戏。相反,这是与海德格尔恢复词语源始的"命名力量"的努力不可分的。

是因为人归属于"道说",顺从"道说"而"倾听",从而能够"跟着言说"(nachsagen)一个词语。语言说——"道说"。人只是"跟着说"而已。因此,海德格尔说:"语言的固有特征乃基于词语也即出于道说的人之说的大道式渊源。"①

这里,令我们特别感兴趣的还是"人言"(即一般所见的语言)的"起源"问题。海德格尔对此又有何见解?

我们知道,海德格尔区分了作为"道说"的语言和作为"人说"的语言。关于作为"道说"的语言以及它的起源,海德格尔明确表示它是不可"知"的,因为人总是已经被嵌入"道说"之中了,是归属于"道说"的。我们是跳不出"道说"来"知"这种"道说"的。因此,海德格尔认为,"道说"本身就要求我们对之缄默,同时还要我们不谈论这种缄默。

那么"人言"呢?显然,只要"人言"是出于"道说"的,是在"道说"所开辟的"道路"中生成的,那么"人言"的"起源"终究也是不可"知"的了。我们只能说"人言"是出于"道说"的。但这样的结论并不是由"知"所得,而是由"思"所得的。而且,从根本上说来,只要"大道"的"开辟道路"使"道说"走向"人言",那么,"道说"与"人言"就是一体的。

语言的"本质"和"起源"不可"知"。这在海德格尔看来并不是什么缺点,而倒是优点。因为凭着这一点,我们就"被拉入我们——为语言之说所用的我们——作为终有一死的人所栖居的地方之中了"。② 人栖居于何处?栖居在"**大地**"上。因此。这话充分暗示出我们前文已经多次提到的语言的"**大地性**"。

---

① 海德格尔:《在通向语言的途中》,德文版,弗林根,1986年,第265页。
② 海德格尔:《在通向语言的途中》,德文版,弗林根,1986年,第266页。

我们认为,后期海德格尔语言思想的关键点就在于他所强调的语言的植根性,语言与大地(Physis)的一体归属关系。所谓"静寂之音",所谓"道说"的"开辟道路"等,都启示着这一度。而对这一度的揭示,不但在"返本归根"这个意思上是启人深思的,而且对一般语言科学和语言哲学的研究来说也是一个挑战:对语言(人言)的对象性研究是否能够揭示出活生生的语言——不仅具有"形式要素"而且具有"肉身要素"的语言?

语言的"本质"不可"知"但可"思"。"思"深入更深的也是切近的一度,思入"大道之说"。如果说"人说"是一种"跟着说",那么,"思"便是一种"跟着思"(nachdenken),是一种"追思"。于是,现在就需要有一种"语言转换"(Wandel der Sprache),即人与语言关系的"转换"。人与语言的关系是由人如何归属到"大道"之中的方式来决定的。① 人归属于"大道",响应"大道之说"而有所说。响应"道说"的人之说有两种形式:"思想"("思")与"作诗"("诗")。所以,在海德格尔看来,所谓"语言转换",也就取决于"思"与"诗"这两种方式及其关系了。

第五节 思与诗

从海德格尔那里绅绎和发挥出一个"诗化哲学"或者"浪漫美学"的体系,这种做法国外有,国内前些年更盛。我在这里以"思与诗"为题作本章最后一部分的讨论,却不是想突出海德格尔思想的美学或诗学"归宿"。这不是本文的意思。

"思与诗",这是海德格尔始终关注的课题。瓦尔特·比梅尔

---

① 海德格尔:《在通向语言的途中》,德文版,弗林根,1986年,第267页。

说,从《存在与时间》到演讲"艺术作品的本源"、对荷尔德林和特拉克尔的诗的阐释,都贯穿了"诗(Dichten) - 思(Denken) - 语言(Sprache)"这样一个"问题圈"。① 这样理解犹嫌空泛,还没有实际地切中海德格尔思想的"道路"。

在上文的论述中,我们已经看到,"诗"这个课题在 1930 – 1940 年代的海德格尔那里是特别突出的,所谓"诗 – 思 – 语言"的"问题圈"那时当然已经有了。但"思"这个课题(对"思"的"思")却主要是在 1950 年代公然显出的。海德格尔 50 年代以"思"为主题的著作就有:"筑·居·思"(1952 年)、《什么叫思想?》(1954 年)、"什么是哲学?"(1956 年)、"思想的规律"(1958 年)和"泰然任之"(1959 年)等等。这不是偶然的、表面的,而是与我们在上面所理出的海德格尔的思想道路相合的。

在我们看来,海德格尔在道路的诸路段上,1930 – 1940 年代着重论"无蔽"(Aletheia)和"诗",即论作为"无蔽"的存在之真理(澄明)和作为"无蔽"的语言("诗");1950 年代着重论"逻各斯"(Logos)和"思",也即论作为"逻各斯"的存在之聚集运作和作为"逻各斯"的语言("思");同时,海德格尔在 1950 年代还展开了关于"大道之说"即作为"道说"的语言("诗 – 思合一")的论述。因此,比梅尔所谓"问题圈"实际上就是"道路";但说"圈"也是恰到好处,因为"道路"总是"回归性"的。以上区分各个"路段",只是就其在各个阶段"显"出的重点而论。

因此,在记取"思想道路"的固有特性的前提下,我们实可以列出以下"线索":

---

① 比梅尔:《海德格尔》,德文版,汉堡,1973 年,第 129 页。

Aletheia(解蔽)──→Logos(聚集)──→Ereignis(大道)
Dichten(诗)　 ──→Denken(思)──→Sage(道说)

不待说,这两个"线索"以其一体的对应标识出海德格尔的"存在－语言"("大道－道说")思想的"道路"的伸展。又考虑到"思想道路"的"回归性",同时也联系海德格尔主要在《形而上学导论》(1935年)中借早期希腊思想所作出的对他的"道路"的"前瞻",我们也应该把上述"线索"作"共时"的标画,庶几可以形成他的"思想道路"的"剖面构造":

大道(Ereignis) $\begin{cases} 解蔽(Aletheia) \\ 聚集(Logos) \end{cases}$

道说(Sage) $\begin{cases} 诗(Dichten) \\ 思(Denken) \end{cases}$

实际上,我们前面已经指出,几乎在《形而上学导论》这个著名讲座的同时,海德格尔就在其手稿中写下了"大道"一词,基本形成了他的"大道"思想;而在《形而上学导论》中,海德格尔是借希腊的Physis的名义来思其"大道"的。①

---

① 我在本书第二章中之所以称海德格尔的早期希腊之思是"先行的一步",现在应该更加一目了然了。因此,说《形而上学导论》是海德格尔后期思想的"完成"的标志,恐怕是并不怎么过份的。在我看来,这本《形而上学导论》的重要性就在于:首先,海德格尔在此形成了他的"存在历史观";其次,海德格尔在对早期希腊思想(西方思想的"第一个开端")的直观中形成了他的在西方思想的"另一个开端"中的思想的结构形态,从而也就确定了他的运思的多重复合的诸向度,直白说来,也即他的运思的基本框架。联系于此,我们就不会奇怪:海德格尔在两年之后(1936年后)花了两年时间,刻意去撰写颇具体系规模的《哲学论稿——从大道而来》。

这里，我们还得对"诗－思－语言"作一些具体的探讨。

关于"诗"，前文已经有了较为充分的专题讨论。诗的本质已由荷尔德林道出：诗乃"存在之创建"。所谓"创建"即"命名"。诗的"命名""令"存在者存在。通过"命名"，诗人创建了"持存"（"存在"），道说了"神圣者"。这就是诗的"解蔽性"。"命名"即"解蔽"（entbergen）。但诗的"道说"（Sagen）和"命名"（Nennen）是响应"神圣者"的召唤——"存在"意义上的语言——而来，因此，根本的"道说"乃是神圣者的"道说"，"命名"乃是语言的"命名"，是语言的"令"。诗人受"神圣者"的"暗示"才有所"道说"，按语言之"令"才有所"命名"。这里，"解蔽"（Aletheia）意义上的诗和语言的归属关系是显然的。①

那么，"思"呢？我们对"思"议论得还很不够。在《形而上学导论》中，海德格尔在"逻各斯"（Logos）意义上讨论"思"。② 把"思"和"逻各斯"联系在一起，理所当然，后世的形而上学正是从源出于"逻各斯"而后与"逻各斯"相疏离的"逻辑"（Logik）来规定"思想"的。基于"逻各斯"与"解蔽"的合一，以及思与诗的"近邻关系"，海德格尔当然也在"解蔽"和"诗"这个主题中讨论"思"，在"逻各斯"和"思"这个主题中讨论"诗"。但总的看来，集中的对"思"的思，要与"逻各斯"相联系，故在海德格尔讨论作为"聚集"方式的"物"与"词"的同时，论"思"也最多。

"思"首先要与形而上学的"思维"划界。形而上学的"思维"是"表象性思维"。"表象"是把一切都立为"对象"。因此要形而上学去"思"非对象性的存在，实无可能。形而上学只可能把存在也立为

---

① 参看本书第三章关于"诗"的讨论。
② 参看海德格尔：《形而上学导论》，德文版，图宾根，1987年，第88页以下。

一个对象,一个存在者。这种"表象性思维"并不是"思"。海德格尔也称这种"表象性思维"为"计算思维"(das rechnendeDenken)。① 表象的、逻辑的、理性的、计算的思维不是"思"。科学并不"思"。形而上学、哲学并不"思"。因为"思"乃思存在。"思"不是对象性的,而是应合性的、是期待性的。

形而上学遗忘存在的历史已经久而久之。科学和技术工业日益肆意扩张。于是,在海德格尔看来,形而上学、哲学和科学不但不"思",不能"思",而且还对"思"大加危害。在趋迫着"思"的"三大危险"中,海德格尔认为"哲学方式"(Philosophieren)乃是其中"恶劣而糟糕的危险"。②"思"隐匿,哲学兴。这是"存在历史"的命运。现时代正是形而上学达乎"终结"的时代,是"计算性思维"最猖獗的时代;而物极必反,这时代同时也就是最激发"思"的时代了。在这个时代里,"有待思的东西"从人那里扭身而去,我们还没有学会"思"。没学会"思"也并非全然是恶果。海德格尔不无机智地说:"在我们这个激发思的时代里最激发思的事情乃是我们尚未学会思。"③

由此必然触及对现代技术之本质的思考。海德格尔把技术的本质规定为"集置"(Ge-stell)。④ 从字面上看,海德格尔显然是要借"集置"一词来突出技术与"表象"(Vorstellen)、"订造"(Bestellen)和"制造"(Herstellen)等的联系。技术作为"集置"是一种控制、摆弄人类的奇异的力量。海德格尔说:"集置的作用就在于:人被坐落在

---

① 海德格尔:《泰然任之》,德文版,弗林根,1979 年,第 13 页。
② 海德格尔:《从思的经验而来》,德文版,弗林根,1954 年,第 15 页。
③ 海德格尔:《什么叫思想?》,英译本,纽约,1968 年,第 6 页。
④ 熊伟先生译之为"座架"。从下面谈到的 Ge-stell 与"表象"等词的字面和意义联系以及前缀 Ge-的"集合"之义,我们译之为"集置"。

此,被一股力量安排着、要求着,这股力量是在技术的本质中显示出来的而又是人自己所不能控制的力量。"这种力量把人从地球上"连根拔起"了。他说当他看过从月球向地球拍摄的照片之后,他是惊慌失措了。"我们根本不需要原子弹,现在人已经被连根拔起。我们现在只还有纯粹的技术关系。"①人类对地球的征服实际上是人类自身的沦丧,技术对物的"制造"实际上是消灭物。

海德格尔在此表达的惊惶和忧虑当然不是杞人忧天。在此我们也不必多提当今世界的环境、生态困境和人们越来越自觉的环境忧患意识了。技术是人类的不可抑制的膨胀。人类恐怕有重蹈白垩纪的膨大恐龙们之覆辙的危险。当海德格尔晚年说"只还有一个上帝能救渡我们"时,他明显是含着一丝绝望的。

不过,海德格尔终究还是要问:如何可能重获人类的"根基持存性"(Bodeständigkeit),让人类重返本真的"栖居"? 在海德格尔看来,道路似乎只有一条,那就是"思"的道路。"审慎的思要求我们,不是片面地系执于一种表象,不是一味地追逐于一种表象取向中。"②这是一种"态度"的转变,照海德格尔的说法就是:让技术对象入于我们日常世界而同时又让它们出于我们的日常世界,也即让它

---

① 海德格尔:"只还有一个上帝能救渡我们",载《外国哲学资料》,第7辑,第175—178页。关于海德格尔的"技术观",我们没有形成专题加以充分的讨论,而他的"技术观"无疑是十分重要的。本书第四章第一节有所涉及,可以参看。我们在此要指出一点:海德格尔主要是在与Aletheia(无蔽、解蔽)相联系的意义上来讨论技术的,也就是说,他是把技术与诗看做"同一区域"内的事情的。海德格尔根本没有作浪漫主义式的反技术,相反,在他看来,浪漫诗学与技术是同流的。诗的作用是解蔽、揭示,是创造,在"显-隐"运作的"显"的区域;同样,技术也在"显"的区域中,是一种变本加厉的飞离大地的上升力量。因此,能够抑制技术的无度扩张的不是同样创造性、上升性的诗,而毋宁说是隐蔽性的、保护性的"思",也即海德格尔所谓的"泰然任之"(Gelassenheit)。在我看,正如对海德格尔思想作浪漫美学的观解是浅薄的,同样,认为海德格尔是要以诗意抵制技术物欲的看法(此种看法大有市场在),也是一种误解。

② 海德格尔:《泰然任之》,德文版,弗林根,1979年,第22页。

们作为物栖息于自身。

这种对于技术世界的态度,海德格尔名之为"向着物的泰然任之(das Gelassenheit zu den Dingen)"。技术世界的意义遮蔽着自身,这种意义根本上就在于那种隐而不显的但又关涉着我们的领域中,此领域即"神秘"之域。因此,为了洞悉技术世界的隐蔽的意义,同样也需要一种态度,就是"对于神秘的虚怀敞开"(die Offenheit für das Geheimnis)。这样两种态度——向着物的"泰然任之"和对于神秘的"虚怀敞开"——或能允诺我们一种可能性,让我们以一种完全不同的方式栖居在这个世界中,也就是给予我们以一线希望,让我们获得一种新的"根基持存性"。

这里的意思并不难解,即是提倡非对象性的诗意看护和非知性逻辑的神秘启悟。那么,这两种态度与"思"有何关系呢?海德格尔说:"两者只不过是从一种持续不断的热烈的思中成长起来的。"[①]也就是说,"泰然任之"和"虚怀敞开"乃是"思"所要求的两种基本的生存态度。

实际上,我们理解,这里的"泰然任之"和"虚怀敞开"也就是从"逻各斯"的聚集运作(物与词)方面来说的人之于"大道"的归属和顺应。对"逻各斯"意义上的物,人需得"泰然任之";对"逻各斯"意义上的词语("道说"),人需得"虚怀敞开"。因此,关于"思"的根本规定,还要着眼于"大道"的神秘"道说"、着眼于"逻各斯"。

"大道"是自行隐匿的。在技术时代里,"大道"更是从人那里扭身而去。但海德格尔说,"扭身而去"并不是消失得无影无踪了,相反,它总是以一种确实很神秘的方式关涉着人。"隐匿,走向思的东

---

① 海德格尔:《泰然任之》,德文版,弗林根,1979年,第25页。

西的自行隐匿,如今作为大道比一切现实的东西都更在当前。"①自行隐匿的"大道"乃"走向思的东西"(das zu-Denkende),是召唤思的东西。"思"本身又如何呢?

着眼于"大道"的"隐匿","思"就是与"逻各斯"相应的"聚集"。海德格尔以"思即回忆"一说来暗示"思"的"聚集性"。"思"就是"回忆"(Gedächtnis),是响应自行隐匿的"大道"来思念"大道"。海德格尔有一段描述,说的是"思即回忆":

> 显然,回忆绝不是那种心理学上所说的把过去掌握在表象中的能力。回忆思念已被思过的东西。但作为缪斯之母,"回忆"并不是任意地思念随便哪种可思的东西。回忆在此是思之聚集,这种思聚集于那种由于始终要先于一切获得思而先行已经被思的东西。回忆聚集在那种先于其他一切有待思虑的东西的思念。这种聚集在自身那里庇护并且在自身中遮蔽着那种首先要思念的东西。……回忆,即被聚集起来的对走向思的东西的思念,乃是诗的源泉。因此诗的本质就居于思中。②

这里,话虽拗口,意思却是明确的:回忆乃"思"之聚集,乃聚集于"走向思的东西",这就是对"大道"的期候、应答和思念;"思"之聚集乃是一种"庇护"(bergen)和"遮蔽"(verbergen)。其实,前面所谓的"泰然任之"和"虚怀敞开",都已经传达了"思"之聚集性。在"关于人道主义的书信"中,海德格尔说:"思聚集语言入于质朴的道说。语言是存在之语言,正如云是天上的云一样。思以它的道说把

---

① 海德格尔:《演讲与论文集》,德文版,弗林根,1978年,第129页。
② 海德格尔:《演讲与论文集》,德文版,弗林根,1978年,第131页。

不显眼的沟犁到语言中。这些沟比农夫缓步犁在田野上的沟还更不显眼。"①这就把"思"的"聚集性"或"隐性"给挑明了。

现在我们越来越清楚了,海德格尔所理解的"诗"与"思"分别领有着"解蔽"与"聚集"("逻各斯")之特性。"大道"之"道说"乃是 Aletheia 与 Logos 的一体两面的运作,与之相应,响应"大道之说"的人的"道说"也有两种方式,即"诗"与"思"。"诗"是"解蔽","思"是"聚集"。进而我们可以发挥说,"诗"是揭示、命名、创建、开启,是趋于动态的;而"思"是掩蔽、庇护、收敛、期待,是趋于静态的。这也就是说,"诗"与"思"分别标识出归属于"大道"的人的"道说"方式的两个方面:

诗——显、分、升、散、动
(Aletheia)
思——隐、合、降、敛、静
(Logos)

作为应合于"大道之说"的人的"道说","诗"与"思"是"大道"意义上的语言发生为"人言"的两种方式。比较而言,"思"之道说更为隐蔽,更有持守性和保护性;而"诗"之道说("命名")则更为显然,更有开端性和创建性。诗是超拔的;思是凝重的。诗是趋动的;思是趋静的。

然而,如此分别地列述"诗-思"两面,仅就各自的侧重而论,已经含有分割的危险。在海德格尔看来,正如各有所重的 Aletheia 和 Logos 是同一的,同样地,各有所重的"诗与思"也是同一的。"思-

---

① 海德格尔:《路标》,德文版,美茵法兰克福,1978 年,第 360 页。

诗"合一。"思"和"诗",都是归属于"大道"的人响应于"大道之说"而"道说",是"言(道)成肉身"的源初方式,本根为一,不可分离。海德格尔说:"思即诗(Denken ist Dichten),而诗不只是诗歌和歌唱意义上的诗。存在之思是诗的源始方式……。思乃原诗(Urdichtung)。……思的诗性本质保存着存在之真理的运作。"①

当然,"思-诗合一"也不能否定两者各有所重,不能否定两者的"区分"。对海德格尔所谓"思-诗合一",我们不能停留在字面上作美妙而浅薄的观解。海德格尔说两者是"同一"(das Selbe)而不是"等同"或者"相同"(das Gleiche)。"在思与诗之间有着一种隐蔽的亲缘关系,因为两者都服务于语言为语言效力并挥霍自身。但在两者之间同时又有着一条鸿沟,因为它们居住在遥遥相隔的两座山上。"②海德格尔此外又作诗一首,来吟唱这里所说的"思与诗"的关系:

> 歌唱与思想同源
> 都是诗的近邻。
>
> 它们出自存在
> 通达乎存在之真理。
>
> 其亲缘关系令人想起
> 荷尔德林对林中树的吟咏:

---

① 海德格尔:《林中路》,德文版,美茵法兰克福,1980年,第324页。
② 海德格尔:《什么是哲学?》,德-英对照本,纽黑汶,1958年,第94页。

"林中树木巍然矗立，
长相毗邻却彼此不识。"①

更多的时候海德格尔不是说"思-诗合一"，而是说两者的"近邻关系"。这又联系到我们上文关于"近"（Nähe）的讨论了。"物""物化"即"近""近化"，指的是"大道"的"聚集"运作，即世界"四方"相互趋近的居有。② 海德格尔进一步的界说如下："切近之现身本性并非距离，而是世界四重整体诸地带之'相互面对'的开辟道路（Be-wëgung）。这种开辟道路就是作为近的切近（die Nähe als Nahnis）。"③我们已经知道，海德格尔所理解的"近"的本质在于"大道"的运作之中，这种意义上的"近"才是保持着"远"的"近"，才是根本性的"近"，是"亲密的区分"。海德格尔认为，"思"与"诗"的"近邻关系"就要从上述意义上的"近"来加以规定。④

所以，所谓"思-诗合一"，根本上是一种"亲密的区分"，是分之合和合之分，是同中有异、异中有同。如果说"思"与"诗"有关系的话，那么它就是"亲密的区分"意义上的关系，根本也是人与语言（"大道之说"）的关系。"大道"是"一切关系的关系"。如果我们多少能对一种"语言转换"——即人与语言的关联的转换——作一些期备，那么，先就要唤起一种"思-诗合一"（"亲密的区分"）的经验："一切凝神之思就是诗，而一切诗就是思。两者出于那道说而相

---

① 海德格尔:《从思的经验而来》，德文版，美茵法兰克福，1983年，第25页。
② 参看本书第四章第一节。
③ 海德格尔:《在通向语言的途中》，德文版，弗林根，1986年，第211页。此引文中的"近"（die Nahnis）系海德格尔据形容词 nahe（近、亲密等）改造而得，日常德语中无此词。海德格尔实际上赋予了"近"以一种与"逻各斯"相等的意义，暗示着"大道"的"聚集"运作，或者说，"世界四重整体"之"四方"的聚合（"相互面对"）。
④ 海德格尔:《在通向语言的途中》，德文版，弗林根，1986年，第208页。

互归属,而道说已把自身允诺给未被道说者,因为道说乃是作为谢恩的思想(der Gedanke als der Dank)。"①

"思与诗",就是归属于"大道"的人的"谢恩"。且听思者海德格尔的"谢恩"——

    森林伸展
    溪流欢腾
    岩石持存
    雾霭弥漫

    草地期候
    泉水涌流
    山风盘桓
    祝祷冥思②

---

① 海德格尔:《在通向语言的途中》,德文版,弗林根,1986年,第267页。
② 海德格尔:《从思的经验而来》,德文版,美茵法兰克福,1983年,第27页。此诗为同名组诗的末尾一阕,原文即如是工整,在德语诗中实属罕见。而观其内容,则可充分体会"泰然任之"之"思"的风味。

结语　说不可说之神秘

　　前面各章的解析和讨论已经让我们充分感觉到,1930年代以来的后期海德格尔的"思"貌似无序而芜杂,实际蕴含着清晰的"思"之理路。当然,这并不是说,在后期海德格尔的思想中也可以见到一个古典哲学式的"逻辑体系"。我们对海德格尔思想的"体系化"的清理,绝不是在古典哲学的逻辑体系建构意义上的,而毋宁说是为着遵循"思"之"道路"的生发和展开,根据"大道"("存在")的"显－隐""二重性"来展开论述的。

　　下面这幅"图像",可以标示出海德格尔的玄奥运思的"剖面构造",也可以让我们直观到海德格尔所思、所说的"事情本身"的"结构"。①

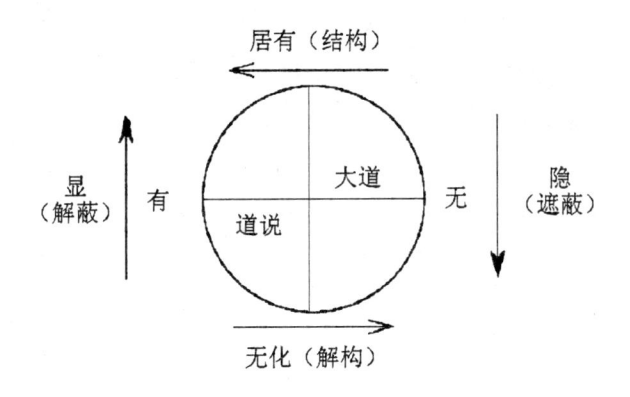

```
            居有（结构）
              ←
         ┌─────┬─────┐
    显   │     │大道  │    隐
   （解蔽）有 │─────│ 无 （遮蔽）
         │ 道说 │     │
         └─────┴─────┘
              ↓
            无化（解构）
```

---

① 根据成中英的一张用以说明西方哲学之走向的图画改制而成。参看成中英:《世纪之交的抉择——论中西哲学的会通与融合》,知识出版社,1991年,第24页。

这个图当然不是海德格尔画的,但大体合乎海德格尔的意思。其情状颇近于玄秘的"太极"了。

由上图可见,传统的西方形而上学哲学偏执于"显"处,是"有"论("存在学")。"显"处有光、有太阳。哲学、神学、科学都处在这个"显"的区域中,所以"光"可以是哲学的理性之光,可以是神学的上帝之光。因此之故,海德格尔把西方形而上学规定为"存在－神－逻辑学"。①

光引人向上。著名的柏拉图的"洞穴譬喻"就告诉人们,人从愚昧走向文明也就是从"洞穴"的黑暗中走出来,走向"太阳"("理念"),而哲学的使命就是把人救出"洞穴",使人获得"太阳"的沐浴。② 看来,说西方形而上学哲学的"开端"在苏格拉底－柏拉图那里,是不会有错的。

而《旧约·创世纪》来得更是干脆:"上帝说要有光,就有了光。上帝看光是好的,就把光暗分开了。"

西方形而上学就是"光"的形而上学,是"太阳"的形而上学。尼采以酒神狄奥尼索斯来反抗太阳神阿波罗,反的正是形而上学的"太阳"、上帝的"光"。德里达说西方哲学是一门隐喻性学科,而"向日式"(Heiliotrope)隐喻乃是一种基本的隐喻类型。③ 可见德里达之批判"在场的形而上学",实际也就是反"光的形而上学"。

在海德格尔看来,形而上学之遗忘"存在",根本上乃是遗忘了

---

① 海德格尔说:"按实情并且清楚地来思,形而上学即存在－神－逻辑学(Onto-Theo-Logik)。"见海德格尔:"形而上学的存在－神－逻辑学",载《同一与差异》,弗林根,1957年,第56页。海德格尔显然是想借此突出"存在学"(Ontologie)、"神学"(Theologie)和"逻辑学"(Logik)的三位一体,这样来规定"形而上学",应该是深刻而全面的。

② 关于柏拉图的著名的"洞穴譬喻",可参看柏拉图:《理想国》,郭斌和、张竹明译,商务印书馆,1986年,第272页以下;亦可参看陈康:《陈康哲学论文集》,第61页以下。

③ 参看德里达:《哲学的边缘》,芝加哥,1982年,第245页以下。

"隐"和"无"。"显"("有")的区域已经被充分地突出了,而且看来是被过度地突出了。"结构"也太突出了,以致近世有"结构主义"甚嚣尘上。而"隐"和"无"却一向未曾思。海德格尔思入其中。后海德格尔的西方思想也在思"解构"了。

思"无"或思"隐"之"思"必臻"神秘"之境。

在海德格尔那里,"思"的"神秘"即在于:思"有"即思"无",思"显"即思"隐",因为根本上,"有－无"、"显－隐"乃是"大道"(Ereignis)的一体运作。如若为了反形而上学之"有"论("存在学")而创设一绝对的"无"论,则恐怕仍旧难脱形而上学。不过,历史上忘"无"的情形尤为乖张、尤为持久,思"无"当推为首要的任务。因此之故,海德格尔的"思"更要向"遮蔽"深处突进,思入那自行隐匿的"大道"。

这就已经露出了"神秘"。"大道"高于"有"、"无",恍兮惚兮,无可名状,无迹可寻。无论你怎样说"大道","大道"都在你的"说"之外,都在你的"说"中隐失。而不可说仍要强说。"说不可说"——这本身就是"神秘"了。

因此,对于"大道"的所有的"说"总归免不了是"自相矛盾"的。关键在于,"大道"本身的运作就彰显为一种"二重性"的"界面":"有－无"、"在场－不在场"、"显(解蔽)－隐(遮蔽)"、"可说－不可说"。

我们主张,这种神秘的、难以解悟的"在场－不在场"或"可说－不可说"的"二重性"(Zwiefalt),正是后期海德格尔思想的奥秘所在。如何突入这一神秘的"二重性"之"界面"？这也许就是后期海德格尔思想的最大困惑了,从中也体现出海德格尔思想中所蕴含的某种神秘主义因素。

诸如"二重性"、"亲密的区分"、"无蔽的不动心脏"、"敞开中心"、作为"开路者"的"大道"、"自行遮蔽的庇护的澄明",等等……所有这些玄怪的思想表述,说的都是同一回事情,都是说那不可说之"神秘",都是后期海德格尔突入那令人困惑的"二重性"之"界面"的冒险尝试。

在这里,最能体现出这种"二重性"之"神秘"的,还是海德格尔所谓的"澄明"(Lichtung)。这个由佛学语汇译来的词语时下在中国的学术语境里正日益扩散着它的使用。不过,人们对海德格尔的"澄明"的理解多半还停留在表层。

海德格尔所说的"澄明",断不是我们通常善于理解的所谓"物我相忘"的清澈心境,也不是光华四射的"照亮"。以海德格尔自己的说法,此所谓"澄明",乃是"一切在场者和不在场者的敞开之境";"澄明"不是"光"所创造的,"光"倒是以"澄明"为前提的;在"澄明"中才有光明与黑暗的"游戏运作"。"澄明是自行遮蔽着的在场性的澄明,是自行遮蔽着的庇护的澄明。"如此等等。①

——有谁听得懂这"胡言乱语"?有谁能解悟这"胡言乱语"背后的真实奥义?

实际上,以我们的理解,海德格尔在此所说的就是神秘的"二重性",就是"二重性"之"大道"(Ereignis)。所谓"澄明",就是源始意义上的"显"(Aletheia),就是作为"无蔽"的"真理"。而怪就怪在,这一源始性的"显"实际上是最深的"隐",源始的"解蔽"就是最深的"遮蔽"。"真理"即是"非真理"。

在作为存在之真理的"澄明"这一说中,海德格尔毋宁是要强调"遮蔽性"的优先地位。

"无蔽"或"解蔽"是如何发生的?只有通过"自行遮蔽",这就

---

① 海德格尔:《面向思的事情》,德文版,图宾根,1976 年,第 72 页和第 79 页。

是"二重性"了。海德格尔说,"遮蔽"(lethe)本就属于"无蔽"(Aletheia),而且是"无蔽的不动心脏"。谁人能思如此神秘的"遮蔽",思入"无蔽的不动心脏"?在海德格尔眼里,首先还只有早期希腊的"思者"。如巴门尼德在其残篇第一中就道说了"无蔽":

无蔽之不动心脏,多么圆满丰沛,
而凡人的意见,无能于信赖无蔽者。

"思想的事情"就是"自行遮蔽着的澄明",也就是自行隐匿的"大道",那**非中心的"遮蔽中心"**。那是什么呢?是"神秘"。然而,"这难道不是全然虚幻的神秘玄想甚或糟糕的神话吗?难道归根到底不是一种颓败的非理性主义,一种对理性的否定吗?"①——海德格尔自己先就这样问了。

如我们前章所述,海德格尔要求技术时代的人们对"神秘"持一种"虚怀敞开"(Offenheit)的态度,认为这乃是本真的"思"的基本态度之一。大约在海德格尔看来,"神秘"感以及对"神秘"的敬畏感之缺失,正是现代人苍白生活的一个最显著的标志了。

如果说自行遮蔽着的"澄明",自行隐匿着的"大道"是神秘的,那么,作为"大道"之展开的语言当然也是神秘的了。而且在海德格尔看来,语言就是"大道"本身的展开,就是"在场-不在场"、"可说-不可说"之"二重性",发生于神秘的"遮蔽中心"。这样的神秘的语言,海德格尔称之为"道说"(Sage),也叫"静寂之音",即是无声的"大音"。

在这里,对于后期海德格尔独树一帜、也不免玄怪的语言思想,

---

① 海德格尔:《面向思的事情》,德文版,图宾根,1976年,第79页。

我们还有必要作一番概括性的认识和理解。

毫无疑问,海德格尔的语言思想与他的"反形而上学"的立场和"非形而上学"的"大道"之思是一体的。因此,他的语言思想首先是反形而上学的,是与一般语言哲学和语言科学格格不入的,当然也是与我们日常的语言理解是大相径庭的了。

首先,我们看到,海德格尔对人与语言的关系作了一个根本性的"颠倒":人不是语言的主人,相反,倒是语言"支配"着人,"占有"着人。以海德格尔的说法,就是:"语言比我们人更强大,因而也更重要。"①

语言一向被当作用于交流和表达的工具。人们支配、占有、制作、使用它。西方传统的语言研究则以形式主义为特征,它或者是在"语法"中寻找语言的本质,或者认为"逻辑"就是语言的本质。根本上,对语言的工具化与形式化是一回事。工具主义和逻辑主义是一回事。现在,海德格尔力图超越这一形而上学传统,他向我们揭示:语言不是工具,不是人的对象,因为人总是在语言之中,而不是在语言之外。从根本上讲,是"语言说",而人只是在语言中"应合"语言,人只是在语言中"跟着说"而已。

如何可能有这一根本的"倒转"呢? 当然,这一"倒转"是由海德格尔的"存在"("大道")之思所决定的,是与他对人与"存在"("大道")的关系的"倒转"联系在一起的。不过这样说来仍然空泛得很。或者我们干脆认为,海德格尔所思的语言根本就不是我们一般所理解的语言了? 这话既对也不对。

如果说海德格尔所思的作为"道说"的语言确实是"人言"所不能涵盖的,那么,我们同时也必须看到,海德格尔的作为"道说"的语

---

① 海德格尔:《在通向语言的途中》,德文版,弗林根,1986年,第124页。

言与"人言"是一体的。"人言"植根于"道说",归属于"道说","道说"借着"人言"而得以"显"出。两者之间的"关系",也可以说是"亲密的区分"。认为海德格尔的"道说"不是人说的语言,这种看法恐怕不免失于浅薄,至少是片面的。

实际上,我们已经指出,海德格尔正是从"人言"(我们一般所见的语言)入手来思他的神秘的"道说"的。这里,对海德格尔来说关键的一步是我们前文已经多次指明的对语言的"大地性"("遮蔽性")的揭示。

在海德格尔看来,"人言"(语言)有着深刻的"植根性",有着传统语言观所不能深入其中的玄秘的一度。传统的语言哲学和语言科学之所以不能揭示语言的本质,根本上乃在于它对语言的形式化研究。逻辑的、语法的和实证科学的语言研究已经把语言置入了现代技术的"集置"(Ge-stell)之中,从而不但看不到语言的"大地性"一度,而且根本上是把语言处理一个为被制作的工具,把语言连"根"拔起了。

在这里,对于语言的"大地性"之维,海德格尔大致提出了两个"证据"。

其一是我们前面已经有所讨论的"方言"现象。① 海德格尔认为,"方言"的差异并不像语言科学所认为的那样,仅仅是由于语言器官的运动方式的不同;根本上,"方言"的差异乃是由于"地方"不同,也即说,"方言"的差异植根于"大地"中。人的发声器官从何而来?人的肉身从何而来?从"大地"而来,而且还要回到"大地"中去。这种看法何其平常!但人类正是失身于此平常,早已不能保持"平常心"了。

---

① 参看本书第五章第四节。

终有一死的人归属于大地,植根于大地,以大地为"家"。大地实际上并非死水一潭,绝不是铁板一块,而是不断地涌动着和生长着的。此即希腊人所谓的"自然涌现"(Physis)了。大地有勃勃生气。或许可以说有一种"大地之气息"。"方言"的差异全在于"大地之气息"的不同。海德格尔在此所讲的意思,其实就是突出了语言与大地、人与大地的归属性,强调的是语言的"肉身因素"。

另一个"证据"也很玄突。海德格尔认为,即便是以形式化为目标的"信息理论"至今也还不得不承认,形式化语言需要求助于"自然语言"(Natürliche Sprache)。当然,对于现代信息理论和语言科学来说,"自然语言"只不过是尚未形式化的、有待纳入形式化的语言而已;人们并没有从语言的源初"自然"来经验语言的"自然因素"(das Natürliche)。所谓"自然"(Natur)的源始意义就是 Physis(涌现、生长)。故在海德格尔看来,"自然语言"这个名称就足以暗示出语言的"深度"了。为什么高度形式化了的"信息理论"依然不得不承认"自然语言"的作用呢?难道这种勉强的承认反过来不是已经向我们启发出"自然语言"的隐蔽的运作和生成基础了吗?

海德格尔坚持认为,语言的本质问题是形式主义(逻辑主义)的语言研究所不能解决的,"自然语言"是不可形式化的语言。然而仅仅认识到这一点仍然是不够的,关键还是要洞察到语言的深刻的大地植根性,洞察到语言与 Physis 的一体归属性,或者简单说来,就是要从"大道"(Ereignis)方面来思语言。①

这就是要深入神秘的"遮蔽中心"来思语言了。Physis 意义上的"大地",在海德格尔那里就是无限伸展的涌现着、生长着的"遮蔽"之域。而从语言(在此大概还是"人言")的"大地性"出发,海德格

---

① 海德格尔:《在通向语言的途中》,德文版,弗林根,1986 年,第 263-264 页。

尔便认为，我们就可以探入一种既解蔽着又遮蔽着的源始性的语言，这种源始性的语言来自那种神秘的"遮蔽"中心，是自行隐匿的"大道"的无声展开。海德格尔名之为"道说"。作为"道说"的语言并非"人言"所能涵盖，但又要通过"人言"才"显"出来，是一种神秘的、自行隐匿的"寂静之音"，是无声的"大音"。

无疑，海德格尔的语言思想与他的真理观是一体的，真理之思实际也就是语言之思。我们已经看到，海德格尔的真理之思的结论是："语言是存在之家"——语言就是存在之真理的"显－隐"运作。在海德格尔看来，源始的存在之真理是"澄明－遮蔽"的"源始争执"，而存在者之真理乃是"世界－大地"的"争执"，两者有着"源－流"关系。这种"源－流"关系，也正是"道说"与"人言"之间的"关系"：

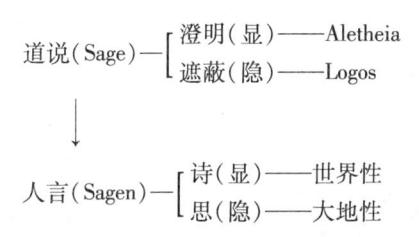

道说（Sage）—— $\begin{bmatrix} 澄明（显）——Aletheia \\ 遮蔽（隐）——Logos \end{bmatrix}$

↓

人言（Sagen）—— $\begin{bmatrix} 诗（显）——世界性 \\ 思（隐）——大地性 \end{bmatrix}$

无论是"道说"还是"人言"（人之"道说"），都有着"显－隐"的"二重性"。"道说"的"二重性"是一种源始的"二重性"，"人言"的"二重性"则建基于"道说"的"二重性"，是对后者的"响应"和"应合"（Entsprechen）。

进一步讲，在"道说－人言"之间，也还有着一种看来更为深刻的神秘的"二重性"："道说"相对于"人言"是一种源始的"隐"（"显"着的"隐"），"人言"相对于"道说"是一种"显"（"诗"与"思"）；"道说"通过"人言"而显出，"人言"归属于"道说"，是对"道说"的"应合"。"道说－人言",同样也是一种"亲密的区分",其间实现着一种根本性的"转换",即"不可说──→可说"的"生成转换"。①

所谓"不可说"者,乃自行隐蔽着的"大道"的展开运作,即作为"寂静之音"的"大道之说"。"大道之说"自行不息,故"不可说"乃相对于有限性的"人言"而言,而并非真的"不说"。这正如熊伟先生所言:

> "不可说"乃其"说"为"不可"已耳,非"不说"也。"可说"固须有"说"而始可;"不可说"亦须有"说"而始"不可",宇宙永远是在"说"着。无非"它""说"必须用"我"的身份始"说"得出,若由"它"自己的身份则"说"不出。故凡用"我"的身份来"说"者,皆"可说";凡须由"它"自己的身份来"说"者,皆"不可说"。但此"不可说"亦即是"它"的"说";"它"并非因其"不可说"而"不说"……②

有限的"人言"是对"不可说"之"道说"的"响应"。响应着"道说"的"人言"有两种方式,即"诗"和"思"。"诗"与"思"就是从"不可说"向"可说"的"生成转换"。就"人言"的这两种"道说"(Sagen)方式("转换"方式)都是对"大道之说"的响应而言,它们是"合一"

---

① 张志扬论述了"不可说向可说转换"的四种具体形式,即"暂时的"、"带出的"、"遮蔽的"和"神秘的"。参看张志扬:《门:一个不得其门而入者的记录》,上海人民出版社,1992年,第107页以下。

② 熊伟:"说,可说,不可说,不说",载《国立中央大学文史哲季刊》,1942年。该文是熊伟先生1930年代在德国莱茵河畔作的。它主要还不是写西方哲学的,而是讲中国思想的,但兼容着西方哲学的精神。它的意义在于把"说"的问题先行道出。而海德格尔直至1950年代渐渐公开显明了熊伟先生在此所描出的思想。

的。但另一方面,"诗"与"思"也是有"区分"的,作为"命名"的"诗"是具有"开端性"的"解蔽",而合于"逻各斯"的"思"则更具有庇护性和聚集性,更能突入自行隐匿着的"大道",深入那"神秘的遮蔽中心"。

真正的诗人和思者就处于"不可说-可说"的转换"界面"上。在此深渊一般的"界面"上,诗人和思者注定要领受超出常人的痛苦,那就是"不可说"的痛苦——诗人格奥尔格不是对此深有体会吗?

诗人和思者的天职就在于:**说不可说之神秘**。

这也就是后期海德格尔的玄秘运思的要义:"说不可说"——说不可说之神秘。

我们认为,海德格尔的神秘的语言之思并非空穴来风,其渊源极为深远而丰厚。究其基本,我们举出以下三者:

(一)欧洲"语言人文主义"思想传统;

(二)德国"逻各斯神秘主义"思想传统;

(三)汉语思想传统中的"道"论。

首先,所谓"语言人文主义"(Sprach-Humanismus)传统,从广义上了解,涵括了西方从文艺复兴时期以来的所有具有人文主义倾向——或者说,具有反逻辑主义倾向——的语言观念和语言哲学思想。而从比较狭隘和比较显著的意义上来看,主要有如下两个线索:一是从维柯(Vico)、哈曼(Hamann)和赫尔德尔(Herder)到威廉姆·洪堡(Humboldt)的人文主义语言哲学传统①,二是从施莱尔马赫

---

① 特别是新康德主义的最后一个伟大代表卡西尔和新黑格尔主义的最后一个伟大代表克罗齐,站在不同的哲学立场上,同时对这个近代欧洲人文主义语言哲学传统作了较为系统的清理。这个非主流的思想传统可以看做现代欧洲大陆人文语言哲学的"前史"。参看卡西尔:《人文科学的逻辑》,纽黑汶,1961年;克罗齐:《作为表现的科学和一般语言学的美学的历史》,王天清译,中国社会科学出版社,1986年。也可参看阿佩尔:《从但丁到维柯的人文主义传统中的语言观念》,波恩,1980年,特别是"导论"部分。

(Schleiermacher)、德罗伊森(Droysen)到狄尔泰(Dilthey)的解释学哲学传统。

力图超出形而上学逻辑主义的"语言人文主义"传统,构成了海德格尔语言思想的一个最为显明的宏大背景。而我们特别可以说,海德格尔的语言思想植根于德国解释学人文科学的精神传统之中。众所周知,前期海德格尔在《存在与时间》中完成了现代解释学的"哲学转向",一个"生存论存在学的转向",实际上也就是完成了解释学的"语言学转向"。可以说,"欧陆人文语言哲学"从此才走上成熟发展的道路。至此,我们也才能在完整的意义上谈论西方现代哲学的"语言学转向"了。①

海德格尔的德国后学们坚持在德国解释学人文科学的精神向度和发展线索上来理解海德格尔的语言思想,自有他们的理由和道理。譬如,伽达默尔对海德格尔在《存在与时间》中阐明的"此在的解释

---

① 语言问题的突现是20世纪西方哲学的最显明的一个标志。对此我们前面已经有所提及。语言哲学是20世纪的"第一哲学"。德国哲学家布伯纳指出:"语言问题把各种哲学思潮,从现象学和解释学到分析哲学和科学理论,都统一起来了"(布伯纳:《当代德国哲学》,英译本,剑桥,1981年,第69页),阿佩尔认为:"几乎本世纪所有现代哲学思潮都承认,语言是我们关于世界结构的知识的可能性和有效性的先决条件",在此意义上,可以把语言哲学视为现当代的"第一哲学"(《语言思想史与当代语言学》,纽约,1976年,第32页)。哲学转向语言问题,既有人类知识和思想发展的内在契机,也与人类社会的世界性进程同步。因此,"语言转向"绝不仅仅是英美分析哲学方面的事情。完整意义上的西方现代语言哲学应该包括"欧陆人文语言哲学"和"英美分析语言哲学"两派。两派的"说法"很是悬殊。而德国的与法国的思想家们之间的"说法"也很有一些区别,盖由于地域往往就是传统。英美分析语言哲学重视科学层面,从事语言形式的逻辑分析和语义分析;法国哲学家们重视社会和知识层面,发现了语言对于社会和知识的构成性与消解作用;而德国的思想家们则以自己的沉思习惯,直接深入"语言-存在"之思。由此构成本世纪西方语言哲学的三维景观。广而言之,20世纪西方哲学发现了"语言"这个根本性维面。对此,我们现在至少可以指明以下三点:一、"语言交往"是人类生存的根本性方式。"语言交往共同体"是人类的基本的生存单位。二、语言是人类知识的条件和限度。语言是诸民族文化的同一性和差异性的根据。三、语言对于人类生存和人类生活具有"结构性"和"解构性"。语言是解蔽性和遮蔽性、确定性和不确定性的统一。

学"作了一种"内在化"意义上的彻底化。伽达默尔提出的"能够被理解的存在就是语言"这一著名命题,乃是这种"内在化"努力的集中标志。他的这种努力,颇能让我们想起固守于内在现象界的新康德主义马堡学派对康德哲学的改造。又譬如,阿佩尔把海德格尔的语言思想标识为"语言的先验解释学",明显也是站在"语言人文主义"的立场上来观解海德格尔的语言思想的。①

不过,应该看到,1930年代之后的海德格尔对"解释学"作了一种重新解释。海德格尔认为,认为"解释学"的源始意义是"带来音信和消息",而人就是"传信者",处于"与二重性的解释学关联之中";语言"规定着这种解释学关联",语言"用"人而得展开运作,"用"人来"传信"。② 这种对"解释学"的重新解释,是完全配合于后期海德格尔对人与语言(存在)的关系的拗转的。也许在海德格尔看来,这才是真正意义上的、根本性的解释学的"转向"。实际上,以我们看,这也是对解释学传统的"中断"或"超越"。

因此,无论是伽达默尔还是阿佩尔,其实都未能跟随海德格尔实施思想的"转向",进而超出解释学哲学的内在理解的界限。他们并没有真正直观到后期海德格尔玄秘的语言之思的真谛,未能领受海德格尔的启示,进入"不可说-可说"的"二重性"之界面,突入语言的神秘的"澄明"之境。在此意义上,这个"可说-不可说"的界面,差不多就是海德格尔为德国当代思想设立的一道界限了。

从后期海德格尔的语言之思的"深度"来讲,我们必须强调海德格尔思想的一个更为隐蔽的思想渊源,那就是德国神秘主义的思想传统。这种渊源联系是特别值得一提的,因为它特别地被人们所轻

---

① 参看阿佩尔:《从但丁到维柯的人文主义传统中的语言观念》,德文版,波恩,1980年,导论部分。

② 参看海德格尔:《在通向语言的途中》,德文版,弗林根,1986年,第125页以下。

视甚至忽视了。

德国神秘主义的思想传统也就是所谓"逻各斯神秘主义"(Logosmystik)的思想传统。此传统中的著名思想家主要有艾克哈特大师(Eckehart)、库萨的尼古拉(Nikolaus Cusanus)、雅各布·波墨(Jakob Böhme)、哈曼(Hamann),直至后期的谢林(Schelling)。这个"逻各斯神秘主义"的传统历来未受到应有的重视。对这个传统线索中的思想的系统梳理可以说迄今仍付诸阙如,而它与现代语言思想的深刻的关系尤其难得引人注意。① 也可见隐蔽之"思"的命运的艰难和不幸了。

在艾克哈特及其后学的"逻各斯神秘主义"思想中,"道"与"言"归于一体。上帝之"道成肉身"也就是上帝之"言成肉身"。上帝就是"逻各斯"(Logos)。如雅各布·波墨有言:"万有的开端是圣言。"又说:"圣言""是神圣太一的流溢,却也是作为神的启示的神自身"。② 波墨所谓的"圣言",本就是"逻各斯"了。作为一个基督教神学学派,神秘主义者要关心的首要问题是"逻各斯"在人的灵魂中的"生成",也即"道(言)成肉身"的问题。

就我们所见,海德格尔没有明言他与这个神秘主义传统的直接关系。在此我们也并没有打算把海德格尔看做一个基督教神学家。但是,我们确实应该注意到海德格尔思想的厚重的神学背景。海德格尔自己就承认:"倘没有这个神学的来源,我就绝不会踏上思想的

---

① 当代德国思想家阿佩尔向我们指明了这个"逻各斯神秘主义"传统的重要意义,认为此传统乃是进入现代语言哲学的"最本质性的道路之一"。不过阿佩尔也没有对之作他自己认为迫切需要做的"系统描述"。参看阿佩尔:《从但丁到维柯的人文主义传统中的语言观念》,德文版,波恩,1980年,第80页以及别处。

② 参看黑格尔:《哲学史讲演录》第4卷,中译本,贺麟、王太庆译,商务印书馆,1983年,第46页。

道路。而来源始终是未来。"①

而从海德格尔的语言之思来看,他与"逻各斯神秘主义"这个非正统的神学思想传统的关系完全可以昭然。海德格尔所谓的"道说",所谓"世界的词语生成",海德格尔所思的"不可说－可说",即"道说－人言"之"生成转换",等等,可以说都是与"逻各斯神秘主义"传统难脱干系的。

如在"语言"一文中,当海德格尔提出"语言是语言"这个奇怪的"命题"时,他以哈曼的"理性就是语言,就是逻各斯"一句来加以诠证。海德格尔接着关于"痛苦"、"区分"和"区分之令"(即作为"道说"的"寂静之音")的讨论,明显与波墨的"痛苦"和"圣言"之论有着暗合的或承继的关系。而对后期海德格尔的"存在－语言"("大道－道说")之思具有指导意义的"二重性"或"亲密的区分"的观点,也与波墨的"分离者"思想同趣。②

凡此种种,都让我们认识到海德格尔语言之思的一个隐秘渊源。我们认为,这个隐秘的思想渊源具有特殊的启发意义,它为后期海德格尔的语言之思开启了一个最为深邃的"维面"。也许正是从"逻各斯神秘主义"这个思想传统而来,海德格尔的运思才找到了一个隐秘的"通道",得以接通前苏格拉底的早期希腊思想,从而也得以返回思想的源初开端,去恢复词语的源始意义和源始性命名力量,特别是"逻各斯"等"基本词语"的源始意义和源始性命名力量。

也正是因为达到了这样一个深邃的"维面",找到了这样一个隐秘的"通道",海德格尔的语言之思才有可能接通汉语思想中的

---

① 参看海德格尔:《在通向语言的途中》,德文版,弗林根,1986年,第96页。
② 参看海德格尔:《在通向语言的途中》,德文版,弗林根,1986年,第11页以下。并参看本书第四章第二节。在此提到的波墨思想,参看黑格尔:《哲学史讲演录》第4卷,中译本,贺麟、王太庆译,商务印书馆,1983年,第31－58页。

"道"。

汉语思想中的"道"乃是海德格尔语言之思的渊源之一。我们在前文中对此题目已经多有讨论,在此不宜赘述。① 我们所做的讨论容易引起误解,特别是我们对海德格尔之 Ereignis 的汉语翻译。实际上,我们的意图并非要单纯地以老庄之"道"来诠解海德格尔的思想,更不是要就此得出一个"我们古已有之"的结论。然而,仍旧值得再次强调的是,立足于汉语言的"思想－道说"方式来阐释海德格尔的思想,理应成为我们的一个任务,而且终究应该是中国当代思想的一个无可推避的任务了。

海德格尔向我们启明一点:"思"须保持其"当代性"。正是在此意义上,海德格尔通过阐释早期希腊思想(所谓"思想的第一个开端")来思"思想的另一个开端",并且认为由此而思得的"思"绝不再是"希腊的"了,而是当代性的"思"了。我们认为,海德格尔也是在这种意义上来"接受"东方思想的。

而当海德格尔把他所思所说的"大道"(Ereignis)与希腊的"逻各斯"(Logos)和中国的"道"(Tao)相提并论时,他一方面已经向我们指明,他所思的"大道"并不是希腊的"逻各斯",更不是中国的"道";要说三者之间的"关系",就应该是一种"亲密的区分"。另一方面,海德格尔实际上已向我们启发出当代思想的一道浩瀚视界:当代的思想需得超越无论什么"中心主义",超越无论"西方中心主义"抑或"东方中心主义"。

要说"境界",这就是海德格尔的"思"的境界了。海德格尔是"世界性的"。

近世以来,随着西方工业文明在全球性范围内的不断扩张,"西

---

① 参看本书第五章"大道之说"。

方中心主义"已然成了世界文化的一个基本取向。就中西文化交通而言,一个多世纪来,"西方中心主义"的观念一直在中国的文化沟通和比较研究的文化思潮中占据着主导性地位,而"东方中心主义"的观念,譬如"中学为体,西学为用"、"三十年河东,四十年河西"之类的主张,其实也无非是"欧洲中心主义"的一个消极的配对物、一个反证而已。我们以为,要摆脱此种顽冥的价值评判倾向,采取一道"语言-思想"的眼光殊为重要,而且必要。

海德格尔以"语言是存在之家"一句也启示我们深思"东-西"方文化沟通和比较之可能性及其限度的问题。在与日本教授手冢富雄的对话中,海德格尔如是说:

> 海德格尔:早些时候我曾经十分笨拙地把语言称为存在之家。如若人是通过他的语言才栖居在存在之要求中,那么,我们欧洲人也许就栖居在一个与东亚人完全不同的家中。
>
> 日本人:假定欧洲语言与东亚语言不光是不同的,而且根本上是有不同的本质的。
>
> 海德格尔:那么,一种从家到家的对话就几乎还是不可能的。①

在这里,我们认为,海德格尔其实是以否定性方式表达了一个积极的主张:在这个世界时代里,不同民族文化之间是一种"近邻"关系,是一种"亲密的区分"的关系;文化比较研究应当超越狭隘的"种族中心主义",要在维护世界诸民族文化之差异化个性的基础上倡

---

① 参看海德格尔:"从一次关于语言的对话而来",载《在通向语言的途中》,德文版,弗林根,1986年,第90页。

导一种平等的"对话";在此"对话"中,我们需要进入一个"语言-存在"思想的维面。——这正是海德格尔本人致思努力的一个重要方面。

海德格尔的语言之谜,自然也留给了当代汉语思想。海德格尔的思-言实践,对当代汉语思想来说是尤其具有启示意义的。在这个多元化的世界时代里,汉语思想正处于前所未有的转变过程中,正在找寻自身的"道路"。此"道路"既是思想的"道路",也是语言的"道路"。汉语思想期待着自身的新生和勃发,汉语言期待着它的命名和道说力量的复苏和增殖。而进入"语言-存在"思想的幽深维面,对中国传统思想文化及其当代处境进行重新审视,理应成为今天汉语思想界的一个基本课题。

值此"转向-转型时期",在中-西两大文化的夹缝里,我们注定要格外地承受着海德格尔所说的"语言转换"。这是痛苦,却无疑也是机缘。

参 考 文 献

一、海德格尔著作：

1. 《存在与时间》，图宾根 1986 年，第 16 版。*Sein und Zeit*, Tübingen, 1986, Sechzehnte Auflage. 英译本，约翰·麦奎利和爱德华·罗宾逊译，1985 年。中译本，陈嘉映、王庆节译，熊伟校，三联书店，1987 年。
2. "只还有一个上帝能救渡我们"，熊伟译，载《外国哲学资料》，第 7 辑，商务印书馆，1984 年，第 159 页以下。
3. 《形而上学是什么?》，美茵法兰克福，1986 年。*Was ist Metaphysik?* Frankfurt a. M., 1986.
4. 《康德和形而上学问题》，美茵法兰克福，1973 年。*Kant und das Problem der Metaphysik*, Frankfurt a. M., 1973.
5. 《论根据的本质》，美茵法兰克福，1955 年。*Das Wesen des Grundes*, Frankfurt a. M., 1955.
6. 《形而上学导论》，图宾根，1987 年。*Einführung in die Metaphysik*, Tübingen, 1987.
7. 《荷尔德林诗的阐释》，美茵法兰克福，1963 年。*Erläuterungen zu Hölderlins Dichtung*, Frankfurt a. M., 1963.
8. 《林中路》，美茵法兰克福，1980 年。*Holzwege*, Frankfurt a. M., 1980.
9. 《路标》，美茵法兰克福，1978 年。*Wegmarken*, Frankfurt a. M., 1978.
10. 《同一与差异》，弗林根，1957 年。*Identität und Differenz*, Pfullingen, 1957.
11. 《在通向语言的途中》，弗林根，1986 年。*Unterwegs zur Sprache*, Pfullingen, 1986.
12. 《演讲与论文集》，弗林根，1978 年。*Vorträge und Aufsätze*, Pfullingen, 1978.
13. 《尼采》两卷本，弗林根，1961 年。*Nietzsche, 2 Bände*, Pfullingen, 1961.
14. 《面向思的事情》，图宾根，1976 年。*Zur Sache des Denkens*, Tübingen, 1976.
15. 《从思的经验而来》，弗林根，1954 年。*Aus der Erfahrung des Denkens*, Pfullingen, 1954.

16.《田间小路》,美茵法兰克福,1962 年。*Feldweg*, Frankfurt a. M., 1962.
17.《海贝尔——家之友》,弗林根,1958 年。*Hebel—Der Hausfreund*, Pfullingen, 1958.
18.《泰然任之》,弗林根,1979 年。*Gelassenheit*, Pullingen, 1979.
19.《物的追问》,图宾根,1962 年。*Die Frage nach dem Ding*, Tübingen, 1962.
20.《从思的经验而来》,《全集》第 13 卷,美茵法兰克福,1983 年。*Aus der Erfahrung des Denkens*, GA., Bd. 13, Frankfurt a. M., 1983.
21.《研究班记录》,《全集》第 15 卷,美茵法兰克福,1986 年。*Seminare*, GA., Bd. 15, Frankfurt a. M., 1986.
22.《时间概念的历史引论》,《全集》第 20 卷,美茵法兰克福,1979 年。*Prolegomena zur Geschichte des Zeitbegriffs*, GA., Bd. 20, Frankfurt a. M., 1979.
23.《现象学的基本问题》,《全集》第 24 卷,德文版,美茵法兰克福,1975 年。*Die Grundprobleme der Phänomenologie*, GA. 24, Frankfurt a. M. 1975. 英译本,A. 霍夫斯达特译,布鲁明顿,1982 年。
24.《荷尔德林的赞美诗〈日耳曼人〉和〈莱茵河〉》,《全集》第 39 卷,美茵法兰克福,1980 年。*Hölderlins Hymnen "Germanien" und "Der Rhein"*, GA., Bd. 39, Frankfurt a. M., 1980.
25.《荷尔德林的赞美诗〈伊斯特河〉》,《全集》第 53 卷,美茵法兰克福,1984 年。*Hölderlins Hymne "Der Ister"*, GA., Bd. 53, Frankfurt a. M., 1984.
26.《存在学(实际性之解释学)》,《全集》第 63 卷,德文版,美茵法兰克福,1988 年。*Ontologie. Hermeneutik der Faktizität*, GA. 63, Frankfurt a. M. 1988.
27.《哲学论稿(从大道而来)》,《全集》第 65 卷,美茵法兰克福,1989 年。*Beiträge zur Philosophie (Vom Ereignis)*, GA., Bd. 65, Frankfurt a. M., 1989.
28.《传承之语言与技术之语言》,海尔曼·海德格尔编,艾克出版社,1989 年。*Überlieferte Sprache und technische Sprache*, hrg. von Hermann Heidegger, Erker, 1989.
29."致理查德逊的信",载理查德逊:《海德格尔:从现象学到思想》,海牙,1974 年。Preface by Heidegger, in: Richardson, W. J., *Heidegger: Through Phenomenology to Thought*, Third Edition, The Hague, 1974.
30.《什么是哲学?》,W. 克鲁巴克和 J. 瓦尔德英译,纽黑汶,1958 年。*What is Philosophy?* trans. by W. Kluback and J. Wilde, New Haven, 1958.
31.《早期希腊思想》,D. F. 克莱尔和 F. A. 卡普兹英译,纽约,1975 年。*Early Greek Thinking*, trans. by D. F. Krell and F. A. Capuzzi, New York, 1975.

32.《诗·语言·思》,A. 霍夫斯达特英译,纽约,1971 年。*Poetry, Language, Thought*, trans. by D. F. Krell and F. A. Capuzzi, New York, 1971.
33.《什么叫思想?》,G. 格莱英译,纽约,1968 年。*What is called Thinking?* Trans. by Gray, New York, 1968.

二、其他文献:

1. 柏拉图:《理想国》,郭斌和、张竹明译,商务印书馆,1986 年。
2. 柏拉图:《巴门尼德斯篇》,陈康译注,商务印书馆,1982 年。
3. 亚里士多德:《物理学》,张竹明译,商务印书馆,1982 年。
4. 亚里士多德:《形而上学》,吴寿彭译,商务印书馆,1981 年。
5. 维柯:《新科学》,朱光潜译,人民文学出版社,1987 年。
6. 康德:《纯粹理性批判》,蓝公武译,商务印书馆,1982 年。
7. 黑格尔:《哲学史讲演录》,贺麟、王太庆译,商务印书馆,1983 年。
8. 黑格尔:《美学》,朱光潜译,商务印书馆,1982 年。
9. 海涅:《论德国宗教和哲学的历史》,海安译,商务印书馆,1974 年。
10.《马克思、恩格斯全集》第 42 卷,人民出版社,1979 年。
11. 马克思、恩格斯:《费尔巴哈》,人民出版社,1988 年。
12. 尼采:《悲剧的诞生》,周国平译,三联书店,1986 年。
13. 尼采:《权力意志》,张念东等译,商务印书馆,1991 年。
14. 勃兰兑斯:《十九世纪文学主流》第 2 分册,刘半九译,人民文学出版社,1985 年。
15. 卡西尔:《语言与神话》,于晓等译,三联书店,1988 年。
16. 克罗齐:《作为表现的科学和一般语言学的美学的历史》,王天清译,中国社会科学出版社,1984 年。
17. 萨特:《存在与虚无》,陈宣良等译,三联书店,1987 年。
18. W. 考夫曼编:《存在主义》,陈鼓应等译,商务印书馆,1987 年。
19. 马丁·布伯:《我与你》,陈维钢译,三联书店,1986 年。
20. 施太格缪勒:《当代哲学主流》上卷,王炳文等译,商务印书馆,1989 年。
21. 伽达默尔:《美的现实性》,张志扬等译,三联书店,1991 年。
22. 理查·罗蒂:《哲学与自然之镜》,李幼蒸译,三联书店,1987 年。
23. 理查·罗蒂:《后哲学文化》,黄勇编译,上海译文出版社,1992 年。
24. 谢和耐:《中国和基督教——中国和欧洲文化之比较》,耿升译,上海古籍出版社,1991 年。

25. M. 默里:"美国现代艺术哲学的新潮流",载《现代外国哲学》,第 9 辑,人民出版社,1986 年,第 40 页以下。
26. 陈康:《陈康:论希腊哲学》,汪子嵩、王太庆编,商务印书馆,1990 年。
27. 汪子嵩等:《希腊哲学史》第 1 卷,人民出版社,1988 年。
28. 王力:《汉语史稿》,中华书局,1980 年。
29. 叶秀山:《前苏格拉底哲学研究》,三联书店,1982 年。
30. 叶秀山:《思·史·诗》,人民出版社,1986 年。
31. 钱钟书:《管锥编》,中华书局,1986 年。
32. 成中英:《世纪之交的抉择——论中西哲学的会通与融合》,知识出版社,1991 年。
33. 刘小枫:《诗化哲学》,山东人民出版社,1986 年。
34. 刘小枫:《拯救与逍遥》,上海人民出版社,1988 年。
35. 刘小枫:《走向十字架上的真》,上海三联书店,1993 年。
36. 俞宣孟:《现代西方的超越思考——海德格尔的哲学》,上海人民出版社,1989 年。
37. 张志扬:《门——一个不得其门而入者的记录》,上海人民出版社,1992 年。
38. 张志扬:《渎神的节日》,三联书店(香港),1992 年。
39. 倪梁康:《现象学及其效应——胡塞尔与当代德国哲学》,三联书店,1994 年。
40. 阿佩尔:《哲学的改造》两卷本,美茵法兰克福,1973 年。Apel, K.-O., *Transformation der Philosophie*, Frankfurt a. M., 1973.
41. 阿佩尔:《从但丁到维柯的人文主义传统中的语言观念》,波恩,1980 年。Apel, K.-O., *Die Idee der Sprache in der Tradition des Humanismus von Dante bis Vico*, Bonn, 1980.
42. 阿佩尔:"语言交往的先验概念与第一哲学的观念",载《语言思想史与当代语言学》,纽约,1976 年。Apel, K.-O., Transcendental Conception of Language-Communication and the Idea of a First Philosophy, in: *History of Linguistic Thought and Contemporary Lingustics*, New York, 1976.
43. 贝格:《阿多诺对诗的哲学解说——美学理论和阐释实践:以荷尔德林论文为模式》,波恩,1989 年。Bergh, Gerhard van den, *Adorns philosophisches Deuten von Dichtung—Ästhetische Theorie und Praxis der Interpretation: Der Hölderlin-Essay als Modell*, Bonn, 1989.
44. 比梅尔:《海德格尔》,汉堡,1973 年。Biemel, W., *Heidegger*,

Hamberg, 1973.

45. 比梅尔等编:《艺术与技术——海德格尔诞辰一百周年纪念文集》,美茵法兰克福,1989 年。Biemel, W. und Hermann, F. -W. v., *Kunst und Technik*: *Gedächtnisschrift zum 100. Geburtstag von Martin Heideger*, Frankfurt a. M. , 1989.

46. 布伯纳:《当代德国哲学》,马特爱斯英译,剑桥,1981 年。Bubner, Ruediger, *Modern German Philosophy*, trans. By Eric Matthews, Combridge, 1981.

47. 布赫海姆编:《解析与翻译》,魏恩海姆,1989 年。Buchheim, Thomas (Hrsg.), *Destruktion und Übersetzung*, Weinheim, Acta Humaniora, 1989.

48. 卡西尔:《人文科学的逻辑》,荷维英译,纽黑汶,1961 年。Cassier, E. , *The Logic of the Humanities*, trans. by C. S. Howe, New Haven, 1961.

49. 德里达:《位置》,巴斯英译,芝加哥,1981 年。Derrida, J. , *Positions*, trans. by A. Bass, Chicago, 1981.

50. 德里达:《书写与差异》,巴斯英译,芝加哥,1985 年。Derrida, J. , *Writting and Difference*, trans. by A. Bass, Chicago, 1985.

51. 德里达:《哲学的边缘》,巴斯英译,芝加哥,1982 年。Derrida, J. , *Mangnis of Philosophy*, trans. by A. Bass, Chicago, 1982.

52. 德里达:《论精神——海德格尔与问题》,贝宁顿和罗比英译,芝加哥,1989 年。Derrida, J. , *Of Spirit*: *Heidegger and the Question*, trans. by G. Bennington and R. Rowlby, Chicago, 1989.

53. 福柯:《事物的秩序》,纽约,1973 年。Foucault, Michel, *The Order of Things*, New York, 1973.

54. 福柯:《知识考古学》,伦敦,1974 年。Foucault, Michel, *The Archaeology of Knowledge*, trans. by A. M. Sheridan Smith, Tavistock Pubmications, 1974.

55. 伽达默尔:《真理与方法》,图宾根,1965 年。Gadamer, H. -G. , *Wahrheit und Methode*, Tübingen, 1965.

56. 伽达默尔:《全集》第 2 卷,图宾根,1986 年。Gadamer, H. -G. , *Gesammelte Werke*, Bd. 2, Tübingen, 1986.

57. 哈里布顿:《诗性之思——海德格尔研究》,芝加哥,1981 年。Halliburton, D. , *Poetic Thinking*: *An Approach to Heidegger*, Chicago, 1981.

58. 洪堡:《文集》第 3 卷(语言哲学著作),柏林,1963 年。Humboldt, W. von, *Werke*, Bd. 3, Schriften zur Sprachphilosophie, Berlin 1963.

59. 胡塞尔:《逻辑研究》,海牙,1984 年。Husserl, Edmund, *Logische Untersu-*

chungen, The Hague, 1984.

60. 康德:《纯粹理性批判》,美茵法兰克福,1974 年。Kant, Immanuel, *Kritik der reinen Vernunft*, Frankfurt a. M. 1974.

61. 柯克曼思(编译):《论海德格尔与语言》,伊汶斯顿,1972 年。Kockelmans, J. J. (ed. and trans.), *On Heidegger and Language*, Ewanston, 1972.

62. 马克斯:《海德格尔与传统》,斯图加特,1961 年。Marx, Werner, *Heidegger und die Tradition*, Stuttgart, 1961.

63. 米歇尔费德和帕尔默:《对话与解构——伽达默尔与德里达的论战》,纽约,1989 年。Michelfelder, D. P. and Palmer, R. E. (ed.), *Dialogue and Deconstruction: The Gadamer-Derrida Encounter*, New York, 1989.

64. 墨莱(编):《海德格尔与当代哲学》,纽黑汶,1978 年。Murray, M. (ed.), *Heidegger and modern Philosophy*, New Haven and Flonaon, 1978.

65. 尼采:《著作全集》(KSA),柏林/纽约,1988 年。Nietzsche, *Sämtliche Werke, Kritische Studienausgabe in 15 Bänden*, Berlin/New York, 1988.

66. 彼茨特:《走向一颗星辰——与海德格尔的交往》,美茵法兰克福,1983 年。Petzet, H. W., *Auf einen Stern zugehen: Begegnungen mit Martin Heidegger*, Frankfurt a. M. Societats-Verlag, 1983.

67. 珀格勒尔:《海德格尔思想之路》,弗林根,1983 年。Pöggeler, Otto, *Der Denkweg Martin Heideggers*, Pfullingen, 1983.

68. 珀格勒尔:《海德格尔与解释学哲学》,弗莱堡,1983 年。Pöggeler, Otto, *Heidegger und die heumeneutische Philosophie*, Freiburg/München, 1988.

69. 珀格勒尔:《海德格尔与实践哲学》,美茵法兰克福,1988 年。Pöggeler, Otto, *Heidegger und die praktische Philosophie*, Frankfurt a. M., 1988.

70. 理查德逊:《海德格尔:从现象学到思想》,海牙,1974 年,第三版。Richardson, W. J., *Heidegger: Through Phenomenology to Thought*, Third Edition, The Hague, 1974.

71. 罗蒂:《论海德格尔及其他》,剑桥,1991 年。Rorty, Richard, *Essays on Heidegger and others*, New York, 1991.

72. 维和:《海德格尔与存在学差异》,宾夕法尼亚州立大学出版社,1972 年。Vail, L. M., *Heidegger and Ontological Difference*, The Pennsylvania State University Press, 1972.

73. 维特根斯坦:《全集》第 1 卷,美茵法兰克福,1989 年。Wittgenstein, L., *Werkausgabe*, Bd. 1, Frankfurt a. M., 1989.

主要人名和术语对照

Abwesen	不在场	Entbergung	解蔽
Aletheia	无蔽、解蔽	Entzug	隐匿
Anfang	开端	Erde	地、大地
Angst	畏	ereignen	居有、成道
Anwesen	在场	Ereignis	大道、本有
Anwesende	在场者	Essentia	本质
Apel, K.-O.	阿佩尔	Existenz	实存、生存
Aristoteles	亚里士多德	Foucault	柯
Anaximander	阿那克西曼德	Fris	斗争
Austrag	分解	Fundamentalontologie	基本存在学
Bedingnis	造化	Fürsorge	照顾
Besorgen	照料	Gadamer, H.-G.	伽达默尔
Be-wëgung	开辟道路、开路	Gelassenheit	泰然任之
Biemel, W.	比梅尔	Geschehnis	发生
Boehme	波墨	Geschick	命运
Brauch	用、使用	Ge-stell	集置
Buchheim, Thomas	布赫海姆	Geviert	四重整体
Cassier, E.	卡西尔	Götter	诸神
Chreon	用	Göttlichen	神、诸神
Dasein	此在	Halliburton, D.	哈里布顿
Da-sein	此之在	Hamann	哈曼
Denken	思、运思、思想	Hegel	黑格尔
Derrida, J.	德里达	Heidegger, M.	海德格尔
Descartes	笛卡尔	Heilige	神圣、神圣者
Dichten	诗、作诗	Heraclitus	赫拉克利特
Dichtung	诗、诗歌	Herder	赫尔德尔
Ding	物	Hermeneutik	解释学

Himmel	天、天空	Seinsvergessenheit	存在之被遗忘状态
Hören	听、倾听	Seinsgeschichte	存在历史
Hölderlin	荷尔德林	Seyn	存有
Humboldt, W. v.	洪堡	Sorge	忧心、关照
Kant	康德	Spiel	游戏
Kehre	转向	Sprache	语言
Kockelmans, J. J.	柯克曼斯	Sterblichen	终有一死者、人
Lichtung	澄明	Stille	寂静
Logos	逻各斯、聚集	Streit	争执
Marx, Werner	马克斯	Tao	道
Metaphysik	形而上学	techne	技艺
Moira	命运	transzendent	超验的
Nähe	近	transzendental	先验的
Natur	自然	Transzendenz	超越(者)
Nichts	无	Unter-schied	区分
Nietzsche	尼采	Unverborgenheit	无蔽状态、无蔽
Offene das	敞开领域、敞开者	Verbergung	遮蔽
Offenheit	敞开状态、虚怀敞开	Verborgenheit	遮蔽状态
Ontologie	存在学	Versammlung	聚集
ontologische Differenz	存在学差异	Verstehen	悟、理解
Ousia	在场	Vico	维柯
Parmenides	巴门尼德	Vorhandenheit	现成状态
Petzt, H. W.	彼茨特	Vorstellen	表象
Phänomenologie	现象学	Wahrheit	真理
Platon	柏拉图	Weg	道路
Physis	涌现、自然	Welt	世界
Pöggeler, Otto	珀格勒尔	Weltspiel	世界游戏
Rilke	里尔克	Wink	暗示
Riβ	裂隙	Wittgenstein	维特根斯坦
Rorty, Richard	罗蒂	Wohnen	栖居
Sage	道说	Wort	词语、词
Sagen	道说	Zeige	道示、显示
Sein	存在	Zeigen	显示

Zeit	时间	Zuhandenheit	上手状态
Zeitlichkeit	时间性	Zwiefalt	二重性

后　　记

　　这是一本以描述和诠证为重的西方哲学史专业的博士学位论文。在目前国内还缺少对后期海德格尔思想的系统探讨的情况下，本书的研究应该还是有些意义的。但愿有失冗长和烦琐的叙述不至于掩盖了本书的一项基本意图，就是：对后期海德格尔的基本思路作一种体系化的重构和清理，以揭示出其思想的要旨。

　　为准备这篇论文所作的读解是比较漫长而且有趣的，成文却很仓促、很乏味。这主要是受"学制"之限。当我一边写着所谓"大道"的时候，"此在"已经不得不在打印室了。如此匆迫的动作无论如何有违于思想的严格性。论述不周到的地方一定很不少。这些，我自己最是清楚。我希望自己以后还会有兴致对本文作些改进和深化。

　　夏基松教授自始至终关心了本文的写作进展，并就论文初稿提出了具体的修改意见。在南京大学求学期间，戴文麟教授对我的学业是很有促进的。

　　自1988年以来，我有幸与北京大学的熊伟教授作长期的通信联系，且也有几次机会面聆熊先生的哲学教导，获益良多。而我从先生那里所获得的，何止于"大无畏"？

　　张志扬教授就我的论文提纲提出了十分宝贵的批评意见。他的意见对本文具有实际的指导意义。他的有关观点也已为我采纳在论文中了。

　　本文第二章是专论海德格尔与早期希腊思想的。要是没有陈村富教授在希腊文方面提供的具体帮助，有些问题是难以克服的。陈教授并且审读了第二章的初稿。

有关海德格尔的 Ereignis 的翻译以及其他问题，我曾求教于叶秀山教授和王炜先生。在后期海德格尔著作和思想的汉语翻译方面，我特别希望能得到各方面的批评和指教。

方红玫小姐辛辛苦苦为我誊清了全部文稿。

在此谨向以上诸位表示我的衷心的感谢。

感谢远远近近给我以心领神会的精神支援的朋友们。

以上记于1992年4月27日。

本书作为作者的博士论文，于1992年6月在杭州大学哲学系通过答辩。以下诸位教授为拙论的审阅小组成员：熊伟、张世英、叶秀山、王树人、张志扬、姚介厚、陈京璇。以下诸位教授为拙论的答辩小组成员：涂纪亮、尹大贻、夏基松、陈村富、戴文麟、马志政、庞学铨。诸位教授对论文提出了不同角度的意见。我对此表示感谢。有些意见已在论文修订时得到了考虑。

特别值得一记的是熊伟先生为拙作所付出的热情。熊先生年事已高，却不辞辛劳地审阅了全文，指出了其中几处细节方面的错误，并来信给以鼓励。时隔一年半之后，先生欣然答应为拙作作序。

限于时间和精力，在本书付印时，我没有对之作太多的改动，基本保持了原貌，唯文字上略有修饰，并删、补了一些脚注。明显的失误则已予以订正。而我自己也知道，其中一些根本性的缺陷是没法在短期内弥补的，如有关"海德格尔与尼采"、"海德格尔的技术观"等，理当另外形成专题加以讨论。

眼下这个书名，是倪为国先生建议的。原先的题目是《语言存在论——海德格尔后期思想研究》。我同意他的这个建议，主要是因为，"语言存在论"这个标题容易造成错觉，仿佛在后期海德格尔那里还有一门"存在学"("本体论")哲学似的。

　　本书几经周折,终于得以出版。陈村富教授给予作者以多方支持。张志扬、刘小枫、周国平、鲁萌等友人热情地关心过本书的出版。倪为国先生为拙著耗费了许多心血。无疑,没有他们的友情帮助和鼓励,本书是难以问世的。

　　本书并得到杭州大学董氏文史哲研究奖励基金的出版资助。

孙周兴

1993 年 10 月 21 日补记于西子湖畔

修订版后记

本书初版于1994年，收入上海三联书店的"上海三联文库"，当时书名为《说不可说之神秘——海德格尔后期思想研究》。出版后从未再版过，坊间早已看不到本书了。间或也有读者朋友写信来索书或询问，往往只好抱歉了。此次有机会重版，我觉得有必要加以修订。修订工作主要着力于以下几个方面：

其一，内容上的增补，主要是补充了第一章第二节"还原·建构·解构"。本书虽然自设了海德格尔后期思想（语言－存在之思）研究的重点任务，但如若没有对海氏前期哲学的了解，则本书的这项任务还是难以完成的。特别是作为海德格尔哲学之起点和助动力的现象学方法，是本书旧版没有予以专题讨论的。这是本书旧版的主要缺失之一。因此，此次修订时，我特别增补了专门的一节，是根据本人"还原·建构·解构——前期海德格尔哲学中的现象学方法"一文改编的，该文是我在中国现象学学会第二届年会（合肥，1995年）上作的报告（原载《中国现象学与哲学评论》，第2辑，上海译文出版社，1998年）。收入本书时，我对该文作了些增删。

不过，应该指出的是，补入该文并不能完全弥补上述缺失，因为这项工作需要对海德格尔前期哲学（特别是早期弗莱堡讲座和马堡讲座的内容）及其与胡塞尔现象的关系进行系统的探讨。而这已经超出了本书原先设定的课题范围。最近一些年里，我间断地对海德格尔前期现象学哲学作了一些探讨，也发表了少数几篇文章，有兴趣的读者特别可参看我编译的《形式显示的现象学：海德格尔早期弗莱堡文选》(同济大学出版社,2004年)一书中的"编者前言"。

其二,对一些译名的重新处理。主要有以下几项:Ontologie,原从《存在与时间》中译者陈嘉映、王庆节先生的译法,译之为"存在论",现稍作变化,改译为"存在学",以为更合乎字面义;德文的Existenz、拉丁文的existentia,原译为"生存",现改译为"实存"了——虽然我也愿意承认,当Existenz被用来表示人类或者生命体的存在时,译成"生存"是可行的,但在形而上学概念史角度,这个译法是成问题的;Existenzialismus,原译为"存在主义",现改译为"实存主义";Ge-stell,原从熊伟先生的译法,译之为"座架",现把它改译为"集置",同样也是以字面义为首要的考虑;Austrag,原译为"实现",现改译为"分解"——取"区分"和"解决"之双重意义,而非化学意义上的;如此等等。这些变动当然是与译者此间形成的对于西方哲学,特别是海德格尔哲学的深化认识相联系的。

作为本书主题的海德格尔思想的基本词语Ereignis,我原先译为"大道",在我最近几年里做的海德格尔中译本中(如海德格尔的《路标》、《尼采》等书),已经统一改译为"本有"了;唯在《在通向语言的途中》修订译本中,我仍保留了"大道"译名。此次修订本书时,我犹豫再三,最后也未能割舍,依然保留了"大道"译名。这也就是说,我现在对于Ereignis采取了"大道"和"本有"两个译名,这当然是十分令人不快的。有关情况,现在可参看《在通向语言的途中》(商务印书馆,2004年);也可参看我在香港中文大学哲学系《现象学与人文科学》第二辑(2005年)上发表的"大道与本有:再论海德格尔的Ereignis之思"一文,其中道出了我对Ereignis的中文翻译的最新考虑和困惑。

其三,格式上的变动和文字上的修订。首先是本书的注释。旧版注释为尾注,是为了照顾当时出版社提出的丛书统一格式的要求;

这次统统改为当页注，算是恢复了当年博士论文打印稿的样子。实际上，本人对于尾注向来持有反对意见，觉得不是方便法门，而是存心刁难读者的做法，至少也是给读者阅读增加困难的做法，是不足为取的。但为了把尾注改为当页注，我这次不得不把少数几个长注的内容移置到正文中；另外又增删了少数注释。

此外，在修订过程中，我对书中有些不妥当的提法作了修正，改正了旧版的文字错误，包括印刷错误以及我自己的书写错误。有的引文现在有了自以为更可靠些的新译，此次也尽量做了订正和统一工作。

其四，恢复了原来的书名。本书修订版重新启用了原先博士论文的标题：《语言存在论——海德格尔后期思想研究》。这并不是要捉弄读者，或者存心误导读者重复购买本书。我这样处理的原因只在于：相比之下，原来的博士论文标题《语言存在论》可能更显稳重，而旧版编辑倪为国先生所建议的书名《说不可说之神秘》（它确实也是我博士论文"结语"部分的标题），实在容易给人留下口实，以为我是要玩弄或者鼓吹神秘主义——那是不免无聊的。

尽管做了上列修订工作，但本书的基本模样未变，也没有改变本书的基本观点和结构。至于文气方面，我也自觉到旧作不尽人意，经常有装腔作势的地方，这次虽然也作了一些加工改造，但要完全加以改变显然是不可能的，想来也是没有意义的。

同济大学哲学系研究生曾静通读了重新输入电脑的本书电子版书稿，指出了多处字面上的错误。本书旧版曾受到学界不少同人的批评指正。在此一并致谢。——只要是本着学术公心的批评，我都是愿意理解和接受的，自然也是要感谢的。

孙周兴

2010 年 7 月 26 日